U0874052

Statistics Series with R

基于R应用的统计学丛书

统计学

基于R

第5版

STATISTICS WITH R

贾俊平——著

中国人民大学出版社
·北京·

前　　言

统计学是一门既有趣又十分有用的学科。在计算机时代到来前，计算问题使统计的应用受到极大限制，很多人也由于计算问题对统计学望而却步。在计算机和互联网普及的今天，统计软件的使用不仅促进了统计科学的发展，也使得统计教学和学习发生了革命性的变化。软件的使用可以让我们从繁杂的统计计算中解放出来，可以有更多的时间去理解统计方法的思想和原理。当我们把那些繁杂但属于简单劳动的计算交给计算机“秒杀”时，就会发现统计的学习和应用并不困难。

统计分析离不开统计软件。统计分析软件有多种，包括一些优秀的商业统计软件，如 SAS，SPSS 等。由于这些软件价格不菲，多数人难以接近。幸运的是，R 的出现使价格问题不复存在，这就为多数人学习统计提供了良好的条件。R 是一种免费的统计计算和绘图语言，也是一套开源的数据分析解决方案。R 语言不仅提供了内容丰富的数据分析方法，而且具有强大的可视化功能，因其开源和免费、功能强大、易于使用和更新速度快等优点受到人们普遍欢迎。R 软件每年都会有两次左右的版本更新，新版本可能对某些包或函数做了升级，使用前需要根据自己使用的版本检查使用的函数是否已经更新。

本书是一本基于 R 实现全部例题计算和分析的统计学教材，书中例题的解答给出了详细的 R 代码和结果。全书共 12 章，包括数据的描述性分析方法、推断方法以及常用的统计方法等，附录 A 介绍了自助法置信区间的原理和应用。本书对 R 的使用尽可能体现其灵活性和多样性，对同类数据或变量的分析尽可能多地使用不同的 R 包和函数，使读者更多地了解 R 的功能和特点。本书例题给出的 R 代码侧重于演示统计方法的实现过程，实际应用时，读者可根据自身分析的需要选择不同的 R 包或函数来解决所面临的统计问题。

在保留第 4 版内容框架的基础上，第 5 版做了全面更新，增加了“数据处理和绘图基础”一章，部分章节重新进行了编写，在内容上做了进一步的简化和提炼。

本书可作为高等院校统计学专业本科生的基础课程教材，也可作为经济管理类专业及部分理、工、农、林、医、药等专业的统计学教材，对实际数据分析工作者也具有参考价值。由于作者水平有限，难免存在错误或不当之处，希望读者在使用中对本书的不足之处多提宝贵意见，以便进一步修改和完善。

本书学习资源下载网址：http://www.crup.com.cn。

贾俊平

统计学课程
思政建设的总体目标

《统计学——基于 R》(第 5 版) 以习近平新时代中国特色社会主义思想为指导，全面贯彻党的二十大精神，根据教育部《高等学校课程思政建设指导纲要》的要求，把立德树人作为根本任务。

统计学既是方法课，也是应用课。思政建设的侧重点应放在应用层面。将统计方法的应用与中国实际问题相联系，紧密结合中国社会建设的成就讲授统计方法的应用是思政建设的核心主题。具体应从以下几个方面入手。

- **树立正确的统计价值观，将统计应用与中国特色社会主义建设的理论和实践相结合**

统计学是一门应用性很强的学科。在内容讲授过程中，应注意对学生正确统计理念的塑造，这就需要将思政建设的内容与课程内容和知识传授的理念相结合，其中的关键是授课教师应加强自身的政治素养和树立正确的理念，通过知识传授将正确的价值观传递给学生，引导学生科学合理地应用统计方法解决实际问题。

- **树立正确的统计理念，将统计方法与实事求是的理念相结合**

统计学课程的内容涵盖数据收集、处理、分析并得出结论。要树立正确的统计理念，就应始终本着实事求是的态度，要实事求是地收集数据，避免弄虚作假。在数据分析中应科学合理地使用统计方法，避免主观臆断。在对数据分析结果的解释和结论陈述中，应保持客观公正、表里如一，避免为一己私利而违背科学和实事求是的理念。

- **牢记统计服务于社会的使命，将统计应用与为人民服务的宗旨相结合**

统计学作为一门通识课，学生学习的主要目的是应用统计方法解决实际问题。在课程内容的讲授过程中，应牢记统计服务于社会、服务于生活、服务于管理、服务于科学研究的使命。鼓励学生将统计方法应用于分析和研究中国特色社会主义建设的成就，应用于反映人民生活水平变化，应用于反映社会主义制度的优越性上。

贾俊平

目 录

第 1 章 数据与 R 语言

Chapter 1

在日常工作和生活中，经常会接触到各类数据，比如，PM2.5 数据、国内生产总值（GDP）数据、居民消费价格指数（CPI）数据、股票交易数据、电商的经营数据等。这些数据如果不去分析，那它们仅仅是数据，提供的信息十分有限，只有经过分析，数据才会有更大的价值。如何分析这些数据，用什么方法分析这些数据，这是统计学要解决的问题。本章首先介绍与统计学有关的一些概念，然后介绍 R 语言的初步使用。

1.1 数据与统计学

统计学是一门数据分析科学。如何获得分析所需的数据、用什么方法分析这些数据以及使用何种工具（软件）实现分析是首先需要弄清楚的问题。本节首先介绍统计学和数据分析的含义，然后介绍数据分析方法和分析工具，最后介绍数据及其来源。

1.1.1 统计学与数据分析

统计学（statistics）是分析数据的一门科学，它所提供的是一套通用于所有学科领域的获取数据、处理数据、分析数据并从数据中得出结论的原则和方法。获取数据就是取得分析所需的数据；处理数据是对所获得的数据进行加工和处理，以符合进一步分析的需要；分析数据是选择适当的统计方法对数据进行分析并得出结论。

统计学是一套通用的数据分析方法，虽然这些方法可用于各学科领域数据的分析，但它们不是为某个特定的问题领域构造的。因此，统计方法不是一成不变的，使用者在特定情况下需要根据所掌握的专业知识选择使用这些方法，如果需要，还可以进行必要的修正。

数据分析（data analysis）是使用统计方法把隐藏在数据中的信息有效地提炼出来的过程，目的是找出所研究问题的内在特征和规律。在实际应用中，数据分析可帮助人们做出判断和决策，以便采取适当行动。比如，对股票交易数据的分析，可帮助你做出买进或卖出某只股票的决策；对客户消费行为数据的分析，可以帮助电商精准确定客户，并提供有效的产品和服务；对患者医疗数据的分析，可以帮助医生做出正确的诊断和治疗；等等。

1.1.2　数据分析方法和工具

1. 数据分析方法

数据分析所使用的方法均可视为统计方法。由于数据分析有不同的视角和目标，因此可以从不同角度对分析方法进行分类。

从分析目的看，可以将数据分析分为**描述性分析**（descriptive analysis）、**探索性分析**（exploratory analysis）和**验证性分析**（confirmatory analysis）。其中，描述性分析是对数据进行初步的整理、展示和概括性度量，以找出数据的基本特征，为推断或建模提供依据；探索性分析侧重于在数据之中发现新的特征，为形成某种理论或假设而对数据进行的分析；验证性分析则侧重于对已有理论或假设的证实或证伪。当然，这三个层面的分析并不是截然分开的，多数情况下，数据分析是对数据进行描述、探索和验证的综合研究。

从数据分析所使用的统计方法看，可大致分为**描述统计**（descriptive statistics）和**推断统计**（inferential statistics）。描述统计主要是利用图表形式对数据进行汇总和展示，并计算一些简单的统计量（诸如比例、比率、平均数、标准差等）进行分析，以便发现数据的基本特征。推断统计主要是根据样本信息来推断总体的特征，其基本方法包括参数估计和假设检验。参数估计是利用样本信息推断所关心的总体参数，假设检验则是利用样本信息判断对总体的某个假设是否成立。比如，从一批电池中随机抽取少数几块电池作为样本，测出它们的使用寿命，然后根据样本电池的平均使用寿命估计这批电池的平均使用寿命，或者检验这批电池的使用寿命是否等于某个假定值，这就是推断分析要解决的问题。

2. 数据分析工具

实际分析中的数据量通常非常大，有些统计方法的计算也十分复杂，不用计算机处理和分析数据是很难实现应用的。在计算机时代到来前，计算问题使数据分析方法的应用受到极大限制。在计算机普及的今天，各种统计分析软件的出现，使数据分析变得十分容易，只要理解统计方法的基本原理和应用条件，就很容易使用统计软件进行数据分析。

统计软件大致可分为商业类软件和非商业类软件两大类。商业类软件种类繁多，较有代表性的有 SAS，SPSS，Minitab，Stata 等。多数人较熟悉的 Excel 虽然不是统计软件，但也提供了一些常用的统计函数，并提供了常用的数据分析工具，其中包含一些基本的数据分析方法，可供非专业人员做些简单的数据分析。商业类软件虽有不同的侧重点，但功能大同小异，基本上能满足大多数人做数据分析的需要。商业类软件使用相对简单，容易上手，但其主要问题是价格不菲，多数人难以获得。此外，商业类软件更新速度较慢，难以提供最新方法的解决方案。

非商业类软件则不存在价格问题。目前较为流行的软件有 R 语言和 Python 语言，二者都是免费的开源平台。R 语言是一种优秀的统计软件，它是一种统计计算语言。R 语言不仅支持各个主要计算机系统（在 CRAN 网站 http://www.r-project.org/上可以下载 R 的各种版本，包括 Windows，Linux 和 Mac OX 版本），还有诸多优点，比如，更新速度快，可以包含最新方法的解决方案；提供丰富的数据分析和可视化技术，功能十分强大。此外，R 软件中的包（package）和函数均由统计专家编写，函数中参数的设置也更符合统计和数据分析人员的思维方式和逻辑，并有强大的帮助功能和多种范例，即便是初学者也很容易上手，这也是本书使用 R 语言的原因之一。

Python 则是一种面向对象的解释型高级编程语言，拥有丰富而强大的开源第三方库，也具有强大的数据分析可视化功能。Python 与 R 的侧重点略有不同，R 的主要功能是数据分析和可视化，且功能强大，多数分析都可以由 R 提供的函数实现，不需要太多的编程，代码简单，容易上手。Python 的侧重点则是编程，具有很好的普适性，但数据分析并不是其侧重点，虽然从理论上讲都可以实现，但往往需要编写很长的代码，帮助功能也不够强大，这对数据分析的初学者来说可能显得麻烦，不过仍然不失为一种有效的数据分析工具。

总之，商业类软件不仅价格不菲，也相对呆板，对于较新的分析方法（如机器学习）也难以实现，已经不是未来的趋势，不推荐使用或应避免使用。相反，免费和开源的 R 语言和 Python 语言则是未来的发展趋势，它们不仅功能强大，也更有利于数据分析者理解统计方法的实现过程，加深对数据分析结果的理解和认识。此外，R 语言和 Python 语言不仅具有自助抽样、机器学习等新方法的解决方案，也可以根据需要编写程序实现所需的分析。推荐读者使用 R 语言和 Python 语言分析数据而不是相对呆板的商业类软件。

1.1.3　数据及其来源

做数据分析首先需要弄清楚数据是什么，数据的类型是什么，因为不同的数据所适用的分析方法是不同的。

1. 变量、数据及其分类

数据（data）是个广义的概念，任何可观测并有记录的信息都可以称为数据，它不仅仅包括数字，也包括文本、图像等。比如，一篇文章可以看作数据，一幅照片也可以视为数据，等等。

本书使用的数据概念是狭义的，仅仅是指统计变量的观测结果。因此，要理解数据的概念，需要先清楚变量的概念。

观察某家电商的销售额会发现这个月和上个月有所不同；观察股票市场某只股票的收盘价格，今天与昨天不一样；观察每个学生的月生活费支出，一个人和另一个人不一样；投掷一枚骰子观察其出现的点数，这次投掷的结果和下一次也不一样。这里的“电商销售额”“某只股票的收盘价”“月生活费支出”“投掷一枚骰子出现的点数”就是变量。简言之，**变量**（variable）是描述所观察对象某种特征的概念，其特点是从一次观察到下一次观察可能会出现不同结果。变量的观测结果就是数据。

根据观测结果的不同，变量可以粗略分为类别变量和数值变量两类。

类别变量（categorical variable）是取值为对象属性或类别以及区间值（interval value）的变量，也称**分类变量**（classified variable）或**定性变量**（qualitative variable）。比如，观察人的性别、上市公司所属的行业、顾客对商品的评价，得到的结果就不是数字而是对象的属性。例如，观测性别的结果是"男"或"女"；上市公司所属的行业为"制造业""金融业""旅游业"等；顾客对商品的评价为"很好""好""一般""差""很差"。人的性别、上市公司所属的行业、顾客对商品的评价等取值不是数值而是对象的属性或类别。此外，学生的月生活费支出可能分为1 000元以下、1 000～1 500元、1 500～2 000元、2 000元以上4层级，"月生活费支出的层级"这4个取值也不是普通的数值而是数值区间，因而也属于类别变量。人的性别、上市公司所属的行业、顾客对商品的评价、月生活费支出的层级等都是类别变量。

类别变量根据取值是否有序可分为**无序类别变量**（disordered category variable）和**有序类别变量**（ordered category variable）两种。无序类别变量也称名义（nominal）值变量，其取值的各类别间是不可以排序的。比如，"上市公司所属的行业"这一变量取值为"制造业""金融业""旅游业"等，这些取值之间不存在顺序关系。再比如，"商品的产地"这一变量的取值为"甲""乙""丙""丁"，这些取值之间也不存在顺序关系。有序类别变量也称**顺序**（ordinal）值变量，其取值的各类别间可以排序。比如，"对商品的评价"这一变量的取值为"很好""好""一般""差""很差"，这5个值之间是有序的。取区间值的变量当然是有序的类别变量。只取两个值的类别变量也称为**布尔变量**（boolean variable）或**二值变量**（binary variable），例如"性别"这一变量只取"男"和"女"两个值，"真假"这一变量只取"真"和"假"两个值，等等。这里的"性别"和"真假"就是布尔变量。

类别变量的观测结果称为**类别数据**（categorical data）。类别数据也称"分类数据"或"定性数据"。与类别变量相对应，类别数据分为无序类别数据（名义值）和有序类别数据（顺序值）两种。布尔变量的取值也称为布尔值。

数值变量（metric variable）是取值为数字的变量，也称为**定量变量**（quantitative variable）。例如"电商销售额""某只股票的收盘价""月生活费支出""投掷一枚骰子出现的点数"等变量的取值可以用数字来表示，都属于数值变量。数值变量的观察结果称为**数值数据**（metric data）或**定量数据**（quantitative data）。

数值变量根据取值的不同，可以分为**离散变量**（discrete variable）和**连续变量**（continuous variable）。离散变量的取值是只能取有限个值的变量，而且其取值可以列举，通常（但不一定）是整数，如"企业数""产品数量"等就是离散变量。连续变量是可以在一个或多个区间中取任何值的变量，它的取值是连续不断的，不能列举，如"年龄""温度""零件尺寸的误差"等都是连续变量。

此外，还有一种较为特殊的变量，即**时间变量**（time variable）。如果所获取的是不同时间上的观测值，这里的时间就是时间变量，由时间和观测值构成的数据称为**时间序**

列数据（time series data）。时间变量的取值可以是年、月、天、小时、分、秒等任意形式。根据分析目的和方法的不同，时间变量可以作为数值变量，也可以作为类别变量。比如，如果将时间序列数据绘制成条形图，旨在展示不同时间上的数值多少，这实际上是将时间作为类别处理了，此时可将时间视为离散值；如果要利用时间序列中的时间作为变量来建模，这实际上是将时间作为数值变量来处理，此时可将时间视为连续值。尽管如此，考虑到时间的特殊性，仍然可以将其单独作为一类。

图 1-1 展示了变量的基本分类。

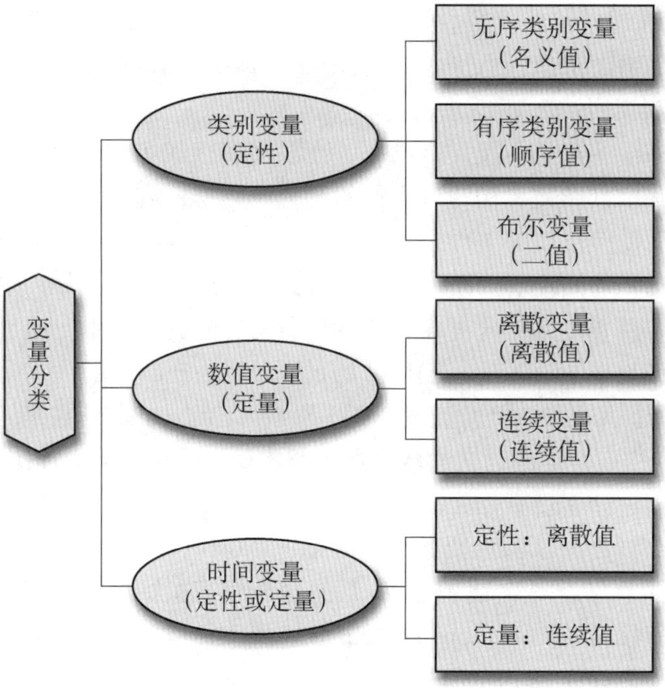

图1-1 变量的基本分类

由于数据是变量的观测结果，因此，数据的分类与变量的分类是相同的，对应于不同变量的观测结果就是数据的相应分类。为表述方便，本书会混合使用变量和数据这两个概念，在讲述分析方法时多使用变量的概念，在例题分析中多使用数据的概念。

了解变量或数据的分类是十分必要的，因为不同的变量或数据适用的分析方法是不同的。通常情况下，数值变量或数值数据适用的分析方法更多。在实际数据分析中，所面对的数据集往往不是单一的某种类型，而是类别数据、数值数据甚至是时间序列数据构成的混合数据，对于这样的数据，要做何种分析，则取决于分析目的。

2. 数据来源

数据分析面临的另一个问题是数据来源，也就是到哪里去找所需要的数据。从使用者的角度看，数据主要来源于两种渠道：一是来源于直接的调查和实验，称为直接来源；

二是来源于别人调查或实验的数据，称为间接来源。

对大多数使用者来说，亲自去做调查或实验往往是不可能的。所使用的数据大多数是别人调查或实验的数据，对使用者来说就是二手数据，这就是数据的间接来源。二手数据主要是公开出版或公开报道的数据，这类数据主要来自各研究机构、国家和地方的统计部门、其他管理部门、专业的调查机构以及广泛分布在各种报纸、杂志、图书、广播、电视传媒中的各种数据等。现在，随着计算机网络技术的发展，出现了各种各样的**大数据**（big data）。使用者可以在网络上获取所需的各种数据，比如，各种金融产品的交易数据、国家统计局官方网站（www.stats.gov.cn）的各种宏观经济数据等。利用二手数据对使用者来说既经济又方便，但使用时应注意统计数据的含义、计算口径和计算方法，以避免误用或滥用。同时，在引用二手数据时，一定要注明数据的来源，以示尊重他人的劳动成果。

数据的直接来源主要是通过实地调查、互联网调查或实验取得。比如，统计部门调查取得的数据；其他部门或机构为特定目的调查的数据；利用互联网收集的各类产品交易、生产和经营活动等产生的大数据。实验是取得自然科学数据的主要手段。

当已有的数据不能满足需要时，可以亲自去调查或实验。比如，想了解某地区家庭的收入状况，可以从该地区抽出一个由 2 000 个家庭组成的样本，通过对样本的调查获得数据。这里“该地区所有家庭”是所关心的**总体**（population），它是包含所研究的全部元素的集合。所抽取的 2 000 个家庭就是一个**样本**（sample），它是从总体中抽取的一部分元素的集合。构成样本的元素的数目称为**样本量**（sample size），比如，抽取 2 000 个家庭组成一个样本，样本量就是 2 000。

怎样获得一个样本呢？假定要在某地区抽取 2 000 个家庭组成一个样本，如果该地区的每个家庭被抽中与否完全是随机的，而且每个家庭被抽中的概率是已知的，这样的抽样方法称为**概率抽样**（probability sampling）。概率抽样方法有简单随机抽样、分层抽样、系统抽样、整群抽样等。

简单随机抽样（simple random sampling）是从含有 N 个元素的总体中抽取 n 个元素组成一个样本，使得总体中的每一个元素都有相同的概率被抽中。采用简单随机抽样时，如果抽取一个个体记录下数据后，再把这个个体放回到原来的总体中参加下一次抽选，这样的抽样方法叫做**有放回抽样**（sampling with replacement）；如果抽中的个体不再放回，再从所剩下的个体中抽取第二个元素，直到抽取 n 个个体为止，这样的抽样方法叫做**无放回抽样**（sampling without replacement）。当总体数量很大时，无放回抽样可以视为有放回抽样。由简单随机抽样得到的样本称为**简单随机样本**（simple random sample）。多数统计推断都是以简单随机样本为基础的。

分层抽样（stratified sampling）也称分类抽样，它是在抽样之前先将总体的元素划分为若干层（类），然后从各个层中抽取一定数量的元素组成一个样本。比如，要研究学生的月生活费支出，可先将学生按地区进行分类，然后从各类中抽取一定数量的学生组成一个样本。分层抽样的优点是可以使样本分布在各个层内，从而使样本在总体中的分布比较均匀，可以降低抽样误差。

系统抽样（systematic sampling）也称等距抽样，它是先将总体各元素按某种顺序排列，并按某种规则确定一个随机起点，然后每隔一定的间隔抽取一个元素，直至抽取 *n* 个元素组成一个样本。比如，要从全校学生中抽取一个样本，可以找到全校学生的名册，按名册中的学生顺序，用随机数找到一个随机起点，然后依次抽取就得到一个样本。

整群抽样（cluster sampling）是先将总体划分成若干群，然后以群作为抽样单元从中抽取部分群组成一个样本，再对抽中的每个群中包含的所有元素进行调查。比如，可以把每一个学生宿舍看作一个群，在全校学生宿舍中抽取一定数量的宿舍，然后对抽中宿舍中的每一个学生都进行调查。整群抽样的误差相对要大一些。

1.2 R 语言的初步使用

R 是一种开源和免费的统计计算和绘图语言，它不仅提供了内容丰富的数据分析解决方案，而且具有强大的可视化功能。R 软件因其开源和免费、功能强大、易于使用和更新速度快等优点，受到人们普遍欢迎。R 软件每年都会有两次左右的版本更新，新版本可能对某些包或函数做了升级，使用前需要根据自己使用的版本检查使用的函数是否已经更新。

1.2.1 R 软件的下载与安装

使用前，需要在你使用的计算机系统中安装 R 软件。在 CRAN 网站（http://cran.r-project.org/）上可以下载 R 的各种版本，包括 Windows，Linux 和 Mac OX，使用者可以根据自己的计算机系统选择相应的版本。

如果使用的是 Windows 系统，下载完成后会在桌面出现带有 R 版本信息的图标，双击该图标即可完成安装。安装完成后，双击即可启动 R 软件进入开始界面，如图 1-2 所示。

在提示符 “>” 后即可输入命令代码，按 “Enter” 键，R 软件就会运行该命令并输出相应的结果。本书代码的运行均在上述界面中完成。

图 1-2 是 R 官方提供的操作环境界面。除官方操作环境外，R 还有一种操作环境，即 RStudio，它是 R 语言的一个独立的开源项目，它将许多编程工具集成到一个直观、易于学习的界面中，现已成为 R 使用者偏爱的一种操作环境。

在安装完 R 后，可以进入 RStudio 的官方网站（https://www.rstudio.com/products/rstudio/download/）下载 RStudio。点击 Free 下的 Download，根据自己的计算机系统选择适合的版本。下载并安装完成后，双击即可启动 RStudio 进入开始界面。在提示符 “>” 后即可输入命令代码，按 “Enter” 键，即可显示结果，或在右下窗口显示图形结果，如图 1-3 所示。

R 软件的所有分析和绘图均由 R 命令实现。使用者需要在提示符 “>” 后输入命令代码，每次可以输入一条命令，也可以连续输入多条命令，命令之间用分号 “;” 隔开。

命令输入完成后，按“Enter”键，R软件就会运行该命令并输出相应的结果。比如，在提示符“>”后输入2+3，按“Enter”键后显示结果为5。如果要输入的数据较多，超过一行，可以在适当的地方按“Enter”键，在下一行继续输入，R软件会在断行的地方用“+”表示连接。

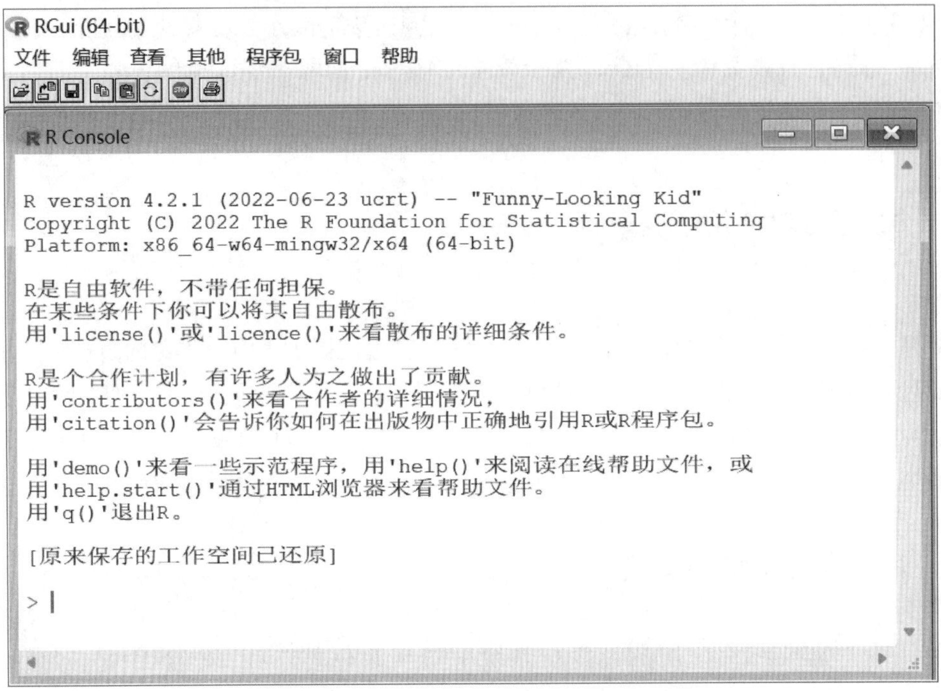

图1-2 Windows中的R界面

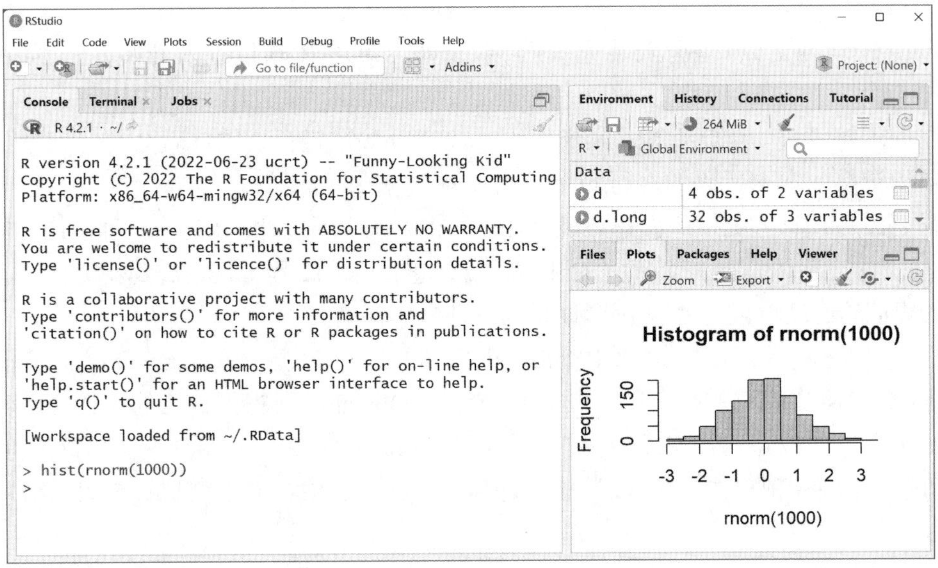

图1-3 Windows中的RStudio界面

1.2.2　对象赋值与运行

如果要对输入的数据做多种分析，如计算平均数、标准差，绘制直方图等，每次分析都要输入数据就非常麻烦，这时，可以将多个数据组合成一个数据集，并给数据集起一个名称，然后把数据集赋值给这个名称，这就是所谓的 R **对象**（object）。R 对象可以是一个数据集、模型、图形等任何东西。

R 语言的标准赋值符号是“<-”，也允许使用“=”进行赋值，但推荐使用更加标准的前者。使用者可以给对象赋一个值、一个向量、一个矩阵或一个数据框等。比如，将 5 个数据 80，87，98，73，100 赋值给对象 x，将数据文件 example1_1 赋值给对象 y，代码如代码框 1-1 所示。

代码框 1-1　给对象赋值

```
> x<-c(80,87,98,73,100)          # 将 5 个数据赋值给对象 x
> y<-example1_1                  # 将数据框 example1_1 赋值给对象 y
```

代码“x<-c(80,87,98,73,100)”中，“c”是一个 R 函数，它表示将 5 个数据合并成一个向量，然后赋值给对象 x。这样，在分析这 5 个数据时，就可以直接分析对象 x。比如，要计算对象 x 的总和、平均数，并绘制条形图，代码如代码框 1-2 所示。

代码框 1-2　对象计算和绘图

```
> sum(x)                         # 计算对象 x 的总和
> mean(x)                        # 计算对象 x 的平均数
> barplot(x)                     # 绘制对象 x 的条形图
```

在上述代码中，sum 是求和函数，mean 是计算平均数的函数，barplot 是绘制条形图的函数。代码中“#”是 R 语言的注释符号，运行代码遇到注释符号时，会自动跳过 # 后的内容而不运行，未使用“#”标示的内容，R 软件都会视为代码运行，没有“#”符号的注释，R 软件会显示错误信息。读者可以运行上述代码来查看相应结果。

1.2.3　编写代码脚本

R 代码虽然可以在提示符后输入，但如果输入的代码较多，难免出现输入错误。如果代码输入错误或书写格式错误，运行后，R 会出现错误提示或警告信息。这时，在 R 界面中修改错误的代码比较麻烦，也不利于保存代码，因此，R 代码最好是在脚本文件中编写，编写完成后，选中输入的代码，并单击鼠标右键，选择“运行当前行或所选代码”，即可在 R 中运行该代码并得到相应结果。

使用脚本文件编写代码时，先在 R 控制台中单击“文件”→新建程序脚本命令，会弹出 R 编辑器，在其中编写代码即可，如图 1-4 所示。

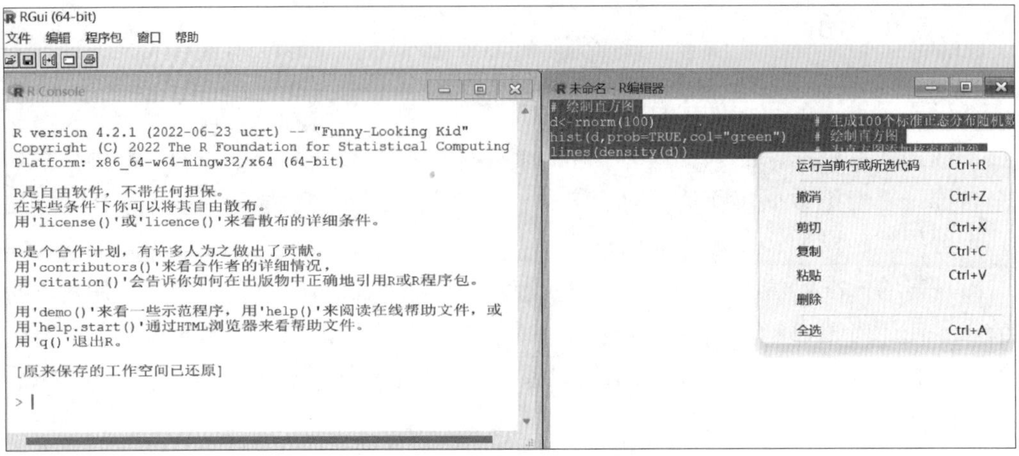

图1-4　在脚本文件中编写代码

如果运行出现错误或需要增加新的代码，可根据R的错误提示信息在脚本文件中修改，运行没有问题后可将代码文件保存到指定目录的文件夹中，下次使用时在R界面中打开代码即可。

1.2.4　查看帮助文件

R软件的所有计算和绘图均可由R函数完成，这些函数通常来自不同的R包，每个R包和函数都有相应的帮助说明。使用中遇到疑问时，可以随时查看帮助文件。比如，要想了解sum函数和stats包的功能及使用方法，可使用help（函数名）或“?函数名”查询。直接输入函数名，可以看到该函数的源代码，如代码框1-3所示。

代码框1-3　查看帮助

```
> help(sum)                      # 查看sum函数的帮助信息
> ?plotmath                      # 查看R的数学运算符
> help(package="stats")          # 查看包stats的信息
> var                            # 查看var函数的源代码
```

help(sum)会输出sum函数的具体说明，包括函数的形式、参数设定、示例等内容。help(package="stats")可以输出stats包的简短描述以及包中的函数名称和数据集名称的列表。输入var并运行，可以查var函数的源代码。

1.2.5　包的安装与加载

R软件中的**包**（package）是指包含数据集、R函数等信息的集合。大部分统计分析和绘图都可以使用已有的R包中的函数来实现。一个R包中可能包含多个函数，能做多种分析和绘图，对于同一问题的分析或绘图，也可以使用不同包中的函数来实现，用户可以根据个人需要和偏好选择所用的包。

在最初安装 R 软件时，自带了一系列默认包，如 base，datasets，utils，grDevices，graphics，stats，methods 等，它们提供了种类繁多的默认函数和数据集，分析时可直接使用这些包中的函数而不必加载这些包。其他包则需要事先安装并加载后才能使用。使用 library( )或.packages(all.available=TRUE)函数，可以显示 R 软件中已经安装了哪些包，并列出这些包的名称。

在使用 R 软件时，可根据需要随时在线安装所需的包。对于放置在 CRAN 平台上的包，输入 install.packages("包名称")命令，选择相应的镜像站点即可自动完成包的下载和安装。完成安装后，要使用该包时，需要使用 library 函数或 require 函数将其加载到 R 界面中。有关 R 包的一些简单操作如代码框 1-4 所示。

代码框 1-4　R 包的一些操作

```
# 安装包
> install.packages("car")                    # 安装包 car
> install.packages(c("car","vcd"))           # 同时安装 car 和 vcd 两个包

# 加载包
> library(car)                               # 加载包 car，或写成 require(car)

# 卸载（删除）安装在R中的包
> remove.packages("vcd")                     # 从 R 中彻底删除 vcd 包

# 解除（不是删除）加载到R界面中的包
> detach("vcd")                              # 解除加载到 R 界面中的 vcd 包
```

除 R 软件默认安装的包外，本书还用到了其他一些包。在 R 官网上可以查阅这些包的功能简介，使用 help(package="包名称")可以查阅包的详细信息。建议读者在使用本书前先将这些包安装好，以方便随时调用。

1.2.6 数据读取和保存

在数据分析或可视化时，可以在 R 界面中录入数据，但比较麻烦。如果使用的是已有的外部数据，如 Excel 数据、SPSS 数据、SAS 数据、Stata 数据等，可以将外部数据读入到 R 界面中。建议读者先在 Excel 中录入数据，然后在 R 中读入数据进行分析。

1. 读取外部数据

R 软件可以读取不同形式的外部数据，这里主要介绍如何读取 csv 格式的数据。本书使用的数据均为 csv 格式（默认编码格式为 GBK），其他很多类型的数据也可以转换为 csv 格式，比如，Excel 数据、SPSS 数据等，均可以转换成 csv 格式。

需要注意的是，csv 文件的编码格式有两种，即 GBK 格式和 UTF-8 格式。使用 Excel 将数据存为 csv 格式时，默认编码格式为 GBK，要将其存为 UTF-8 格式，需要使用 CSV UTF-8 进行保存。为数据读取方便，本书例题和习题数据均已存为 UTF-8 编码格式的 csv 文件。

使用 read.csv 函数可以将 csv 格式数据读入到 R 界面中，但需要指定文件编码格式。函数默认参数 header=FALSE，即读取的 csv 数据中包含标题（即变量名）。假定有一个名为 table1_1 的 csv 格式数据文件，存放在路径“C:/mydata/chap01/”中，读取该数据的代码如代码框 1-5 所示。

代码框 1-5　读取数据

```
# 读取编码格式为 GBK 的 csv 文件（含有标题）
> table1_1<-read.csv("C:/mydata/chap01/table1_1.csv",fileEncoding="GBK")
> table1_1
    姓名  统计学  数学  经济学
1  刘文涛     68    85      84
2  王宇翔     85    91      63
3  田思雨     74    74      61
4  徐丽娜     88   100      49
5  丁文彬     63    82      89

# 读取编码格式为 UTF-8 的 csv 文件（未运行）
df<-read.csv("C:/mydata/chap01/df.csv",fileEncoding="UTF-8")
```

2. 保存数据

在分析数据时，如果读入的是已有的数据，并且未对数据做任何改动，就没必要保存，下次使用时，重新加载该数据即可。如果在 R 中录入的是新数据，或者对加载的数据做了修改，保存数据就十分必要。

如果在 R 界面中录入新数据，或者读入的是已有的数据，想要将数据以特定的格式保存在指定的路径中，则先要确定保存成何种格式。如果想保存成 csv 格式，可以使用 write.csv 函数，数据文件的后缀必须是 csv，同时需要指定编码格式。假定要将 table1_1 保存在指定的路径中，R 代码如代码框 1-6 所示。

代码框 1-6　保存数据

```
# 存为编码格式为 GBK 的 csv 文件
write.csv(table1_1,file="C:/mydata/chap01/dd.csv", fileEncoding = "GBK")
                                                  # 存为编码格式为 GBK 的 csv 文件

# 存为编码格式为 UTF-8 的 csv 文件
write.csv(table1_1,file="C:/mydata/chap01/table1_1.csv)    # 默认编码格式为 UTF-8
```

```
write.csv(table1_1,file="C:/mydata/chap01/table1_2.csv",fileEncoding="UTF-8")
                                                    # 指定编码格式为 UTF-8
```

注：file=""指定文件的存放路径和名称。

习题

1.1　指出下面的变量属于哪一类型。

（1）年龄。

（2）性别。

（3）汽车产量。

（4）员工对企业某项改革措施的态度（赞成、中立、反对）。

（5）购买商品时的支付方式（现金、信用卡、支票）。

1.2　一家研究机构从 IT 从业者中随机抽取 1 000 人作为样本进行调查，其中 60%的人回答他们的月收入在 10 000 元以上，90%的人回答他们的消费支付方式是用信用卡。

（1）这一研究的总体是什么？样本是什么？样本量是多少？

（2）“月收入”是无序类别变量、有序类别变量还是数值变量？

（3）“消费支付方式”是无序类别变量、有序类别变量还是数值变量？

1.3　某大学的商学院为了解毕业生的就业倾向，分别在会计专业抽取 50 人、市场营销专业抽取 30 人、企业管理专业抽取 20 人进行调查。

（1）这种抽样方式是分层抽样、系统抽样还是整群抽样？

（2）样本量是多少？

1.4　运行 help（mean），阅读帮助信息，并运行其中的 Examples。

1.5　在 R 中新建一个程序脚本，录入数据：12，25，53，88，37，66，并将其赋值给对象 d，存成名为 data1_1 的 csv 格式文件，然后将脚本文件保存到指定的目录中。

第 2 章 数据处理和绘图基础

Chapter 2

在做数据分析前，首先需要对获得的数据进行审核、清理，并录入计算机形成数据文件，再根据需要对数据做必要的预处理，以便满足分析的需要。本章将根据以后各章学习的需要，首先介绍 R 语言的数据类型及其处理方法，然后介绍 R 语言绘图的基础知识。

2.1 R 的数据类型及其操作

R 软件自带了很多数据集，并附有这些数据集的分析和绘图示例，可作为学习 R 语言时练习使用。输入数据集的名称可查看该数据集，用 help（数据集名称）可查看该数据集的详细信息。比如，要查看泰坦尼克号的数据，输入 Titanic 即可，要查看该数据的详细信息，输入 help(Titanic)或?Titanic 即可。R 语言处理的**数据集**（data set）类型包括**向量**（vector）、**矩阵**（matrix）、**数组**（array）、**数据框**（data frame）、**因子**（factor）、**列表**（list）等。

2.1.1 向量、矩阵和数组

1. 向量

向量是个一维数组，其中可以是数值型数据，也可以是字符数据或逻辑值（如 TRUE 或 FALSE）。要在 R 中录入一个向量，可以使用 c 函数将不同元素组合成向量，也可以使用 seq 函数、rep 函数等产生向量。代码框 2-1 展示了在 R 中创建不同向量的例子。

同一个向量中的元素只能是同一类型的数据，不能混杂。使用表示下标的方括号“[ ]”可以访问向量中的元素。比如，访问向量 a<-c(2,5,8,3,9)中的第 2 个和第 5 个元素，输入代码 a[c(2,5)]，显示的结果为[1] 5 9。

代码框 2-1　创建向量

```
# 用 c 函数创建向量
> a<-c(2,5,8,3,9)                        # 数值型向量
> b<-c("甲","乙","丙","丁")               # 字符型向量
> c<-c("TRUE","FALSE","FALSE","TRUE")    # 逻辑值向量
> a;b;c                                  # 运行向量 a,b,c，并显示其结果
[1] 2 5 8 3 9
[1] "甲" "乙" "丙" "丁"
[1] "TRUE"  "FALSE" "FALSE" "TRUE"
# 创建向量的其他方法
> v1<-1:6                                # 产生 1~6 的等差数列
> v2<-seq(from=2,to=4,by=0.5)            # 在 2~4 之间产生步长为 0.5 的等差数列
> v3<-rep(1:3,times=3)                   # 将 1~3 的向量重复 3 次
> v4<-rep(1:3,each=3)                    # 将 1~3 的向量中每个元素重复 3 次
> v1;v2;v3;v4                            # 运行向量 v1,v2,v3,v4
[1] 1 2 3 4 5 6
[1] 2.0 2.5 3.0 3.5 4.0
[1] 1 2 3 1 2 3 1 2 3
[1] 1 1 1 2 2 2 3 3 3
# R 的内置函数
> LETTERS[1:10]                          # 生成 1~10 个大写英文字母
 [1] "A" "B" "C" "D" "E" "F" "G" "H" "I" "J"
> letters[1:10]                          # 生成 1~10 个小写英文字母
 [1] "a" "b" "c" "d" "e" "f" "g" "h" "i" "j"
> month.abb                              # 生成缩写的英文月份
 [1] "Jan" "Feb" "Mar" "Apr" "May" "Jun" "Jul" "Aug" "Sep" "Oct" "Nov" "Dec"
> month.name[1:6]                        # 生成全称英文月份 1~6 月份
[1] "January"  "February" "March"    "April"    "May"      "June"
```

2. 矩阵

矩阵是个二维数组，其中的每个元素都是相同的数据类型。用 matrix 函数可以创建矩阵。比如，要创建一个 2 行 3 列的矩阵，代码和结果如代码框 2-2 所示。

代码框 2-2　创建矩阵

```
# 用 matrix 函数创建矩阵
> v<-1:6                      # 生成 1 到 6 的数值向量
> mat<-matrix(v,              # 创建向量 v 的矩阵，并命名为 mat
+    nrow=2,ncol=3,           # 矩阵行数为 2，列数为 3
+    byrow=TRUE)              # 按行填充矩阵元素（函数默认 byrow=FALSE，即按列填充）
> mat                         # 显示矩阵 mat
     [,1] [,2] [,3]
[1,]    1    2    3
[2,]    4    5    6
```

第1列中的[1,]表示第1行，[2,]表示第2行，逗号在数字后表示行；第1行中的[,1]表示第1列，[,2]表示第2列，[,3]表示第3列，逗号在数字前表示列。

要给矩阵添加行名和列名，可以使用rownames函数和colnames函数。要对矩阵做转置，可使用t函数。代码如代码框2-3所示。

代码框2-3　为矩阵添加行名和列名

```
# 为矩阵添加行名和列名
> rownames(mat)=c("甲","乙")       # 添加行名
> colnames(mat)=c("A","B","C")     # 添加列名
> mat
   A  B  C
甲  1  2  3
乙  4  5  6
# 矩阵转置（使用t函数）
> t(mat)
   甲  乙
A  1   4
B  2   5
C  3   6
```

数组与矩阵类似，但维数可以大于2。使用array函数可以创建数组。限于篇幅，这里不再举例，读者可自己查阅函数的帮助。

2.1.2　数据框

数据框是一种表格结构的数据，类似于Excel中的数据表，也是较为常见的数据形式。

1. 创建数据框

使用data.frame函数可创建数据框。假定有5名学生3门课程的考试分数数据如表2-1所示。

表2-1　5名学生3门课程的考试分数（table2_1）

姓名	统计学	数学	经济学
刘文涛	68	85	84
王宇翔	85	91	63
田思雨	74	74	61
徐丽娜	88	100	49
丁文彬	63	82	89

表2-1就是数据框形式的数据。要将该数据录入R，可先以向量的形式录入，然后用data.frame函数组织成数据框。代码和结果如代码框2-4所示。

代码框 2-4　创建数据框

```
# 写入姓名和分数向量
> names<-c("刘文涛","王宇翔","田思雨","徐丽娜","丁文彬")        # 写入学生姓名向量
> stat<-c(68,85,74,88,63)                                       # 写入各门课程分数向量
> math<-c(85,91,74,100,82)
> econ<-c(84,63,61,49,89)

# 将向量组织成数据框
> table2_1<-data.frame(学生姓名=names,统计学=stat,数学=math,经济学=econ)
                        # 将数据组织成数据框，并赋值给对象 table2_1
> table2_1              # 显示数据框
  学生姓名 统计学 数学 经济学
1   刘文涛     68   85     84
2   王宇翔     85   91     63
3   田思雨     74   74     61
4   徐丽娜     88  100     49
5   丁文彬     63   82     89
```

2. 数据框的查看和访问

将数据录入 R 或将外部数据读入 R 时，并不显示该数据。输入数据的名称可以显示全部数据。如果数据框中的行数和列数都较多，可以只显示数据框的前几行或后几行。使用 head(table1_1) 默认显示数据的前 6 行，如果只想显示前 3 行，则可以写成 head(table1_1,3)。使用 tail(table1_1)默认显示数据的后 6 行，如果想显示后 3 行，则可以写成 tail(table1_1,3)。使用 class 函数可以查看数据的类型；使用 nrow 函数和 ncol 函数可以查看数据框的行数和列数；使用 dim 函数可以同时查看数据框的行数和列数。当数据量比较大时，可以使用 str 函数查看数据的结构。代码框 2-5 展示了查看数据框的 R 代码和结果。

代码框 2-5　查看数据框

```
# 查看数据框
> table2_1<-read.csv("C:/example/chap02/table2_1.csv")      # 读入数据框 table2_1
> table2_1                                                  # 显示 table2_1
    姓名 统计学 数学 经济学
1 刘文涛     68   85     84
2 王宇翔     85   91     63
3 田思雨     74   74     61
4 徐丽娜     88  100     49
5 丁文彬     63   82     89
> head(table2_1,3)                                          # 查看前 3 行
```

```
     姓名  统计学  数学  经济学
1  刘文涛     68    85      84
2  王宇翔     85    91      63
3  田思雨     74    74      61
> tail(table2_1,3)                                    # 查看后 3 行
     姓名  统计学  数学  经济学
3  田思雨     74    74      61
4  徐丽娜     88   100      49
5  丁文彬     63    82      89
# 查看数据框的行数和列数
> nrow(table2_1)                                      # 查看 table2_1 的行数
[1] 5
> ncol(table2_1)                                      # 查看 table2_1 的列数
[1] 4
> dim(table2_1)                                       # 同时查看行数和列数
[1] 5 4
# 查看数据类型
> class(table2_1)
[1] "data.frame"
# 查看数据结构
> str(table2_1)                                       # 查看 tabe2_1 的数据结构
'data.frame':    5 obs. of   4 variables:
 $ 姓名   : chr   "刘文涛" "王宇翔" "田思雨" "徐丽娜" ...
 $ 统计学: int   68 85 74 88 63
 $ 数学   : int   85 91 74 100 82
 $ 经济学: int   84 63 61 49 89
```

注：代码str(table2_1)的运行结果显示，table2_1是一个数据框，有4个变量，每个变量有5个观测值。其中“姓名”是因子，有5个水平，因子的编码（按姓名的拼音字母顺序）为2 4 3 5 1；“统计学”“数学”“经济学”是数值变量。当数据量较大时，R会显示前几个，其余省略。

如果要对数据框中的特定变量进行分析或绘图，需用“$”符号指定要分析的变量，也可以用下标指定变量所在的列或行（这样可以避免书写变量名），要分析指定的列时，需要将逗号放在数字的前面，要分析指定的行时，需要将逗号放在数字的后面。代码和结果如代码框 2–6 所示。

代码框2–6　访问数据框

```
# 访问数据框中的特定行或列
> table2_1<-read.csv("C:/example/chap02/table2_1.csv")
> table2_1$统计学     # 访问 table2_1 中的统计学变量，或写成 table2_1[,2]
[1] 68 85 74 88 63
> table2_1[,2:3]      # 访问 table2_1 中的第 2 列至第 3 列，或写成 table2_1[,c(2,3)]
```

```
  统计学 数学
1     68   85
2     85   91
3     74   74
4     88  100
5     63   82
> table2_1[,c(1,3)]   # 访问 table2_1 中的第 1 列和第 3 列
    姓名  数学
1 刘文涛    85
2 王宇翔    91
3 田思雨    74
4 徐丽娜   100
5 丁文彬    82
> table2_1[3,]        # 访问 table2_1 中的第 3 行
    姓名 统计学 数学 经济学
3 田思雨     74   74     61
> table2_1[c(2,4),]   # 访问 table2_1 中的第 2 行和第 4 行
    姓名 统计学 数学 经济学
2 王宇翔     85   91     63
4 徐丽娜     88  100     49
> table2_1[3,2]       # 访问 table2_1 中的第 3 行和第 2 列对应的单元格
[1] 74
> table2_1[c(1,3),c(1,2:3)]  # 访问 table2_1 中的第 1 行和第 3 行、第 1 列和第 2 至第 3 列
    姓名 统计学 数学
1 刘文涛     68   85
3 田思雨     74   74
```

3. 数据框的合并

如果需要合并不同的数据框，使用 rbind 函数可以将不同的数据框按行合并；使用 cbind 函数可以将不同的数据框按列合并。需要注意，按行合并时，数据框中的列变量必须相同，按列合并时，数据框中的行变量必须相同，否则合并是没有意义的。假如除上面的数据框 table2_1 外，还有一个数据框 table2_2，如表 2-2 所示。

表 2-2　5 名学生 3 门课程的考试分数（table2_2）

姓名	统计学	数学	经济学
李志国	78	84	51
王智强	90	78	59
宋丽媛	80	100	53
袁芳芳	58	51	79
张建国	63	70	91

表 2-2 是另外 5 名学生相同课程的考试分数。如果将两个数据框按行合并，R 代码和结果如代码框 2-7 所示。

代码框 2-7　数据框合并

```
> table2_1<-read.csv("C:/example/chap02/table2_1.csv")
> table2_2<-read.csv("C:/example/chap02/table2_2.csv")
> mytable<-rbind(table2_1,table2_2)                # 按行合并数据框
> mytable
     姓名   统计学 数学  经济学
1  刘文涛     68    85     84
2  王宇翔     85    91     63
3  田思雨     74    74     61
4  徐丽娜     88   100     49
5  丁文彬     63    82     89
6  李志国     78    84     51
7  王智强     90    78     59
8  宋丽媛     80   100     53
9  袁芳芳     58    51     79
10 张建国     63    70     91
```

假定上面的 10 名学生还有两门课程的考试分数，可以使用 cbind 函数将其按列合并到 mytable 中。

4. 数据框排序

有时需要对向量或数据进行排序。使用 sort 函数可以对向量排序，函数默认 decreasing=FALSE（默认的参数设置可以省略不写），即升序排列，降序时，可设置参数 decreasing=TRUE。

如果要对整个数据框中的数据进行排序，排序结果与数据框中的行变量对应，则可以使用 base 包中的 order 函数、dplyr 包中的 arrange 函数等。其中 dplyr 包提供了数据框操作的多个函数，比如排序函数 arrange、变量筛选或重命名函数 select、数据汇总函数 summarise 等。排序函数 arrange 可以根据数据框中的某个列变量对整个数据框排序。函数默认按升序排列，降序时，设置参数 desc(变量名)即可。

以表 2-1 的数据（table2_1）为例，使用 dplyr 包中的 arrange 函数对数据排序的 R 代码和结果如代码框 2-8 所示。

代码框 2-8　数据框排序

```
# 使用dplyr包中的arrange函数根据某个列变量对整个数据框排序
> table2_1<-read.csv("C:/example/chap02/table2_1.csv")
> library(dplyr)                  # 加载包
> arrange(table2_1,姓名)          # 按姓名升序对整个数据框排序
```

```
     姓名  统计学  数学  经济学
1  丁文彬     63    82     89
2  刘文涛     68    85     84
3  田思雨     74    74     61
4  王宇翔     85    91     63
5  徐丽娜     88   100     49
> arrange(table2_1,desc(数学))     # 按数学分数降序对整个数据框排序
     姓名  统计学  数学  经济学
1  徐丽娜     88   100     49
2  王宇翔     85    91     63
3  刘文涛     68    85     84
4  丁文彬     63    82     89
5  田思雨     74    74     61
```

使用 order 函数也可以对数据框排序，运行代码 table2_1[order(table2_1$姓名),]和 table2_1[order(table2_1$数学, decreasing=TRUE),]，得到与上述相同的结果。使用代码 sort(table2_1$姓名)可以对姓名做升序排列；使用代码 sort(table2_1$统计学，decreasing=TRUE)可以对统计学分数做降序排列。

2.1.3　因子和列表

类别变量在 R 语言中称为**因子**（factor），因子的取值称为**水平**（level）。很多数据结构中都包含因子，分析或绘图时通常会按照因子的水平进行分类处理。

使用 factor 函数可以将向量编码为因子。比如，a<-c("金融","地产","医药","医药","金融","医药")，factor(a)将此向量按元素的名称顺序编码为(2,1,3,3,2,3)。根据分析的需要，可以使用 as.numeric 函数将因子转换为数值。比如，将向量 a<-c("金融","地产","医药","医药","金融","医药")编码为因子并转换为数值。使用 factor 函数可以创建因子，设置参数 ordered=TRUE 可以创建有序因子。使用 as.numeric 函数还可以将因子编码为数值。因子操作的 R 代码和结果如代码框 2-9 所示。

代码框 2-9　因子及其操作

```
#  创建因子并转换为数值
> v<-c("金融","地产","医药","医药","金融","医药")     # 创建向量 a
> f1<-factor(a);f1                                    # 将向量 a 编码为因子
[1] 金融 地产 医药 医药 金融 医药
Levels: 地产 金融 医药
> as.numeric(f1)                                      # 将因子转换为数值
[1] 2 1 3 3 2 3
# 将无序因子转换为有序因子或数值
> b<-c("很好","好","一般","差","很差")                # 创建向量 b
```

```
> f2<-factor(b,ordered=TRUE,levels=c("很好","好","一般","差","很差"))
> f2                                       # 将向量 b 编码为有序因子
[1] 很好  好  一般  差  很差
Levels: 很好 < 好 < 一般 < 差 < 很差
> as.numeric(f2)                           # 将因子转换为数值
[1] 1 2 3 4 5
```

列表是一些对象的集合，它是R语言中较复杂的数据形式，一个列表中可能包含若干向量、矩阵、数据框等。使用 list 函数可以创建列表。限于篇幅，这里不再介绍，请读者使用 help(list)查阅帮助。

2.2 数据抽样和筛选

数据抽样（data sampling）是从一个已知的总体数据集中抽取随机样本，**数据筛选**（data filter）则是从数据集中找出符合特定条件的某类数据。

2.2.1 数据抽样

从一个已知的总体数据集中抽取随机样本可以采取不同的抽样方法，对应的R函数也不同。比如，使用 base 包中的 sample 函数可以从一个已知的数据集中抽取简单随机样本，也可以用于抽取符合特定条件的数据；使用 sampling 包中的 strata 函数可以进行分层抽样，使用 srswr 函数采取有放回抽样方式抽取简单随机样本，使用 srswor 函数可以采取无放回抽样方式抽取简单随机样本；使用 doBy 包的 systematic 函数可以进行系统抽样；等等。本节只介绍抽取简单随机样本的方法。

使用 sample 函数可以从一个已知的数据集中抽取简单随机样本，函数默认 replace=FALSE，即采取无放回抽样方式抽取样本，设置参数 replace=TRUE 则采取有放回抽样方式抽取样本，该函数也可以抽出符合特定条件的数据。下面通过一个例子说明使用 sample 函数抽取简单随机样本的方法。

【例 2-1】（数据：example2_1）表 2-3 是 50 个学生的姓名、性别、专业和考试分数的数据。使用 sample 函数抽取简单随机样本。

表 2-3　50个学生的姓名、性别、专业和考试分数的数据（只列出前5行和后5行）

姓名	性别	专业	考试分数
张青松	男	会计学	82
王宇翔	男	金融学	81
田思雨	女	会计学	75
徐丽娜	女	管理学	86
张志杰	男	会计学	77

续表

姓名	性别	专业	考试分数
……	……	……	……
孙梦婷	女	管理学	86
唐国健	男	管理学	75
尹嘉韩	男	会计学	70
王雯迪	女	会计学	73
王思思	女	会计学	80

解： 使用 sample 函数抽取随机样本的 R 代码和结果如代码框 2-10 所示。

代码框 2-10　抽取简单随机样本

```
# 随机抽取10个学生组成一个样本
> df<-read.csv("C:/example/chap02/example2_1.csv")
> n1<-sample(df$姓名,size=10);n1                          # 无放回抽取 10 个学生
 [1] "邵海阳" "尹嘉韩" "李国胜" "王宇翔" "丁丽佳" "刘皓天" "田思雨"
 [8] "王智强" "张青松" "袁芳芳"
> n2<-sample(df$姓名,size=10,replace=TRUE);n2           # 有放回抽取 10 个学生
 [1] "赵颖颖" "周永祥" "黄向春" "林丽娜" "卢春阳" "林丽娜" "崔志勇"
 [8] "王雯迪" "袁芳芳" "徐海涛"
# 随机抽取10个考试分数组成一个样本
> n3<-sample(df$考试分数,size=10);n3                      # 无放回抽取 10 个分数
 [1] 51 71 78 73 74 75 81 79 66 82
> n4<-sample(df$考试分数,size=10,replace=TRUE);n4   # 有放回抽取 10 个分数
 [1] 71 75 71 51 79 98 75 91 88 98
```

由于是随机抽样，每次运行上述代码都会得到不同的结果。要想每次运行都产生相同的一组样本，可在抽样之前使用函数 set.seed( )设定随机数种子，在括号内输入任意数字，如 set.seed(12)。使用相同的随机数种子，每次运行都会产生一组相同的随机样本。

2.2.2　数据筛选

数据筛选是根据需要找出符合特定条件的某类数据。比如，找出每股盈利在 2 元以上的上市公司，找出考试成绩在 90 分及以上的学生，等等。

使用 R 中的 sample 函数和 which 函数、dplyr 包中的 filter 函数等均可做数据筛选。下面以例 2-1 的数据为例说明数据筛选的方法，R 代码和结果如代码框 2-11 所示。

代码框 2-11　数据筛选

```
# 使用sample函数抽出符合特定条件的数据
> df<-read.csv("C:/example/chap02/example2_1.csv")
> sample(df$姓名[df$考试分数<60])               # 抽出考试分数小于 60 的所有学生
[1] "张天洋" "马凤良" "孙学伟"
```

```
> sample(df$考试分数[df$考试分数>=90])        # 抽出大于等于90的所有分数
[1] 91 90 92 97 98
> sample(df$姓名[df$专业=="会计学"])          # 抽出会计学专业的所有学生
 [1] "李冬茗" "谭英键" "王思思" "尹嘉韩" "杨小波" "李爱华" "孙学伟"
 [8] "卢春阳" "王雯迪" "张青松" "田思雨" "徐海涛" "宋丽媛" "张天洋"
[15] "张志杰" "张建国" "王浩波" "王晓倩" "高凤云"

# 使用dplyr包中的filter函数筛选出符合特定条件的数据
> library(dplyr)
> filter(df,考试分数>=90)                    # 筛选考试分数大于等于90的所有学生
    姓名 性别   专业 考试分数
1 赵颖颖   女 金融学       97
2 宋丽媛   女 会计学       92
3 刘晓军   男 管理学       91
4 李国胜   男 金融学       90
5 李爱华   女 会计学       98
> filter(df,性别=="女" & 专业=="会计学")  # 筛选出会计学专业的女生
    姓名 性别   专业 考试分数
1 田思雨   女 会计学       75
2 宋丽媛   女 会计学       92
3 李爱华   女 会计学       98
4 高凤云   女 会计学       79
5 李冬茗   女 会计学       88
6 王晓倩   女 会计学       86
7 卢春阳   女 会计学       79
8 王雯迪   女 会计学       73
9 王思思   女 会计学       80
> filter(df,性别=="女" & 专业=="会计学" & 考试分数>=90)
                                    # 筛选出会计学专业考试分数大于等于90的女生
    姓名 性别   专业 考试分数
1 宋丽媛   女 会计学       92
2 李爱华   女 会计学       98
> filter(df,考试分数>=90&专业=="金融学"&性别=="男")
                                    # 筛选出考试分数大于等于90的金融学专业的男生
    姓名 性别   专业 考试分数
1 李国胜   男 金融学       90
```

2.2.3 生成随机数

用R软件产生随机数十分简单，只需在相应分布函数的前面加上字母r即可。由于是随机生成，每次运行会得到不同的随机数。要想每次运行都产生相同的一组随机数，可在生成随机数之前使用函数set.seed( )设定随机数种子。使用

相同的随机数种子，每次运行都会产生一组相同的随机数。代码框 2-12 是产生几种不同随机数的代码和结果。

代码框 2-12　生成随机数

```
# 生成不同分布的随机数
> rnorm(n=5,mean=0,sd=1)          # 产生 5 个标准正态分布随机数
[1] -0.003612769  -0.020883173  0.032106002  -1.167278006  -0.519571618
> set.seed(15)                    # 设置随机数种子
> rnorm(n=5,mean=50,sd=5)         # 产生 5 个均值为 50、标准差为 5 的正态分布随机数
[1] 51.29411  59.15560  48.30191  54.48599  52.44008
> runif(n=5,min=0,max=10)         # 在 0 到 10 之间产生 5 个均匀分布随机数
[1] 1.046694  6.461509  5.090904  7.066286  8.623137
```

2.3　数据类型的转换

在数据分析或绘图时，不同的 R 函数对数据的形式可能有不同的要求。比如，有的函数要求数据是向量，有的要求是数据框，有的要求是矩阵，等等。为满足不同分析或绘图的需要，有时需要将一种数据结构转换为另一种数据结构。比如，将数据框中的一个或几个变量转换为向量，将数据框转换为矩阵，将短格式数据转化成长格式数据，等等。

2.3.1　变量转换成向量

为方便分析，可以将数据框中的某个变量转换为一个向量，也可以将几个变量合并转换成一个向量（注意：数据合并必须有意义）。比如，将 table2_1 中的统计学分数转换成向量，将统计学和数学分数合并转换成一个向量，将整个数据框转化成向量，R 代码和结果如代码框 2-13 所示。

代码框 2-13　将数据框中的变量转换成向量

```
# 将统计学分数转化成向量
> table2_1<-read.csv("C:/example/chap02/table2_1.csv")
> v1<-as.vector(table2_1$统计学);v1
[1] 68 85 74 88 63
# 统计学分数和数学分数合并转换为向量
> v2<-as.vector(c(table2_1$统计学,table2_1$数学));v2
 [1]  68  85  74  88  63  85  91  74  100  82
# 将数据框转换为向量
> v3<-as.vector(as.matrix(table2_1[,2:4]));v3
 [1]  68  85  74  88  63  85  91  74  100  82  84  63  61  49  89
```

2.3.2　数据框转换成矩阵

R中的有些函数要求分析或绘图的数据必须是矩阵形式，有些则要求必须是数据框形式，这时就需要做数据转换。使用as.matrix函数可以将数据框转化成矩阵，使用as.data.frame可以将矩阵转化成数据框。比如，要将数据框table2_1转换成名为mat的矩阵，R代码如代码框2-14所示。

代码框2-14　将数据框转换成矩阵

```
# 将数据框table2_1转换为矩阵mat
> table2_1<-read.csv("C:/example/chap02/table2_1.csv")
> mat<-as.matrix(table2_1[,2:4])          # 转 table2_1 中的 2~4 列转换为矩阵 mat
> rownames(mat)=table2_1[,1]              # 矩阵的行名为 table2_1 第 1 列的名称
> mat                                     # 显示矩阵
       统计学 数学 经济学
刘文涛     68   85     84
王宇翔     85   91     63
田思雨     74   74     61
徐丽娜     88  100     49
丁文彬     63   82     89
```

要将矩阵mat转换成数据框，可以使用代码as.data.frame(mat)。

2.3.3　短格式转化成长格式

数据框table2_1中的每一门课程占据一列，这种数据形式属于短格式或称宽格式。短格式数据通常是为出版的需要而设计的。实际上，在table2_1中，除姓名外，只涉及两类变量：一个是“课程”（因子），一个是“分数”（数值）。使用R做数据分析或绘图时，有时需要将“课程”和“分数”分别放在单独的列中，这种格式的数据就是长格式。

将短格式数据转化成长格式数据，可以使用reshape2包中的melt函数、tidyr包中的gather函数等。使用前需要安装并加载reshape2包或tidyr包。使用reshape2包中的melt函数将table2_1的数据转化成长格式，代码和结果如代码框2-15所示。

代码框2-15　将短格式数据转换成长格式

```
# 使用reshape2包中的melt函数融合数据
> table2_1<-read.csv("C:/example/chap02/table2_1.csv")
> library(reshape2)                       # 加载 reshape2 包
> df1<-melt(table2_1,id.vars="姓名",variable.name="课程",value.name="分数")
                    # 融合 table2_1 与 id 变量，并命名 variable.name="课程",value.name="分数"
> df1               # 显示 df1
    姓名   课程 分数
1 刘文涛 统计学   68
2 王宇翔 统计学   85
3 田思雨 统计学   74
```

```
4  徐丽娜 统计学    88
5  丁文彬 统计学    63
6  刘文涛   数学    85
7  王宇翔   数学    91
8  田思雨   数学    74
9  徐丽娜   数学   100
10 丁文彬   数学    82
11 刘文涛 经济学    84
12 王宇翔 经济学    63
13 田思雨 经济学    61
14 徐丽娜 经济学    49
15 丁文彬 经济学    89
```

```
# 使用 tidyr 包中的 gather 函数融合数据
> library(tidyr)                                   # 加载 tidyr 包
> df2<-gather(table2_1,key="课程",value="分数","统计学","数学","经济学")
                                                   # key 为融合后的变量名称
```

注：运行 df2 得到的结果与上述相同。

函数 melt 中的 id.vars 称为标识变量，用于指定按哪些因子（一个或多个因子）汇集其他变量（通常是数值变量）的值。比如，id.vars="姓名"，表示要将统计学、数学和经济学的分数按姓名汇集成一个变量，而且汇集成一列的数值与原来的课程和姓名相对应。variable.name="课程"表示 3 门课程汇集成一列后的名称。value.name="分数"表示分数汇集成一列后的名称。如果数据中没有标识变量，比如没有姓名这一列，可以不使用 id 变量，函数会自动使用列变量名称进行融合。

如果得到的数据本身就是列联表形式，为满足自身的分析需要，也可以将列联表转换成原始数据（见 2.4.1 节）。

2.4　生成频数表

频数分布表（frequency distribution table）是展示数据的一种基本形式，它是对类别数据（因子的水平）计数或数值数据类别化（分组）后计数生成的表格，用于展示数据的**频数分布**（frequency distribution），其中，落在某一特定类别的数据个数称为**频数**（frequency）。

用频数分布表可以观察不同类型数据的分布特征。比如，通过不同品牌产品销售量的分布可以了解其市场占有率；通过一所大学不同学院学生人数的分布了解该大学的学生构成；通过社会中不同收入阶层的人数分布了解收入的分布状况；等等。

2.4.1　类别数据频数表

由于类别数据本身就是一种分类，只要将所有类别都列出来，然后计算出每一类别的频数，即可生成一张频数分布表。根据观测变量的多少，可以生成一维频数表、二维列联表和多维列联表。

1. 一维频数表

当只涉及一个类别变量时，这个变量的各类别既可以放在频数分布表中“行”的位置，也可以放在“列”的位置，将该变量的各类别及其相应的频数列出来就是一维频数表或称简单频数表，也称**一维列联表**（one-dimensional contingency table）或简称一维表。下面通过一个例子说明一维表的生成过程。

【例2-2】（数据：example2_2.csv）某物业管理公司准备施行一项物业管理改革措施，为征求社区居民的意见，在所管理的4个社区随机调查 80个住户，对户主进行调查。表2-4是被调查者所属的社区、性别及其对该项改革措施的态度数据。生成频数分布表，观察被调查者所属的社区、性别以及其对改革措施态度的分布状况。

表2-4　被调查者所属的社区、性别及其对改革措施的态度数据（前5行和后5行）

社区	性别	态度	社区	性别	态度
A社区	男	反对	B社区	女	反对
B社区	女	反对	D社区	女	赞成
D社区	女	反对	A社区	男	反对
C社区	男	反对	C社区	男	赞成
A社区	男	赞成	A社区	男	赞成
……	……	……	……	……	……
A社区	男	反对	A社区	女	反对
B社区	男	赞成	C社区	男	赞成
A社区	女	赞成	B社区	男	赞成
C社区	女	赞成	A社区	女	赞成
A社区	男	赞成	C社区	女	反对

解： 这里涉及3个类别变量，即被调查者所属的社区、性别和态度。对每个变量可以生成一个简单频数表（一维表），分别展示被调查者所属的社区、性别和态度的分布状况。R中生成列联表的函数有base包中的table函数、stats包中的ftable函数、vcd包中的structable函数等。使用prop.table函数可以将频数表转化成百分比表。以社区为例，使用table函数生成一维频数表的代码和结果如代码框2-16所示。

代码框2-16　生成一维频数表

```
# 生成社区的一维频数表
> example2_2<-read.csv("C:/example/chap02/example2_2.csv")
> tab1<-table(example2_2$社区);tab1          # 生成频数表
A社区 B社区 C社区 D社区
   27    17    21    15
> prop.table(tab1)*100                        # 将频数表转化成百分比表
A社区   B社区   C社区   D社区
33.75   21.25   26.25   18.75
```

2. 二维列联表

当涉及两个类别变量时，可以将一个变量的各类别放在“行”的位置，另一个变量的各类别放在“列”的位置（行和列可以互换），由两个类别变量交叉分类形成的频数分布表称为**二维列联表**（two-dimensional contingency table），简称二维表或**交叉表**（cross table）。比如，对例 2-2 的 3 个变量可以分别生成社区与性别、社区与态度、性别与态度 3 个二维列联表。

使用 table 函数可以生成两个类别变量的二维列联表，使用 addmargins 函数可为列联表添加边际和。以社区和态度为例，生成二维列联表的代码如代码框 2-17 所示。

代码框 2-17　生成二维列联表

```
# 生成态度和社区的二维列联表
> example2_2<-read.csv("C:/example/chap02/example2_2.csv")
> attach(example2_2)                    # 绑定数据框 example2_2
> tabl2<-table(态度,社区);tab2          # 生成态度和社区的二维列联表
      社区
态度   A社区 B社区 C社区 D社区
  反对   13     5     7     6
  赞成   14    12    14     9
> addmargins(tab2)                      # 为列联表添加边际和
      社区
态度   A社区  B社区  C社区  D社区  Sum
  反对   13      5      7      6   31
  赞成   14     12     14      9   49
  Sum    27     17     21     15   80
> addmargins(prop.table(tab2)*100)      # 将列联表转化成百分比表
      社区
态度   A社区   B社区   C社区   D社区    Sum
  反对 16.25    6.25    8.75    7.50   38.75
  赞成 17.50   15.00   17.50   11.25   61.25
  Sum  33.75   21.25   26.25   18.75  100.00
```

3. 多维列联表

当有两个以上类别变量时，通常将一个或多个变量的各类别按“行”摆放，其余变量的各类别按“列”摆放，这种由多个类别变量生成的频数分布表称为**多维列联表**（multidimensional contingency table），简称多维表或**高维表**（higher-dimensional tables）。比如，对例 2-2 中的 3 个变量可以生成一个三维列联表，分别观察 3 个变量频数的交叉分布状况。

使用 stats 包中的 ftable 函数、vcd 包中的 structable 函数均可生成多维列联表（这些函数也可生成一维频数表和二维列联表）。以例 2-2 的数据为例，生成多维列联表的代码如代码框 2-18 所示。

代码框2-18 生成多维列联表

```
# 使用ftable函数生成例2-2的多维列联表
> example2_2<-read.csv("C:/example/chap02/example2_2.csv")
> tab3<-ftable(example2_2,row.vars=c("性别","态度"),col.vars="社区")
                                    # 行变量为性别和态度，列变量为社区
> tab3
          社区  A社区  B社区  C社区  D社区
性别 态度
男   反对           4      3      5      2
     赞成           5      7      8      2
女   反对           9      2      2      4
     赞成           9      5      6      7

# 为列联表添加边际和
> ftable(addmargins(table(example2_2$性别,example2_2$态度,example2_2$社区)))
          A社区  B社区  C社区  D社区  Sum
男   反对     4      3      5      2   14
     赞成     5      7      8      2   22
     Sum      9     10     13      4   36
女   反对     9      2      2      4   17
     赞成     9      5      6      7   27
     Sum     18      7      8     11   44
Sum  反对    13      5      7      6   31
     赞成    14     12     14      9   49
     Sum     27     17     21     15   80
```

注：ftable函数默认将数据框中的最后一个变量作为列联表的列变量。设置参数row.vars和col.vars可以改变行变量和列变量的位置。比如，将社区放在行的位置，将性别和态度放在列的位置，可以使用代码ftable(example2_2,row.vars=c("社区"),col.vars=c("性别","态度"))。更多信息查阅函数帮助。

```
# 使用vcd包中的structable函数生成例2-2的多维列联表
> example2_2<-read.csv("C:/example/chap02/example2_2.csv")
> library(vcd)
> structable(性别+态度~社区,data=example2_2)   # 不同表达式产生不同形式的多维表
        性别    男          女
        态度  反对 赞成  反对 赞成
社区
A社区           4    5     9    9
B社区           3    7     2    5
C社区           5    8     2    6
D社区           2    2     4    7
```

注：在structable函数中，函数中的formula是一个表达式（公式），用于指定频数表的行变量和列变量。data是包含制表变量的数据框、列表或从类表（如table函数、ftable函数等生成的表）继承的对象。direction是指定拆分方向（"h"表示水平拆分，"v"表示垂直拆分）的字符向量，使用代码structable(example2_2,direction=c("h","v","v"))生成的列联表与上述相同。如果想要将性别放在行，其余两个变量放在列，则设置参数direction=c("v","h","v")即可。更多信息查阅函数帮助。

4. 将列联表转化成数据框

如果得到的数据本身就是列联表形式，为满足自身的分析需要，也可以将列联表转换成数据框形式。使用 DescTools 包中的 Untable 函数可以将列联表转化成原始数据框，使用 as.data.frame 函数可以将列联表转化成带有类别频数的数据框。比如，根据 example2_2 数据生成多维列联表，再将列联表转换成原始的数据框形式，代码和结果如代码框 2-19 所示。

代码框 2-19　将列联表转化成数据框

```
# 将列联表转化成原始数据框
> mytable<-ftable(example2_2)          # 生成多维列联表
> df<-Untable(mytable)                 # 将列联表转化成原始数据框
> head(df,3);tail(df,3)                # 显示前 3 行和后 3 行
   社区 性别  态度
1 A社区    男  反对
2 A社区    男  反对
3 A社区    男  反对
    社区 性别  态度
78 D社区    女  赞成
79 D社区    女  赞成
80 D社区    女  赞成

注：运行代码Untable(table(example2_2))，得到与上述相同的结果。

# 将列联表转化成带有交叉类别频数的数据框
> tab<-ftable(example2_2)      # 生成列联表（也可以使用 table 函数生成列联表）
> df<-as.data.frame(tab);df    # 将列联表转化成带有类别频数的数据框
    社区 性别 态度 Freq
1   A社区   男 反对    4
2   B社区   男 反对    3
3   C社区   男 反对    5
4   D社区   男 反对    2
5   A社区   女 反对    9
6   B社区   女 反对    2
7   C社区   女 反对    2
8   D社区   女 反对    4
9   A社区   男 赞成    5
10 B社区   男 赞成    7
11 C社区   男 赞成    8
12 D社区   男 赞成    2
13 A社区   女 赞成    9
14 B社区   女 赞成    5
15 C社区   女 赞成    6
16 D社区   女 赞成    7

注：其中的Freq表示交叉分类的频数。
```

5. 频数表的简单分析

对于频数分布表可以使用**比例**（proportion）、**百分比**（percentage）、**比率**（ratio）等统计量进行描述。如果是有序类别数据，还可以计算**累积频数**（cumulative frequency）和**累积百分比**（cumulative percent）进行分析。

比例也称构成比，它是一个样本（或总体）中各类别的频数与全部频数之比，通常用于反映样本（或总体）的构成或结构。将比例乘以100得到的数值称为百分比，用%表示。比率是样本（或总体）中各不同类别频数之间的比值，反映各类别之间的比较关系。由于比率不是部分与整体之间的对比关系，因而比值可能大于1。累积频数是将各有序类别的频数逐级累加的结果（注意：对于无序类别的频数计算累积频数没有意义），累积百分比则是将各有序类别的百分比逐级累加的结果。

使用DescTools包中的Desc函数可以对一维频数表、二维列联表和多维列联表做各种分析，还可以给出相应的条形图，代码和结果如代码框2-20所示。

代码框2-20　频数表的分析

```
# 一维频数表的分析（以社区为例）
> example2_2<-read.csv("C:/example/chap02/example2_2.csv")
> library(DescTools)
> Desc(example2_2$社区)
------------------------------------------
example2_2$社区 (character)

  length      n    NAs  unique  levels  dupes
      80     80      0       4       4      y
         100.0%   0.0%

     level  freq   perc  cumfreq  cumperc
1  A社区      27  33.8%       27    33.8%
2  C社区      21  26.2%       48    60.0%
3  B社区      17  21.2%       65    81.2%
4  D社区      15  18.8%       80   100.0%

# 二维列联表的分析（以性别和态度为例）
> Desc(table(example2_2$性别,example2_2$态度))
---------------------------------------------
table(example2_2$性别, example2_2$态度) (table)
Summary:
n: 80,  rows: 2,  columns: 2

                 反对    赞成     Sum

男     freq        14      22      36
       perc     17.5%   27.5%   45.0%
       p.row    38.9%   61.1%       .
       p.col    45.2%   44.9%       .
```

```
女    freq       17       27       44
      perc    21.2%    33.8%    55.0%
      p.row   38.6%    61.4%        .
      p.col   54.8%    55.1%        .

Sum   freq       31       49       80
      perc    38.7%    61.3%   100.0%
      p.row       .        .        .
      p.col       .        .        .
```

```
# 多维列联表的分析
> Desc(table(example2_2))
```

```
---------------------------------
table(example2_2) (table)
Summary:
n: 80,  3-dim  table: 4 x 2 x 2

            态度  反对  赞成  Sum
社区   性别
A社区  男           4     5     9
       女           9     9    18
B社区  男           3     7    10
       女           2     5     7
C社区  男           5     8    13
       女           2     6     8
D社区  男           2     2     4
       女           4     7    11
Sum    男          14    22    36
       女          17    27    44
```

注：Desc函数生成各种类别变量的摘要。对于一个类别变量，函数会返回该变量的描述性统计摘要，并绘制描述性图形。对于两个类别变量的二维列联表，函数会返回各单元格的相对频率、卡方检验和相关性度量系数（详见第8章）。对于多个类别变量，函数将返回多维列联表及其检验、第一个维度和最后一个维度的边际总和等，并绘制马赛克图（详见第3章和第8章）。上述分析的输出中删除了图形以及与本章无关的内容。Desc函数的更多信息请查阅函数帮助。

代码框 2-20 的一维频数表分析中，给出了样本量（length\n）信息、因子的水平（level）、频数（freq）、频数百分比（perc）、累积频数（cumfreq）、累积频数百分比（cumperc）等。二维列联表分析中给出了列联表的汇总信息（Summary），其中包括样本量（n）、列联表的行数（rows）和列数（columns）以及列联表频数和百分比信息等（读者可自行进行分析）。多维列联表分析中列出了列联表的维度信息、带有交叉类别频数的表格等。

2.4.2　数值数据类别化

在生成数值数据的频数分布表时，需要先将数据划分成不同的数值区间，这样的区间就是类别数据，再生成频数分布表，这一过程称为**类别化**（categorization）。类别化的方法是将原始数据分成不同的组别。

数据分组是将数值数据转化成类别数据的方法之一，它是先将数据按照一定的间距划分成若干区间，再统计出每个区间的频数，生成频数分布表。通过分组可以将数值数据转化成具有特定意义的类别，比如，根据空气质量指数（Air Quality Index，AQI）数据将空气质量分为6级：优（0～50）、良（51～100）、轻度污染（101～150）、中度污染（151～200）、重度污染（201～300）、严重污染（300以上）；按收入的多少将家庭收入划分成低收入、中等收入、高收入，等等。

下面结合具体例子说明数值数据频数分布表的生成过程。

【例2-3】（数据：example2_3）某电商平台2023年前4个月每天的销售额数据如表2-5所示。对销售额做适当分组，分析销售额的分布特征。

表2-5　某电商平台2023年1—4月每天的销售额　　单位：万元

272	194	161	246	196	201	217	209	265	219	188	216
181	241	254	207	198	224	253	210	215	207	225	234
225	197	171	243	208	202	206	210	233	222	222	199
199	236	203	167	199	193	248	205	216	218	209	235
188	198	225	203	252	203	181	212	205	226	226	220
240	196	172	224	200	261	207	218	217	223	228	238
191	199	252	183	238	203	172	217	237	191	229	196
204	200	187	195	200	218	207	214	217	224	230	233
192	172	216	196	200	235	216	206	218	204	186	206
212	234	243	239	222	208	205	215	203	224	238	243

解：首先，确定要分的组数。确定组数的方法有几种。设组数为K，根据Sturges给出的组数确定方法，$K=1+\log_{10}(n)/\log_{10}(2)$。当然这只是个大概数，具体的组数可根据需要适当调整。表2-5共有120个数据，$K=1+\log_{10}(120)/\log_{10}(2)=8$，或使用R函数nclass.Sturges(example2_3$销售额)，得$K=8$，因此，可以将数据大概分成8组。实际分组时，可根据需要适当调整组数。

其次，确定各组的组距（组的宽度）。组距可根据全部数据的最大值和最小值及所分的组数来确定，即组距=(最大值−最小值)÷组数。对于表2-5的数据，最小值为min(example2_3$销售额)=161，最大值为max(example2_3$销售额)=272，则组距=(272−161)/8≈14，因此组距可取15（当然也可以取组距=10，组距=20，等等，使用者根据分析的需要确定一个大概数即可）。

最后，统计出各组的频数即可得到频数分布表。在统计各组频数时，恰好等于某一组上限的值有不同的处理方法。使用R或其他软件分组计数时，通常包含上限值，即一个组的数值x满足$a<x\leq b$。根据需要也可以将恰好等于上限的值计算在下一组，即一个组的数值x满足$a\leq x<b$。

使用 base 包中的 cut 函数、actuar 包中的 grouped.data 函数、DescTools 包中的 Freq 函数等均可实现数据分组并生成频数分布表。这里推荐使用 DescTools 包中的 Freq 函数。由 Freq 函数生成频数分布表的代码和结果如代码框 2–21 所示。

代码框 2–21　数据分组与生成频数分布表

```
#  使用Freq函数的默认分组（含上限值）
> library(DescTools)
> example2_3<-read.csv("C:/example/chap02/example2_3.csv")
> tab1<- Freq(example2_3$销售额)
> tab1
         level   freq    perc   cumfreq   cumperc
1    [160,170]      2    1.7%         2      1.7%
2    (170,180]      4    3.3%         6      5.0%
3    (180,190]      7    5.8%        13     10.8%
4    (190,200]     21   17.5%        34     28.3%
5    (200,210]     25   20.8%        59     49.2%
6    (210,220]     19   15.8%        78     65.0%
7    (220,230]     16   13.3%        94     78.3%
8    (230,240]     13   10.8%       107     89.2%
9    (240,250]      6    5.0%       113     94.2%
10   (250,260]      4    3.3%       117     97.5%
11   (260,270]      2    1.7%       119     99.2%
12   (270,280]      1    0.8%       120    100.0%

# 指定组距=15（不含上限值）
> tab2<-Freq(example2_3$销售额,breaks=c(160,175,190,205,220,235,250,265,280),
+     right=FALSE)                                   # 指定组距=15，不含上限值
> tab2<-data.frame(分组=tab2$level,频数=tab2$freq,频数百分比=tab2$perc*100,
+     累积频数=tab2$cumfreq,累积百分比=tab2$cumperc*100)  # 重新命名频数表中的变量
> print(tab2,digits=3)                     # 用 print 函数定义输出结果的小数位数
       分组  频数  频数百分比  累积频数  累积百分比
1 [160,175)     6        5.00         6         5.0
2 [175,190)     7        5.83        13        10.8
3 [190,205)    30       25.00        43        35.8
4 [205,220)    34       28.33        77        64.2
5 [220,235)    21       17.50        98        81.7
6 [235,250)    15       12.50       113        94.2
7 [250,265)     5        4.17       118        98.3
8 [265,280]     2        1.67       120       100.0
```

注：Freq 函数中的参数 breaks 用于确定所分的组数，可根据需要确定一个分组切割点的数值向量；参数 right 为逻辑值，确定区间是否包含上限值，默认 right=TRUE，包含上限值，设置 right=FALSE 则不包含上限值。更多信息查看帮助。

代码框 2–21 中，默认分组的频数分布表列出了组别（level）、各组的频数（freq）、各组频数百分比（perc）、累积频数（cumfreq）、累积频数百分比（cumperc）。如果要分成特定组距的组，可使用参数 breaks 确定一个分组切割点的数值向量。比如，将表 2–5 的数据分成组距为 10 或 20 的组等。

2.5 R语言绘图基础

R 语言具有强大的可视化功能，可绘制式样繁多的图形，其中包括 base 和 grid 两大底层绘图系统。很多绘图包都是基于这两大底层绘图系统开发的，如基于 grid 开发的 ggplot 包。所有图形均可由相应的 R 函数绘制，这些函数通常来自不同的包，其中部分来自 R 基础安装时自带的 graphics 绘图包，有些则来自其他包。限于篇幅，本节主要介绍 graphics 包的基本绘图函数及其使用方法。

2.5.1 基本绘图函数

graphics 包也称为传统绘图系统，一些基本绘图函数均由该包提供。在最初安装 R 软件时，该包就已经安装在 R 中，其中的绘图函数可以直接使用而不必加载 graphics 包。

graphics 包中的绘图函数大致可分为两大类：一类是高级绘图函数，这类函数可以产生一幅独立的图形；另一类是低级绘图函数，这类函数通常不产生独立的图形，而是在高级函数产生的图形上添加一些新的图形元素，如标题、文本注释、线段等。

plot 函数是 graphics 包中最重要的高级绘图函数，它是一个泛函数，可以绘制多种图形。给函数传递不同类型的数据，可绘制不同的图形。除 plot 函数外，graphics 包中还有其他一些高级绘图函数，如绘制条形图的 barplot 函数，绘制直方图的 hist 函数，绘制箱线图的 boxplot 函数，等等。在低级绘图函数中，有为图形添加图例的 legend 函数、页面布局的 layout 函数、为图形添加注释文本的 mtext 函数等。这些函数的详细信息可使用 help(函数名)查阅帮助。

下面通过一个例子简要说明 plot 函数和一些低级绘图函数的使用方法，如代码框 2-22 所示。

代码框 2-22 plot 函数和一些低级绘图函数的使用

```
# 图2-1的绘制代码
> par(mai=c(0.6,0.6,0.4,0.4),cex=0.7)                    # 设置图形边界和符号的大小
> set.seed(2025)                                          # 设置随机数种子
> x <- rnorm(200)                                         # 产生 200 个标准正态分布随机数
> y <- 1+2*x +rnorm(200)                                  # 产生变量 y 的随机数
> d<-data.frame(x,y)                                      # 将数据组织成数据框 d
> plot(d,xlab="x=自变量",ylab="y=因变量")                  # 绘制散点图
> grid(col="grey60")                                      # 添加网格线
> axis(side=4,col.ticks="blue",lty=1)                     # 添加坐标轴
> polygon(d[chull(d),],lty=6,lwd=1,col="lightgreen")      # 添加多边形并填充底色
> points(d)                                               # 重新绘制散点图
> points(mean(x),mean(y),pch=19,cex=5,col=2)              # 添加均值点
> abline(v=mean(x),h=mean(y),lty=2,col="gray30")          # 添加均值水平线和垂直线
> abline(lm(y~x),lwd=2,col=2)                             # 添加回归直线
```

```
> lines(lowess(y ~ x,f=1/6),col=4,lwd=2,lty=6)           # 添加拟合曲线
> segments(-0.8,0,-1.6,3.3,lty=6,col="blue")             # 添加线段
> arrows(0.45,-2.2,-0.8,-0.6,code=2,angle=25,length=0.06,col=2)    # 添加带箭头的线段
> text(-2.2,3.5,labels=expression("拟合的曲线"),adj=c(-0.1,0.02),col=4)  # 添加注释文本
> rect(0.4, -1.6, 1.8,-3,col="pink",border="grey60")      # 添加矩形
> mtext(expression(hat(y)==hat(beta)[0]+hat(beta)[1]*x),cex=0.9,
+     side=1,line=-2.5,adj=0.7)                          # 添加注释表达式
> legend("topleft",legend=c("拟合的直线","拟合的曲线"),lty=c(1,6),
+     col=c(2,4),cex=0.8,fill=c("red","blue"),box.col="grey60",
+     ncol=1,inset=0.02)                                  # 添加图例
> title("散点图及拟合直线和曲线\n 并为图形增加新的元素",
+     cex.main=1,font.main=4)                            # 添加标题并折行,使用斜体字
> box(col=4,lwd=2)                                       # 添加边框
```

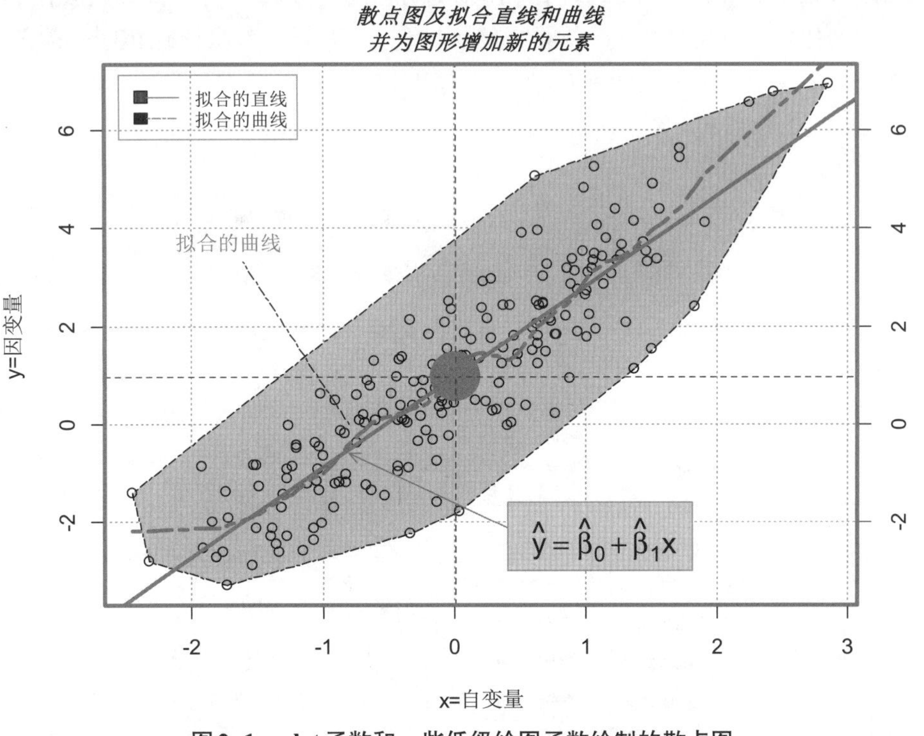

图 2-1　plot 函数和一些低级绘图函数绘制的散点图

图 2-1 是用高级绘图函数 plot 绘制的 x 和 y 的散点图，然后用低级绘图函数为散点图添加多种不同的元素，以增强图形的可读性。这里只演示在现有图形上添加元素的方法，在实际应用时，可根据需要选择要添加的元素。

2.5.2　图形控制和页面布局

1. 图形参数

R 的每个绘图函数都有多个参数，图形的输出是由这些参数控制的。使用者可以用

help(函数名)查阅函数参数的详细解释。绘图时，若不对参数做任何修改，则函数使用默认参数绘制图形。如果默认设置不能满足需要，可对其进行修改，以改善图形输出。

不同函数有不同的参数及设置，这样的参数属于函数的特定参数，有些参数在不同函数中都可以使用，比如，xlab="", ylab="", col="", main=""等在条形图、直方图和箱线图中都可以使用，这样的参数属于绘图函数的标准参数。但有的标准参数在不同函数中的作用是不同的，比如，col 参数在有些函数中用于设置点、符号等的颜色，但在条形图、直方图、箱线图等函数中，col 参数用来填充条、箱子的颜色，使用时需注意。

除函数本身的参数外，也可以在绘图前先设置绘图参数。比如，在图 2-1 的绘制代码中，par(mai=c(0.6,0.6,0.4,0.4),cex=0.7)设置了图形边距的大小、图中符号的大小等。par 函数是传统绘图函数中最常用的参数控制函数，它可以对图形进行多种控制。使用 help(par)可以查阅详细信息。绘制一幅图时，par 函数的许多参数均可在绘图函数中设置。在绘制多幅图时，若希望所有的图形都使用相同的参数，则可将参数放在 par 函数中统一设置，如果不同的图形有不同的参数设置，则需要将参数放在相应的绘图函数中设置。图 2-2 展示了 par 函数的部分参数及其对应的数字。

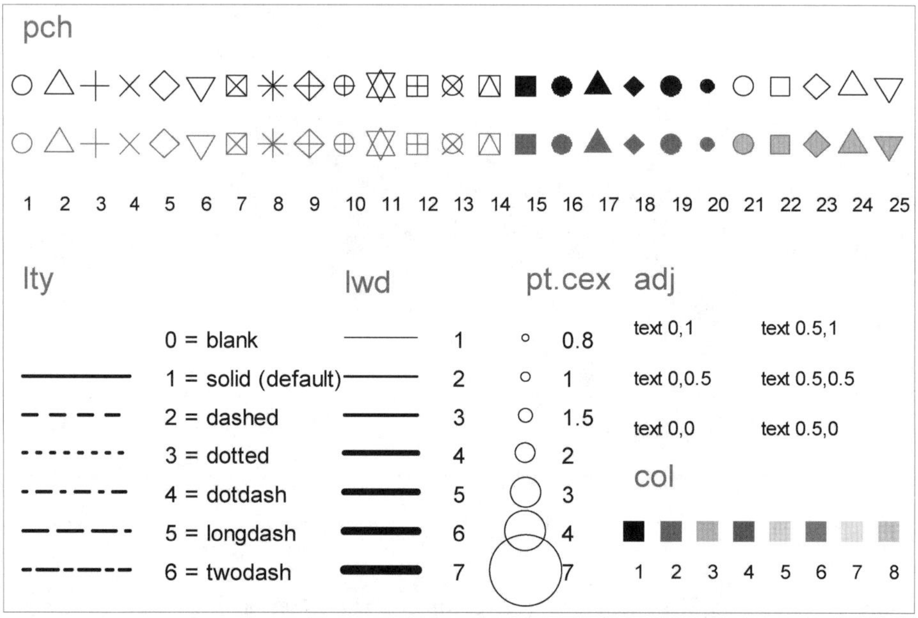

图 2-2　par 函数的部分参数及其对应的数字

图 2-2 列出了 par 函数中的绘图符号（pch）、线型（lty）、线宽（lwd）、点的大小（pt.cex）、位置调整参数（adj）、主要颜色（col）及其对应的数字。

2. 页面布局

一个绘图函数通常生成一幅独立的图形。有时需要在一个绘图区域（图形页面）内同时绘制多幅不同的图。R 软件有不同的页面分割方法和图形组合方法。本节主要介绍 graphics 图形的页面分割方法。

（1）用 par 函数布局页面

par 函数中的参数 mfrow 或 mfcol 可以将一个绘图页面分割成 nr × nc 的矩阵，然后在每个分割的区域填充一幅图。参数 mfrow=c(nr,nc)表示按行填充各图，mfcol=c(nr,nc)表示按列填充各图。图 2-3 展示了 mfrow=c(nr,nc)的页面布局，代码和结果如代码框 2-23 所示。

代码框 2-23　par 函数的页面布局

```
# par(mfrow=c(2,2))的页面布局（图 2-3）
> par(mfrow=c(2,2),mai=c(0.4,0.4,0.3,0.1),cex=0.8,cex.main=1,font.main=1)
> set.seed(123)                                  # 设置随机数种子
> x<-rnorm(100)                                  # 生成 100 个标准正态分布随机数
> y<-rexp(100)                                   # 生成 100 个指数分布随机数
> plot(x,y,col=sample(c("black","red","blue"),100,replace=TRUE),main="(a) 散点图")
> boxplot(x,y,col=2:3,main="(b) 箱线图")
> hist(x,col="orange1",ylab="y",main="(c) 直方图")
> barplot(runif(5,10,20),col=2:6,main="(d) 条形图")
```

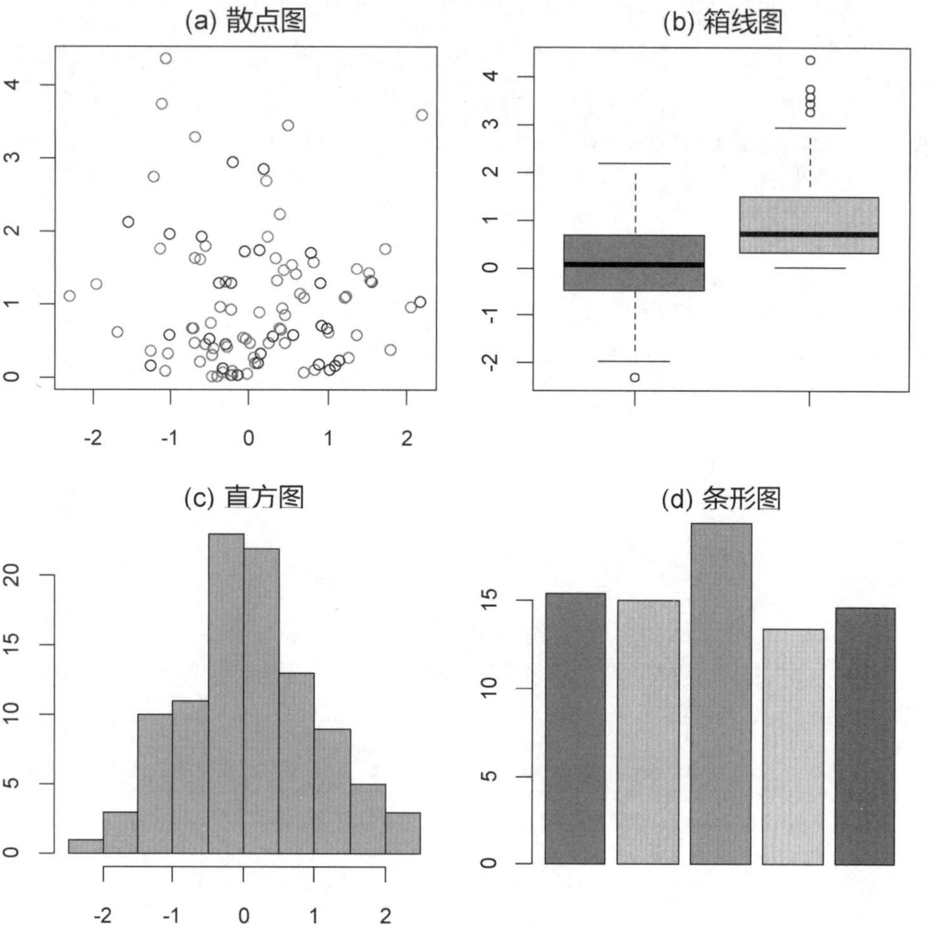

图 2-3　par 函数的页面布局

注：读者可以设置 par(mfcol=c(2,2))观察布局结果。

（2）用layout函数布局页面

par函数的参数向量c(nr,nc)是将绘图页面的行和列等分成大小相同的区域。有时需要将绘图页面划分成不同大小的区域，以满足不同图形的要求，这时可以使用layout函数来布局。layout函数将绘图区域划分为nr行nc列的矩阵，并可以设置参数widths和heights将矩阵分割成大小不同的区域。

使用layout.show函数可以预览图形的布局。代码框2-24展示了layout函数几种不同的页面布局方式。

代码框2-24　layout函数的页面布局

```
# layout函数的页面布局（图2-4）
# 图2-4(a)：2行2列的图形矩阵，第2行为1幅图
> layout(matrix(c(1,2,3,3),nrow=2,ncol=2,byrow=TRUE),heights=c(2,1))
> layout.show(3)

# 图2-4(b)：2行2列的图形矩阵，第2列为1幅图
> layout(matrix(c(1,2,3,3),nrow=2,ncol=2),heights=c(2,1))
> layout.show(3)

# 图2-4(c)：2行3列的图形矩阵，第2行为3幅图
>layout(matrix(c(1,1,1,2,3,4),nrow=2,ncol=3,byrow=TRUE),widths=c(3:1),heights=c(2,1))
> layout.show(4)

# 图2-4(d)：3行3列的图形矩阵，第2行为2幅图
>layout(matrix(c(1,2,3,4,5,5,6,7,8),3,3,byrow=TRUE),widths=c(2:1),heights=c(1:1))
> layout.show(8)
```

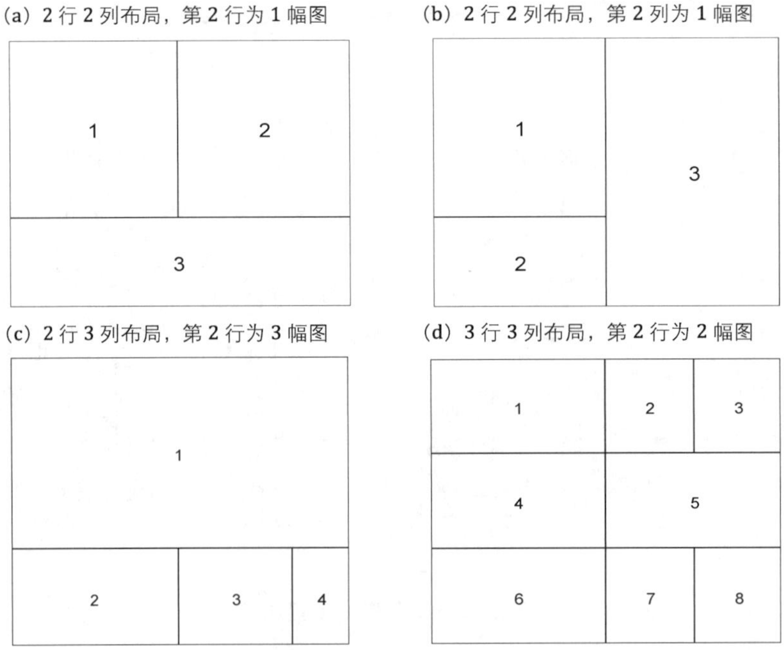

图2-4　layout函数的页面布局

代码框 2-25 展示了 8 幅图的 layout 函数的页面布局结果。

代码框 2-25　8 幅图的 layout 函数布局

```
# 8 幅图的 layout 函数布局（图 2-5）
> n=100;set.seed(12);x<-rnorm(n);y<-rexp(n)
> layout(matrix(c(1,1,2,3,4,4,5,5,6,7,7,8),3,4,byrow=TRUE),widths=c(1:1),heights=c(1:1))
> par(mai=c(0.3,0.3,0.3,0.1),cex.main=1.2,font.main=1)
> barplot(runif(8,1,8),names=LETTERS[1:8],col=2:7,main="(a) 条形图")
> pie(1:12,col=rainbow(6),labels="",border=NA,main="(b) 饼图")
> qqnorm(y,col=1:7,pch=19,xlab="",ylab="",main="(c) Q-Q 图")
> plot(x,y,pch=19,col=c(1,2,4),xlab="",ylab="",main="(d) 散点图")
> plot(rnorm(25),rnorm(25),cex=(y+2),col=2:4,lwd=2,xlab="",ylab="",main="(e) 气泡图")
> hist(rnorm(1000),col=3,xlab="",ylab="",main="(f) 直方图")
> plot(density(y),col=4,lwd=1,xlab="",ylab="",main="(g) 核密度图")
> polygon(density(y),col="gold",border="blue")
> boxplot(x,col=2,main="(h) 箱线图")
```

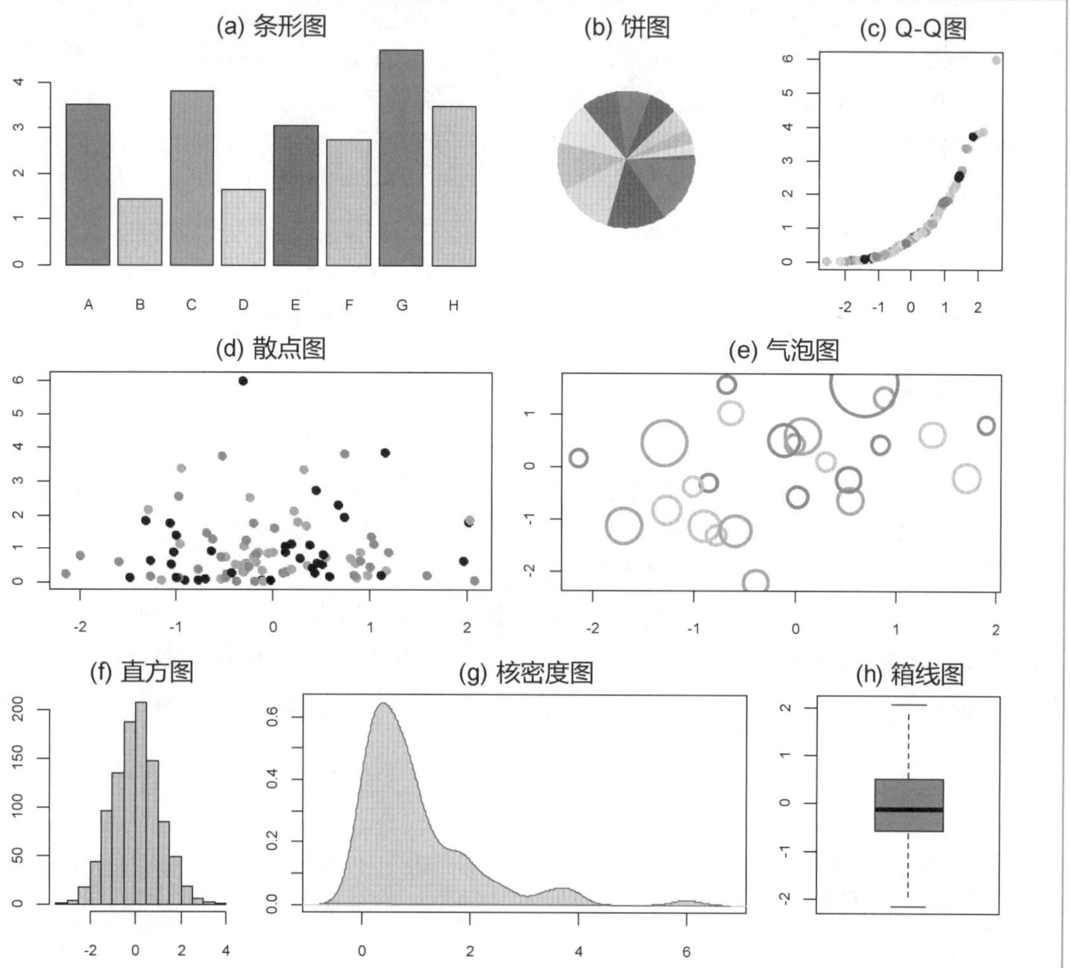

图 2-5　8 幅图的 layout 函数布局

2.5.3 图形配色

图形配色在可视化中十分重要，从某种角度上说，颜色可以作为展示数据的一个特殊维度。在可视化中，颜色通常起到分类的作用。R 软件提供了丰富的绘图颜色，绘图时可以使用颜色名称、16 进制的颜色字符串、颜色集合函数、调色板函数等为图形配色。

1. 颜色名称和颜色集合函数

使用 colors( )函数可以查看 R 软件中全部 657 种颜色的名称。graphics 包设置绘图颜色的参数主要有 3 个：col，bg 和 fg。col 主要用于设置绘图区域中绘制的数据符号、线条、文本等元素的颜色；bg 用于设置图形的背景颜色；fg 用于设置图形的前景颜色。

R 软件的几种主要颜色也可以直接用数字 1~8 表示，比如，1="black"，2="red"，3="green"，4="blue"等。设置单一颜色时，表示成 col="red"（或 col=2）。设置多个颜色时，则为一个颜色向量，如 col=c("red","green","blue")，或 col=c(2,3,4)，连续的颜色数字也可以写成 col=2:4，这 3 种写法等价。需要填充的颜色多于设置的颜色向量时，颜色会被重复循环使用。比如，要填充 10 个条的颜色，col=c("red","green")两种颜色被重复使用。

使用多种颜色时，如果使用 col 设置就非常麻烦，需要很长的颜色名称向量，这时可使用 R 的颜色集合函数。grDevices 包提供了创建连续颜色集合的函数，如 cm.colors，heat.colors，rainbow，topo.colors 等，读者可使用 help 函数查看其用法。

2. 调色板

如果对颜色有特殊的要求，也可以使用调色板对图形进行配色。使用 RColorBrewer 包中的 display.brewer.all 函数可以查看 R 的调色板，其中包括连续型部分（单色系）、离散型部分（多色系）和极端值部分（双色系）。

使用 brewer.pal 函数可以创建自己的调色板。创建离散型调色板时，在最低的起点数值（为 3）和最高的终点数值之间选择一个数值，即可生成所需颜色数量的调色板。使用 display.brewer.pal 函数可以展示创建的调色板。代码框 2-26 展示了不同调色板绘制的条形图。

代码框2-26　使用调色板绘制图形

```
# 不同调色板绘制的图形（图2-6）
> library(RColorBrewer)
> par(mfrow=c(2,3),mai=c(0.4,0.3,0.3,0.1),cex=0.7,font.main=1)
> palette1<-brewer.pal(7,"Reds")                #7 种颜色的红色连续型调色板
> palette2<-brewer.pal(7,"Set1")                #7 种颜色的离散型调色板
```

```
> palette3<-brewer.pal(7,"RdBu")              # 7 种颜色的红蓝色极端值调色板
> palette4<-rev(brewer.pal(7,"Greens"))       # 调色板颜色反转
> palette5<-brewer.pal(8,"Spectral")[-1]      # 去掉第 1 种颜色，使用其余 7 种
> palette6<-brewer.pal(6,"RdYlBu")[2:4]       # 使用其中的 2:4 种颜色

> h=1:7;names=LETTERS[1:7]
> barplot(h,names=names,col=palette1,main="(a) 单色连续型调色板")
> barplot(h,names=names,col=palette2,main="(b) 多色离散型调色板")
> barplot(h,names=names,col=palette3,main="(c) 双色极端值调色板")
> barplot(h,names=names,col=palette4,main="(d) 调色板颜色反转")
> barplot(h,names=names,col=palette5,main="(e) 去掉第 1 种颜色")
> barplot(h,names=names,col=palette6,main="(f) 使用其中的 2:4 种颜色")
```

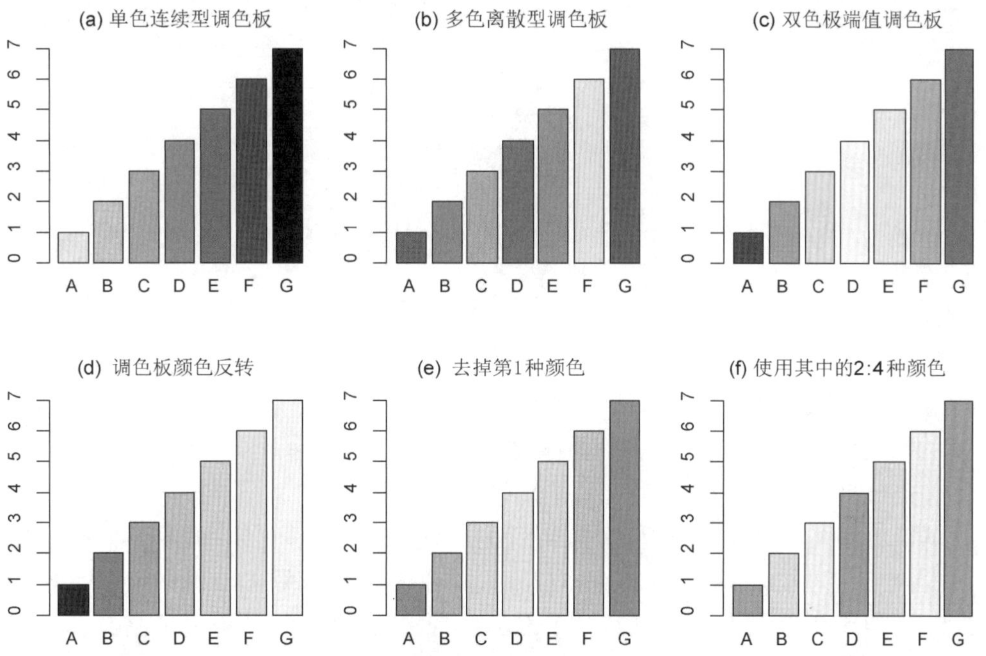

图2-6　不同调色板绘制的条形图

运行 palette 可以得到 16 进制的颜色字符串，比如运行 palette1 得到的颜色字符串为："#FEE5D9""#FCBBA1""#FC9272""#FB6A4A""#EF3B2C""#CB181D""#99000D"。可使用偏爱颜色的字符串作为绘图颜色。使用 rev 函数可使调色板的颜色反向排列，比如，rev(brewer.pal(7,"Reds"))，表示颜色由深到浅排列。

习题

2.1　下表是按收入五等分划分的某地区城镇居民平均每人纯收入数据（单位：元）。

收入户等级	2018 年	2019 年	2020 年	2021 年	2022 年
低收入户	3 750	4 647	6 545	8 004	10 422
中等偏下户	7 338	9 330	12 674	17 024	21 636
中等收入户	10 508	13 506	18 277	24 832	31 685
中等偏上户	14 823	19 404	26 044	35 576	45 639
高收入户	28 225	36 957	49 175	67 132	85 541

（1）在 R 中录入上表数据，并存为 csv 格式。

（2）将上述数据框转化为矩阵。

（3）将上述数据转化成长格式。

2.2 下面是 10 名学生的姓名、性别、所学专业和两门课程的考试分数数据。

姓名	性别	专业	数学	统计学
赵宇翔	男	经济学	91	85
程建功	男	金融学	85	68
田思雨	女	会计学	55	74
徐丽娜	女	金融学	90	88
张志杰	男	金融学	82	53
房文英	女	经济学	84	78
王智强	男	会计学	78	95
宋丽媛	女	金融学	100	90
洪天利	男	经济学	51	58
高见岭	男	会计学	70	63

（1）按学生姓名排序数据框。

（2）采取有放回抽样方法，随机抽取 5 个学生组成的一个样本。

（3）筛选出经济学专业的女生。

（4）筛选出统计学分数小于 60 的学生和数学分数大于等于 90 的学生。

2.3 用 R 产生 20 个标准正态分布随机数，并将其组织成 4×5和5×4 的矩阵。

2.4 R 自带的数据集 Titanic 记录了泰坦尼克号上乘客的生存和死亡信息，该数据集包含船舱等级（class）、性别（sex）、年龄（age）和生存状况（survived）4 个类别变量。根据该数据集生成以下频数表。

（1）生成 sex 和 survived 两个变量的二维列联表，并为列联表添加上边际和。

（2）生成 class，sex，age 和 survived 4 个变量的多维列联表。

（3）将问题（2）生成的列联表转化成带有类别频数的数据框。

2.5 从均值为 200、标准差为 10 的正态总体中产生 1 000 个随机数，并将这 1 000 个数据分成组距为 10 的组，生成频数分布表。

2.6 根据习题 2.2 的数据，绘制 10 名学生统计学分数的条形图。

（1）使用离散型调色板。

（2）考试分数大于等于 90 用红色的条表示，否则用蓝色的条表示。

（3）考试分数小于 60 用绿色的条表示，否则用红色的条表示。

第 3 章 Chapter 3 数据可视化

数据可视化（data visualization）是利用图形来展示数据的一种方法。可视化是数据分析的基本方法，也是数据分析的重要组成部分，它不仅仅是对数据的展示过程，也是对数据信息的再提取过程。可视化可以帮助我们理解数据，探索数据的特征和模式，还可以提供数据本身难以发现的额外信息。对使用者而言，可视化需要弄清楚三个基本问题，即数据类型、分析目的和实现工具。数据类型决定你可以画出什么图形；分析目的决定你需要画出什么图形；实现工具决定你能够画出什么图形。本章以数据类型和分析目的为基础，介绍数据分析中常见的一些图形。

3.1 类别数据可视化

对于类别数据，主要是关心各类别的绝对频数及频数百分比等信息，对于具有类别标签的其他数值（如各地区的 GDP 数据），则主要是关心不同类别的其他数值的绝对值大小或百分比构成。这类数据可视化的基本图形主要有条形图和饼图及其变种。

3.1.1 条形图及其变种

条形图（bar plot）是用一定宽度和高度的矩形表示各类别频数或者具有类别标签的其他数值多少的图形，主要用于展示类别数据的分布。绘制条形图时，各类别可以放在 x 轴（横轴），也可以放在 y 轴（纵轴）。类别放在 x 轴的条形图称为**垂直条形图**（vertical bar plot）或柱形图，类别放在 y 轴的条形图称为**水平条形图**（horizontal bar plot）。根据绘制的变量多少，条形图有简单条形图、并列条形图和堆叠条形图、马赛克图和树状图等。

1. 简单条形图和帕累托图

简单条形图（simple bar plot）是根据一个类别变量各类别的频数或其他数值绘制的条形图，主要用于描述各类别的频数或其他数据的绝对值大小。其中的各个类别可以放在 x 轴，也可以放在 y 轴。下面用一个例子说明简单条形图的绘制方法及其解读。

【例 3-1】（数据：example3_1.csv）沿用第 2 章的例 2-2。为便于表述，将数据 example2_2 重新命名为 example3_1。根据该数据分别绘制不同性别、态度和社区的被调查者人数简单条形图。

解：绘制简单条形图的 R 代码和结果如代码框 3-1 所示。

图 3-1（a）显示，在全部的被调查者中，女性人数多于男性。图 3-1（b）显示，赞成的人数多于反对的人数。图 3-1（c）显示，在全部被调查者中，A 社区的人数最多，D 社区的人数最少。

帕累托图（Pareto plot）是以意大利经济学家帕累托（V.Pareto）的名字命名的，它是按各类别的频数降序排列后绘制的条形图。帕累托图可以看作简单条形图的变种，利用该图很容易看出哪类数据出现得最多，哪类数据出现得最少，还可以反映出各类别数据的累积百分比。以例 3-1 的社区为例，绘制帕累托图的代码和结果如代码框 3-2 所示。

代码框 3-1　绘制简单条形图

```
# 图3-1的绘制代码（data=example3_1）
> example3_1<-read.csv("C:/example/chap03/example3_1.csv")
# 生成频数表
> attach(example3_1)                                   # 绑定数据框 example3_1
> table1<-table(社区)                                  # 生成社区的一维表
> table2<-table(性别)                                  # 生成性别的一维表
> table3<-table(态度)                                  # 生成态度的一维表

# 图形布局和设置
> layout(matrix(c(1,2,3,3),2,2,byrow=TRUE))            # 页面布局
> par(mai=c(0.6,0.6,0.3,0.1),cex=0.7,font.main=1)

# 绘制性别的水平条形图
> barplot(table2,xlab="人数",ylab="性别",              # 绘制性别的条形图
+     horiz=TRUE,                                      # 水平摆放各条
+     density=30,angle=0,                              # 设置条的填充密度和密度线的角度
+     col=c("grey50","grey80"),border="black",         # 设置颜色向量
+     main="(a) 水平条形图")                           # 添加标题

# 绘制态度和社区的垂直条形图
> barplot(table3,xlab="态度",ylab="人数",density=20,angle=90,
+     col=c("red","blue"),border=c(2,4),main="(b) 垂直条形图")
> barplot(table1,xlab="社区",ylab="人数",cex.names=1.2,cex.lab=1.2,
+     col=c("#FC8D62","#E78AC3","#66C2A5","#FFD92F"),main="(c) 垂直条形图")
```

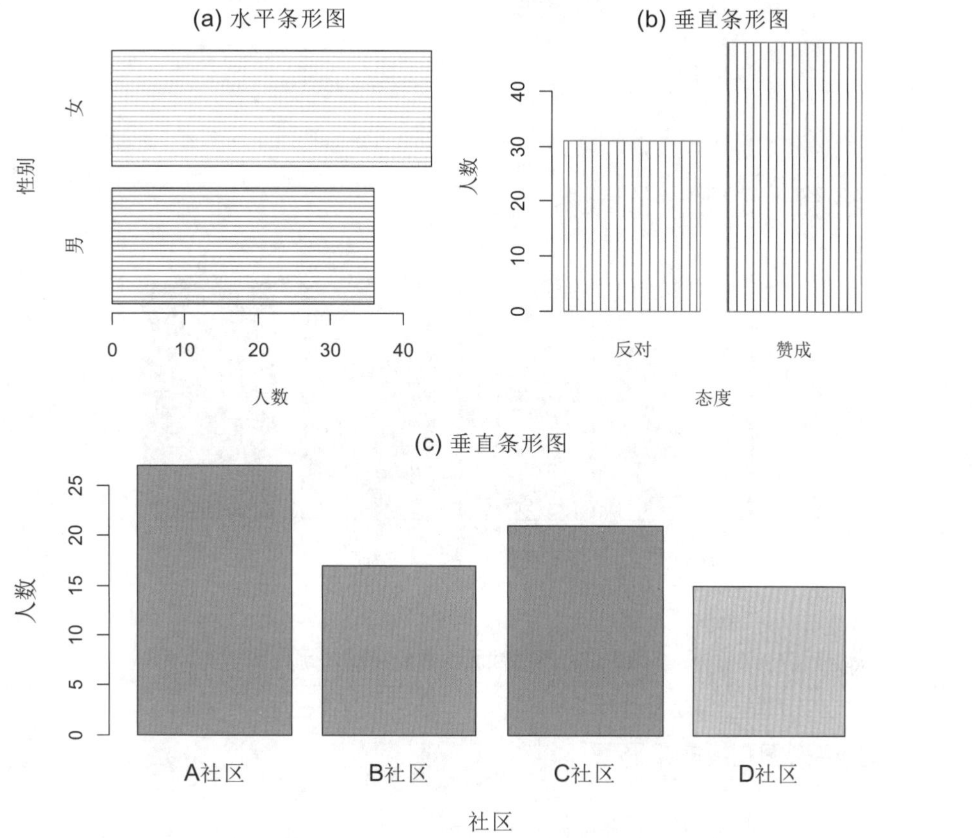

图3-1　不同社区、性别和态度的被调查者人数的简单条形图

注：R的很多包都提供了绘制条形图的函数，这里使用基础安装包graphics中的barplot函数。该函数使用的绘图数据可以是向量、矩阵或列联表。更多信息查阅函数帮助。

代码框3-2　绘制帕累托图

```
# 图3-2的绘制代码（以不同社区的人数分布为例）
> example3_1<-read.csv("C:/example/chap03/example3_1.csv")
> tab<-sort(table(example3_1$社区),decreasing=TRUE)            # 生成一维表并将频数降序排列
> palette<-RColorBrewer::brewer.pal(4,"Blues")                  # 设置调色板
> bar<-barplot(tab,xlab="社区",ylab="频数",col=palette,ylim=c(0,1.2*max(tab)))
                                                                # 绘制条形图
> text(bar,tab,labels=tab,pos=3,col="black")                    # 为条形图添加频数标签
> y<-cumsum(tab)/sum(tab)                                       # 计算累积频率
> par(new=TRUE)                                                 # 绘制一幅新图加在现有的图形上
> plot(y,type="b",pch=15,axes=FALSE,xlab='',ylab='',main='')    # 绘制累积频率折线
> axis(side=4)                                                  # 在第 4 个边增加坐标轴
> mtext("累积频率",side=4,line=3,cex=0.8)                       # 添加坐标轴标签
> text(labels="累积分布曲线",x=3,y=0.92,cex=1)                  # 添加注释文本
```

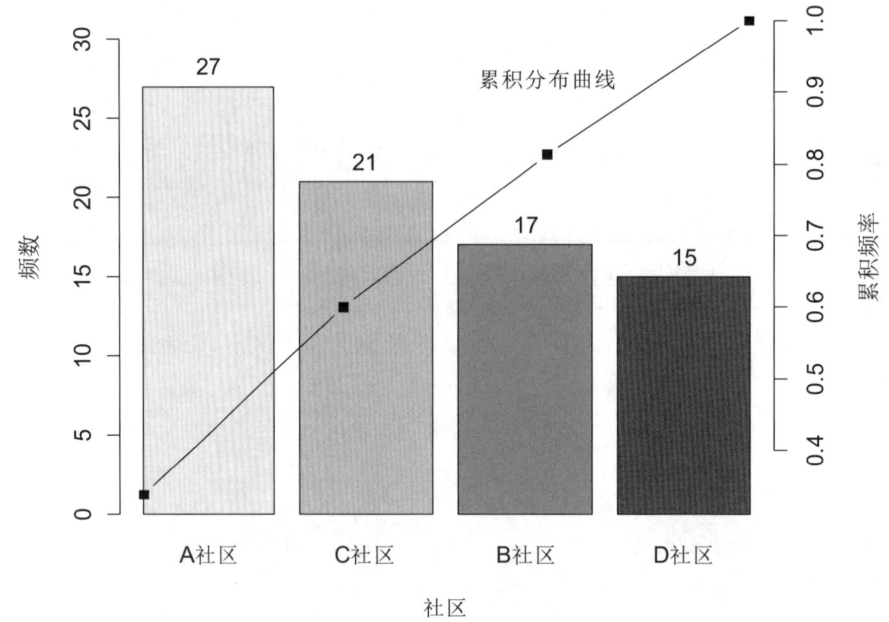

图3-2　不同社区人数分布的帕累托图

2. 并列条形图和堆叠条形图

绘制两个类别变量的条形图时，可以使用原始类别数据绘图，也可以先生成二维列联表再绘图。根据绘制方式不同有**并列条形图**（juxtaposed bar plot）和**堆叠条形图**（stacked bar plot）等。在并列条形图中，一个类别变量作为坐标轴，另一个类别变量各类别频数的条形并列摆放；在堆叠条形图中，一个类别变量作为坐标轴，另一个类别变量各类别的频数按比例堆叠在同一个条中。以例3-1的数据为例，绘制并列条形图和堆叠条形图的代码和结果如代码框3-3所示。

代码框3-3　绘制并列条形图和堆叠条形图

```
# 图3-3的绘制代码
> example3_1<-read.csv("C:/example/chap03/example3_1.csv")
> attach(example3_1)
> tab1<-table(性别,社区)                 # 生成性别与社区的二维表
> tab2<-table(性别,态度)                 # 生成性别与态度的二维表
> tab3<-table(社区,态度)                 # 生成社区与态度的二维表

> library(DescTools)                     # 加载包
> par(mfrow=c(2,2),mai=c(0.7,0.7,0.65,0.1),cex=0.8,cex.main=1,font.main=1)
> b1<-barplot(tab1,beside=TRUE,xlab="社区",ylab="人数",
+    main="(a) 垂直并列条形图",col=c("#66C2A5","#FC8D62"),legend=rownames(tab1),
+    args.legend=list(x=12,y=19,ncol=2,cex=0.7,box.col="grey80"))
> BarText(tab1,b=b1,beside=TRUE,cex=1)                # 添加标签
```

```
> b2<-barplot(tab2,beside=TRUE,horiz=TRUE,xlab="人数",ylab="态度",
+    main="(b) 水平并列条形图",col=c("#66C2A5","#FC8D62"),legend=rownames(tab2),
+    args.legend=list(x=9.2,y=7,ncol=2,cex=0.7,box.col="grey80"))
> BarText(tab2,b=b2,beside=TRUE,horiz=TRUE,cex=1)

> b3<-barplot(tab3,xlab="态度",ylab="人数",main="(c) 垂直堆叠条形图",
+    col=c("#FC8D62","#E78AC3","#66C2A5","#FFD92F"),legend=rownames(tab3),
+    args.legend=list(x=1.32,y=50,ncol=2,cex=0.7,box.col="grey80"))
> BarText(tab3,b=b3,cex=1)

> b4<-barplot(tab3,horiz=TRUE,xlab="人数",ylab="态度",
+    main="(d) 水平堆叠条形图",col=c("#FC8D62","#E78AC3","#66C2A5","#FFD92F"),
+    legend=rownames(tab3),args.legend=list(x=47,y=2.8,
+    ncol=4,cex=0.7,box.col="grey80"))
> BarText(tab3,b=b4,horiz=TRUE,col="black",cex=1)
```

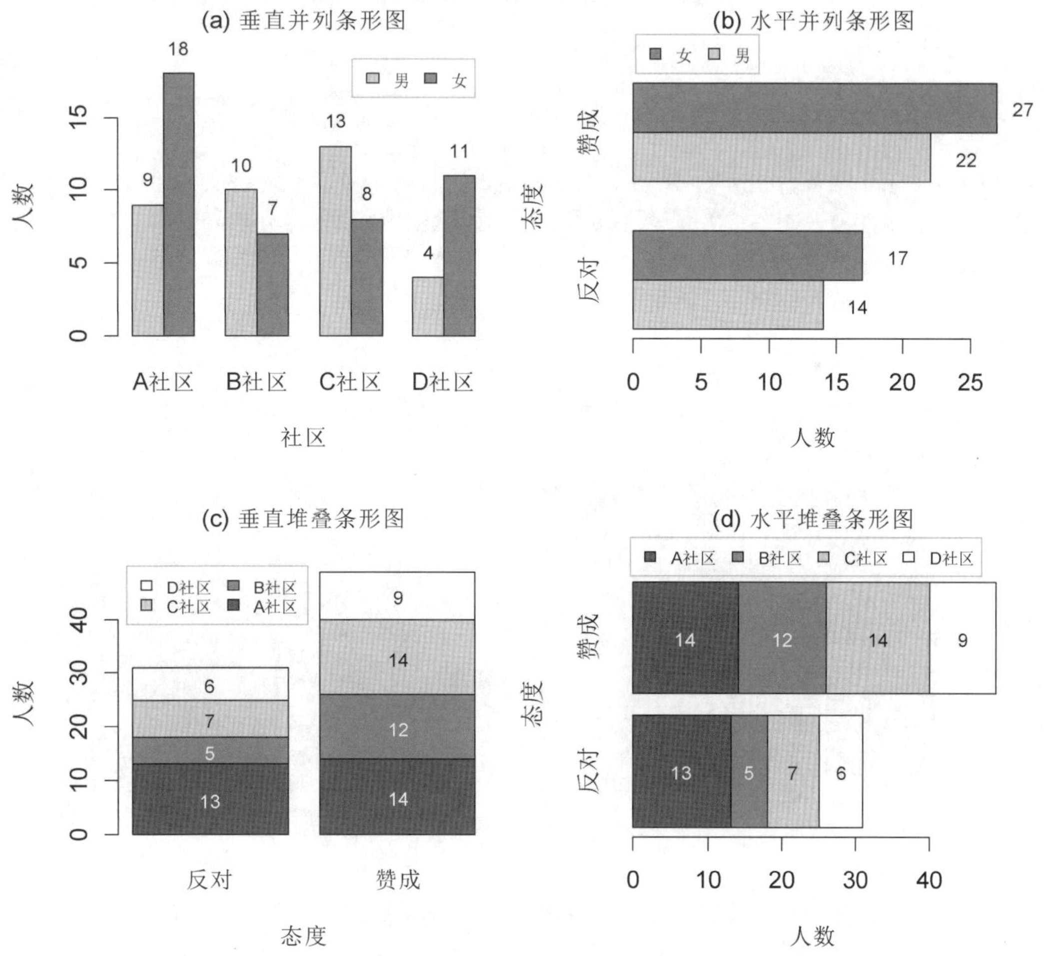

图3-3 被调查者所属社区、性别、态度的并列条形图和堆叠条形图

注：使用barplot函数默认绘制堆叠条形图，设置参数beside=TRUE可绘制并列条形图。使用DescTools包中的BarText函数可以给条形图添加数值标签。更多信息查阅函数帮助。

图3-3展示了不同类别人数的分布状况。

3. 脊形图和百分比条形图

如果要比较各类别构成的百分比，也可以将堆叠条形图绘制成比例或百分比条形图。比例或百分比条形图可以看作堆叠条形图的变种，图中每个条的高度均为1或100%，条内矩形的大小取决于各类别构成的百分比。

脊形图（spine plot）是根据各类别频数比例绘制的一种条形图。绘制脊形图时，将每个类别各条的高度均设定为1，条的宽度与各类别频数（或具有类别标签的其他数值）成正比，条内每一段的高度表示另一个类别变量各类别的频数比例。将比例转化成百分比绘制的条形图即为百分比条形图。以例3-1的数据为例，绘制脊形图和百分比条形图的代码和结果如代码框3-4所示。

代码框3-4　绘制脊形图和百分比条形图

```
# 绘制脊形图（图3-4）
> example3_1<-read.csv("C:/example/chap03/example3_1.csv")
> par(mfrow=c(1,2),mai=c(0.7,0.7,0.4,0.4),cex=0.8,cex.main=1,font.main=1)
> palette<-rev(RColorBrewer::brewer.pal(4,"Blues"))
> spineplot(factor(性别)~factor(社区),data=example3_1,
+     col=palette[1:2],xlab="社区",ylab="性别",main="(a) 性别与社区的脊形图")
> spineplot(factor(社区)~factor(态度),data=example3_1,
+     col=palette,xlab="态度",ylab="社区",main="(b) 社区与态度的脊形图")
```

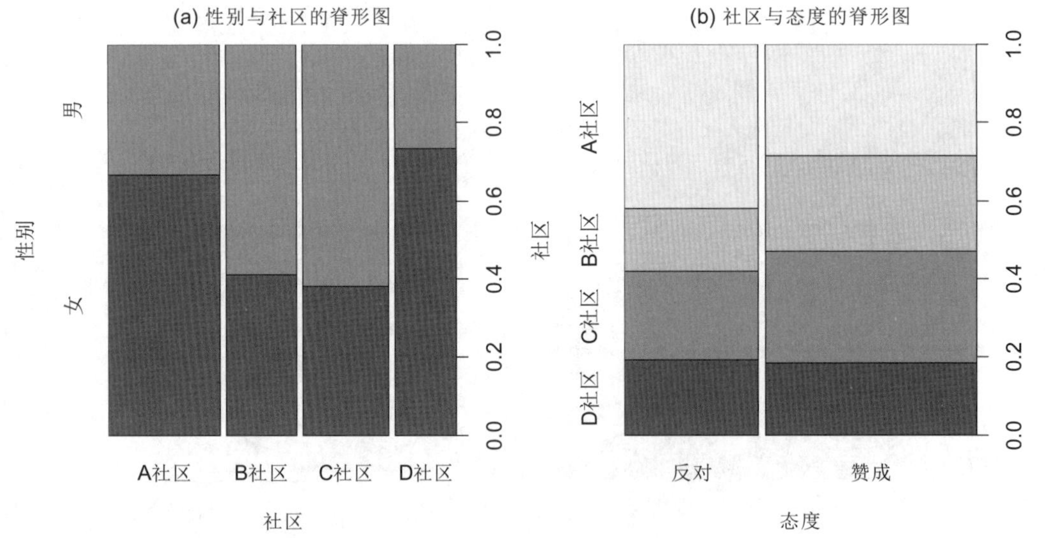

图3-4　社区与性别、社区与态度的脊形图

注：spineplot函数的绘图数据也可以是列联表。代码spineplot(table(example3_1$社区,example3_1$性别))和spineplot(table(example3_1$态度,example3_1$社区))得到的图形与上述相同。更多信息查看函数帮助。

```
# 绘制百分比条形图（图3-5）
> library("ggiraphExtra")
> require(ggplot2)
> ggSpine(data=example3_1,aes(x=态度,fill=社区,facet=性别),
+     palette="Reds",        # 设置调色板
+     labelsize=3,           # 设置标签字体大小
+     reverse=TRUE)          # 调色板颜色反转
```

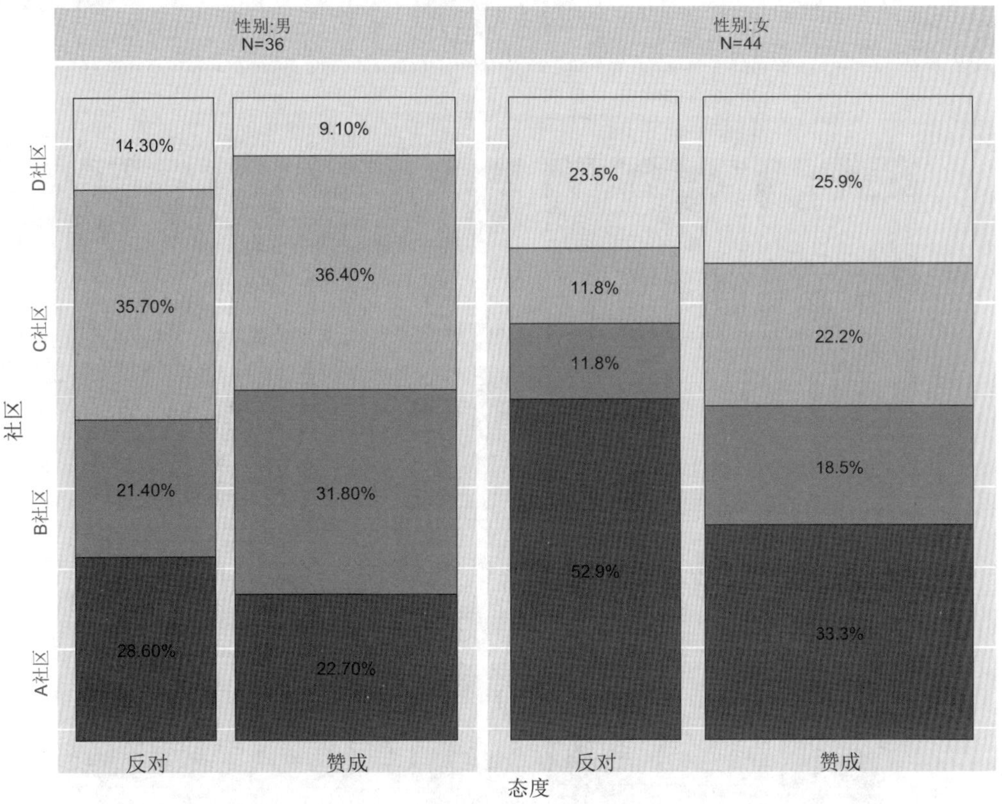

图 3-5　按性别分组的社区与态度的百分比条形图

图 3-4（a）展示了不同社区的被调查者的性别构成，其中，条的宽度与该社区的人数成正比，每个社区条内的高度与男和女的人数成正比。图 3-4（b）展示了不同态度的被调查者的社区构成，其中，条的宽度与反对和赞成的人数成正比，条的高度与不同社区的人数成正比。图 3-5 是按性别分面（分组）绘制的百分比条形图，图中条的宽度与反对和赞成的人数成正比，条内各堆叠条的高度与不同社区的人数成正比。

4. 马赛克图和树状图

当有两个以上类别变量时，就很难用一幅普通的条形图进行展示了，这时可以绘制马赛克图和树状图。

马赛克图（mosaic plot）可看作条形图的一个变种，它是用矩形表示列联表中对应频数的一种图形，图中嵌套矩形的面积与列联表相应单元格的频数成正比。以例 3-1 的数据为例，绘制马赛克图的代码和结果如代码框 3-5 所示。

代码框3-5　绘制马赛克图

```
# 图3-6的绘制代码
> example3_1<-read.csv("C:/example/chap03/example3_1.csv")
> mosaicplot(~性别+社区+态度,data=example3_1,
+     col=c("#E41A1C","#377EB8"), cex.axis = 0.8,off=3,main="")
```

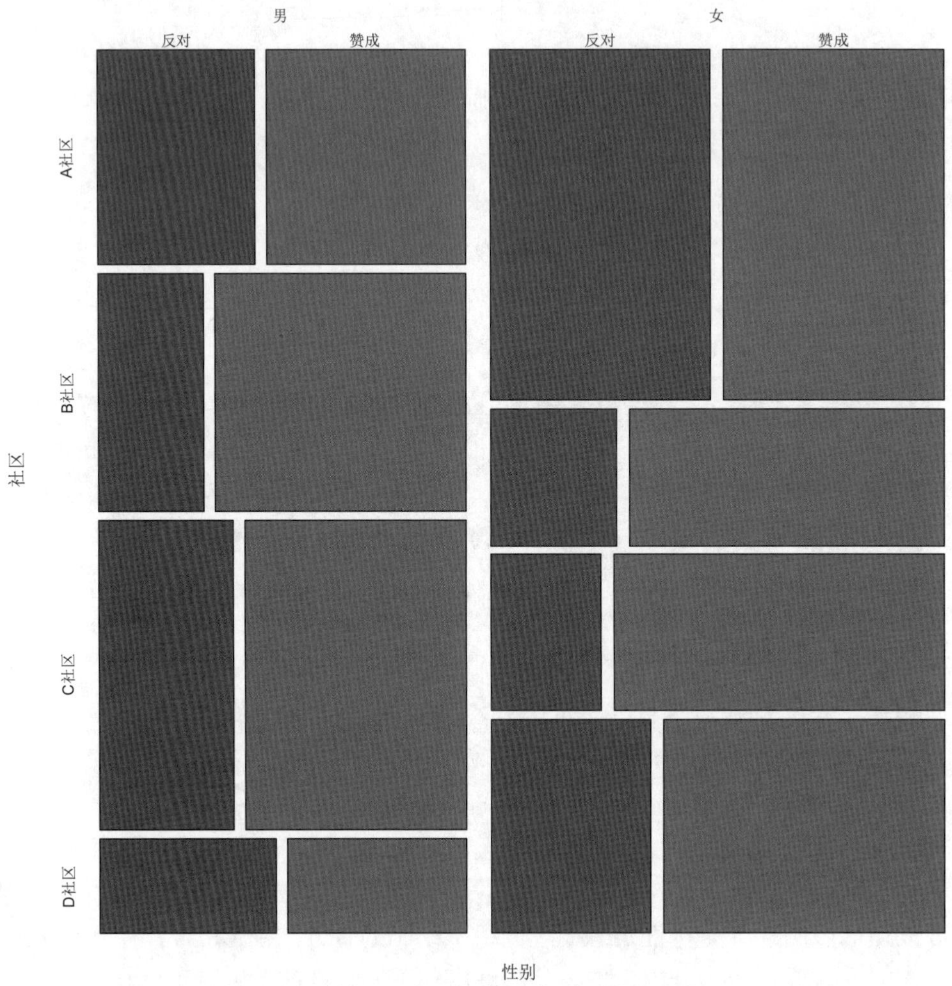

图3-6　被调查者所属社区、性别、态度的马赛克图

注：R中有多个函数可以绘制马赛克图。除mosaicplot函数外，还有vcd包中的mosaic函数和strucplot函数、DescTool包中的PlotMosaic函数、ggmosaic包中的geom_mosaic函数等。vcd包中的函数可以绘制形式多样的马赛克图。更多信息查阅相应函数的帮助。

图3-6显示，在全部被调查者中，A社区的人数最多，D社区的人数最少；女性人数多于男性人数。无论是男性还是女性，B社区和C社区赞成的比例都明显高于反对的比例，而A社区和D社区赞成和反对的比例相差不大。

马赛克图只能展示各类别的频数比例，无法展示多个类别的层次结构关系。当有两个或两个以上类别变量时，可以将各类别的层次结构画成树状的形式，称为**树状图**（dendrogram）或分层树状图。树状图主要用来展示各类别变量之间的层次结构关系，它是将多个类别变量的层次结构绘制在一个表示总数值的大的矩形中，每个子类用不同大小的矩形嵌套在这个大的矩形中，嵌套矩形表示各子类别，其大小与相应的子类数值成正比。

使用 treemap 包中的 treemap 函数、DescTools 包中的 PlotTreemap 函数等均可以绘制矩形树状图。以例 3-1 的数据为例，绘制树状图的 R 代码和结果如代码框 3-6 所示。

图 3-7 是包含 3 个索引变量的矩形树状图。其中，第 1 层聚类是按 4 种颜色区分的社区，在图中用粗线分割整个矩形，分割的大小与不同社区的人数成正比；第 2 层聚类是性别，在图中用较粗的线分割层内矩形；第 3 层聚类是态度，在图中用细线分割层内矩形。根据各矩形的大小可以分析不同层次结构中各类的频数（或其他数值）分布。

代码框3-6 绘制树状图

```
# 图3-7的绘制代码
> library(treemap)
> example3_1<-read.csv("C:/example/chap03/example3_1.csv")

# 生成带有交叉频数的数据框
> tab<-ftable(example3_1)                  # 生成列联表
> d<-as.data.frame(tab)                    # 将列联表转换成带有类别频数的数据框
> df<-data.frame(d[,-4],频数=d$Freq)       # 将Freq修改为频数

# 绘制树状图
> treemap(df,index=c("社区","性别","态度"),    # 设置聚合索引的列名称
+     vSize="频数",                            # 指定矩形大小的列名称
+     type="index",                            # 确定矩形的着色方式
+     fontsize.labels=9,                       # 设置标签字体大小
+     position.legend="bottom",                # 设置图例位置
+     title="")                                # 不显示主标题
```

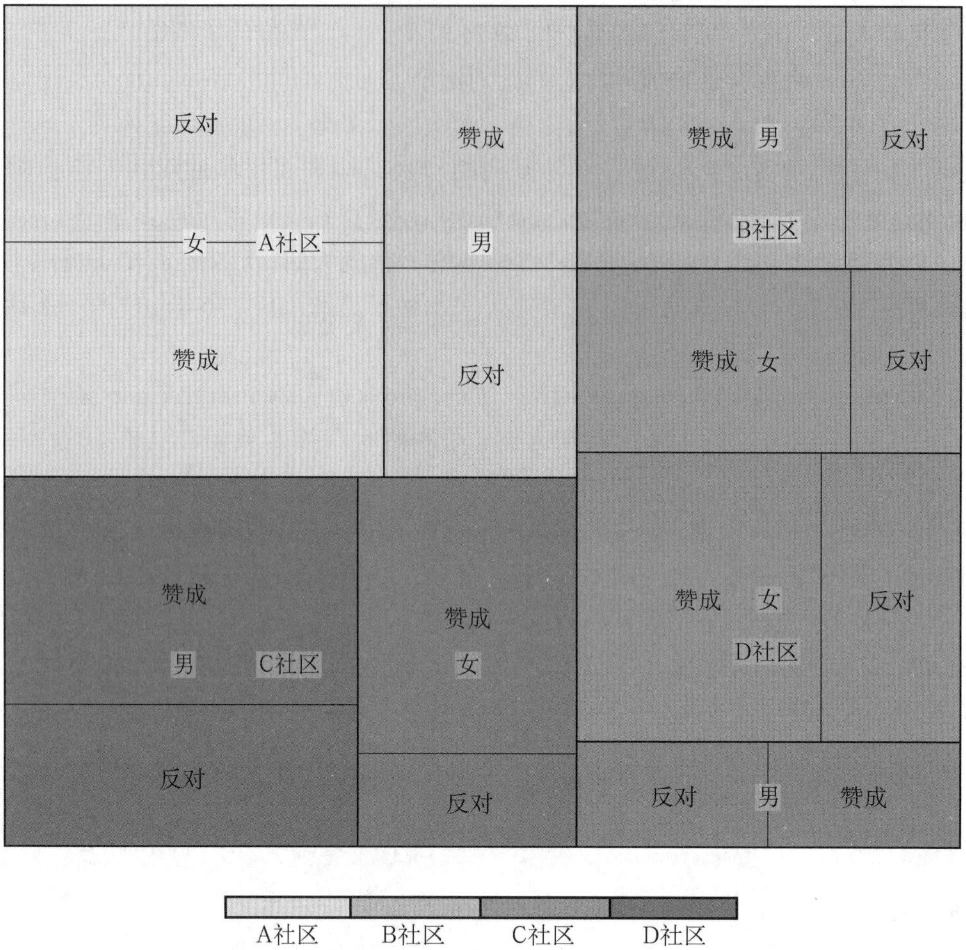

图3-7 被调查者所属社区、性别、态度的树状图

注：treemap包中的treemap函数要求的绘图数据必须是数据框，其中包含一个或多个索引（index）列，即因子（类别变量），一个确定矩形区域大小（vSize）的列（数值变量），以及确定矩形颜色（vColor）的列（可选的数值变量）。矩形树状图的索引变量可以是一个或多个，但为了反映层次结构，索引变量通常需要两个或两个以上。

3.1.2 饼图及其变种

1. 饼图和扇形图

饼图（pie chart）是用圆形及圆内扇形的角度来表示数值大小的图形，它主要用于展示一个样本（或总体）中，各类别的频数（或其他数值）占总频数（数值总和）的百分比，对研究结构性问题十分有用。

扇形图（fan chart）是饼图的一个变种，它是将频数百分比中最大的一个绘制成一个最大的扇形，其他各类百分比按大小使用不同的半径绘制出扇形，并叠加在这个最大的扇形上。与饼图相比，扇形图更易于比较各百分比的大小。

以例 3-1 中的社区为例，绘制饼图和扇形图的代码和结果如代码框 3-7 所示。

代码框3-7　绘制饼图和扇形图

```
# 绘制饼图（图3-8）
> example3_1<-read.csv("C:/example/chap03/example3_1.csv")
> tab<-table(example3_1$社区)                             # 生成频数表
> name<-names(tab)                                        # 设置名称向量
> percent<-round(prop.table(tab)*100,2)                   # 计算百分比
> labs<-paste(name," ",percent,"%",sep="")                # 设置连接标签的向量
> palette<-RColorBrewer::brewer.pal(4,"Set3")             # 设置调色板
> pie(tab,labels=labs,init.angle=90,col=palette)          # 绘制饼图
```

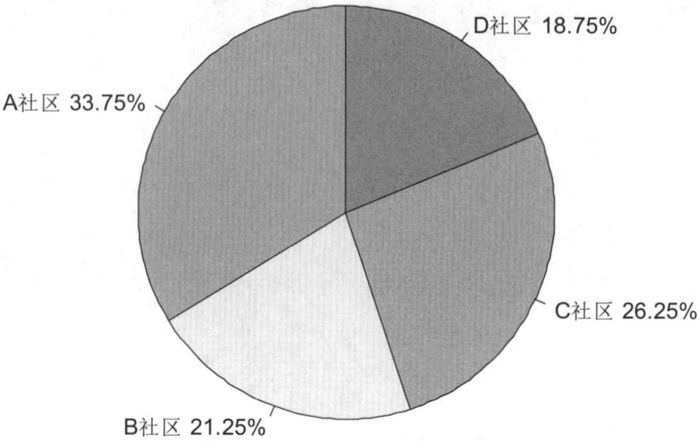

图3-8　不同社区人数构成的饼图

```
# 绘制扇形图（图3-9）
> library(plotrix)
> fan.plot(tab,labels=labs,col=palette,
+       max.span=0.9*pi,                                  # 设置扇形图的最大跨度
+       shrink=0.06,radius=1.2,                           # 设置扇形错开的距离和半径
+       label.radius=1.4,ticks=200)                       # 设置标签与扇形的距离
```

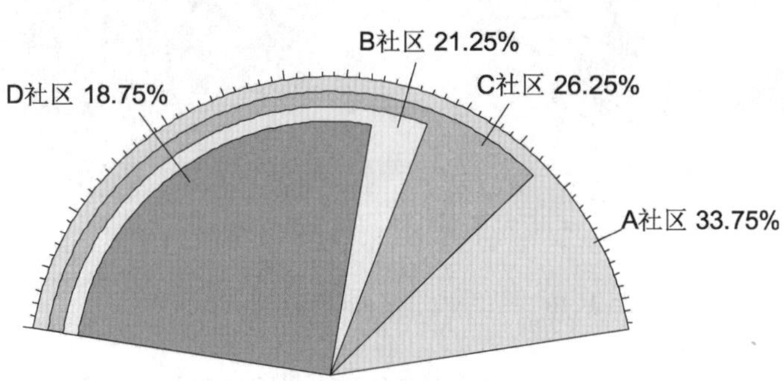

图3-9　不同社区人数构成的扇形图

2. 环形图和饼环图

环形图（donut chart）是将饼图的中间挖掉后剩下的环形，也称为甜甜圈图。环形图可以看做饼图的变种，它是用环形的各段表示各类别频数的百分比。当有两个类别变量时，可以绘制出一个变量各类别百分比的饼图，相对应的另一个变量各类别频数的百分比则用环形图表示，这种展示双层结构的图形称为**饼环图**（pie and donut plot），它可以展示两个变量的层次结构关系。

以例 3-1 的社区和态度为例，绘制环形图和饼环图的代码和结果如代码框 3-8 所示。

代码框3-8　绘制环形图和饼环图

```
# 绘制环形图（图3-10（a））
> library(ggiraphExtra);require(ggplot2);library(gridExtra)
> example3_1<-read.csv("C:/example/chap03/example3_1.csv")
> p1<-ggDonut(example3_1,aes(donuts=社区),colour="white",
+     xmin=2,xmax=4,title="(a) 环形图")

# 绘制饼环图（图3-10（b））
> p2<-ggPieDonut(data=example3_1,aes(pies=社区,donuts=态度),title="(b) 饼环图")

> grid.arrange(p1,p2,ncol=2)                # 按 2 列组合图形 p1 和 p2
```

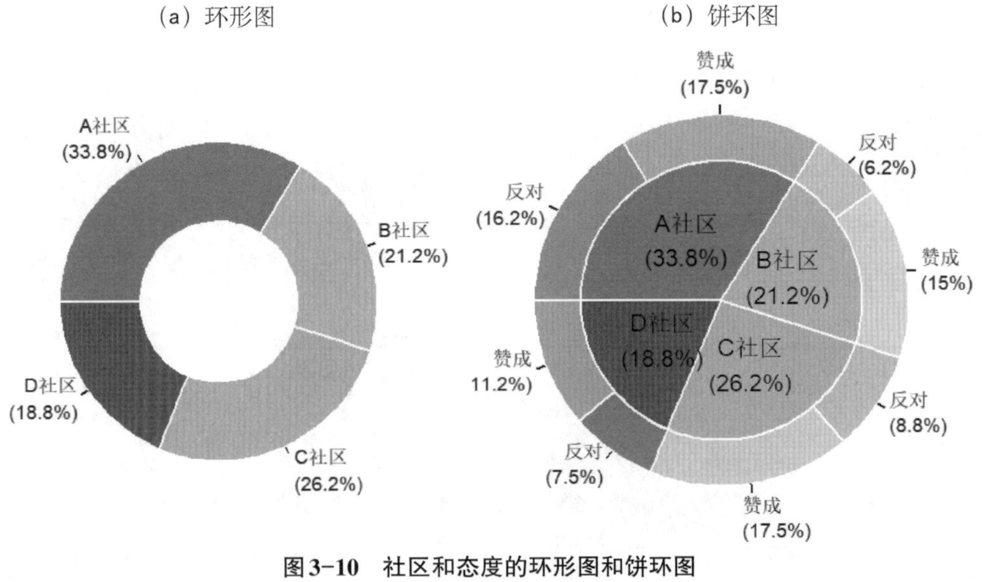

图3-10　社区和态度的环形图和饼环图

注：ggiraphExtra包的ggDonut函数可以绘制环形图，ggPieDonut函数则可以绘制饼环图。更多信息请查阅函数帮助。

图 3-10（b）的里面是不同社区人数构成的饼图，属于一级分类，外面是在饼图分类基础上绘制的不同态度人数构成的环形图，属于二级分类。

3.2　数据分布可视化

数据的分布特征主要是指分布的形状是否对称、分布偏斜的方向和程度、分布中是否存在离群点等，其可视化图形主要有直方图、核密度图、箱线图、小提琴图、茎叶图和点图等。对于一个或多个数值变量、按因子（类别变量）分类的一个或多个数值变量（数据）均可以使用这些图形来展示其分布特征。

3.2.1　直方图与核密度图

直方图（histogram）与**核密度图**（kernel density plot）是观察数据分布特征的常用图形，它们可以直观地展示数据分布的形状是否对称、偏斜的方向和程度等。

1. 直方图

将数据分组后，在 x 轴上用矩形的宽度表示每个组的组距，在 y 轴上用矩形的高度表示每个组的频数或密度，多个矩形并列在一起就是直方图。利用直方图的形状可以观察数据分布的特征。

【例 3-2】（数据：example3_2.csv）**空气质量指数**（air quality index，AQI）用来描述空气质量状况，指数越大，说明空气污染状况越严重。参与空气质量评价的主要污染物有细颗粒物（PM 2.5）、可吸入颗粒物（PM10）、二氧化硫（SO_2）、一氧化碳（CO）、二氧化氮（NO_2）、臭氧浓度（O_3）6 项。根据空气质量指数将空气质量分为 6 级：优（0～50）、良（51～100）、轻度污染（101～150）、中度污染（151～200）、重度污染（201～300）、严重污染（300 以上）；分别用绿色、黄色、橙色、红色、紫色、褐红色表示。表 3-1 是 2020 年 1 月 1 日至 12 月 31 日 6 个城市的 AQI 数据。绘制出 6 个城市 AQI 的直方图分析其分布的特征。

表 3-1　2020 年 1 月 1 日至 12 月 31 日 6 个城市的 AQI 数据（只列出前 5 行和后 5 行）

日期	北京	上海	郑州	武汉	西安	沈阳
2020/1/1	62	54	73	73	117	109
2020/1/2	80	82	124	105	149	214
2020/1/3	82	72	192	130	209	204
2020/1/4	74	88	249	142	252	207
2020/1/5	83	63	276	80	152	198
…	…	…	…	…	…	…

续表

日期	北京	上海	郑州	武汉	西安	沈阳
2020/12/27	88	103	228	216	205	112
2020/12/28	77	115	298	188	176	92
2020/12/29	52	82	79	79	50	51
2020/12/30	31	51	52	43	43	40
2020/12/31	36	56	35	50	60	47

解： 绘制直方图的代码和结果如代码框 3-9 所示。

图 3-11 为直方图添加了不同的信息，以增强图形的可读性。图 3-11（a）添加了各组的频数标签（多数情况下不需要）。图 3-11（b）是指定分成 20 组绘制的直方图。图 3-11（c）使用 rug 函数为直方图添加地毯图，以观察实际数据在坐标轴上的分布。图 3-11（d）使用 jitter 函数计算出数据的扰动点（noise），避免相同数据点在坐标轴上的重叠，并用 rug 函数将各扰动点添加在坐标轴上。图 3-11（e）使用 lines 函数为直方图添加上**核密度**（kernel density）估计曲线，它是实际数据分布密度的估计，该曲线显示了数据的分布形状。图 3-11（f）使用 curve 函数为直方图添加了一条理论正态分布曲线，将直方图的形状与正态曲线比较，可判断实际数据是否近似服从正态分布。

代码框 3-9　绘制直方图

```
# 图3-11的绘制代码
> example3_2<-read.csv("C:/example/chap03/example3_2.csv")
> attach(example3_2)
> par(mfrow=c(2,3),mai=c(0.4,0.5,0.4,0.1),cex=0.7,mgp=c(2,1,0),cex.main=1,font.main=1)

> hist(北京,labels=TRUE,col="#FFD92F",xlab="AQI",ylab="频数",
+    ylim=c(0,90),main="(a) 北京：添加频数标签")

> hist(上海,breaks=20,col="skyblue",xlab="AQI",ylab="频数",
+    main="(b) 上海：数据分成 20 组")

> hist(郑州,breaks=20,col="lightgreen",xlab="AQI",ylab="频数",
+    main="(c) 郑州：添加地毯图")
> rug(郑州)                                              # 添加地毯图

> hist(武汉,breaks=20,col="#FC8D62",xlab="AQI",ylab="频数",
+    main="(d) 武汉：添加扰动点")
> rug(jitter(武汉))                                       # 添加扰动点

> hist(西安,prob=TRUE,breaks=20,col="pink",xlab="AQI",ylab="密度",
+    ylim=c(0,0.012),main="(e) 西安：添加核密度曲线")
> lines(density(西安),col="blue3",lwd=1)                  # 添加核密度曲线
```

```
> hist(沈阳,prob=TRUE,breaks=20,col="orange",xlab="AQI",ylab="密度",
+     main="(f) 沈阳：添加理论正态分布曲线")
> curve(dnorm(x,mean(沈阳),sd(沈阳)),col="blue",add=TRUE)   # 添加理论正态分布线
```

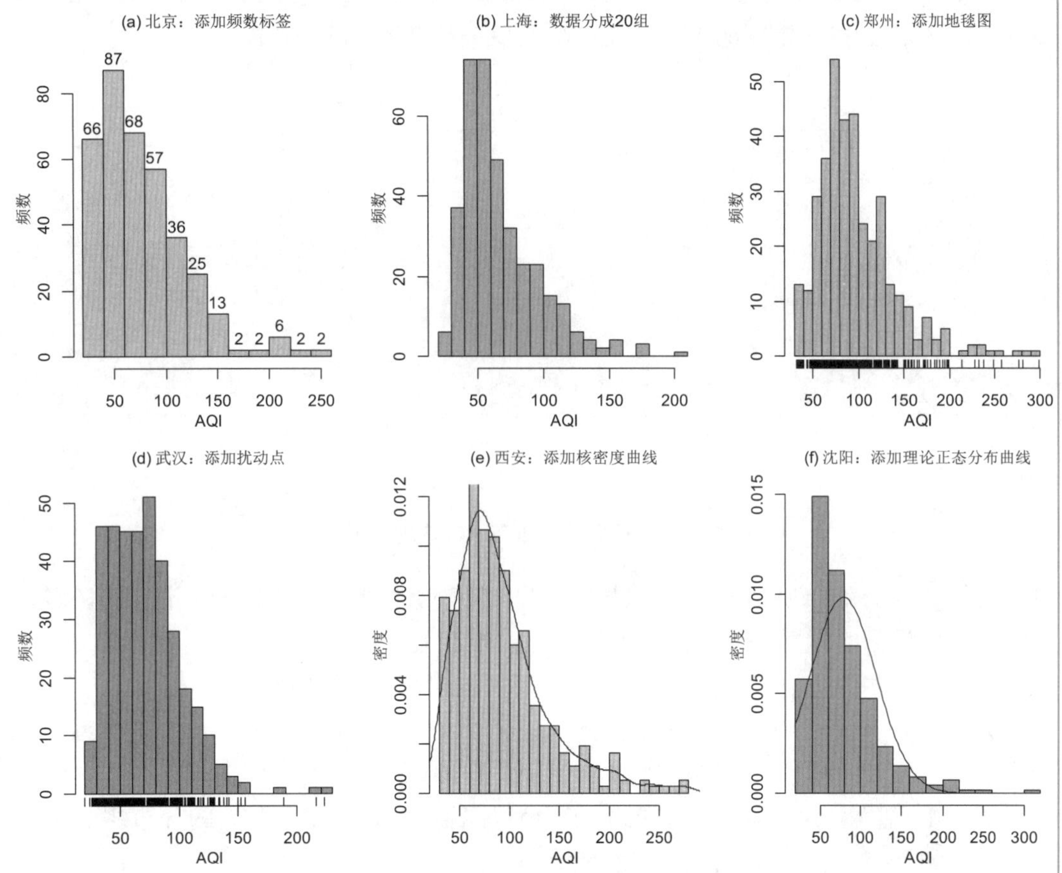

图3-11　2020年6个城市AQI的直方图

注：直方图函数hist中的x为数值向量；参数breaks用于设置组数；默认freq =TRUE (probability=FALSE)，绘制纵轴为频数的直方图，设置freq=FALSE或probability=TRUE则绘制纵轴为密度的直方图。设定参数labels=TRUE可为直方图增加频数或密度（默认labels=FALSE）。函数linse(density(x)为直方图增加核密度估计曲线。函数curve(dnorm(x,mean(x),sd(x))为直方图增加均值为mean(x)、标准差为sd(x)的正态曲线。函数rug(x)画出数据x在坐标轴上的位置。函数jitter(x)计算出数据x的各扰动点。更多信息查看相应函数的帮助。

图3-11显示，6个城市的AQI分布均为右偏分布，除武汉偏斜程度相对较小外，其余城市的偏斜程度均较大。

2. 核密度图

核密度图（kernel density plot）是用于描述核密度估计的一种图形，它使用一定的核

函数和带宽为数据的分布提供了一种平滑曲线，用以观察数据分布的大致形状。实际上，直方图也是对数据分布密度的估计，只不过是一种粗略的估计，而核密度估计则给出较为精确的估计，因此，核密度图可以作为直方图的替代图形。

核密度曲线的平滑程度取决于**带宽**（bandwidth，bw）。bw 的值越大，曲线越平滑。以北京的 AQI 为例，绘制的不同带宽的核密度曲线如图 3-12 所示。

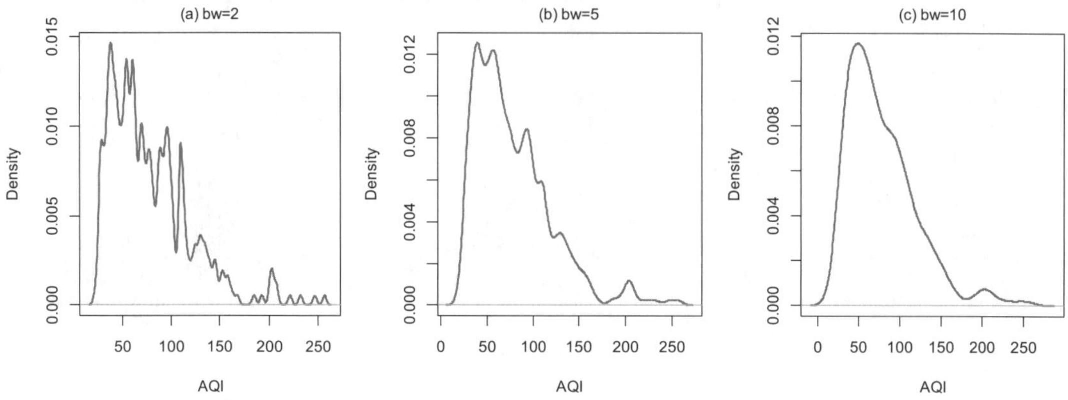

图 3-12　不同带宽的北京 AQI 的核密度曲线

图 3-12 显示，带宽值越大，曲线越平滑，带宽值越小，曲线越不平滑。选择多大的带宽值，可根据实际数据和分析的需要而定。带宽值太大，曲线会被过度平滑，就难以观察分布的一些细节；带宽值太小，又会难以判断分布的整体形状。

为了对 6 个城市 AQI 的分布进行比较，可以将核密度曲线放在同一个坐标系中，绘制出核密度比较曲线。R 代码和结果如代码框 3-10 所示。

图 3-13 显示，6 个城市 AQI 的分布均为右偏，其中，武汉 AQI 的分布相对集中，其他城市的分布形状相近，偏斜程度较大。

代码框 3-10　绘制核密度比较曲线

```
# 图3-13的绘制代码
> library(reshape2);library(DescTools)
> example3_2<-read.csv("C:/example/chap03/example3_2.csv")
> df<-melt(example3_2,id.vars=c("日期"),variable.name="城市",
+    value.name="AQI")                                    # 将数据融合成长格式
> par(mfrow=c(2,1),mai=c(0.7,0.7,0.3,0.1),cex=0.7,font.main=1)
> PlotMultiDens(data=df,AQI~城市,col=Pal(),xlab="AQI",ylab="Density",
+    xlim=c(-1,350),lwd=1,main="(a) 核密度曲线")
> PlotMultiDens(data=df,AQI~城市,xlab="AQI",ylab="Density",
+    xlim=c(-1,350),lwd=1,fill=SetAlpha(rainbow(6),0.2),    # 设置填充颜色和透明度
+    main="(b) 填充颜色")
```

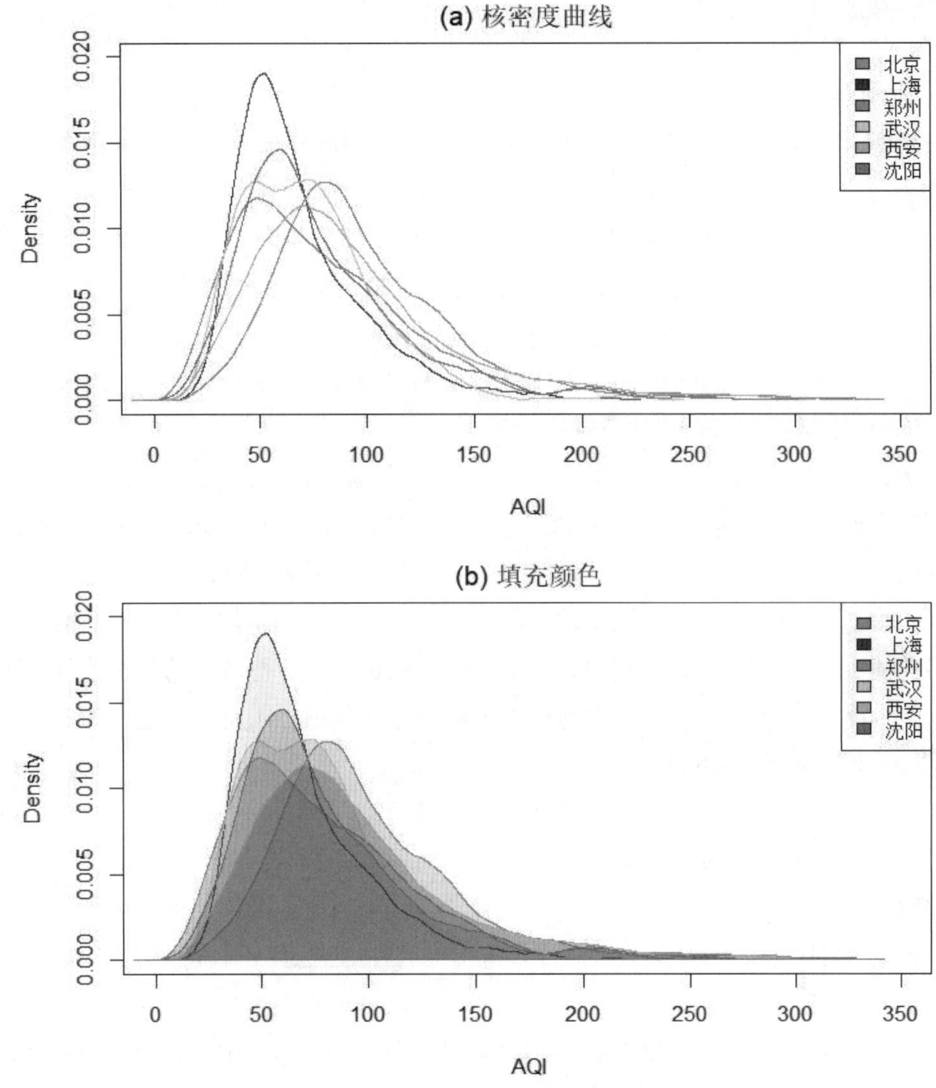

图 3-13　6个城市AQI的核密度比较曲线

注：R中有多个函数可以绘制核密度比较曲线，如sm包中的sm.density.compare函数、psych包中的densityBy函数、lattice包中的densityplot函数、ggplot2包中的geom_density函数、epade包中的histogram.ade函数等。这里使用的是DescTools包中的PlotMultiDens函数，其代码相对简单。其他函数的信息可查阅帮助。

3.2.2　箱线图和小提琴图

箱线图（box plot）和**小提琴图**（violin plot）是展示数据分布的另外两种图形，其主要用途是比较多个变量或多个样本的分布。

1. 箱线图

箱线图不仅可以展示一组数据分布的特征，如分布是否对称、是否存在离群点等，还可以比较多组数据的分布特征，这也是箱线图的主要用途。绘制箱线图的步骤大致如下。

首先，找出一组数据的**中位数**（median）和两个**四分位数**（quartiles），并画出箱子。中位数是一组数据排序后处在50%位置上的数值。四分位数是一组数据排序后处在25%位置和75%位置上的两个值，分别用$Q_{25\%}$和$Q_{75\%}$表示。$Q_{75\%}-Q_{25\%}$称为**四分位差**或**四分位距**（interquartile range），用IQR表示。用两个四分位数画出箱子（四分位差的范围），并画出中位数在箱子中的位置。

其次，计算出内围栏和相邻值，并画出须线。**内围栏**（inner fence）是与$Q_{25\%}$和$Q_{75\%}$的距离等于1.5倍四分位差的两个点，其中$Q_{25\%}-1.5\times\text{IQR}$称为下内围栏，$Q_{75\%}+1.5\times\text{IQR}$称为上内围栏。上下内围栏并不在箱线图中显示，只是作为确定离群点的界限。[①] 然后找出上下内围栏之间的最大值和最小值（非离群点的最大值和最小值），称为**相邻值**（adjacent value），其中，$Q_{25\%}-1.5\times\text{IQR}\sim Q_{25\%}$范围内的最小值称为下相邻值，$Q_{75\%}\sim Q_{75\%}+1.5\times\text{IQR}$范围内的最大值称为上相邻值。用直线将上下相邻值分别与箱子连接，称为**须线**（whiskers）。

最后，找出离群点，并在图中单独标出。**离群点**（outlier）是大于上内围栏或小于下内围栏的值，也称**外部点**（outside value），在图中用“O”单独标出。

箱线图的示意图如图3-14所示。

为解读箱线图所反映数据的分布特征，图3-15展示了不同分布形状对应的箱线图。

图3-15显示，对称分布的箱线图的特点是：中位数在箱子中间；上下相邻值到箱子的距离等长；离群点在上下内围栏外的分布也大致相同。右偏分布的箱线图的特点是：中位数更靠近$Q_{25\%}$（下四分位数）的位置；下相邻值到箱子的距离比上相邻值到箱子的距离短；离群点多数在上内围栏之外。左偏分布的箱线图的特点是：中位数更靠近$Q_{75\%}$（上四分位数）的位置；下相邻值到箱子的距离比上相邻值到箱子的距离长；离群点多数在下内围栏之外。

---

① 也可以设定3倍的四分位差作为围栏，称为**外围栏**（outer fence），其中$Q_{25\%}-3\times\text{IQR}$称为下外围栏，$Q_{75\%}+3\times\text{IQR}$称为上外围栏。外围栏也不在箱线图中显示。在外围栏之外的数据也称为极值（extreme），在有些软件（如SPSS）中用“*”单独标出。R并不区分离群点和极值，统称为离群点，在图中用“O”标出。

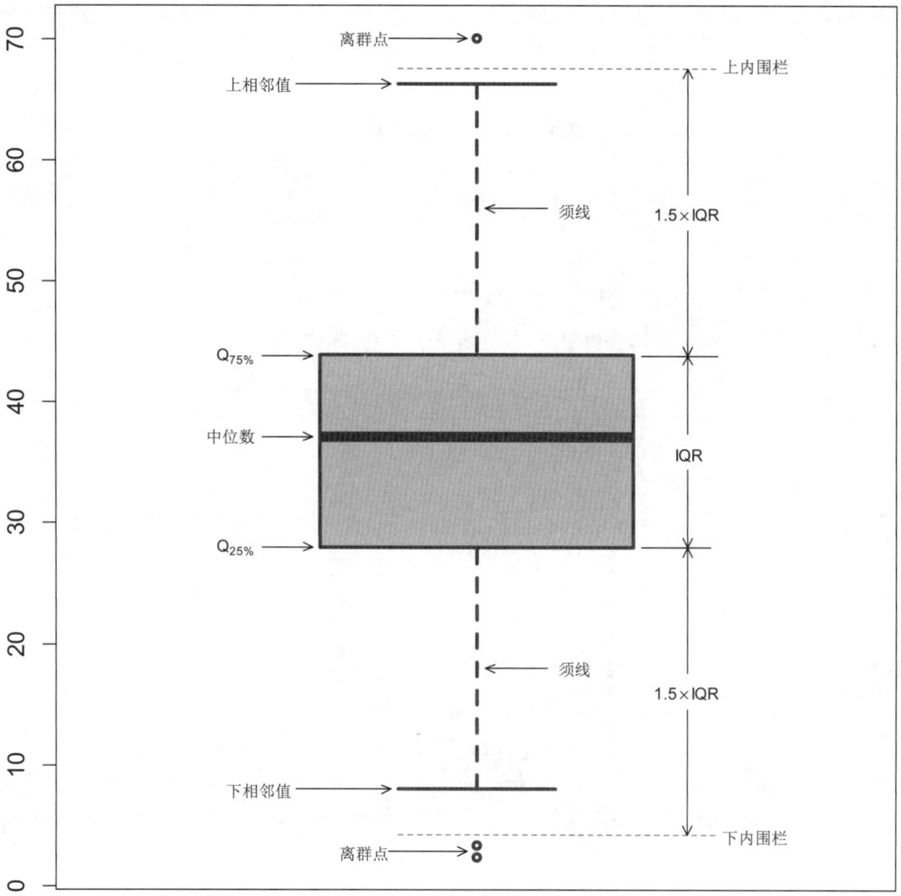

图3-14　箱线图的示意图

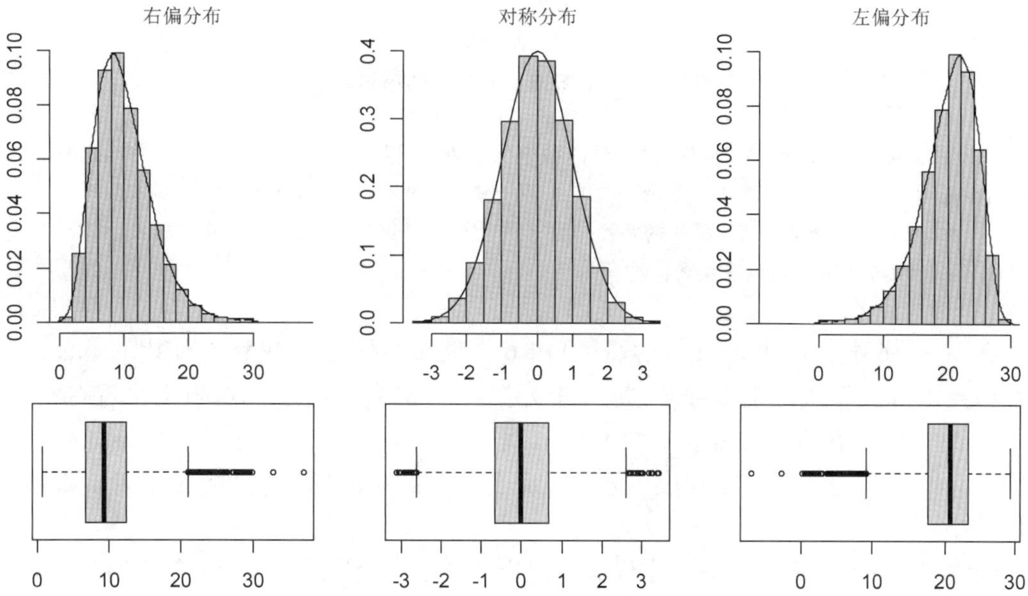

图3-15　不同分布形状对应的箱线图

以例 3-2 中 6 个城市的 AQI 数据为例，绘制箱线图的代码和结果如代码框 3-11 所示。

代码框 3-11　绘制箱线图

```
# 图3-16的绘制代码
> example3_2<-read.csv("C:/example/chap03/example3_2.csv")
> palette<-RColorBrewer::brewer.pal(6,"Set2")          # 设置离散型调色板
> boxplot(example3_2[,2:7],xlab="城市",col=palette,ylab="AQI")
> points((apply(example3_2[,2:7],2,mean)),col="blue3",lwd=2,cex=1.5,pch="+")   # 画出均值点
```

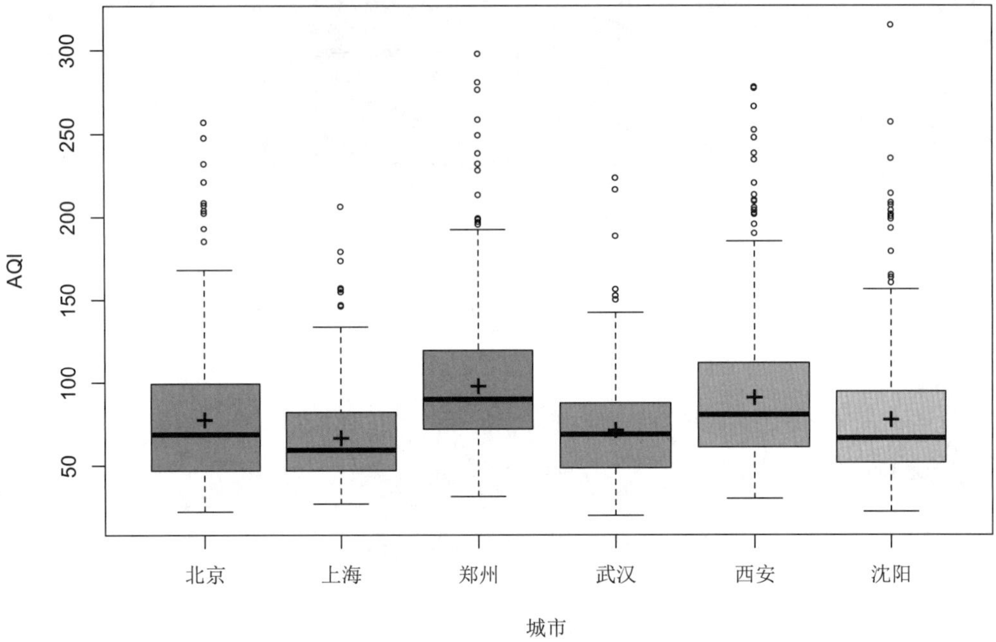

图 3-16　6 个城市 AQI 分布的箱线图

注：箱线图函数默认 range=1.5，设定 1.5 倍的四分位差为内围栏（也可设定外围栏，即 range=3），设定 range=0 将极值与箱子连线。width= 自定义箱子宽度。默认 varwidth=FALSE，所有箱子的宽度都一样。设定 varwidth=TRUE，箱子的宽度与样本量的平方根成比例。notch=TRUE 可绘制凹槽箱线图。horizontal=TURE 将箱线图横置。更多信息查看函数帮助。

在图 3-16 中，使用 apply 函数计算出 6 个城市 AQI 的均值，并使用 points 函数将均值点添加到箱线图中（符号“+”的位置）。图 3-16 显示，离群点均出现在右侧，且上须线均长于下须线，表示 6 个城市 AQI 的分布均为右偏分布。其中，郑州、西安和沈阳的偏斜程度和离散程度均较大，而上海和武汉的离散程度相对较小，偏斜程度也较小。

箱线图在比较分布时具有一定优势，但当各样本或变量的数值差异较大时，需要对数据进行变换，比如做对数变换或标准化变换，再绘制箱线图，否则不便于比较。限于篇幅，这里不再举例，读者可对上述数据变换后再绘制图形，观察其效果。

2. 小提琴图

小提琴图可视为箱线图的一个变种，它将分布的核密度估计图与箱线图结合在一起，在箱线图上以镜像方式叠加上核密度估计图，以展示数据分布的大致形状。因此，小提琴图比箱线图提供了更多的信息，可作为箱线图的替代图形。

以例 3-2 中 6 个城市的 AQI 数据为例，绘制小提琴图的代码和结果如代码框 3-12 所示。

代码框 3-12　绘制小提琴图

```
# 图3-17的绘制代码
> example3_2<-read.csv("C:/example/chap03/example3_2.csv")
> library(vioplot)
> palette<-RColorBrewer::brewer.pal(6,"Set2")
> names=c("北京","上海","郑州","武汉","西安","沈阳")      # 设置名称向量
> vioplot(example3_2[2:7],col=palette,names=names,xlab="城市",ylab="AQI")
```

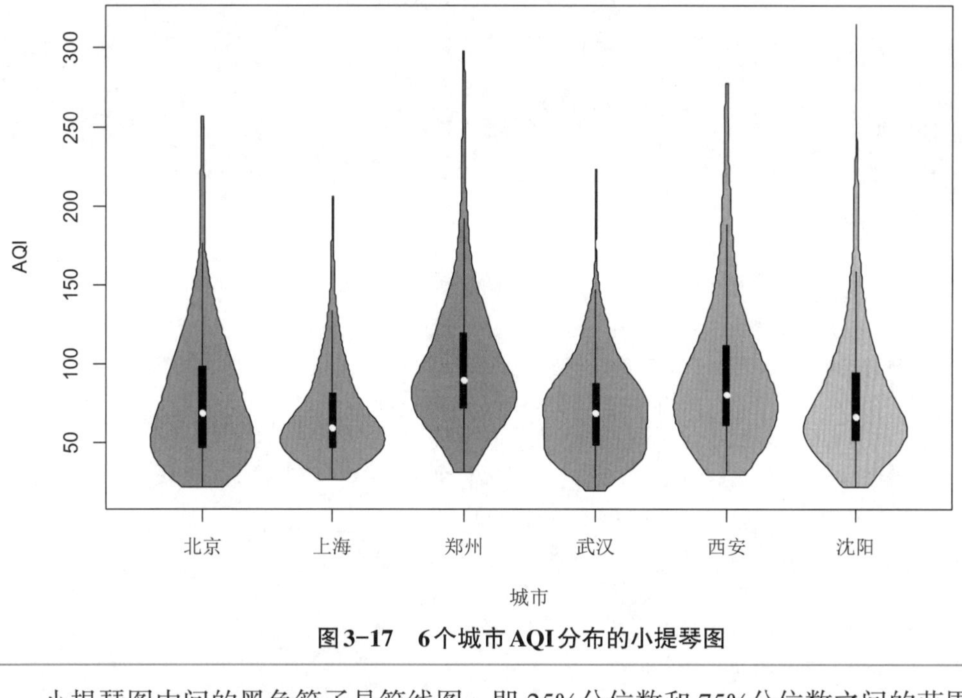

图 3-17　6 个城市 AQI 分布的小提琴图

小提琴图中间的黑色箱子是箱线图，即 25%分位数和 75%分位数之间的范围，白点是中位数，两条黑线为须线。小提琴图所展示的数据分布的特征与箱线图相同，但比箱线图多了数据分布的核密度图，更容易观察数据分布的形状。

3.2.3　茎叶图

当数据量较小时，适合用**茎叶图**（stem-and-leaf plot）看数据分布，它不仅可以反映数据的分布特征，而且能保留原始数据的信息。

茎叶图由“茎”和“叶”两部分构成，它将一个数值分成两部分，通常是以该数据的高位数值作为树茎，而叶上只保留该数值的最后一个数字。例如，125 分成 12 | 5，12 分成 1 | 2，1.25 分成 12 | 5（单位：0.01），等等，前部分是茎，后部分是叶。茎一经确定，叶就自然地长在相应的茎上了，叶子的长短代表数据的分布。

当数据比较多时，也可以将茎重复列出 2 次或 5 次。比如，可以将每一个茎重复列出 2 次，一次有记号“*”，表示该茎的叶子上的数为 0～4，另一次有记号“·”，表示该茎的叶子上的数为 5～9。将每个茎重复列出 5 次时，有记号“*”的茎，叶子上的数为 0 和 1；有记号“*t*”的茎，叶子上的数为 2 和 3(two 和 three)；有记号“*f*”的茎，叶子上的数为 4 和 5(four 和 five)；有记号“*s*”的茎，叶子上的数为 6 和 7(six 和 seven)；有记号“·”的茎，叶子上的数为 8 和 9（eight 和 nine）。

当有两个样本或变量且可比时，可以使用一个公共的茎，绘制背靠背（back to back）的茎叶图，或者绘制并列的茎叶图。

以例 3-2 中北京的 AQI 数据为例，绘制茎叶图的代码和结果如代码框 3-13 所示。

代码框 3-13　绘制茎叶图

```
# 每个茎列出1次（图3-18）
> example3_2<-read.csv("C:/example/chap03/example3_2.csv")
> library(aplpack)
> stem.leaf(example3_2$北京,unit=1,m=1)     # 数据的单位为 1，每个茎的行数为 1
1 | 2: represents 12
 leaf unit: 1
            n: 366
   17     2 | 24666777778899999
   60     3 | 0001111233344444555666666667778888888899999
  102     4 | 000000112222223333444455555556677888889999
  144     5 | 0000122222223333444445555555555567778889999
  (40)    6 | 0000000001122222222333344444556777888 9999
  182     7 | 00000001122222344455556777777888999
  149     8 | 000011223344567777788899999
  122     9 | 0011222222444445555667777777778889
   91    10 | 0001111222477889999 9
   72    11 | 000000012233344668 8
   53    12 | 012345557899
   41    13 | 011134456689
   29    14 | 00345668
   21    15 | 223588
   15    16 | 038
HI: 185 193 202 202 202 204 207 208 221 232 247 257
```

图 3-18　北京 AQI 的茎叶图

```
# 背靠背茎叶图（图3-19）
> stem.leaf.backback(example3_2$北京[1:182],example3_2$北京[183:366],back.to.back = TRUE)
```

```
________________________________________________________________________________
  1 | 2: represents 12, leaf unit: 1
            example3_2$北京[1:182]       example3_2$北京[183:366]
________________________________________________________________________________
                                 |  2 |24666777778899999              17
  20          99999888766665442110|  3 |00113334445566667788889        40
  46    9998765555433332222100000|  4 |0124445556788889               56
  63            98876555544332100|  5 |002222233444555555578999       81
  84          998764333322221100000|  6 |0000222244455778899          (19)
 (17)           98877765542200000|  7 |0011223445577899               84
  81            99998877764332200|  8 |0011457789                     68
  64                 977765444210|  9 |0122224455567777888            58
  52                     94222100| 10 |01177889999                    39
  44                      8643210| 11 |000000233468                   28
  37                     98554321| 12 |0579                           16
  29                      6431110| 13 |45689                          12
  22                        86530| 14 |046                             7
  17                          832| 15 |258                             4
  14                          830| 16 |
                                 | 17 |
________________________________________________________________________________
HI: 193 202 202 202 204 207 208        HI: 185
221 232 247 257
n:                            182      184
________________________________________________________________________________
```

图 3-19　北京 AQI 数据的背靠背茎叶图

注：使用 graphics 包中的 stem 可以绘制简单茎叶图，但给出的信息较少。这里推荐使用 aplpack 包中的茎叶图函数，可绘制式样更多的茎叶图。更多信息查阅函数帮助。

图 3-18 是每个茎列出 1 次的茎叶图（读者可设置 m=2 或 m=5 绘制每个茎为 2 行或 5 行的茎叶图）。图中最左边一列给出的是数据的**深度**（depth），它是将数据按从小到大排序（升序）或从大到小排序（降序）后，该数据升序和降序中的最小者。比如，22 这个数，从小到大排序是第 1 个，而从大到小排序是第 366 个，因此该数的深度是 1。茎叶图中每一行列出的是该行中的最大深度。比如，茎为 2 的那行最大深度出现在数据 29，深度为 17，因此该行的深度就是 17。在深度那一列中，中位数所在的行用括号括起来，其中的数字 40 不是指数据深度而是数据的个数。图中最下方列出的 HI 后的数值是数据中的离群值，比如，上半年有 11 个离群点，下半年只有一个离群点。函数默认 trim.outliers=TRUE，将最大离群值放在最高的茎的外面单独列出，最小离群值放在最低的茎的外面单独列出，而不是放在茎叶图中（这样可避免因离群值使茎叶图产生过多的空行）。

图 3-19 是背靠背茎叶图，可以比较分析上半年和下半年 AQI 分布的差异。图中显示，北京上半年和下半年 AQI 的分布形状差不多，均为右偏分布。

3.3 变量间关系可视化

对于多个数值变量，通常关心这些变量之间是否有某种关系、关系的形态和关系的强度等。**散点图**（scatter plot）是观察数值变量间关系的常用工具。只分析两个变量时，可以绘制普通散点图；分析两个以上变量时，可以绘制散点图矩阵或相关系数矩阵。

3.3.1 散点图

散点图将两个变量的各对观测点画在二维坐标中，并利用各观测点的分布来展示两个变量间的关系。设两个变量分别为 x 和 y，每对观测值（x_i，y_i）在二维坐标中用一个点表示，n 对观测值在坐标中形成的 n 个点图称为散点图。利用散点图可以观察两个变量间是否有关系，如果有，则关系的形态以及关系强度如何等。

具有线性关系的两个变量的散点图大致在一条直线周围随机分布，其分布的形状通常为一个椭圆，其形状越扁平，表示线性关系越强，如图 3-20 所示。

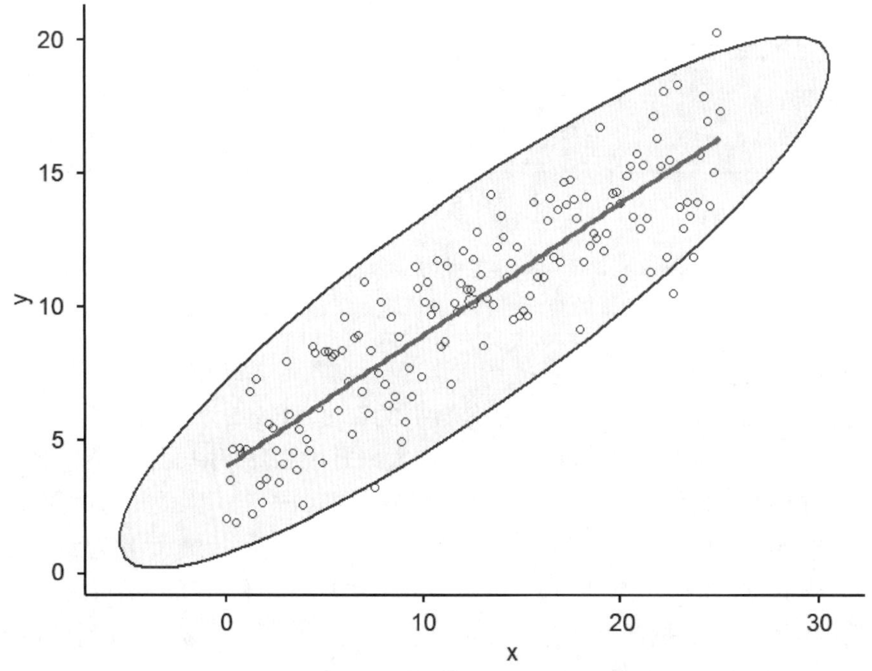

图 3-20　具有线性关系的两个变量的散点图

下面通过一个例子说明散点图的绘制方法。

【例 3-3】（数据：example3_3.csv）为分析上市公司的各项财务指标间的关系，随机抽取 200 家上市公司，得到的有关财务数据如表 3-2 所示。绘制散点图分析总股本与每股收益之间的关系。

表 3–2　200 家上市公司的有关财务数据（只列出前 5 行和后 5 行）

总股本（亿股）	每股收益（元）	每股净资产（元）	每股现金流量（元）
3.21	1.82	11.21	3.42
5.37	0.70	3.96	2.99
8.18	0.94	7.85	3.05
2.74	1.95	10.24	3.36
4.84	0.90	11.52	3.56
…	…	…	…
6.03	0.78	8.90	3.52
4.11	1.13	11.83	3.56
3.42	2.00	11.69	3.38
3.29	1.77	8.41	3.54
3.51	1.91	9.68	3.70

解：绘制散点图的代码和结果如代码框 3–14 所示。

代码框 3–14　绘制散点图

```
# 图3-21的绘制代码
> example3_3<-read.csv("C:/example/chap03/example3_3.csv")
> par(mai=c(0.7,0.7,0.1,0.1),cex=0.8,cex.main=1)
> plot(example3_3$总股本,example3_3$每股收益,pch=19,col="green4",
+     xlab="总股本",ylab="每股收益")
> abline(lm(example3_3$每股收益~example3_3$总股本),lwd=2,col="red")      # 添加回归线
```

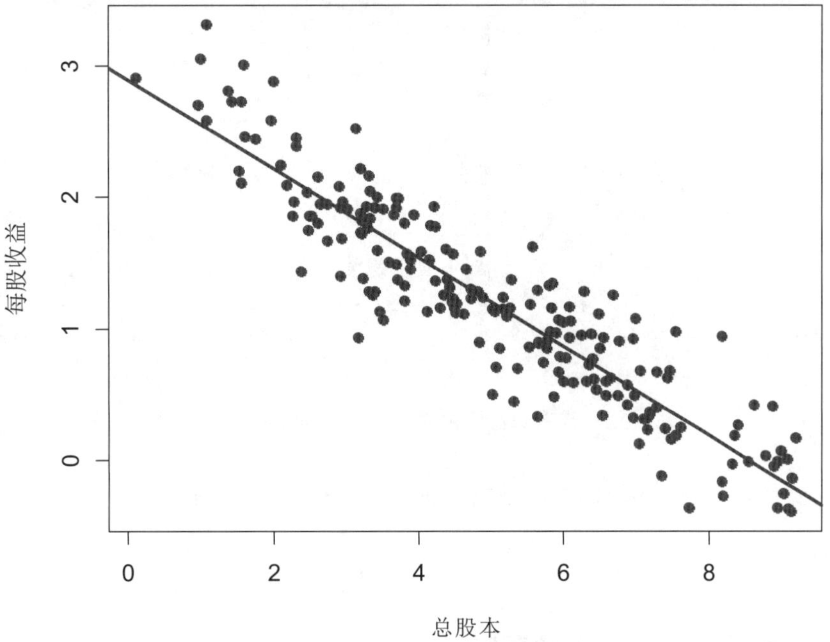

图 3–21　总股本与每股收益的散点图

注：函数 lm( ) 用于拟合线性回归模型，详细内容请参见第 10 章。

图 3-21 显示，总股本与每股收益之间为负向的线性关系，随着总股本的增加，每股收益随之减少。

如果要在散点图中反映两个变量的分布信息，可在散点图中添加每个变量的边际图，比如，两个变量的直方图、核密度图、箱线图等。R 代码和结果如代码框 3-15 所示。

代码框 3-15　绘制带有边际图的散点图

```
# 图3-22(a)的绘制代码
> example3_3<-read.csv("C:/example/chap03/example3_3.csv")
> library(ggpubr)
> ggscatterhist(example3_3,x="总股本",y="每股收益",
+     title="(a) 边际图为直方图的散点图",        # 添加标题
+     size=1,color="forestgreen",                # 设置点的大小和颜色
+     rug=TRUE,                                  # 添加地毯图
+     margin.plot="histogram",                   # 设置边际图的类型为直方图
+     margin.params=list(fill="deepskyblue",color="black"),
                                                 # 设置边际图的填充颜色和线的颜色
+     ggtheme=theme_minimal())                   # 设置图形主题
```

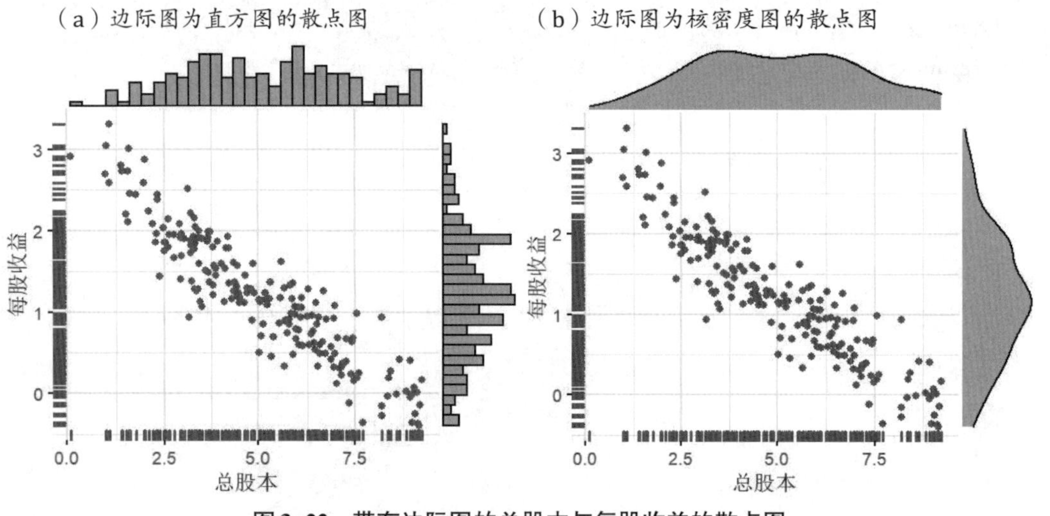

图 3-22　带有边际图的总股本与每股收益的散点图

注：将图 3-22（a）绘制代码中的参数改为 margin.plot="density"即为图 3-22（b）。

图 3-22 的边际直方图和边际核密度图均显示总股本和每股收益大致为对称分布。

3.3.2　散点图矩阵和相关系数矩阵

如果要同时分析多个变量两两之间的关系，可以将多幅散点图绘制成矩阵的形式，

称为**散点图矩阵**（matrix scatter）或矩阵散点图。散点图矩阵中，对角线上下两部分是对称的图形，也可以在对角线的下方（或上方）绘制出一种形式的散点图（或相关系数），对角线上方（或下方）绘制出另一种形式的散点图（或相关系数）。

R 中有多个函数可以绘制散点图矩阵，如 graphics 包中的 plot 函数和 pairs 函数、corrgram 包中的 corrgram 函数、car 包中的 scatterplotMatrix 函数等。以例 3-3 的数据为例，由 car 包中的 scatterplotMatrix 函数绘制散点图矩阵的代码和结果如代码框 3-16 所示。

代码框 3-16 绘制散点图矩阵

```
# 图3-23的绘制代码
> example3_3<-read.csv("C:/example/chap03/example3_3.csv")
> library(car)
> scatterplotMatrix(~总股本+每股收益+每股净资产+每股现金流量,example3_3,
+     diagonal=TRUE,                    # 对角线绘制出核密度图
+     ellipse=TRUE,                     # 绘制椭圆
+     col="steelblue3",                 # 设置颜色
+     gap=0.5)                          # 设置图间距
```

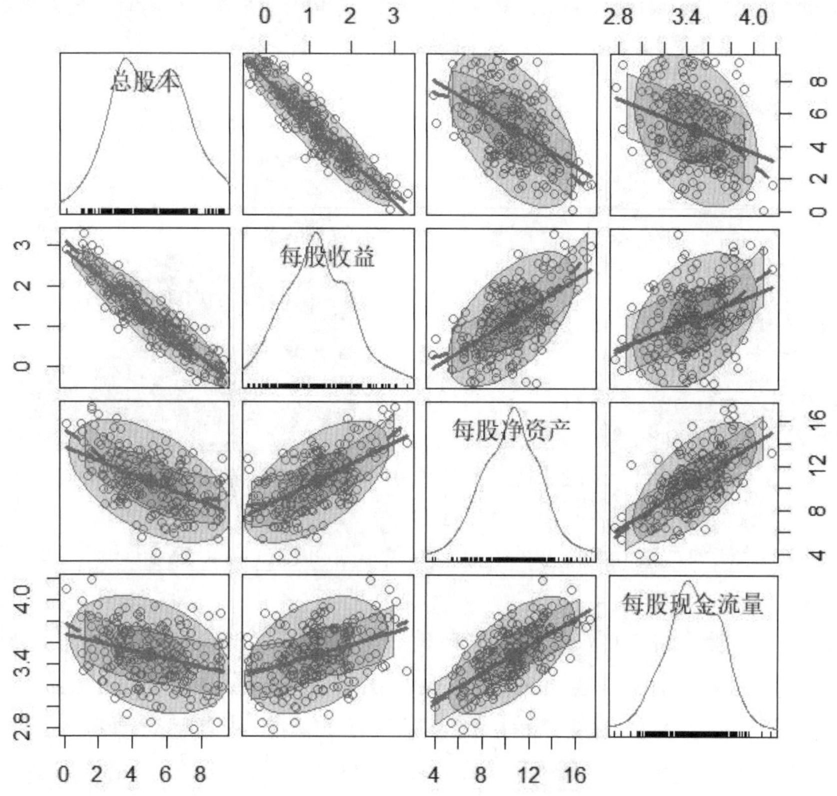

图 3-23 带有拟合直线、拟合曲线和置信椭圆的散点图矩阵

图 3-23 的主对角线上绘制了每个变量的核密度图，用于分析各变量的分布特征，为回归建模提供参考；在各散点图中分别绘制出了拟合的直线、曲线及其置信区间（相关内容请参阅第 10 章和第 11 章）。图中的椭圆越扁平，表示相关性越强，越接近圆形，相关性越弱。

当变量较多时，散点图矩阵中的各散点图就会变得很小，使得散点图难以观察。这时，可以计算出变量间的相关系数①矩阵，再将其画成图像，这就是相关系数矩阵图。以例 3-3 的数据为例，由 corrgram 包中的 corrgram 函数绘制相关系数矩阵的代码和结果如代码框 3-17 所示。

代码框3-17　绘制相关系数矩阵

```
# 图3-24（a）的绘制代码
> example3_3<-read.csv("C:/example/chap03/example3_3.csv")
> library(corrgram)
> p1<-corrgram(example3_3,main="(a) 在对角线下方画出阴影线，上方画出饼图",
+   order=TRUE,                        # 按相关系数排列变量
+   lower.panel=panel.shade,           # 对角线下方绘制阴影线
+   upper.panel=panel.pie)             # 对角线上方绘制饼图
```

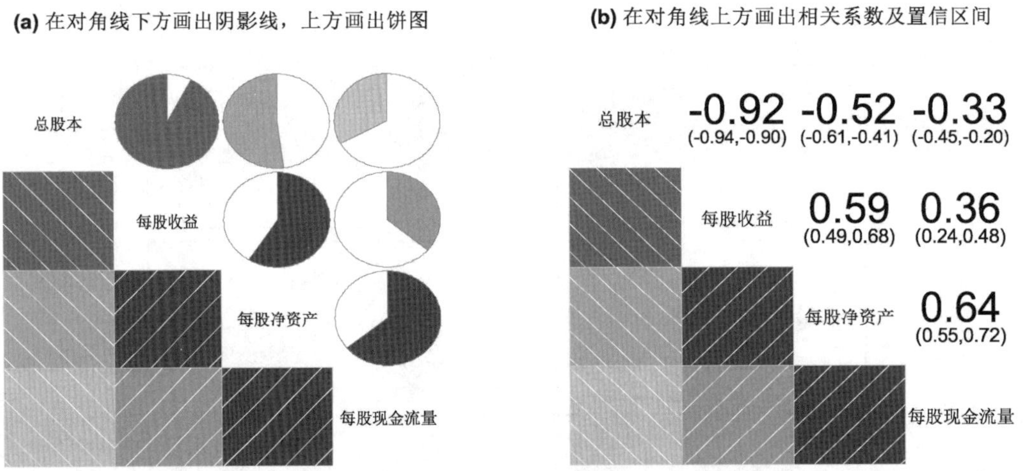

图3-24　总股本、每股收益、每股净资产和每股现金流量的相关系数矩阵

注：将图 3-24（a）中的参数 upper.panel=panel.pie 修改为 upper.panel=panel.conf 即为图 3-25（b）。

图 3-24（a）的对角线下方是带影线的矩形，图中从左下角到右上角的 45°线表示正相关，矩形用蓝色表示，相关系数越大，表示相关性越强，矩形的颜色也越深。从左上角到右下角的 45°线表示负相关，矩形用红色表示，相关系数绝对值越大，表示相关性越强，矩形的颜色也越深。对角线上方为饼图，图中的阴影部分由相关系数填充，正相

① 相关系数是度量两个变量之间线性关系强度的统计量，其取值在[−1，1]之间。相关系数大于 0 表示正相关，数值越大表示正相关程度越强；相关系数小于 0 表示负相关，数值越小表示负相关程度越强。

关从正午 12 点开始，顺时针方向填充，并用蓝色表示，相关性越强，被填充的面积越大，颜色也越深；负相关从正午 12 点按逆时针方向填充，并用红色表示，负相关性越强，被填充的面积越大，颜色也越深。图 3-24（b）的对角线上方为各变量间的相关系数及其置信区间。

图 3-23 和图 3-24 均显示，总股本与其他变量之间为负的相关关系，即总股本越大，每股收益越小，其中，与每股收益的关系较强，与每股净资产和每股现金流量之间的关系相对较弱。其余变量之间为正的相关关系，其中，每股净资产与每股现金流量之间的关系相对较强。

3.3.3　3D 散点图和气泡图

如果仅观察 3 个变量之间的关系，可以绘制 3D（三维）散点图和**气泡图**（bubble plot）。

1. 3D 散点图

3D 散点图是在三维（3D）空间中展示 3 个变量间的关系。以例 3-3 的数据为例，绘制 3D 散点图的代码和结果如代码框 3-18 所示。

图 3-25（a）显示，总股本与每股收益和每股净资产之间为负的相关关系，而每股收益和每股净资产之间为正的相关关系。图 3-25（b）显示，每股收益、每股净资产、每股现金流量之间为正的线性关系。

代码框 3-18　绘制 3D 散点图

```
# 图3-25（a）的绘制代码
> example3_3<-read.csv("C:/example/chap03/example3_3.csv")
> library(lattice)
> p1<-cloud(总股本~每股收益+每股净资产,data=example3_3,
+     par.settings=list(par.xlab.text=list(cex=0.6),        # 设置 x 轴标签字体大小
+       par.ylab.text=list(cex=0.6),                        # 设置 y 轴标签字体大小
+       par.zlab.text=list(cex=0.6)),                       # 设置 z 轴标签字体大小
+     main="(a) 总股本~每股收益+每股净资产")                 # 设置标题

# 图3-25（b）的绘制代码
> p2<-cloud(每股收益~每股净资产+每股现金流量,data=example3_3,
+     par.settings=list(par.xlab.text=list(cex=0.6),
+       par.ylab.text=list(cex=0.6),
+       par.zlab.text=list(cex=0.6)),
+     main="(b) 每股收益~每股净资产+每股现金流量")

# 组合图（a）和图（b）
> plot(p1,split=c(1,1,2,1))                       #p1 是 2 列 1 行矩阵中第 1 列的第 1 个图
> plot(p2,split=c(2,1,2,1),newpage=FALSE)         #p2 是 2 列 1 行矩阵中第 2 列的第 1 个图
```

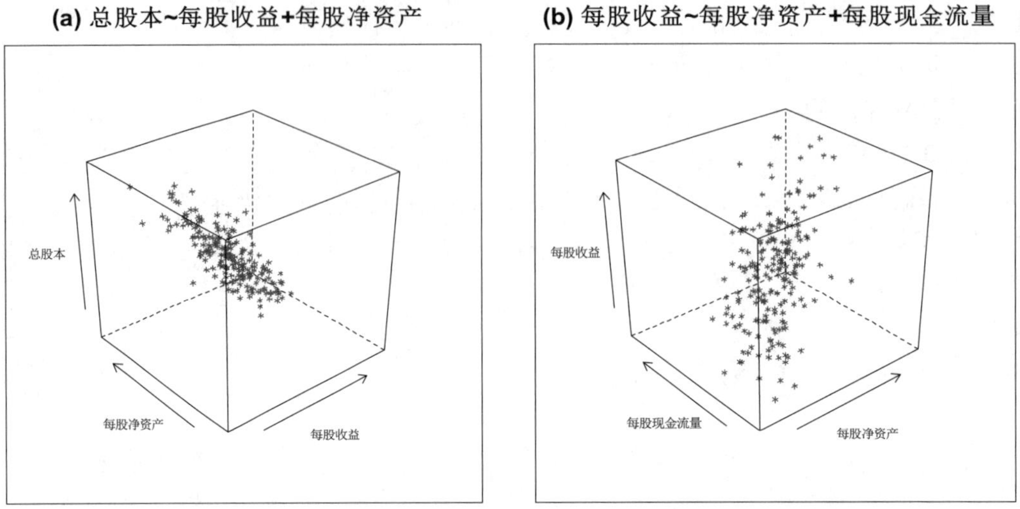

图3-25　例3-3数据的3D散点图

注：R中有很多函数可以绘制3D散点图，如plot3D包中的scatter3D函数、scatterplot3d包中的scatterplot3d函数、vcd包中的scatter3d函数等。相关信息请查阅函数帮助。

2. 气泡图

气泡图是在二维（2D）空间中展示3个变量间的关系的一种图形。用变量 x 和 y 画出散点图，第3个变量数值的大小用圆的大小表示。为理解气泡图的含义，随机模拟出来自均匀分布的3个随机变量 x，y 和 z 的40组观测值，其中，x 与 y 为线性关系，z 表示气泡的大小，它与 x 和 y 无相关关系，如图3-26所示。

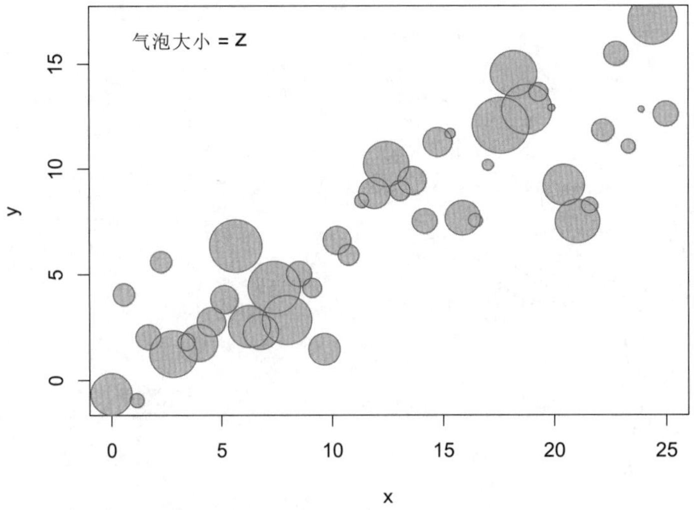

图3-26　随机模拟的3个变量的气泡图

图 3-26 显示，x 与 y 为正的线性关系，而气泡大小的分布却是随机的，这表示 z 与 x 和 y 无相关关系。如果气泡的大小随着 x 和 y 的变大而变大，表示 z 与 x 和 y 之间为正的线性关系；如果气泡的大小随着 x 和 y 的变大而变小，则表示 z 与 x 和 y 之间为负的线性关系。

以例 3-3 中的总股本、每股收益和每股净资产数据为例，绘制气泡图的代码和结果如代码框 3-19 所示。

代码框 3-19 绘制气泡图

```
# 图3-27的绘制代码
> example3_3<-read.csv("C:/example/chap03/example3_3.csv")
> attach(example3_3)
> symbols(每股收益,每股净资产,总股本,inches=0.16,fg="black",bg="pink")
> mtext("气泡大小 = 总股本",line=-2,cex=0.8,adj=0.1)        # 添加注释文本
```

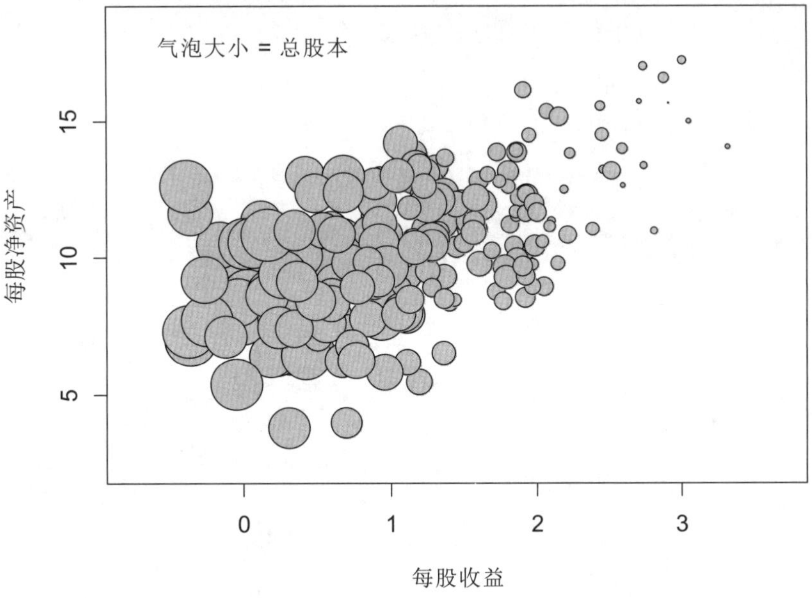

图 3-27 总股本、每股收益和每股净资产的气泡图

注：函数中的 inches 设置气泡的半径（英寸）；fg=圆的颜色；bg=圆的填充颜色。更多信息查阅帮助。

图 3-27 显示，每股收益与每股净资产的气泡大致在一条直线周围分布，显示二者之间为线性关系，表示总股本多少的气泡则随着每股收益和每股净资产的增加而变小，显示总股本与这两个变量之间为负的线性相关关系。

3.4 样本相似性可视化

假定想要比较北京、上海、天津 3 个地区在食品烟酒、衣着、居住、生活用品及服务、交通通信、教育文化娱乐、医疗保健、其他用品及服务这 8 项支出方面是否有相似

性，这里的3个地区就是样本，8项消费支出就是8个变量，这就是多样本在多个变量上取值的相似性问题。如果关心的是3个地区间是否相似，就是样本的相似性问题；如果关心的是8个变量之间是否相似，就是变量的相似性问题。变量间的相似性可以使用散点图和相关系数分析，本章主要介绍样本相似性的可视化。比较样本相似性的图形主要有轮廓图、雷达图、星图、脸谱图、聚类图、热图等，限于篇幅，本章主要介绍轮廓图、雷达图和星图。

3.4.1 轮廓图

轮廓图（outline plot）也称平行坐标图或多线图，它用 x 轴表示各变量，用 y 轴表示变量的数值（x 轴和 y 轴可以互换），将同一样本在不同变量上的观测值用折线连接起来。观察轮廓图中各折线的形状及其排列方式，可以比较各样本在多个变量上取值的相似性及差异。下面通过一个例子说明轮廓图的画法和解读。

【例3-4】（数据：example3_4.csv）表3-3是2020年12个地区的8项人均消费支出数据。绘制轮廓图，分析各地区消费支出的差异和相似性。

表3-3 2020年12个地区的人均消费支出

单位：元

地区	食品烟酒	衣着	居住	生活用品及服务	交通通信	教育文化娱乐	医疗保健	其他用品及服务
北京	8 751.4	1 924.0	17 163.1	2 306.7	3 925.2	3 020.7	3 755.0	880.0
天津	9 122.2	1 860.4	7 770.0	1 804.1	4 045.7	2 530.6	2 811.0	950.7
辽宁	7 334.0	1 717.8	5 503.6	1 372.7	3 016.5	2 371.4	2 595.2	937.9
上海	11 515.1	1 763.5	16 465.1	2 177.5	4 677.1	3 962.6	3 188.7	1 089.9
江苏	8 291.7	1 768.0	9 388.4	1 809.0	3 994.6	2 728.2	2 173.7	728.6
浙江	9 913.7	2 035.5	10 664.7	2 073.1	4 987.6	3 449.7	2 162.1	910.5
山东	7 318.6	2 012.5	5 972.9	2 148.7	3 688.4	3 204.5	2 298.1	647.4
湖北	7 112.4	1 472.3	5 774.3	1 316.0	2 852.5	2 040.8	1 922.3	394.8
广东	10 794.7	1 282.1	9 457.9	1 895.3	4 626.3	2 958.7	1 748.6	747.7
重庆	8 618.8	1 918.0	4 970.8	1 897.3	3 290.8	2 648.3	2 445.3	675.1
陕西	6 295.8	1 649.8	4 887.6	1 622.3	2 855.2	2 387.2	2 608.4	560.2
新疆	7 194.3	1 616.8	4 483.1	1 500.8	3 413.5	1 778.2	2 349.1	615.9

数据来源：中国统计年鉴2021.

解：绘制轮廓图的代码和结果如代码框3-20所示。

代码框3-20 绘制轮廓图

```
# 图3-28的绘制代码
> example3_4<-read.csv("C:/example/chap03/example3_4.csv")
> library(DescTools)
> mat<-as.matrix(example3_4[,2:9]);rownames(mat)=example3_4[,1]    # 将数据框转换成矩阵
> PlotLinesA(t(mat),xlab="消费项目",ylab="支出金额",args.legend=NA,
+ col=rainbow(13),pch=21,pch.col=1,pch.bg="white",pch.cex=1)
```

```
> legend(x="topright",legend=example3_4[,1],lty=1,
+     col=rainbow(13),box.col="grey80",inset=0.01,ncol=1,cex=0.8)    # 添加图例
```

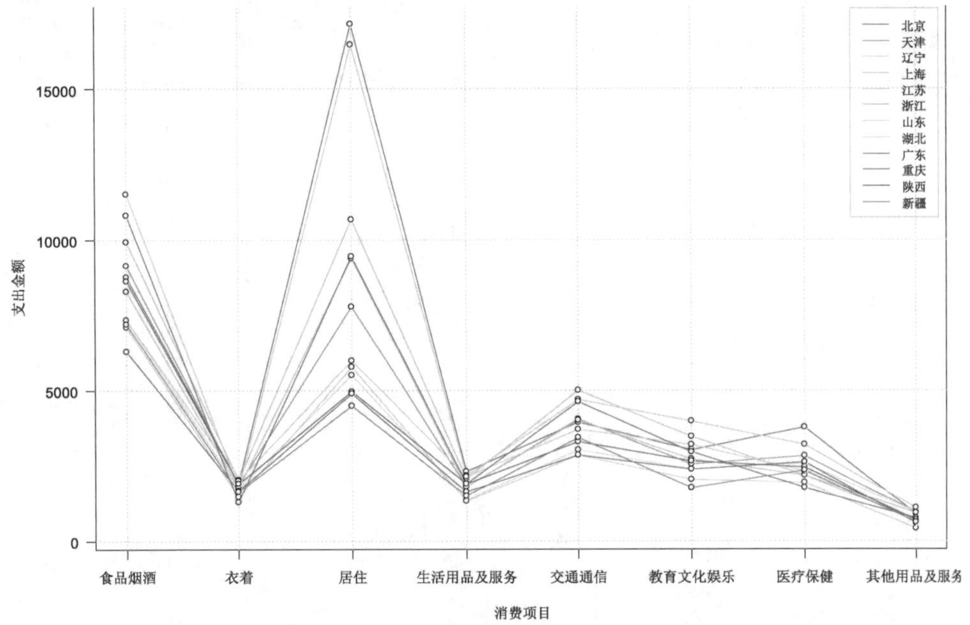

图 3-28　2020 年 12 个地区 8 项消费支出的轮廓图

图 3-28 显示，除了上海和北京的居住支出明显偏高外，在 8 项消费支出中，食品烟酒支出占各项支出的比例最高，接下来依次是居住、交通通信、教育文化娱乐、医疗保健、衣着、生活用品及服务，其他用品及服务排在最后，而衣着、生活用品及服务、其他用品及服务的支出相差不大。图中各条折线的形状极其相似，说明各地区虽然消费支出金额有一定差异，但消费结构十分相似。

3.4.2　雷达图

假定有 P 个变量，我们可以从一个点出发，每个变量用一条射线表示，P 个变量形成 P 条射线（P 个坐标轴），每个样本在 P 个变量上的取值连接成线，即围成一个区域，多个样本围成多个区域，就是**雷达图**（radar chart）。P 个变量的计量单位可能不同，数值的量级往往差异很大，每条坐标轴的刻度需要根据每个变量单独确定，因此，不同坐标轴的刻度是不可比的。由于雷达图的形状与蜘蛛网很相似，有时也称为**蜘蛛图**（spider chart）。利用雷达图也可以研究多个样本之间的相似程度。

以例 3-4 中的数据为例，绘制雷达图的代码和结果如代码框 3-21 所示。

代码框 3-21　绘制雷达图

```
# 图3-29的绘制代码
> example3_4<-read.csv("C:/example/chap03/example3_4.csv")
> library(ggiraphExtra);library(ggplot2)
```

```
> ggRadar(data=example3_4,rescale=FALSE,aes(group=地区),alpha=0,size=1.5)+ # 按地区分组
+ theme(axis.text=element_text(size=6),                                    # 设置坐标轴字体大小
+       legend.position="right",                                            # 设置图例位置
+       legend.text=element_text(size="6"))+                                # 设置图例字体大小
+ theme_bw()                                                                # 去掉底色
```

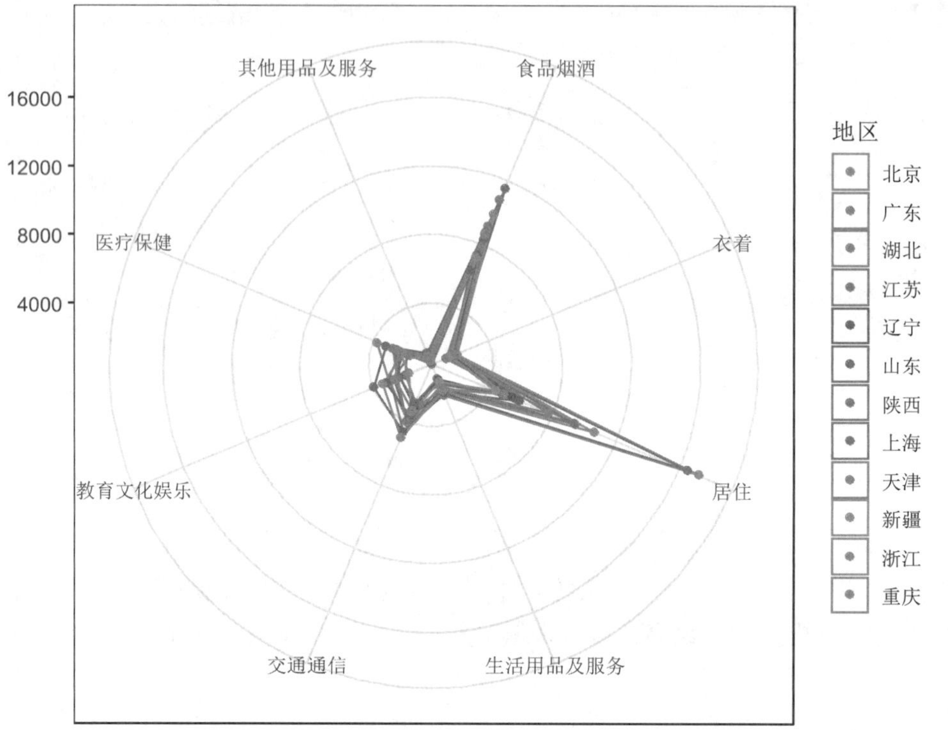

图3-29　2020年12个地区8项消费支出的雷达图

注：ggRadar函数默认rescale=TRUE，表示使用尺度缩放后的数据绘制雷达图，设置rescale=FALSE，表示使用原始数据绘制雷达图。使用fmsb包中的radarchart函数也可以绘制雷达图。更多信息请查阅函数帮助。

图3-29显示，除了北京和上海的居住支出明显偏高外，在8项消费支出中，食品烟酒支出占各项支出的比例最高，接下来依次是居住、交通通信、教育文化娱乐、医疗保健、衣着、生活用品及服务，其他用品及服务排在最后。从雷达图所围成的形状看，各地区的消费结构十分相似。

3.4.3　星图

星图（star plot）有时也称为雷达图，它用 P 个变量将圆 P 等分，并将 P 个半径与圆心连接，再将一个样本的 P 个变量的取值连接成一个 P 边形，n 个样本形成 n 个独立的 P 边形，即为星图。利用星图可根据 n 个 P 边形比较 n 个样本的相似性。

绘制星图时，因各样本的计量单位可能不同，或不同变量的数值差异可能很大，因此需要先对变量做标准化处理（见第 4 章），再绘制星图。以例 3-4 中的数据为例，绘制星图的代码和结果如代码框 3-22 所示。

代码框 3-22　绘制星图

```
# 图3-30的绘制代码
> example3_4<-read.csv("C:/example/chap03/example3_4.csv")
> mat<-as.matrix(example3_4[,2:9]);rownames(mat)=example3_4[,1]
> stars(mat,ncol=4,                          # 排列成 4 列
+     full=TRUE,                             # 绘制出满圆
+     scale=TRUE,                            # 将数据缩放到[0,1]的范围
+     len=0.8,                               # 设置星的半径或线段长度的比例
+     draw.segments=TRUE,key.loc=c(6,0,3),   # 绘制线段图，并设置位置
+     mar=c(6,0.1,0.1,0.1),                  # 设置图形边界
+     cex=0.8)                               # 设置标签字体大小
```

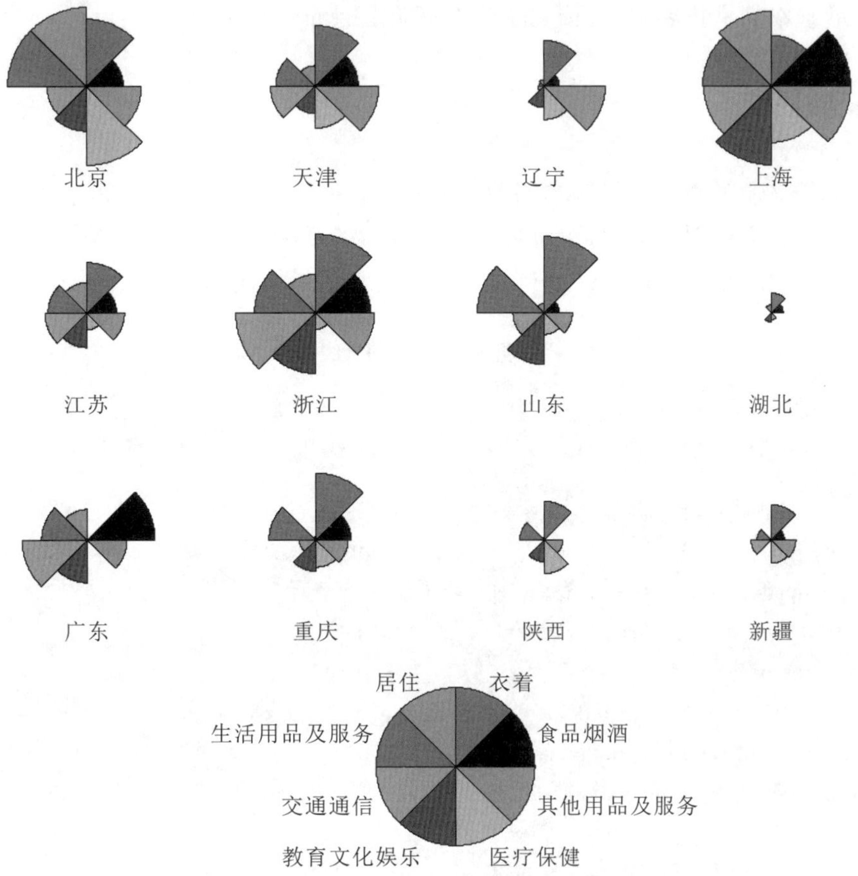

图 3-30　2020 年 12 个地区 8 项消费支出的星图

注：设置参数 draw.segments=FALSE，可以绘制黑白线条星图，设置参数 full=FALSE，可绘制半圆的星图。更多信息请查阅函数帮助。

图 3-30 最下面的星图称为标准星图，类似于图例的功能，其中，每个不同颜色的扇形代表不同的变量。如果某个样本在各变量上的数值都是最大的，则星图就是满圆。图 3-30 显示，星图较大的有上海、北京和浙江，表示这 3 个地区的各项消费支出均多于其他地区；星图较小的有湖北[①]、新疆和陕西，表示这 3 个地区的各项消费支出均少于其他地区，其余几个地区的星图相差不大，表示消费水平比较接近。就北京来看，居住、医疗保健和生活用品及服务支出较多，食品烟酒、交通通信和教育文化娱乐的支出则相对较少。读者可根据星图各部分的构成详细分析各地区消费结构上的差异。

3.5 时间序列可视化

时间序列（time series）是一种常见的数据形式，它是在不同时间点上记录的一组数据，如各年份的 GDP 数据、各月份的 CPI 数据、一年中各交易日的股票价格指数收盘数据等。通过可视化，可以观察时间序列的变化模式和特征。时间序列的可视化图形有多种，其中最基本的是**折线图**（line chart）和**面积图**（area graph）。

3.5.1 折线图

折线图是描述时间序列最基本的图形，它主要用于观察和分析时间序列随时间变化的形态和模式。折线图的 x 轴是时间，y 轴是变量的观测值。

以例 3-2 中的数据为例，绘制折线图的代码和结果如代码框 3-23 所示。

代码框 3-23 绘制折线图

```
# 图3-31的绘制代码
> library(reshape2)
> library(ggplot2)
> example3_2<-read.csv("C:/example/chap03/example3_2.csv")
> date<-as.Date(example3_2$日期)              # 将 example3_2 中的日期转化成日期变量 date
> d<-data.frame(日期=date,example3_2[,-1])   # 将 date 合并到数据框 d 中
> df<-melt(d,id.vars="日期",variable.name="城市",value.name="AQI")
> mytheme<-theme(legend.position="none",          # 去掉图例
+              axis.title=element_text(size=12),  # 设置坐标轴标签的字体大小
+              axis.text=element_text(size=7))    # 设置坐标轴刻度字体的大小
> ggplot(df,aes(x=日期,y=AQI,color=城市))+         # 设置 x 轴、y 轴和线的填充颜色
+     geom_line()+                                # 绘制折线图
+     facet_wrap(~城市,ncol=2,scale="free")+        # 图形按 2 列分面
+     mytheme
```

① 2020 年湖北支出较少的原因，主要是受其新冠肺炎疫情相对其他地区更为严重的影响。

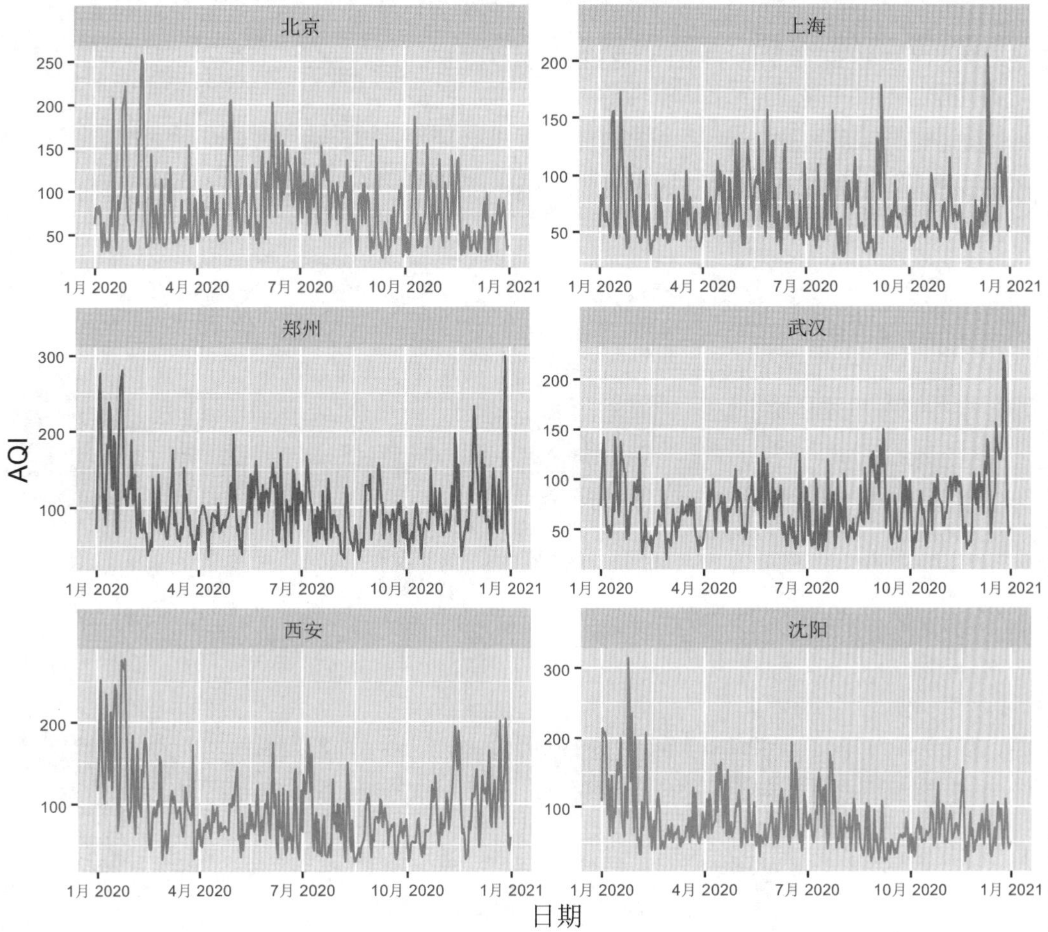

图 3-31　6 个城市 AQI 的折线图

图 3-31 显示，北京、上海和武汉全年的变化基本上没有固定的模式，呈现出随机波动特征。郑州和西安在 1—3 月份和 11—12 月份 AQI 的数值偏高，其余月份较低，这说明气温较低时，AQI 的值都较高，空气质量也较差，而气温较高时，空气质量较好。沈阳的 AQI 在 1 月份和 2 月份较高。

3.5.2　面积图

面积图是在折线图的基础上绘制的，它将折线与 x 轴之间的区域用颜色填充，填充的区域即为面积。面积图不仅美观，而且能更好地展示时间序列变化的特征和模式。将多个时间序列绘制在一幅图中时，序列数不宜太多，否则图形之间会有相互遮盖，看起来会很乱。当序列较多时，可以将每个序列单独绘制一幅图，并将多幅图以网格的形式摆放。以例 3-2 中的数据为例，绘制面积图的代码和结果如代码框 3-24 所示。

代码框3-24　绘制面积图

```
# 图3-32的绘制代码（使用代码框3-23构建的数据框df）
> ggplot(df,aes(x=日期,y=AQI,fill=城市))+
+       geom_area()+
+       facet_wrap(~城市,ncol=2, scale="free")+
+       mytheme
```

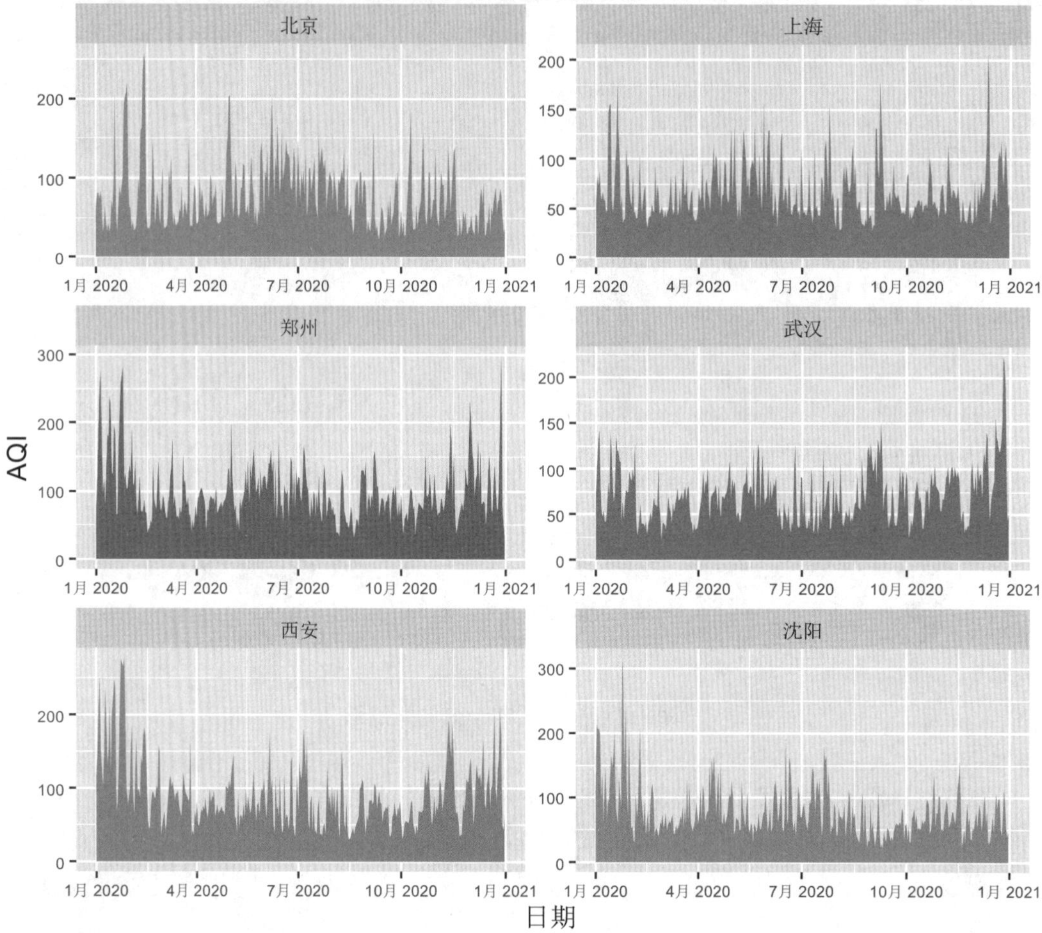

图3-32　6个城市AQI的面积图

图3-32所呈现的变化特征与图3-31相同。

3.6　可视化的注意事项

图形是展示数据的有效方式。在日常生活和工作中都能看到大量的图形。学术论文和其他出版物中也经常用图形来展示数据或数据的分析结果。显然，看图形要比看枯燥的数字更有趣，也更容易理解。一幅精心设计的图表可以有效地把数据呈现出来，也能让人更容易看懂和理解数据，但设计和使用不当也会造成别人对数据的疑惑和误解。图形应尽可能简洁合理，以能够清晰地展示数据、合理地表达分析目的为依据。在可视化分析过程中，既要规范使用图形，也应避免一切不必要的修饰。过于花哨的修饰往往会使人注重图形本身，而掩盖了图形所要表达的信息。本节主要介绍可视化分析中应注意的一些基本事项。

3.6.1　图形元素

图形元素是指组成图形的各个要素，也就是图形的组件，比如坐标轴、图中的点或线、图例、标题等。图形元素可以粗略地分为表示数据的元素和不表示数据的元素。表示数据的元素是图中用于展示数据的组件，比如，条形图中用于表示类别数值的条、散点图中的点、折线图中的线等，这些元素主要用于表达数据所提供的信息，也是图形的主体部分，这里称之为主体信息。不表示数据的元素包括图形的坐标轴、坐标轴刻度及其标签、坐标轴标题（标签）、图例、图形标题、图形注释等，这些元素主要提供人们理解图形的一些其他信息，这里称之为辅助信息。这两类元素中，表示数据的元素是主要的，在绘制图形时应将注意力放在这类元素上。由于图形是相对独立的一种信息载体，即使不看上下文，只看图形也应该能大概看懂其中的信息，因此必要的辅助信息是不可或缺的。下面以图形主标题和坐标轴标题的使用为例，说明图形辅助信息的作用。

标题（title）是图形中不可或缺的重要元素，没有标题的图形是不可取的。图形标题有主标题、副标题、坐标轴标题（标签）、图例标题等。主标题是指一幅图的总标题，它主要用于注释图形的内容，一般包括图中数据所属的时间（when）、地点（where）和内容（what）3 个要素。由于图形是一种相对独立的信息载体，只看主标题就应该知道图形大概要表达的信息，比如，“2022 年北京市的地区生产总值”，其中就包含了时间（2022 年）、地点（北京市）和内容（地区生产总值）3 个元素，缺少其中的任何一个元素都可能会产生疑惑。此外，在使用多幅图时，主标题还应包括必要的图形编号。主标题可以放在图的上方，也可放在图的下方。本书对主标题的处理方式是：对于没有子图的单独一幅图，主标题放在图形的下方（这样做可以避免影响看图的视线），对于由多个子图组合成的一幅图，子图的主标题放在相应图的上方，整幅图的主标题放在图的下方。

坐标轴标题也称坐标轴标签，用于说明坐标轴代表的变量名称，以便于阅读和理解。没有坐标轴标题的图形是无法理解的。坐标轴标题除给出变量名称外，还应给出数据的计量单位（主要是针对数值数据）。如果在上下文中给出了原始数据及其计量单位的信息，为使图形更简洁，也可以省略计量单位，否则，数据的计量单位就是必需的。下面通过一个例子说明规范使用主标题和坐标轴标题的必要性。

图 3-33 是 2020 年北京、天津、上海和重庆的地区生产总值数据的条形图。

图 3-33（a）中的问题有两个：一是主标题只有编号，没有内容；二是没有坐标轴标题。虽然表示类别的 x 轴没有标题可以看懂，但 y 轴标题是必须有的，否则就不知道

这幅图表达的是什么。

图 3-33（b）中的问题也有两个：一是主标题没有给出时间和地点信息，不知道是哪个地区的地区生产总值，也不知道是什么时间的地区生产总值；二是 y 轴标题没有计量单位，无法理解数据的含义。

图 3-33（c）中的问题同样有两个：一是主标题只给出了地区信息，但没给出时间信息，不知道是什么时间的地区生产总值；二是 y 轴标题没有计量单位，同样难以理解。

图 3-33（d）是一幅完整的规范图形，主标题给出时间、地点和内容信息，y 轴标题给出了计量单位，这样的图形就很容易理解。

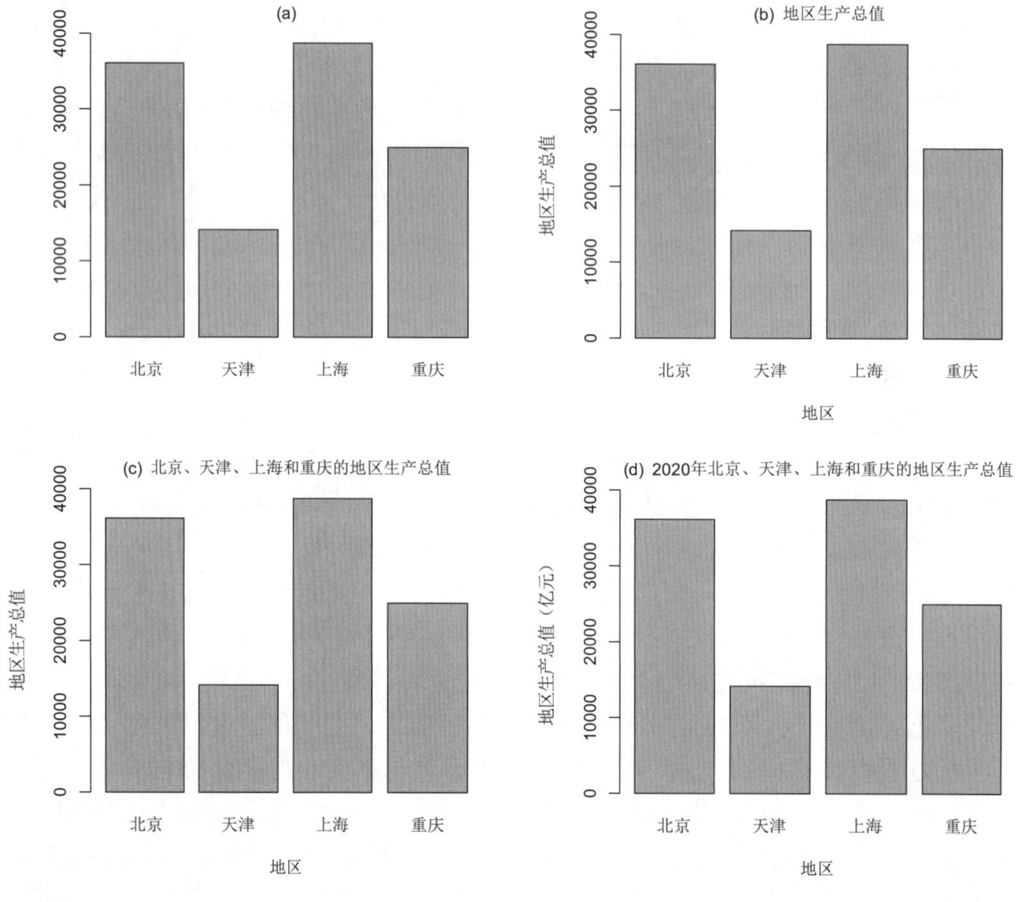

图 3-33　2020 年北京、天津、上海和重庆地区生产总值的条形图

3.6.2　坐标轴刻度起点

可视化中最常用的坐标轴标尺（刻度）是线性的，有时也会使用非线性标尺，如对数标尺。如果使用线性标尺的坐标轴绘图，数轴的数值起点应从 0 开始，尤其是在绘制条形图时，数值轴的刻度必须从 0 开始，否则可能会放大数值间的差异，造成视觉差异和理解错误。但有的图形数值轴的刻度不一定从 0 开始，比如，时间序列折线图，如果序列的波动范围较小，从 0 开始则不宜观测序列的波动。

图 3-34 是某地区 2022 年 1—12 月的居民消费价格指数(上年同月=100)的折线图，其中图 3-34（a）的 y 轴起点是 0，图 3-34（b）的 y 轴起点是 99。

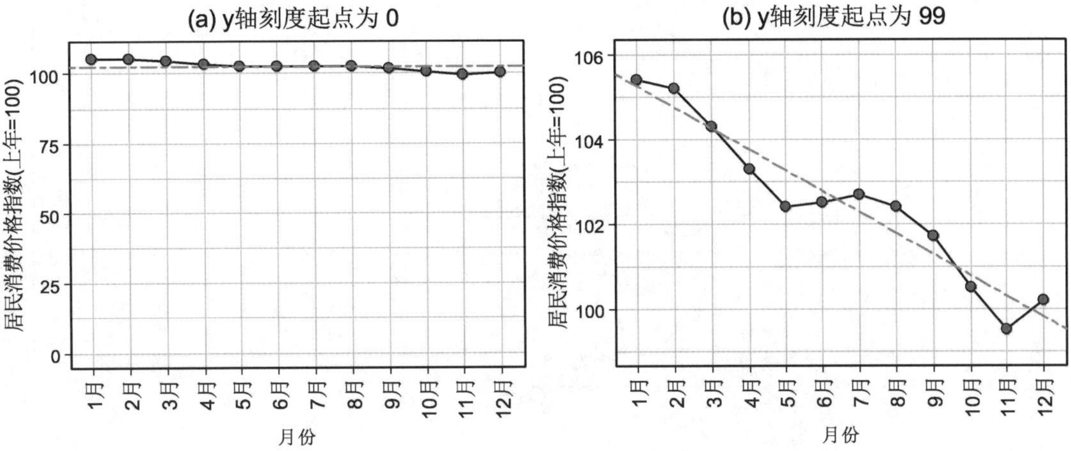

图 3-34　某地区 2022 年 1—12 月居民消费价格指数的折线图

图 3-34（a）的 y 轴起点是 0，居民消费价格指数的波动看起来很小，图 3-34（b）的 y 轴起点是 99，结果显示居民消费价格指数的下降幅度看上去很大。坐标轴数值的起点不同，会造成完全不同的视觉误差，这可能会造成误导。因此，在时间序列可视化中，确定适当的坐标轴起点是十分必要的，这要根据数据的特点和分析需要灵活掌握，不能教条化。

在使用 R 语言绘图时，函数会根据变量的取值范围自动确定 x 轴或 y 轴的范围，比如，在绘制时间序列图时，可能会出现数值轴的起点不是 0 的情况。虽然可以通过修改函数的参数来修改坐标轴的数值范围，但如果坐标轴刻度的起点不合理，所绘制的图形就可能误导别人对图像的理解。

3.6.3　图形比例

在直角坐标中绘制的二维图形是由 4 个点构成的一个矩形（当然有些图形也可以画出正方形，如正态 Q-Q 图，有些图也可以绘制成圆形，如饼图），如果把 x 轴定义为宽度（width），y 轴定义为高度（height），图形宽度和高度的比例大致为 10 : 7 或 4 : 3。从视觉效果看，这样的图形比例能够更合理地展示数据，也易于对图形的解读，过宽或过高的图形都有可能歪曲数据，给人留下错误的印象。

图 3-35 是 2000—2020 年我国发电量（亿千瓦小时）的折线图。

图 3-35（a）的宽度和高度比例大约为 10 : 7，比较真实地展示了发电量的变化趋势。图 3-35（b）的宽度和高度不成比例，宽度过宽，高度过低，这样的图形容易压缩数据的波动，看起来似乎发电量的上升趋势不够明显。图 3-35（c）的宽度和高度同样不成比例，高度过高，宽度过窄，这样的图形容易放大数据的波动，使人看起来上升趋势过于陡峭。

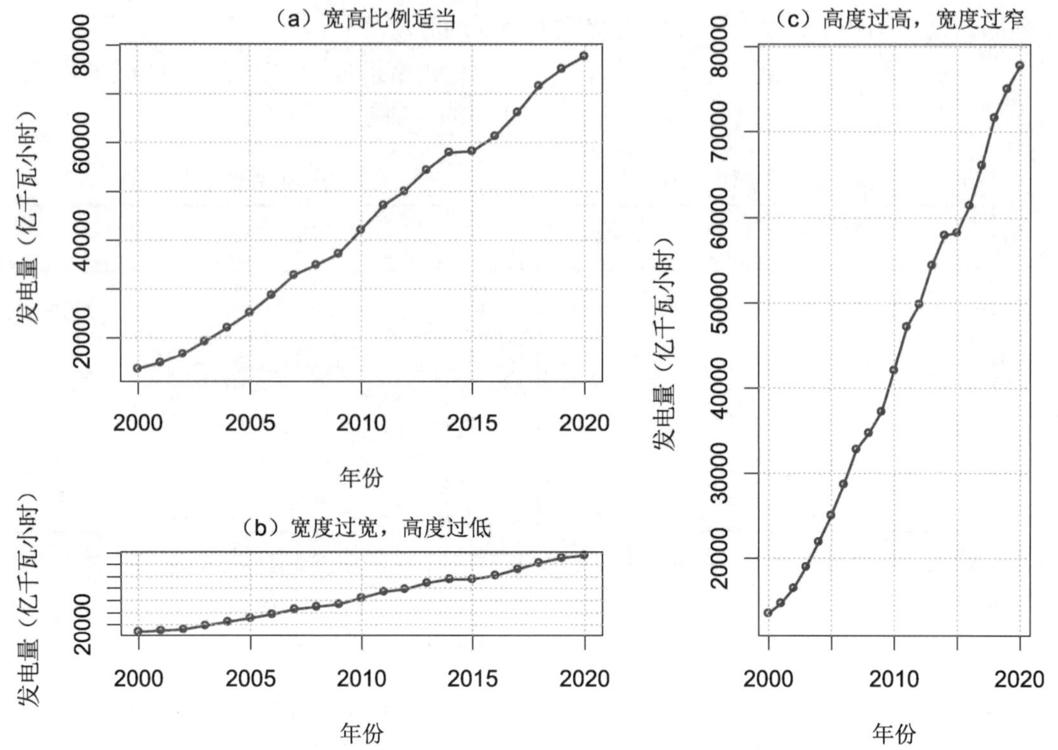

图3-35　2000—2020年我国发电量的折线图

3.6.4　3D图形

在可视化实践中，多数图形是在二维空间绘制的平面图，也有少量图形是在三维空间绘制的3D图。2D图形更符合人们的视觉习惯，也更容易观察和理解。相反，3D图形不仅不符合人们的视觉习惯，也难以解读。比如，观察图3-33就不易理解3个变量之间的关系。相反，同样是反映3个变量之间的关系，图3-35就更容易理解。

在有些场合，人们有意将图形绘制成3D形式，认为3D图形外观上看起来更漂亮、更炫酷，但如果3D图形没有提供额外的信息，这样的3D图形就没有实际意义，而且有扰乱视线、混淆视听之嫌。从数据可视化的视角看，除非特别有必要，否则应避免使用3D图形。

总之，不能为了炫酷而毫无目的地使用3D图形，不增加信息量、不增进可阅读性、不增强可理解性的3D图形并没有多大意义。

习题

3.1　下表是2022年北京冬奥会取得金牌前6名的国家获得的奖牌数。

顺序	国家	金牌	银牌	铜牌
1	挪威	16	8	13
2	德国	12	10	5
3	中国	9	4	2
4	美国	8	10	7
5	瑞典	8	5	5
6	荷兰	8	5	4

（1）绘制金牌数的简单条形图和帕累托图。

（2）绘制中国奖牌数的饼图和扇形图。

（3）绘制并列条形图、堆叠条形图和百分比条形图。

（4）绘制马赛克图和树状图。

3.2　使用 R 自带的数据集 Titanic，绘制以下图形。

（1）绘制 sex 和 survived 的并列条形图和堆叠条形图，并为条形图添加频数标签。

（2）绘制 class 的帕累托图。

（3）绘制 class 和 survived 的脊形图。

（4）绘制 class，sex，age 和 survived 4 个变量的马赛克图。

（5）选择适当的变量绘制饼图、扇形图、环形图和饼环图。

3.3　faithful 是 R 自带的数据集。该数据集记录了美国黄石国家公园（Yellowstone National Park）老忠实间歇喷泉（Old Faithful Geyser）的喷发持续时间（eruptions）和下一次喷发的等待时间（waiting）的 272 个观测数据。根据该数据集，绘制以下图形分析数据的分布特征。

（1）绘制 eruptions 的直方图，并为直方图添加扰动点及核密度曲线。

（2）绘制 eruptions 和 waiting 两个变量的核密度比较曲线。

（3）绘制 eruptions 和 waiting 两个变量的箱线图和小提琴图。

（4）绘制 eruptions 的茎叶图。

3.4　mtcars 是 R 自带的数据集，该数据集摘自 1974 年《美国汽车趋势》杂志，包括 32 款汽车（1973—1974 年款）的油耗、汽车设计和性能等共 11 个变量。根据该数据集绘制以下图形。

（1）绘制每加仑油行驶的英里数（mpg）和汽车自重（wt）两个变量的散点图。

（2）绘制该数据集的散点图矩阵。

（3）绘制该数据集的相关系数矩阵图。

（4）绘制每加仑油行驶的英里数（mpg）、总马力（hp）和汽车自重（wt）3 个变量的 3D 散点图和气泡图。

3.5　R 自带的数据集 iris 列出了 3 个物种（species）的萼片长（sepal.length）、萼片宽（epal.width）、花瓣长（petal.length）、花瓣宽（petal.width）4 个变量的各 50 个样本数据。根据该数据集，选择适当的变量绘制轮廓图、雷达图和星图。

3.6　下表是 2011—2020 年我国城镇居民和农村居民的消费水平（单位：元），绘制折线图和面积图，分析城镇居民和农村居民消费水平的变化特征。

年份	城镇居民	农村居民
2011年	19 219	5 880
2012年	20 869	6 573
2013年	22 620	7 397
2014年	24 430	8 365
2015年	26 119	9 409
2016年	28 154	10 609
2017年	30 323	12 145
2018年	32 483	13 985
2019年	34 900	15 382
2020年	34 043	16 046

第 4 章 数据的描述统计量

Chapter 4

除了用图表描述数据外，还可以用统计量对数据的数值特征进行描述。描述样本数据数值特征的量就是统计量[①]，包括描述数据水平（也称位置度量）的统计量，用于反映全部数据的数值大小，如样本平均数、样本中位数等；描述数据差异的统计量，反映各数据间的离散程度，如样本方差等；描述数据分布形状的统计量，反映数据分布的偏度和峰度，如偏度系数和峰度系数等。本章主要介绍各统计量的计算方法及其 R 实现。

4.1 描述水平的统计量

数据的水平是指其数值的大小。描述数据水平的统计量主要有平均数、分位数和众数等。

4.1.1 平均数

平均数（mean）是一组数据相加后除以数据的个数得到的结果，也称均值。设一组样本数据为 x_1，x_2，…，x_n，样本量（样本数据的个数）为 n，样本平均数用 $\bar{x}$（读作 x-bar）表示，计算公式为[②]：

$$\bar{x}=\frac{x_1+x_2+\cdots+x_n}{n}=\frac{\sum_{i=1}^{n}x_i}{n} \tag{4.1}$$

式（4.1）也称**简单平均数**（simple mean）。

如果样本数据被分成 k 组，各组的组中值（组的中间值，是一个组的下限值与上限值的平均数）分别用 m_1，m_2，…，m_k 表示，各组的频数分别用 f_1，f_2，…，f_k 表示，则样本平均数的计算公式为：

---

① 有关统计量的详细介绍见第 5 章。

② 如果有总体的全部数据 x_1，x_2，…，x_N，总体平均数用 μ 表示，计算公式为：$\mu=\frac{\sum_{i=1}^{N}x_i}{N}$。实际中，总体平均数往往是不知道的，都是根据样本平均数来推断的。

$$\bar{x}=\frac{m_1f_1+m_2f_2+\cdots+m_kf_k}{f_1+f_2+\cdots+f_k}=\frac{\sum_{i=1}^{k}m_if_i}{n} \tag{4.2}$$

式（4.2）也称**加权平均数**（weighted mean）。①

【例4-1】（数据：example4_1.csv）在某年级中随机抽取30名学生，得到每名学生的数学考试分数如表4-1所示。计算30名学生考试分数的平均数。

表4-1　30名学生的数学考试分数　　单位：分

85	97	83	61	67	86
55	92	70	86	81	75
91	55	96	86	89	91
66	87	72	92	50	82
79	90	90	85	95	66

解：计算平均数的R代码和结果如代码框4-1所示。

代码框4-1　计算30名学生考试分数的平均数

```
> example4_1<-read.csv("C:/example/chap04/example4_1.csv")
> mean(example4_1$分数)
[1] 80
```

注：函数mean(x,trim=0,na.rm=FALSE,...)用于计算平均数。参数x为数值向量；trim的取值在0～0.5之间，用于计算修整平均数，比如trim=0.1表示在计算平均数前，先将数据排序，然后分别去掉前面10%的数据和后面10%的数据，用剩余的数据计算平均数。更多信息查看帮助。

【例4-2】（数据：example4_2. csv）沿用例4-1。假定将30名学生的数学考试分数分组后的结果如表4-2所示。计算考试分数的平均数。

表4-2　30名学生数学考试分数的分组数据

分组	组中值（m）	人数（f）
60分以下	55	3
60～70分	65	4
70～80分	75	4
80～90分	85	10
90～100分	95	9
合计	—	30

① 如果总体数据被分成k组，各组的组中值分别用M_1，M_2，…，M_k表示，各组数据出现的频数分别用$F_1,F_2,\cdots,F_k$表示，则总体加权平均数的计算公式为：$\mu=\frac{M_1F_1+M_2F_2+\cdots+M_kF_k}{F_1+F_2+\cdots+F_k}=\frac{\sum_{i=1}^{k}M_iF_i}{N}$。

解：计算加权平均数的 R 代码和结果如代码框 4-2 所示。

代码框 4-2　计算 30 名学生考试分数的加权平均数

```
> example4_2<-read.csv("C:/example/chap04/example4_2.csv")
> weighted.mean(example4_2$组中值,example4_2$人数)
[1] 81

注：函数 weighted.mean(x,w,...)用于计算加权平均数，参数 x 为计算加权平均数的对象；w 为相应的权数向量。更多信息查看帮助。
```

对于同一组数据，根据原始数据计算的平均数与根据分组后数据计算的平均数结果是有差异的。因为分组后是用组中值代表该组数据，实际上假定该组数据在组中值两侧呈对称分布，如果实际情况不是对称分布，根据分组后数据计算的平均数就会有偏差。因此，在有原始数据的情况下，应根据原始数据计算平均数。加权平均数只在所得到的数据本身就是分组数据的情况下使用。

4.1.2　分位数

一组数据从小到大排序后，找出排在某个位置上的数值，该数值可以代表数据水平的高低。这些位置上的数值就是相应的**分位数**（quantile）。常用的分位数有中位数、四分位数、百分位数等。

1. 中位数

中位数（median）是一组数据排序后处于中间位置上的数值，用 M_e 表示。中位数是用一个点将全部数据等分成两部分，每部分包含 50%的数据，一部分数据比中位数大，另一部分比中位数小。中位数是用中间位置上的值代表数据的水平，其特点是不受极端值的影响，在研究收入分配时很有用。

计算中位数时，要先对 n 个数据从小到大进行排序，然后确定中位数的位置，最后计算中位数的具体数值。

设一组数据 x_1，x_2，…，x_n 按从小到大排序后为 $x_{(1)}$，$x_{(2)}$，…，$x_{(n)}$，则中位数就是 $(n+1)/2$ 位置上的值。计算公式为：

$$M_e=\begin{cases} x_{\left(\frac{n+1}{2}\right)} & n\text{为奇数} \\ \dfrac{1}{2}\left[x_{\left(\frac{n}{2}\right)}+x_{\left(\frac{n}{2}+1\right)}\right] & n\text{为偶数} \end{cases} \tag{4.3}$$

【例 4-3】（数据：example4_1.csv）沿用例 4-1。计算 30 名学生考试分数的中位数。

解：计算中位数的 R 代码和结果如代码框 4-3 所示。

代码框4-3　计算30名学生考试分数的中位数

```
> example4_1<-read.csv("C:/example/chap04/example4_1.csv")
> median(example4_1$分数)
[1] 85
```

2. 四分位数

四分位数（quartile）是一组数据排序后处在25%和75%位置上的数值。它是用3个点将全部数据等分为4部分，其中每部分包含25%的数据。显然，中间的四分位数就是中位数，因此通常所说的四分位数是指处在25%位置上和75%位置上的两个数值。

与中位数的计算方法类似，计算四分位数时，首先对数据进行排序，然后确定四分位数所在的位置，该位置上的数值就是四分位数。与中位数不同的是，四分位数位置的确定方法有多种（R提供了9种算法），每种方法得到的结果可能会有一定差异，但差异不会很大（一般相差不会超过一个位次）。由于不同软件使用的计算方法可能不一样，对同一组数据用不同软件得到的四分位数结果也可能会有差异，但不会影响分析的结论。

设25%位置上的四分位数为$Q_{25\%}$，75%位置上的四分位数为$Q_{75\%}$，R软件的quantile函数默认算法为type=7，对应的计算四分位数位置的公式为①：

$$Q_{25\%}\text{位置}=\frac{n+3}{4}，\quad Q_{75\%}\text{位置}=\frac{3n+1}{4} \tag{4.4}$$

如果位置是整数，四分位数就是该位置对应的数值；如果是在整数加0.5的位置上，则取该位置两侧数值的平均数；如果是在整数加0.25或0.75的位置上，则四分位数等于该位置前面的数值加上按比例分摊的位置两侧数值的差值。

【例4-4】（数据：example4_1.csv）沿用例4-1。计算30名学生考试分数的四分位数。

解：首先，对n个数据从小到大排序，使用函数sort(example4_1$分数)得到的结果如下：

50	55	55	61	66	66	67	70	72	75	79	81	82	83	85
85	86	86	86	87	89	90	90	91	91	92	92	95	96	97

其次，计算出四分位数的位置和相应的数值。

$Q_{25\%}\text{位置}=\frac{n+3}{4}=\frac{30+3}{4}=8.25$，即$Q_{25\%}$在第8个数值（70）和第9个数值（72）之间0.25的位置上，因此，$Q_{25\%}=70+0.25\times(72-70)=70.5$。

$Q_{75\%}\text{位置}=\frac{3n+1}{4}=\frac{3\times30+1}{4}=22.75$，即$Q_{75\%}$在第22个数值（90）和第23个数值

① 该算法也是Python和Excel的默认算法。SPSS软件默认的计算四分位数位置的公式为：$Q_{25\%}\text{位置}=\frac{n+1}{4}$，$Q_{75\%}\text{位置}=\frac{3(n+1)}{4}$。

（90）之间 0.75 的位置上，因此，$Q_{75\%}=90+0.75\times(90-90)=90$。

计算四分位数的 R 代码和结果如代码框 4-4 所示。

代码框 4-4　计算 30 名学生考试分数的四分位数

```
> example4_1<-read.csv("C:/example/chap04/example4_1.csv")
> quantile(example4_1$分数,probs=c(0.25,0.75))
 25%   75%
70.5   90.0
```

注：函数 quantile(x,probs,type, ...)用于计算数据 x 的分位数，probs 为取值在[0，1]之间的分位数向量，type 指定计算分位数使用的方法，type=7 是函数的默认算法，对应的位置计算公式即为式（4.4）。各种方法的具体形式请参阅函数帮助。

在 $Q_{25\%}$ 和 $Q_{75\%}$ 之间大约包含了 50%的数据。就上面 30 名学生的考试分数而言，可以说大约有一半学生的考试分数在 70.5～90.0 分之间。

3. 百分位数

百分位数（percentile）是用 99 个点将数据 100 等分，处在各分位点上的数值就是百分位数。百分位数提供了各数据在最小值和最大值之间分布的信息。

与四分位数类似，百分位数也有多种算法，每种算法的结果不尽相同，但差异不会很大。设 $P_{i\%}$ 为第 i 个百分位数，则第 i 个百分位数的位置（R 软件的 quantile 函数默认算法，对应的参数为 type=7）为：

$$P_{i\%}\text{位置}=\frac{i}{100}\times(n-1) \tag{4.5}$$

如果位置是整数，百分位数就是该位置对应的数值；如果位置不是整数，百分位数等于该位置前面的数值加上按比例分摊的位置两侧数值的差值。显然，中位数就是第 50 个百分位数 $P_{50\%}$，$Q_{25\%}$ 和 $Q_{75\%}$ 就是第 25 个百分位数 $P_{25\%}$ 和第 75 个百分位数 $P_{75\%}$。

【例 4–5】（数据：example4_1.csv）沿用例 4–1。计算 30 名学生考试分数的第 10、20、30、40、50、60、70、80 和 90 个百分位数。

解：根据式（4.5）有：$P_{10\%}\text{位置}=\frac{10}{100}\times(30-1)=2.9$。该百分位数在第 3 个值（55）和第 4 个值（61）之间 0.9 的位置上①，因此 $P_{10\%}=55+0.9\times(61-55)=60.4$。其余百分位数的算法类似。

计算百分位数的 R 代码和结果如代码框 4–5 所示。

① 由于比例的取值区间为[0，1]，因此排序后的第 1 个数值位置设定为 0。

代码框4-5 计算30名学生考试分数的百分位数

```
> example4_1<-read.csv("C:/example/chap04/example4_1.csv")
> quantile(example4_1$分数,probs=c(0.1,0.2,0.3,0.4,0.5,0.6,0.7,0.8,0.9))
 10%   20%   30%   40%   50%   60%   70%   80%   90%
 60.4  66.8  74.1  81.6  85.0  86.0  89.3  91.0  92.3
```

4.1.3 众数

众数（mode）是一组数据中频数最多的数值，用 M_0 表示。众数主要用于描述类别数据的频数，通常不用于数值数据。比如，赞成的人数为100，反对的人数为30，保持中立的人数为70，众数就是“赞成”。对于数值数据，只有在数据量较大时众数才有意义。从数值数据分布的角度看，众数是一组数据分布的峰值点所对应的数值。如果数据的分布没有明显的峰值，众数也可能不存在；如果有两个或多个峰值，也可以有两个或多个众数。

【例4-6】（数据：example4_1.csv）沿用例4-1。计算30名学生考试分数的众数。

解：使用DescTools包中的Mode函数可以计算一组数据的众数。R代码和结果如代码框4-6所示。

代码框4-6 计算30名学生考试分数的众数

```
> example4_1<-read.csv("C:/example/chap04/example4_1.csv")
> library(DescTools)
> Mode(example4_1$分数)
[1] 86
attr(,"freq")
[1] 3

注：函数Mode(x, na.rm = FALSE) 用于返回向量x的众数。默认na.rm = FALSE，表示不剔除数据中的缺失值。当数据集中有多个众数时，函数返回多个众数；当数据集中没有众数时，函数返回所有观测值。更多信息查看帮助。
```

代码框4-6返回的众数为86，返回众数的频数为3，即众数值共有3个。

平均数、分位数和众数是描述数据水平的几个主要统计量。实际应用中，用哪个统计量来代表一组数据的水平，取决于数据的分布特征。平均数易被多数人理解和接受，实际中用得也较多，但其缺点是易受极端值的影响。当数据的分布对称或偏斜程度不是很大时，可选择使用平均数。对于严重偏斜分布的数据，平均数的代表性较差。由于中位数不受极端值的影响，因此，当数据分布的偏斜程度较大时，可以考虑选择中位数，这时它的代表性要比平均数好。

4.2　描述差异的统计量

数据之间的差异称为数据的离散程度，它可以衡量水平统计量对数据的代表程度，离散程度越大，各水平统计量对该组数据的代表性就越差；离散程度越小，其代表性就越好。描述样本数据离散程度的统计量主要有极差、四分位差、方差和标准差以及测度相对离散程度的变异系数等。

4.2.1　极差和四分位差

极差（range）是一组数据的最大值与最小值之差，也称**全距**，用 R 表示。计算公式为：

$$R = \max(x) - \min(x) \tag{4.6}$$

比如，根据例 4-1 中的数据，计算 30 名学生考试分数的极差为：$R = 97 - 50 = 47$。由于极差只利用了一组数据两端的信息，因此容易受极端值的影响，不能全面反映差异状况。虽然极差在实际中很少单独使用，但它总是作为分析数据离散程度的一个参考值。

四分位差也称**四分位距**或**内距**（interquartile range），是一组数据 75%位置上的四分位数与 25%位置上的四分位数之差，用 IQR 表示，计算公式为：

$$\text{IQR} = Q_{75\%} - Q_{25\%} \tag{4.7}$$

四分位差反映了中间 50%数据的离散程度，其数值越小，说明中间的数据越集中；数值越大，说明中间的数据越分散。四分位差不受极值的影响。此外，由于中位数处于数据的中间位置，因此，四分位差的大小在一定程度上反映了中位数对一组数据的代表程度。

【例 4-7】（数据：example4_1.csv）沿用例 4-1。计算 30 名学生考试分数的极差和四分位差。

解：计算极差和四分位差的 R 代码和结果如代码框 4-7 所示。

代码框 4-7　计算 30 名学生考试分数的极差和四分位差

```
# 计算极差
> example4_1<-read.csv("C:/example/chap04/example4_1.csv")
> diff(range(example4_1$分数))
[1] 47

注：range 函数返回一组数据最小值和最大值向量。diff 函数用于计算差值。更多信息查看帮助。
# 计算四分位差
> IQR(example4_1$分数,type=7)
[1] 19.5
```

4.2.2　方差和标准差

如果考虑每个数据 x_i 与其平均数 $\bar{x}$ 之间的差异，以此作为一组数据离散程度的度量，结果要比极差和四分位差更为全面、准确。这就需要计算每个数据 x_i 与其平均数 $\bar{x}$ 离差的平均数。由于 $(x_i-\bar{x})$ 之和等于 0，因此需要进行一定的处理。一种方法是将离差取绝对值，求和后再平均，这一结果称为**平均离差**（mean deviation）或**平均绝对离差**（mean absolute deviation）；另一种方法是将离差平方后再求平均数，这一结果称为**方差**（variance）。方差开平方根后的结果称为**标准差**（standard deviation），它是一组数据与其平均数相比平均相差的数值。方差（或标准差）是实际中应用最广泛的度量数据离散程度的统计量。

设样本方差为 s^2，计算公式为：

$$s^2=\frac{\sum_{i=1}^{n}(x_i-\bar{x})^2}{n-1} \tag{4.8}$$

样本标准差的计算公式为：

$$s=\sqrt{\frac{\sum_{i=1}^{n}(x_i-\bar{x})^2}{n-1}} \tag{4.9}$$

如果原始数据被分成 k 组，各组的组中值分别为 m_1，m_2，…，m_k，各组的频数分别为 f_1，f_2，…，f_k，则加权样本方差的计算公式为①：

$$s^2=\frac{\sum_{i=1}^{k}(m_i-\bar{x})^2 f_i}{n-1} \tag{4.10}$$

加权样本标准差的计算公式为：

$$s=\sqrt{\frac{\sum_{i=1}^{k}(m_i-\bar{x})^2 f_i}{n-1}} \tag{4.11}$$

与方差不同的是，标准差与原始数据的计量单位相同，其实际意义要比方差清楚。因此，在对实际问题进行分析时通常使用标准差。

【例 4-8】（数据：example4_1.csv）沿用例 4-1。计算 30 名学生考试分数的方差和标准差。

---

① 对于总体的 N 个数据，总体方差（population variance）用 σ^2 表示，计算公式为 $\sigma^2=\frac{\sum_{i=1}^{N}(x_i-\mu)^2}{N}$。对于分组数据，总体加权方差的计算公式为 $\sigma^2=\frac{\sum_{i=1}^{k}(M_i-\mu)^2 F_i}{N}$。开平方后即得到总体的加权标准差。注意：总体方差通常是不知道的，都是用样本方差 s^2 来推断的。

解： 计算方差和标准差的 R 代码和结果如代码框 4-8 所示。

代码框 4-8　计算 30 名学生考试分数的方差和标准差

```
# 计算方差
> example4_1<-read.csv("C:/example/chap04/example4_1.csv")
> var(example4_1$分数)
[1] 174.6207
# 计算标准差
> sd(example4_1$分数)
[1] 13.21441
```

如果是分组数据，则需要计算加权方差或标准差。

【例 4-9】（数据：example4_2. csv）沿用例 4-2。根据表 4-2 的分组数据，计算 30 名学生数学考试分数的加权标准差。

解： 计算加权标准差的 R 代码和结果如代码框 4-9 所示。

代码框 4-9　计算 30 名学生考试分数的加权标准差

```
> example4_2<-read.csv("C:/example/chap04/example4_2.csv")
> m=example4_2$组中值;f=example4_2$人数
> wm<-weighted.mean(m,f)                    # 计算加权平均数
> sqrt(sum((m-wm)^2*f)/(sum(f)-1))          # 计算加权标准差
[1] 13.28728
```

4.2.3　变异系数

标准差是反映数据离散程度的绝对值，其数值的大小受原始数据大小的影响，数据的观测值越大，标准差的值也越大。此外，标准差与原始数据的计量单位相同，采用不同计量单位计量的数据，其标准差的值也就不同。因此，对于不同样本的数据，如果原始数据的观测值相差较大或计量单位不同，就不能用标准差直接比较其离散程度，这时需要计算变异系数。

变异系数（coefficient of variation，CV）也称**离散系数**，它是一组数据的标准差与其相应的平均数之比。由于变异系数消除了数值大小和计量单位对标准差的影响，因而可以反映一组数据的相对离散程度。其计算公式为：

$$CV=\frac{s}{\bar{x}} \tag{4.12}$$

变异系数主要用于比较不同样本数据的离散程度。其数值越大，说明数据的相对离散程度就越大，数值越小，说明数据的相对离散程度就越小。[①]

【例 4-10】（数据：example4_10. csv）为分析不同行业上市公司每股收益的差异，在互联网服务行业和机械制造行业各随机抽取 10 家上市公司，得到某年度的每股收益

① 当平均数接近 0 时，变异系数的值趋于无穷大，此时需要慎重解释。

数据，如表 4-3 所示。计算变异系数，比较两类上市公司每股收益的离散程度。

表 4-3　不同行业上市公司的每股收益

单位：元

互联网公司	机械制造公司
0.46	0.98
0.68	0.62
1.28	0.40
1.40	0.04
1.25	0.60
1.57	0.35
1.05	0.95
1.38	0.42
1.38	0.03
0.91	0.85

解：计算变异系数的 R 代码和结果如代码框 4-10 所示（为比较分析，同时列出了平均数和标准差）。

代码框 4-10　计算不同行业上市公司每股收益的变异系数

```
# 计算平均数、标准差和变异系数
> example4_10<-read.csv("C:/example/chap04/example4_10.csv")
> mean<-apply(example4_10, MARGIN=2,mean)              # 按列计算平均数
> sd<-apply(example4_10, MARGIN=2,sd)                  # 按列计算标准差
> cv<-sd/mean                                          # 计算离散系数
> df<-data.frame(平均环数=mean,标准差=sd,变异系数=cv)  # 构建数据框
> round(df,4)                                          # 结果保留 4 位小数
              平均数   标准差   变异系数
互联网公司     1.136   0.3550    0.3125
机械制造公司   0.524   0.3408    0.6504
```

注：apply 函数中的参数 MARGIN 设置函数应用于数据框或矩阵的下标。MARGIN=1 表示将函数应用于数据框或矩阵的行，MARGIN=2 表示将函数应用于数据框或矩阵的列。

代码框 4-10 的结果显示，虽然互联网公司每股收益的标准差大于机械制造公司，但离散系数小于机械制造公司，表明互联网公司每股收益的离散程度小于机械制造公司。

4.3　描述分布形状的统计量

利用直方图可以大致看出数据的分布是否对称。对于不对称分布，要想知道不对称程度则需要计算相应的描述统计量。偏度系数和峰度系数就是对分布不对称程度和峰值高低的一种度量。

4.3.1　偏度系数

偏度（skewness）是指数据分布的不对称性，这一概念由统计学家 K. Pearson 于 1895 年首次提出。测度数据分布不对称性的统计量称为**偏度系数**（coefficient of skewness），记为 SK 。

设 $m_r=\frac{1}{n}\sum_{i}^{n}\left(x_i-\bar{x}\right)^r$ 为样本的 r 阶中心距，偏度系数有以下 3 种算法。

算法 1：计算公式为：

$$SK_1=\frac{m_3}{m_2^{3/2}}=\frac{\frac{1}{n}\sum_{i}^{n}(x_i-\bar{x})^3}{\left[\frac{1}{n}\sum_{i}^{n}(x_i-\bar{x})^2\right]^{\frac{3}{2}}} \tag{4.13}$$

式中，m_3 为样本的三阶中心矩；m_2 为样本的二阶中心矩。式（4.13）对应于 R 的 e1071 包中 skewness 函数的 type=1。该算法是较传统教材中的定义。

算法 2：计算公式为：

$$SK_2=SK_1\times\frac{\sqrt{n(n-1)}}{n-2}=\frac{m_3}{m_2^{3/2}}\times\frac{\sqrt{n(n-1)}}{n-2} \tag{4.14}$$

式（4.14）对应于 R 的 e1071 包中 skewness 函数的 type=2。该算法也是 Python 的 pandas 模块中 DataFrame.skew 函数以及 SPSS、SAS、Excel 软件中的默认算法。

算法 3：计算公式为：

$$SK_3=\frac{m_3}{s^3}=SK_1\left(\frac{n-1}{n}\right)^{3/2}=\frac{m_3}{m_2^{3/2}}\left(\frac{n-1}{n}\right)^{3/2} \tag{4.15}$$

式中，s 为样本标准差。式（4.15）对应于 R 的 e1071 包中 skewness 函数的 type=3（函数默认算法）。该算法也是 Minitab 软件中的默认算法。

当数据对称分布时，偏度系数等于 0。偏度系数越接近 0，偏斜程度就越低，也就越接近对称分布。如果偏度系数明显不同于 0，表示分布是不对称的。若偏度系数大于 1 或小于−1，视为严重偏斜分布；若偏度系数在 0.5～1 或−1～−0.5，视为中等偏斜分布；若偏度系数小于 0.5 或大于−0.5，视为轻微偏斜。其中负值表示左偏分布（在分布的左侧有长尾），正值则表示右偏分布（在分布的右侧有长尾）。

4.3.2　峰度系数

峰度（kurtosis）是指数据分布峰值的高低，这一概念由统计学家 K.Pearson 于 1905 年首次提出。测度一组数据分布峰值高低的统计量称为**峰度系数**（coefficient of kurtosis），记作 K。

设 $m_r = \frac{1}{n}\sum_{i}^{n}(x_i - \bar{x})^r$ 为样本的 r 阶中心距，峰度系数有以下 3 种算法。

算法 1：计算公式为：

$$K_1 = \frac{m_4}{(m_2)^2} - 3 \tag{4.16}$$

式（4.16）对应于 R 的 e1071 包中 kurtosis 函数的 type=1。该算法是较传统教材中的定义。

算法 2：计算公式为：

$$K_2 = \left[(n+1)K_1 + 6\right] \times \frac{n-1}{(n-2)(n-3)} \tag{4.17}$$

式（4.17）对应于 R 的 e1071 包中 kurtosis 函数的 type=2，该算法也是 Python 的 pandas 模块中 DataFrame. kurt 函数、SPSS、SAS、Excel 软件中的默认算法。

算法 3：计算公式为：

$$K_3 = \frac{m_4}{s^4} - 3 = (K_1 + 3)\left(1 - \frac{1}{n}\right)^2 - 3 \tag{4.18}$$

式中，s 为样本标准差。式（4.18）对应于 R 的 e1071 包中 kurtosis 函数的 type=3（函数默认算法）。该算法也是 Minitab 软件中的默认算法。

峰度通常是与标准正态分布相比较而言。由于标准正态分布的峰度系数为 0，当 $K > 0$ 时，为尖峰分布，数据分布的峰值比标准正态分布高，数据相对集中；当 $K < 0$ 时，为扁平分布，数据分布的峰值比标准正态分布低，数据相对分散。

图 4-1 模拟了不同分布形状对应的偏度系数和峰度系数。

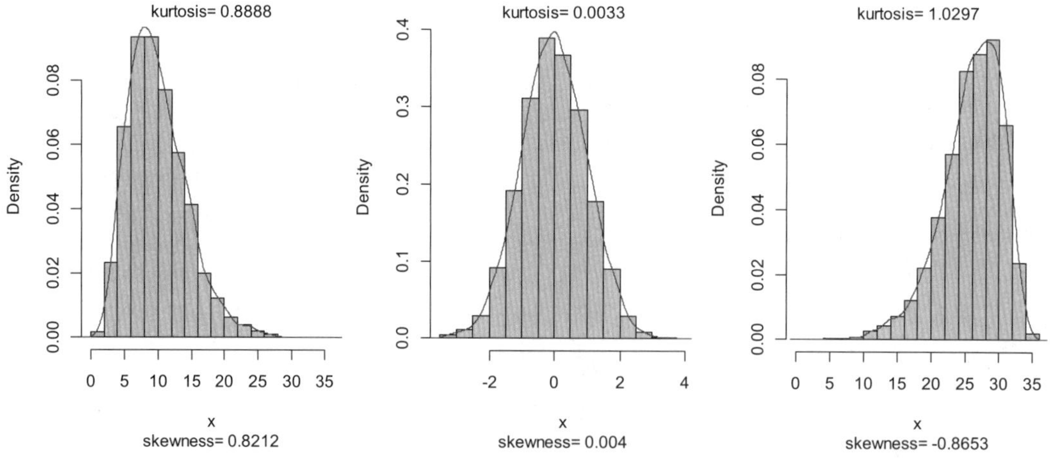

图 4-1　不同分布形状对应的偏度系数和峰度系数

【**例 4-11**】（数据：example4_1.csv）沿用例 4-1。计算 30 名学生考试分数的偏度系数和峰度系数。

解： 计算偏度系数和峰度系数的 R 代码和结果如代码框 4-11 所示。

代码框 4-11 计算30名学生考试分数的偏度系数和峰度系数

```
# 计算偏度系数（e1071包中的算法）
> example4_1<-read.csv("C:/example/chap04/example4_1.csv")
> library(e1071)
> skewness(example4_1$分数,type=3)      # 函数默认算法
[1] -0.7500727
# 计算峰度系数
> kurtosis(example4_1$分数,type=3)      # 函数默认算法
[1] -0.6537093
```

注：R的e1071包中提供了各种方法的介绍。加载e1071包后查看帮助可得到相关信息。agricolae包、DescTools包中也有相应的计算函数，使用时需要注意，不同函数的默认算法可能是不同的。更多信息查阅相应的函数帮助。

代码框 4-11 中的结果显示，30 名学生考试分数的偏度系数为 –0.750 072 7，表示考试分数的分布为中等程度的左偏分布。峰度系数为 –0.653 709 3，表示考试分数分布的峰值比标准正态分布的峰值要略低一些。

4.4 数据标准化

在分析和可视化多个变量时，这些变量往往具有不同的**量纲**（dimension），也就是不同的计量单位。为了对多个变量进行比较分析，通常需要将这些变量通过某种变换统一成相同的量纲，这就是所谓的数据**标准化**（standardization），也称**归一化**（normalization）。统计中的标准化方法有多种，本节只介绍常用的两种标准化方法，即标准分数和极值标准化。

4.4.1 标准分数

标准分数（standard score）也称 z 分数或标准化值，它是一种常用的数据归一化方法。标准分数是将一组原始数据变换成均值为 0、方差为 1 的另一组数据。当有多个不同的变量进行比较分析时，通常需要作标准化变换，以消除数据水平和计量单位的影响。

标准分数可以用于度量每个数值在该组数据中的相对位置，判断一组数据是否有离群点。比如，全班的平均考试分数为 80 分，标准差为 10 分，如果一个学生的考试分数是 90 分，表示距离平均分数有 1 个标准差的距离。这里的 1 就是这个学生考试成绩的标准分数。

设一组原始样本数据为 x_1，x_2，…，x_n，样本量（样本数据的个数）为 n，样本平均数为 $\bar{x}$，样本标准差为 s，标准分数是某个数据与其平均数的差除以标准差后的结果。用 z 表示标准分数，其计算公式为：

$$z_i = \frac{x_i - \bar{x}}{s} \tag{4.19}$$

式（4.19）也就是统计上常用的标准化公式，它描述了某个数据与平均数相比相差多少个标准差。

【例4−12】（数据：example4_1. csv）沿用例 4−1。计算 30 名学生考试分数的标准分数。

解：计算标准分数的 R 代码和结果如代码框 4−12 所示。

代码框4−12　计算30名学生考试分数的标准分数

```
> example4_1<-read.csv("C:/example/chap04/example4_1.csv")
> as.vector(round(scale(example4_1$分数),4))
 [1]  0.3784  -1.8919   0.8324  -1.0594  -0.0757   1.2865
 [7]  0.9081  -1.8919   0.5297   0.7567   0.2270  -0.7567
[13]  1.2108  -0.6054   0.7567  -1.4378   0.4540   0.4540
[19]  0.9081   0.3784  -0.9838   0.0757   0.6811  -2.2702
[25]  1.1351   0.4540  -0.3784   0.8324   0.1513  -1.0594
```

注：函数 scale(x,...)用于计算标准分数，x 为向量或矩阵。as.vector 函数将结果以向量形式输出。round 函数将结果保留4位小数。更多信息查看帮助。

第一个学生的标准分数为 0.378 4，表示这个学生的考试分数与平均分数（80 分）相比高出 0.378 4 个标准差；第二个学生的标准分数为−1.891 9，表示考试分数与平均分数相比低−1.891 9 个标准差，其余的含义类似。

根据标准分数可以判断一组数据中是否存在离群点。经验表明：当一组数据对称或接近对称分布时，约有 68%的数据在平均数加减 1 个标准差的范围内，约有 95%的数据在平均数加减 2 个标准差的范围内，约有 99%的数据在平均数加减 3 个标准差的范围内。可以想象，一组数据中低于或高于平均数 3 倍标准差的数值是很少的，因此，通常将 3 个标准差之外的数据确定为离群点。

4.4.2　极值标准化

极值标准化（extremum standardization）是另一种标准化变换，它是将一组原始数据缩放到[0，1]的范围内，也称**最大最小标准化**（min-max normalization）。当一组数据存在较大或较小的极端值（离群值）时，通常需要做极值标准化变换。

设一组原始数据为 x_1，x_2，…，x_n，$x_{\min}$ 表示数据集的最小值，$x_{\max}$ 表示数据集的最大值，T_i 表示极值标准化后的值，极值标准化的计算公式为：

$$T_i = \frac{x_i - x_{\min}}{x_{\max} - x_{\min}} \tag{4.20}$$

【例4−13】（数据：example4_1.csv）沿用例 4−1。计算 30 名学生考试分数的极值标准化值。

解： 计算极值标准化值的 R 代码和结果如代码框 4-13 所示。

代码框 4-13　计算 30 名学生考试分数的极值标准化值

```
> example4_1<-read.csv("C:/example/chap04/example4_1.csv")
> d=example4_1$分数
> T<-(d-min(d))/(max(d)-min(d))
> round(T,4)
[1]  0.7447  0.1064  0.8723  0.3404  0.6170  1.0000
[7]  0.8936  0.1064  0.7872  0.8511  0.7021  0.4255
[13] 0.9787  0.4681  0.8511  0.2340  0.7660  0.7660
[19] 0.8936  0.7447  0.3617  0.6596  0.8298  0.0000
[25] 0.9574  0.7660  0.5319  0.8723  0.6809  0.3404
```

标准分数和极值标准化只是对数据做了线性变换，它只是简单地改变数据的水平和量纲，也就是等度地对数据进行压缩或扩张，但不改变数据在数轴上的相对位置，自然也就不会改变数据分布的形状，因此有利于不同变量分布特征的比较。

为比较变换的效果，以例 4-1 为例，绘制出原始数据、标准分数和极值标准化值的点图、箱线图与核密度图，代码和结果如代码框 4-14 所示。

代码框 4-14　原始数据和标准化后数据的比较

```
# 图4-2的绘制代码
> example4_1<-read.csv("C:/example/chap04/example4_1.csv")
> d=example4_1$分数
> z<-as.vector(scale(d))
> T<-(d-min(d))/(max(d)-min(d))

# （a）原始数据图形
> par(mai=c(0.6,0.2,0.3,0.2),mfrow=c(3,3),cex=0.7,font.main=1,cex.main=1)
> stripchart(d,pch=19,col=1,cex=1.2,xlab="原始数据",main="(a1) 原始数据点图")
> boxplot(d,xlab="原始数据",horizontal=TRUE,main="(a2) 原始数据箱线图",col.main=1)
> plot(density(d),col=1,lwd=2,xlab="原始数据",main="(a3) 原始数据核密度图")

#（b）标准分数图形
> stripchart(z,pch=19,col="red",cex=1.2,xlab="标准分数",main="(b1) 标准分数点图")
> boxplot(z,col="red",xlab="标准分数",horizontal = TRUE,main="(b2) 标准分数箱线图")
> plot(density(z),col="red",lwd=2,xlab="标准分数",main="(b3) 标准分数核密度图")

#（c）极值标准化图形
> stripchart(T,pch=19,col="blue",cex=1.2,xlab="极值标准化值",main="(c1) 极值标准化点图")
> boxplot(T,col="blue",xlab="极值标准化值",horizontal = TRUE,main="(c2) 极值标准化箱线图")
> plot(density(T),lwd=2,col="blue",xlab="极值标准化值",main="(c3) 极值标准化核密度图")
```

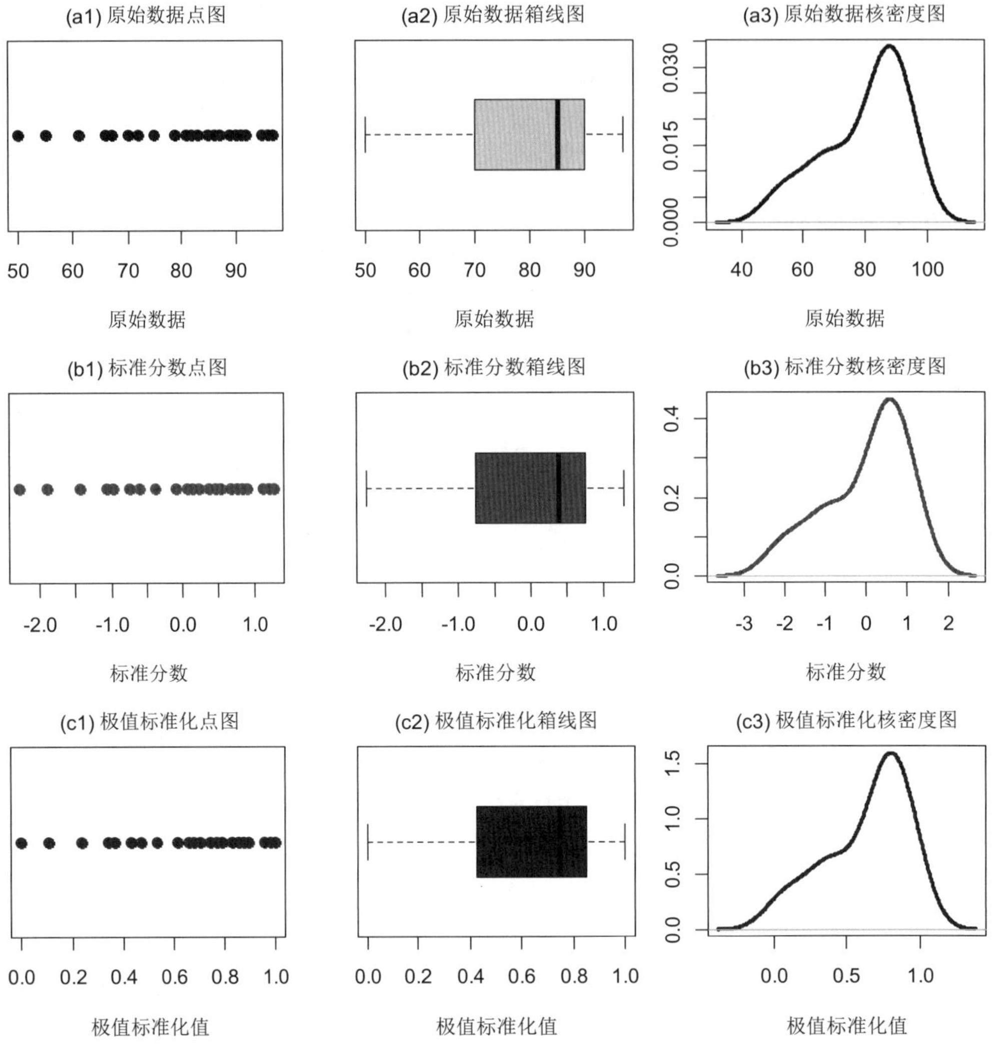

图 4–2　例 4–1 的原始数据和标准化后数据的图形比较

图 4-2 的点图显示，变换只是改变了坐标轴的标尺，没有改变各个点在坐标轴上的排列位置和顺序。箱线图和核密度图显示，变换没有改变数据分布的形状。

4.5　数据的综合描述

上述描述统计量的计算除了可以用相应的 R 函数外，也可以使用 R 的综合描述函数，这些函数可以一次输出多个描述统计量，以满足综合分析的需要。

4.5.1　几个常用的 R 函数

R 中有多个函数可以一次输出多个描述统计量，这里只介绍 pastecs 包中的 stat.desc

函数和 psych 包中的 describe 函数。

【例 4-14】（数据：example4_10. csv）沿用例 4-10。计算互联网服务行业和机械制造行业上市公司每股收益的各描述统计量，并进行综合分析。

解： 使用 stat.desc 函数和 describe 函数计算各描述统计量的代码和结果如代码框 4-15 所示。

代码框 4-15　汇总输出例 4-10 的多个描述统计量

```
# 使用pastecs包中的stat.desc函数计算描述统计量
> example4_10<-read.csv("C:/example/chap04/example4_10.csv")
> library(pastecs)
> round(stat.desc(example4_10),4)
               互联网公司    机械制造公司
nbr.val          10.0000       10.0000
nbr.null          0.0000        0.0000
nbr.na            0.0000        0.0000
min               0.4600        0.0300
max               1.5700        0.9800
range             1.1100        0.9500
sum              11.3600        5.2400
median            1.2650        0.5100
mean              1.1360        0.5240
SE.mean           0.1123        0.1078
CI.mean.0.95      0.2540        0.2438
var               0.1260        0.1162
std.dev           0.3550        0.3408
coef.var          0.3125        0.6504
# 使用psych包中的describe函数计算描述统计量
> library(psych)
> describe(example4_10)
             vars  n mean   sd median trimmed  mad  min  max range  skew kurtosis   se
互联网公司      1 10 1.14 0.36   1.27    1.17 0.26 0.46 1.57  1.11 -0.63    -1.09 0.11
机械制造公司    2 10 0.52 0.34   0.51    0.53 0.37 0.03 0.98  0.95 -0.09    -1.49 0.11
```

注：输出结果中，trimmed 是修整均值（trimmed mean），参数默认修整比例为 0.1。mad 是中位数绝对离差（median absolute deviation），即每个数据与其相应中位数离差的中位数。

代码框 4-15 中的结果显示，互联网行业上市公司的每股平均收益高于机械制造行业上市公司，虽然从标准差看互联网行业上市公司大于机械制造行业上市公司，但从离散系数看（互联网行业上市公司为 0.312 5，机械制造行业上市公司为 0.650 4），互联网行业上市公司每股收益的离散程度小于机械制造行业上市公司。从数据分布的形状来看，两类上市公司的偏度系数均为负值，呈现左偏分布，而且互联网行业上市公司每股收益的偏斜程度大于机械制造行业上市公司。从分布的峰值看，两类上市公司每股收益的峰值均低于标准正态分布，即呈现扁平状态。

4.5.2　一个综合描述的例子

在实际分析中，通常要对数据从图表和统计量两个方面同时进行描述。下面结合数据可视化的内容，通过一个例子说明对数据进行综合描述的基本思路。

【例4-15】（数据：example4_15. csv）在某大学随机抽取60名大学生，调查得到学生的性别、家庭所在地和月生活费支出数据如表4-4所示。对调查数据进行综合分析。

表4-4　60名大学生的调查数据

性别	家庭所在地	月生活费支出（元）	性别	家庭所在地	月生活费支出（元）
女	中小城市	1 500	女	乡镇地区	1 850
男	大型城市	2 000	女	乡镇地区	2 000
男	大型城市	1 800	女	中小城市	1 700
女	中小城市	1 600	女	大型城市	1 800
女	中小城市	2 000	男	中小城市	1 860
女	大型城市	2 100	男	乡镇地区	1 950
男	大型城市	1 100	女	中小城市	1 900
男	大型城市	1 780	男	中小城市	2 000
女	中小城市	1 550	女	乡镇地区	1 870
女	乡镇地区	1 300	女	中小城市	1 900
男	大型城市	2 000	女	大型城市	2 400
男	大型城市	1 700	女	大型城市	2 000
女	中小城市	1 400	女	中小城市	2 360
女	大型城市	1 500	女	中小城市	2 050
男	大型城市	1 400	女	大型城市	2 200
男	大型城市	1 480	男	大型城市	2 000
女	中小城市	2 350	女	中小城市	1 750
女	中小城市	1 450	女	中小城市	2 250
男	大型城市	1 500	女	大型城市	2 800
男	大型城市	1 760	女	大型城市	1 900
男	中小城市	1 300	男	大型城市	2 000
男	中小城市	1 600	男	乡镇地区	1 900
女	中小城市	1 680	女	中小城市	2 200
男	中小城市	1 850	女	乡镇地区	1 800
男	乡镇地区	1 500	女	乡镇地区	1 900
女	中小城市	1 600	男	乡镇地区	1 500
男	大型城市	1 300	男	大型城市	2 000
女	大型城市	1 800	男	大型城市	1 900
女	大型城市	1 550	女	大型城市	2 300
男	中小城市	1 350	女	中小城市	1 900

解：这里涉及两个类别变量和一个数值变量。对于性别和家庭所在地两个类别变量，可以对其频数进行计数，计算百分比，并画出条形图和饼图等进行描述。对于月生活费支出变量，可以绘制直方图、核密度图、箱线图、茎叶图等来观察其分布特征，还可绘制轮廓图、雷达图、星图等比较不同性别和不同家庭所在地月生活费支出的相似性，并计算均值和标准差等统计量进行分析。下面给出一些主要的分析思路供读者参考。

首先，绘制图形描述月生活费支出的分布特征。为反映全部学生的月生活费支出的整体分布特征，可以绘制出 60 名学生月生活费支出的直方图、核密度图和箱线图（也可绘制茎叶图）等；为观察按性别和家庭所在地分组的月生活费支出的分布特征，可以绘制分组箱线图和分组核密度图等。代码框 4-16 给出了 R 代码和结果。

图 4-3 显示，大学生月生活费支出的分布基本上是对称的，也就是以均值为中心，两侧依次减少，这基本上符合大学生生活费支出的特点。

图 4-4 显示，女生支出的平均水平明显高于男生；大城市和中小城市的平均支出水平差异不大，乡镇地区的平均支出水平偏低。大城市女生支出的平均水平明显高于中小城市和乡镇地区。该图还可以用于比较按性别和按家庭所在地交叉分组的学生月生活费支出分布的特点。

代码框 4-16　60 名大学生月生活费支出的分布

```
# 绘制全部学生月生活费支出的直方图（图4-3）
> example4_15<-read.csv("C:/example/chap04/example4_15.csv")
> attach(example4_15)
> par(fig=c(0,0.85,0,0.85),mai=c(0.8,0.8,0.2,0.1),cex=0.8)
> hist(月生活费支出,xlab="月生活费支出",ylab="密度",prob=TRUE,col="lightblue",main="")
> rug(jitter(月生活费支出))
> lines(density(月生活费支出),col="red")
> par(fig=c(0,0.85,0.6,1),new=TRUE)
> boxplot(月生活费支出,horizontal=TRUE,axes=FALSE)
```

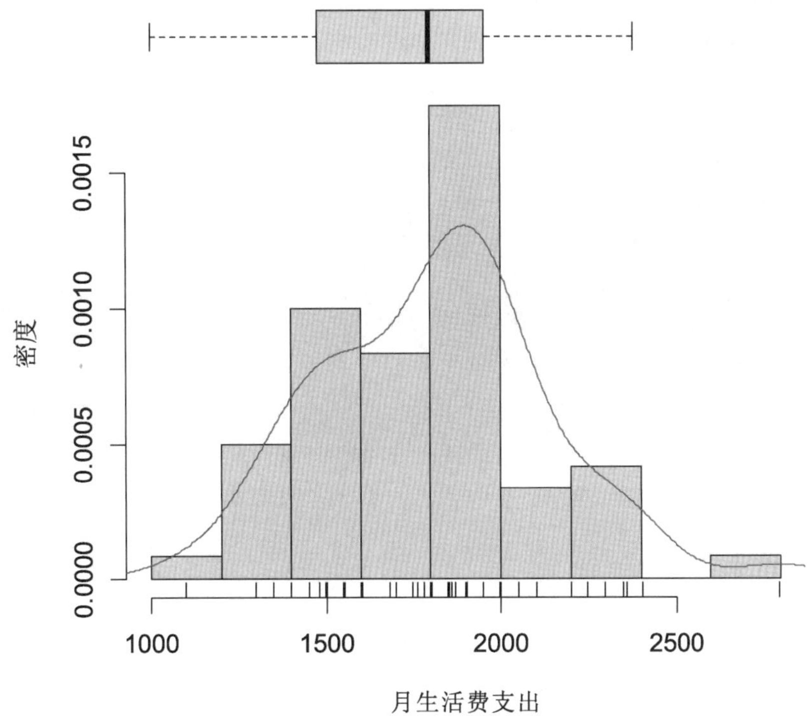

图 4-3　带有箱线图、地毯图、核密度估计曲线的月生活费支出的直方图

```
# 绘制按性别和家庭所在地分组的箱线图（图4-4）
> boxplot(月生活费支出~家庭所在地*性别,col=c(2:4),ylab="月生活费支出",data=example4_15)
```

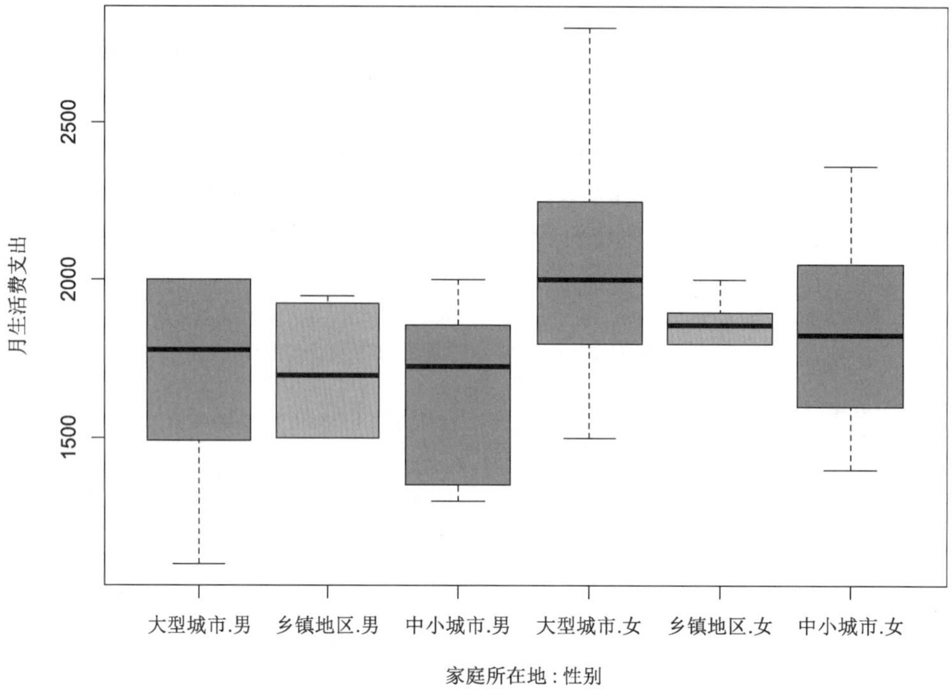

图4-4　按性别和家庭所在地分组的箱线图

```
# 按性别和家庭所在地分组的核密度图（图4-5）
> library(ggplot2)
> mytheme<-theme(plot.title=element_text(size="10"),
+     axis.title=element_text(size=9),
+     axis.text=element_text(size=8),
+     legend.position="none")                          # 设置图形主题
> ggplot(example4_15)+
+     geom_density(aes(x=月生活费支出,group=性别,color=性别,fill=家庭所在地),alpha=0.5)+
+     facet_grid(性别~家庭所在地,scale="free_y")+           # 按性别和家庭所在地分组
+     mytheme+ggtitle("月生活费支出的分组核密度图")
```

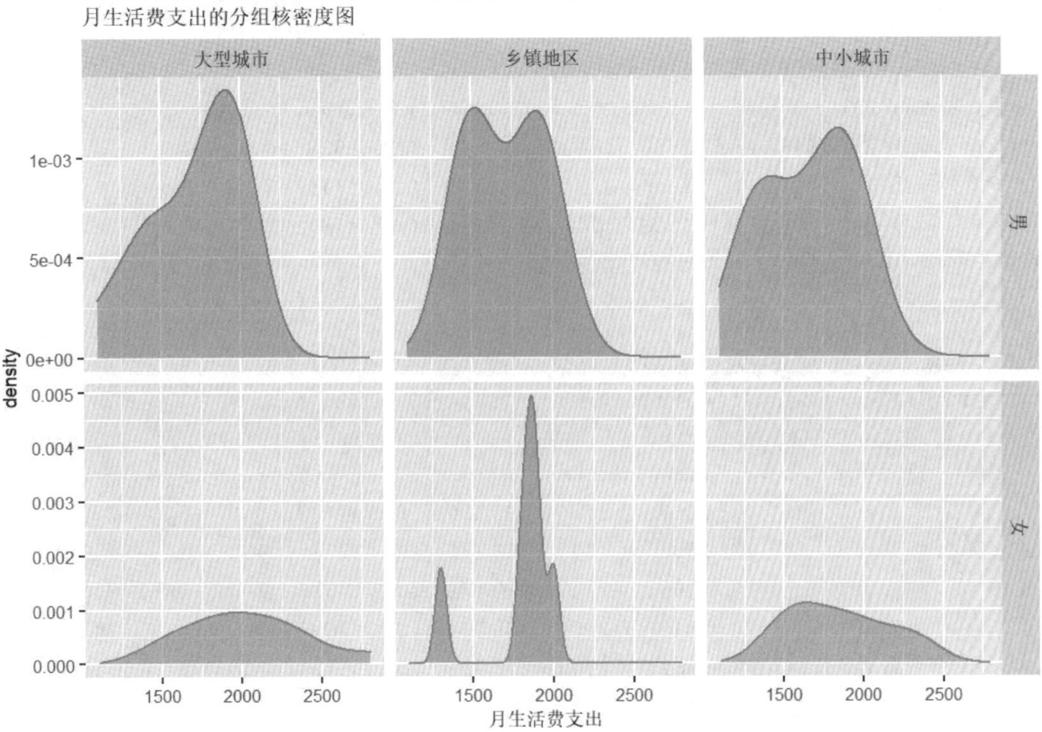

图 4–5　按性别和家庭所在地分组的核密度图

图 4-5 显示，乡镇地区的女生的月生活费支出有双峰特征，其他分类的支出特征差异不大，大致为对称分布。

其次，计算月生活费支出的描述统计量并进行分析。这里只给出按性别和家庭所在地分组计算的描述统计量，R 代码和结果如代码框 4-17 所示。

代码框 4-17　按性别和家庭所在地分组计算描述统计量

```
# 分别按性别和家庭所在地分组计算所需的描述统计量
# 编写计算描述统计量的函数
> my_summary<-function(x){
+   with(x,data.frame(
+   n=length(月生活费支出),
+   "平均数"=mean(月生活费支出),
+   "中位数"=median(月生活费支出),
+   "标准差"=sd(月生活费支出),
+   "全距"=max(月生活费支出)-min(月生活费支出),
+   "变异系数"=sd(月生活费支出)/mean(月生活费支出),
+   "偏度系数"=e1071::skewness(月生活费支出)))
+ }
> library(plyr)
> ddply(example4_15,"性别",my_summary)              # 按性别分组计算
  性别  n     平均数  中位数   标准差  全距  变异系数     偏度系数
1   男 25  1701.200    1780 275.4893   900 0.1619382  -0.4845139
```

```
2   女 35  1891.714    1900 331.1521  1500  0.1750539    0.4605462
> ddply(example4_15,"家庭所在地",my_summary)  # 按家庭所在地分组计算
  家庭所在地  n      平均数   中位数    标准差   全距    变异系数     偏度系数
1  大型城市 26 1848.846     1850  364.1354  1700  0.1969528   0.2849817
2  乡镇地区 10 1757.000     1860  236.0344   700  0.1343394  -0.7580232
3  中小城市 24 1795.833     1800  308.6565  1060  0.1718737   0.2366286
# 同时按性别和家庭所在地分组计算描述统计量
> library(doBy)
> myfun<-function(x){
+     c(n=length(x),mean=mean(x),median=median(x),
+     sd=sd(x),CV=sd(x)/mean(x),R=(max(x)-min(x)),SK=e1071::skewness(x))}
> summaryBy(月生活费支出~性别+家庭所在地,data=example4_15,FUN=myfun)
  性别 家庭所在地   n       mean   median        sd         CV     R          SK
1   男   大型城市  15  1714.667     1780  293.4004  0.1711122   900  -0.61763658
2   男   乡镇地区   4  1712.500     1700  246.2214  0.1437789   450   0.01334604
3   男   中小城市   6  1660.000     1725  290.1724  0.1748026   700  -0.15348401
4   女   大型城市  11  2031.818     2000  383.5836  0.1887883  1300   0.38347423
5   女   乡镇地区   6  1786.667     1860  247.5210  0.1385379   700  -1.13491460
6   女   中小城市  18  1841.111     1825  308.9430  0.1678025   960   0.29018033
```

代码框4-17的结果显示，女生月生活费支出的平均数和中位数均高于男生，同时，女生月生活费支出的标准差和全距也都大于男生，相应的变异系数$CV_{女}=0.175\,053\,9>CV_{男}=0.161\,938\,2$，说明女生月生活费支出的离散程度大于男生。从分布形态看，女生月生活费支出的偏度系数是0.460 546 2，为右偏分布，而男生的月生活费支出偏度系数是−0.484 513 9，为左偏分布。

从按家庭所在地分组描述的结果看，来自不同家庭的学生月生活费支出也有差异。大城市的学生月生活费支出均值高于中小城市和乡镇地区，但中位数则是乡镇地区最高。从标准差看，乡镇地区的标准差最小。从变异系数看，$CV_{大城市}=0.196\,952\,8>CV_{中小城市}=0.171\,873\,7>CV_{乡镇地区}=0.134\,339\,4$，说明乡镇地区的学生月生活费支出的离散程度最小，而大城市则最大。从分布形态看，乡镇地区学生月生活费支出的偏度系数为−0.758 023 2，为中等程度的左偏分布，而大城市和中小城市学生的月生活费支出则为轻微的右偏分布。

例4-15展示了数据的综合描述方法，分析中使用了自编函数和不同的R包，展示了不同形式的输出结果，目的是使读者了解描述性分析的思路，熟悉R的应用。实际应用时可根据自身需要从不同的角度进行分析。

习题

4.1　随机抽取50名网络购物的消费者，调查他们某个月的网购金额（单位：元），结果如下表所示。

1 004	602	1 540	522	878	916	1 166	1 062	344	1 200
921	990	1 309	528	838	1 492	928	1 299	1 107	981
928	1 135	789	1 018	905	935	939	729	1 802	645
1 148	877	2 270	957	840	576	1 110	570	1 253	1 133
1 416	1 380	513	1 423	1 224	289	1 247	657	1 816	1 481

（1）计算平均数、标准差、极差和四分位差。

（2）计算 10%、25%、50%、75%、90%的分位数。

（3）计算标准分数和极值标准化值。

（4）计算偏度系数和峰度系数，分析网购金额的分布特点。

4.2　一种产品需要人工组装，现有 3 种可供选择的组装方法。为分析哪种方法更好，随机抽取 15 名工人，让他们分别用 3 种方法组装。下面是 15 名工人分别用 3 种方法在相同的时间内组装的产品数量（单位：个）：

方法 A	方法 B	方法 C
164	129	125
167	130	126
168	129	126
165	130	127
170	131	126
165	130	128
164	129	127
168	127	126
164	128	127
162	128	127
163	127	125
166	128	126
167	128	116
166	125	126
165	132	125

选择适当的图形和统计量比较 3 种方法组装产品数量的分布特征。

4.3　在大学生中随机抽取 50 名男生和 50 名女生，测得身高（单位：cm）数据如下。

男生		女生	
182.1	171.2	175.4	164.0
183.3	175.1	162.7	172.5
176.6	181.1	174.6	162.1
177.3	182.3	164.8	169.8
174.3	174.4	157.0	168.0
178.9	188.6	157.3	165.6
177.5	181.0	164.3	163.2
179.5	166.7	167.6	164.5

续表

男生		女生	
168.3	176.6	167.8	166.5
173.3	184.2	168.7	179.1
170.3	176.1	170.7	172.7
177.9	175.9	168.2	163.5
174.4	186.6	171.7	167.8
196.0	188.5	166.3	175.3
178.4	166.5	172.3	174.6
188.5	174.9	167.3	168.5
174.2	177.5	179.2	167.9
191.4	180.2	174.9	167.2
174.4	188.2	173.8	168.3
176.8	178.3	167.4	165.2
177.2	181.9	163.7	164.0
167.8	189.1	165.2	166.2
183.4	178.0	158.9	168.9
174.7	167.8	169.9	162.0
174.7	186.1	168.5	167.2

利用图形和描述统计量比较分析男女学生身高的特点和差异。

第 5 章 Chapter 5 随机变量的概率分布

概率分布是统计推断的理论基础，经典统计推断方法都是以统计量的概率分布为基础构建的。根据本书学习的需要，本章主要介绍几种常用的经典概率分布以及样本统计量的概率分布。

5.1 什么是概率

当你去购买彩票时，希望自己中大奖，但能否中奖是不确定的。当你去投资股票时，预期得到较高的收益率，但你不可能确切地知道收益率。在现实生活中，有很多这类事情，能否成功具有不确定性。比如，明天降雨的可能性有多大，购买一只股票明天上涨的可能性有多大，一笔新投资盈利的可能性有多大，一项工程按期完成的可能性有多大，等等。**概率**（probability）是对事件发生可能性大小的度量。比如天气预报说明天降雨的概率是 80%，这里的 80%就是对降雨这一事件发生的可能性大小的一种数值度量。

概率是介于 0～1 之间的一个值。获得一个事件发生的概率有几种途径。如果事件是等可能发生的，可以通过重复试验来获得。当试验的次数很多时，事件 A 发生的概率 $P(A)$ 可以由所观察到的事件 A 发生的频率 p 来逼近。假定在相同条件下重复进行 n 次试验，事件 A 发生了 m 次，则事件 A 发生的概率可表示为：

$$P(A)=\frac{\text{事件}A\text{发生的次数}}{\text{重复试验的次数}}=\frac{m}{n}=p \tag{5.1}$$

比值 m/n 越大，表示事件 A 发生得越频繁，也就意味着在一次试验中事件 A 发生的可能性（即概率）越大。事实上，随着试验次数 n 的增大，比值 m/n 将围绕某一频率 p 上下波动，并且其波动的幅度将随着试验次数 n 的增大而减小，进而趋于稳定，这个稳定的频率 p 就是事件 A 发生的概率。比如，抛掷一枚硬币，观察其出现的是正面还是反面，如果定义事件 A=“出现正面”，这一事件发生的概率 $P(A)=1/2$。这里的 $P(A)=1/2$ 并不意味着抛掷多次硬币恰好有一半结果正面朝上，而是指在连续多次的抛掷中可以认为出现正面的次数接近一半。比值 $1/2$ 是对抛掷一次硬币观察到正面朝上的可能性的度量。注意：抛掷完成后，其结果就是一个常数，要么一定是正面，要么一定是反面，就不是概率问题了。

尽管可以将事件的概率设想成大量重复试验中该事件出现次数的比例，但有些试验是不能重复的。比如，投资500万元开设一家餐馆，那么这家餐馆将生存5年的概率就是个未知的值，而且不可能通过重复试验把这个概率估计出来。这个事件发生的概率是一个常数，但并不知道。不过，可以用已经生存5年的类似餐馆所占的比例作为所求概率的一个近似值。在现实生活中，有很多事情都是依据它发生的可能性大小做出决策的。比如，根据自己的判断，明天这只股票上涨的可能性为80%，这就是一个主观概率。主观概率往往是基于个人所掌握的信息、所具有的某种知识等得出的。

5.2 随机变量的概率分布

现实生活中，有时需要研究一项试验结果的某些取值。比如，抽查100个产品，观察其中的不合格品数X；假期中一个旅游景点的游客人数X；等等。这里的X取哪些值以及X取这些值的概率又是多少，事先都是不知道的。但是，如果知道了一个随机变量的概率分布模型，就很容易确定一系列事件发生的概率。

5.2.1 随机变量及其概括性度量

1. 什么是随机变量

在很多领域，研究工作主要依赖于某个样本数据，而这些样本数据通常由某个变量的一个或多个观测值所组成。比如，调查500位消费者对饮料的偏好，并记录下喜欢某一特定品牌饮料的人数X；调查一个旅游景点，记录下某天的游客人数X；等等。这样的一些观察就是统计上所说的试验。由于记录某次试验结果时事先并不知道X取哪一个值，因此称X为**随机变量**（random variable）。

随机变量是用数值来描述特定试验一切可能出现的结果，它的取值事先不能确定，具有随机性。例如抛掷一枚硬币，其结果就是一个随机变量X，因为在抛掷之前并不知道出现的是正面还是反面，若用数值1表示正面朝上，0表示反面朝上，则X可能取0，也可能取1。

有些随机变量只能取有限个值，称为**离散型随机变量**（discrete random variable）。有些则可以取一个或多个区间中的任何值，称为**连续型随机变量**（continuous random variable）。将随机变量的取值设想为数轴上的点，每次试验结果对应一个点。如果一个随机变量仅限于取数轴上有限个孤立的点，它就是离散型的；如果一个随机变量是在数轴上的一个或多个区间内取任意值，那么它就是连续型的。比如，在由500位消费者组成的样本中，喜欢某一特定品牌饮料的人数X只能取0，1，2，…，500这些数值之一；检查100件产品，合格品数X的取值可能为0，1，2，3，…，100；一个旅游景点某天的游客人数X的取值可能为0，1，2，3，…。这里的X只能取有限的数值，因此称X为离散型随机变量。相反，某种商品的销售价格X，在理论上可以取大于0的无穷多个数值中的任何一个；检测某产品的使用寿命，产品使用的时间长度 X 可以取 $X \geqslant 0$ 的任何值；某电话用户每次通话时间长度 X 可以取 $X > 0$ 的任何值。这些都是连续型随机变量。

若 $f(x)$ 是取非负值的函数，对于每一对常数 $a < b$ 满足

$$P(a \leqslant X \leqslant b) = \int_q^b f(x)\mathrm{d}x$$

则称 $f(x)$ 是连续型随机变量 X 的概率密度函数，易见 $P(a \leqslant X \leqslant b)$ 是概率密度函数曲线下的面积。

2. 随机变量的概括性度量

与第 4 章介绍的均值和方差类似，对于随机变量也可以用类似的量来描述其取值水平和离散程度。描述随机变量水平的统计量称为**期望值**（expected value），而描述其离散程度的统计量称为方差，它们是随机变量的概括性度量。

离散型随机变量 X 的期望值是 X 所有可能取值 $x_i(i=1，2，\mathrm{L})$ 与其相应的概率 $p_i(i=1，2，\mathrm{L})$ 乘积之和，用 μ 或 $E(X)$ 表示，即

$$\mu = E(X) = \sum_i x_i p_i \tag{5.2}$$

离散型随机变量 X 的方差等于 $(x_i - \mu)^2$ 与其相应的概率 p_i 乘积之和，用 σ^2 或 $D(X)$ 表示，即

$$\sigma^2 = D(X) = \sum_i (x_i - \mu)^2 p_i \tag{5.3}$$

随机变量 X 的标准差等于其方差的平方根，用 σ 或 $\sqrt{D(X)}$ 表示。

【例 5-1】（数据：example5_1.csv）一家手机制造商称，它生产的手机每 100 部中存在的不合格品数 X 及相应的概率如表 5-1 所示。求该手机不合格品数的期望值和标准差。

表 5-1　每 100 部手机中的不合格品数及概率分布

不合格品数（$X=x_i$）	0	1	2	3
概率（p_i）	0.75	0.12	0.08	0.05

解：计算期望值和方差的 R 代码和结果如代码框 5-1 所示。

代码框 5-1　计算期望值和方差

```
# 计算期望值
> example5_1<-read.csv("C:/example/chap05/example5_1.csv")
> mymean<-sum(example5_1$不合格品数*example5_1$概率)
> mymean
[1] 0.43
# 计算方差
> myvar<-sum((example5_1$不合格品数-mymean)^2*example5_1$概率)
> myvar
```

```
[1] 0.7051
# 计算标准偏差
> sqrt(myvar)
[1] 0.8397023
```

对于概率密度函数为$f(x)$的连续型随机变量，期望值为：

$$\mu = E(X) = \int_{-\infty}^{\infty} x f(x) \mathrm{d}x \tag{5.4}$$

方差为：

$$\sigma^2 = D(X) = \int_{-\infty}^{\infty} (x-\mu)^2 f(x) \mathrm{d}x \tag{5.5}$$

5.2.2 随机变量的概率分布

随机变量取哪些值，取这些值的概率有多大，这就是随机变量的**概率分布**（probability distribution）。常用的离散型概率分布有**二项分布**（binomial distribution）、**泊松分布**（Poisson distribution）、**超几何分布**（hypergeometric distribution）等；连续型概率分布有**正态分布**（normal distribution）、**均匀分布**（uniform distribution）、**指数分布**（exponential distribution）等。本章主要介绍后面会用到的二项分布和正态分布。

1. 二项分布

离散型随机变量X只取有限个可能的值x_1，x_2，…，而且是以确定的概率取这些值，即$P(X = x_i) = p_i (i=1, 2, \cdots)$。因此，可以列出$X$的所有可能取值$x_1$，$x_2$，⋯，以及取每个值的概率$p_1$，$p_2$，⋯，这就是离散型随机变量的概率分布。离散型概率分布具有性质：

（1）$p_i \geqslant 0$；

（2）$\sum_i p_i = 1, (i=1, 2, \cdots)$。

假定知道一个离散型随机变量的概率分布，并能用一定的公式表达出来，就能根据这一分布计算出随机变量取任意一个值的概率。

二项分布是建立在Bernoulli试验基础上的。n重Bernoulli试验满足下列条件：

（1）一次试验只有两个可能结果，即“成功”和“失败”。这里的“成功”是指感兴趣的某种特征。比如，产品分为“合格品”与“不合格品”，如果对“合格品”感兴趣，则“成功”就表示“合格品”。

（2）一次试验“成功”的概率为p，“失败”的概率为$q = 1-p$，而且概率p对每次试验都是相同的。

（3）试验是相互独立的，且可以重复进行n次。

在n次试验中，“成功”的次数对应一个离散型随机变量X。这样，在n次Bernoulli试验中，出现“成功”的次数的概率分布就是**二项分布**，记为$X \sim B(n, p)$。n次试验中成功次数为x的概率可表示为：

$$P(X=x)=C_n^x p^x q^{n-x}，\ x=0,\ 1,\ 2,\ \cdots,\ n \tag{5.6}$$

二项分布的期望值 μ 和方差 σ^2 分别为：

$$\mu=E(X)=np,\quad \sigma^2=D(X)=npq \tag{5.7}$$

为观察二项分布的特征，可以绘制出 $n=5$，p 分别取 0.1，0.2，…，0.9 时的二项概率分布图。R 代码和结果如代码框 5–2 所示。

代码框 5–2　绘制二项分布 $B(5，p)$ 图

```
# 图5-1的绘制代码
> p=seq(0.1,0.9,0.1)
> par(mfrow=c(3,3),mai=c(0.7,0.7,0.2,0.1),cex=0.8,font.main=1)
> for(i in 1:9){
+     barplot(dbinom(0:5,5,p[i]),xlab="x",ylab="p",ylim=c(0,.6),
+     main=substitute(B(5,p),list(p=p[i])),col="lightblue")
+ }
```

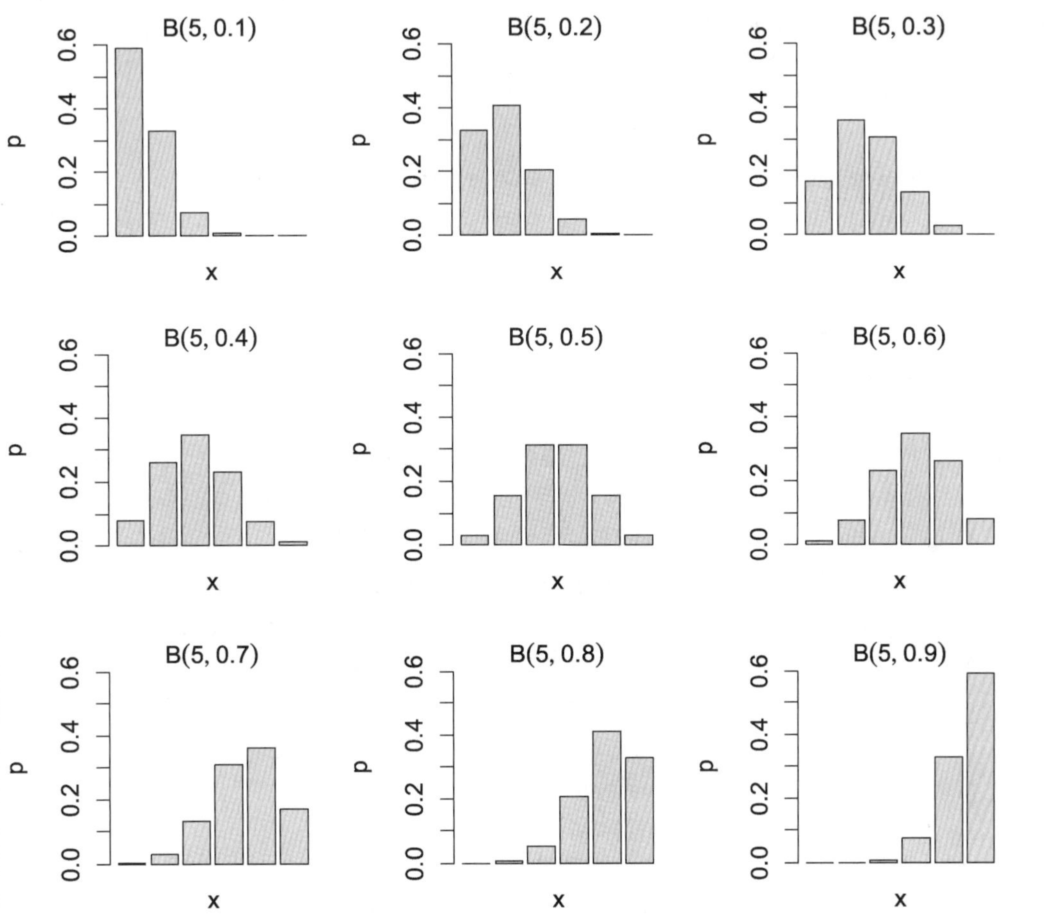

图 5–1　二项分布 $B(5，p)$ 图

图 5–1 显示，当 $p=0.5$ 时概率分布是对称的；当 $p=0.1$ 时概率分布右偏；当 $p=0.9$ 时概率分布左偏。

【例5–2】已知一批产品的不合格品率为6%，从中有放回地抽取5个产品。求5个产品中：（1）没有不合格品的概率；（2）恰好有1个不合格品的概率；（3）有3个及3个以下不合格品的概率。

解：抽取一个产品相当于一次试验，因此$n=5$。由于是有放回地抽取，每次试验是独立的，每次抽取的不合格品率都是6%。设X为抽取的不合格品数，显然$X\sim B(5,0.06)$。计算二项分布概率的R代码和结果如代码框5–3所示。

代码框5–3　计算二项分布的概率

```
# 没有不合格品的概率
> dbinom(0,5,0.06)
[1] 0.733904
# 恰好有1个不合格品的概率
> dbinom(1,5,0.06)
[1] 0.2342247
# 有3个及3个以下不合格品的概率
> pbinom(3,5,0.06)
[1] 0.9999383
```

注：函数dbinom(x,size,prob)为密度函数，计算X=某一值的概率。函数pbinom(x,size,prob)为分布函数，计算X≤某一值的累积概率。X>某一值的概率为1-(pbinom(x,size,prob))。更多信息查看帮助。

2. 正态分布

正态分布最早由法国数学家棣莫弗（Abraham de Moivre）于1733年首次提出。后由德国数学家高斯（Carl Friedrich Gauss）率先将其应用于天文学研究，故正态分布又称**高斯分布**（Gaussian distribution）。在现实生活中，有许多现象都可以由正态分布来描述，甚至当未知一个连续总体的分布时，通常假设该总体服从正态分布来进行分析。其他一些分布（如二项分布）概率的计算也可以利用正态分布来近似，而且由正态分布可以推导出其他一些重要的统计分布，如χ^2分布、t分布、F分布等。

如果随机变量X的概率密度函数为：

$$f(x)=\frac{1}{\sqrt{2\pi\sigma^2}}\mathrm{e}^{-\frac{1}{2\sigma^2}(x-\mu)^2},-\infty<x<\infty \tag{5.8}$$

则称X为正态随机变量，或称X服从参数为μ，σ^2的正态分布，记作$X\sim N(\mu,\ \sigma^2)$。

式（5.8）中μ是正态随机变量X的期望值，它可为任意实数，σ^2是X的方差，且$\sigma>0$，$\pi=3.141\,592\,6$，$\mathrm{e}=2.718\,28$。

不同的μ值和不同的σ值对应于不同的正态分布，其概率密度函数所对应的曲线如图5–2所示。绘制正态分布曲线的R代码和结果如代码框5–4所示。

代码框 5-4　绘制正态分布曲线

```
# 图5-2的绘制代码
> curve(dnorm(x,-2,1),lwd=1.5,from=-6,to=2,xlim=c(-6,6),ylab="Density")
> abline(h=0,lwd=1)
> segments(-2,0,-2,dnorm(-2,mean=-2,sd=1),lty=2)
> curve(dnorm(x,-2,1.5),lty=6,lwd=1.5,from=-7,to=3,add=T,xlim=c(-6,6),col="red")
> curve(dnorm(x,2,1.5),lty=2,lwd=1.5,from=-3,to=7,add=TRUE,col="blue")
> segments(2,0,2,dnorm(2,mean=2,sd=1.5),col="blue",lty=2)
> legend("topright",inset=0.01,legend=c("N(-2,1)","N(-2,1.5)","N(2,1.5)"),lty=c(1,6,2),
+     col=c("black","red","blue"),fill=c("black","red","blue"),box.col="grey80",cex=0.8)
```

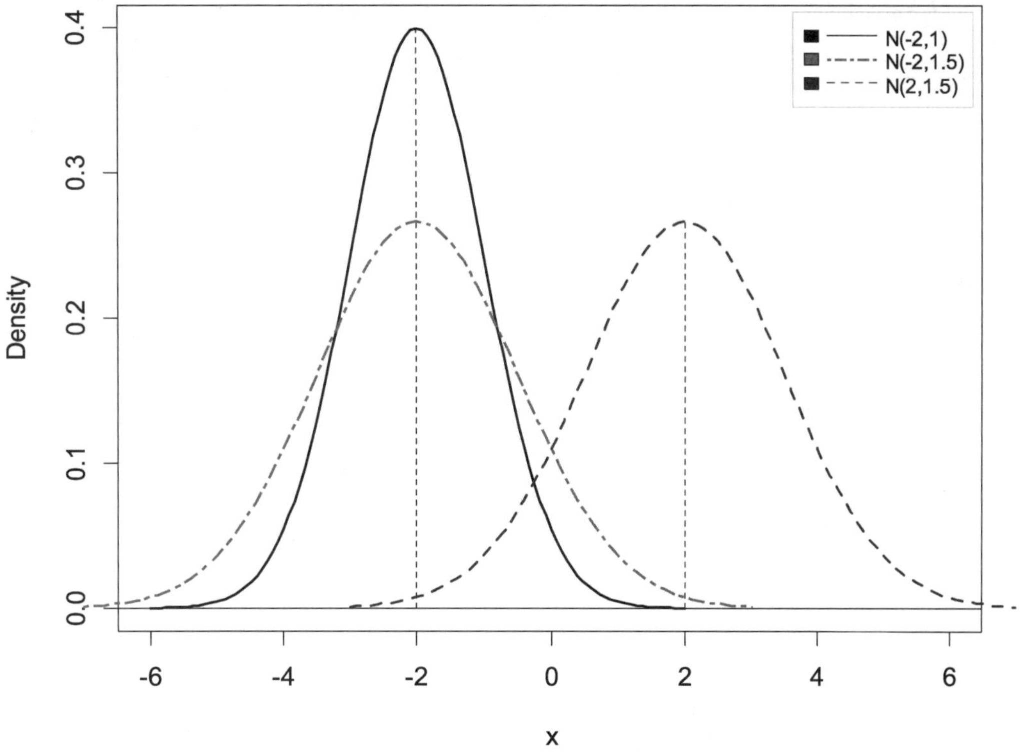

图 5-2　对应于不同 μ 和不同 σ^2 的正态分布曲线

图 5-2 显示正态曲线具有如下性质：

（1）正态曲线的图形是关于 $x=\mu$ 对称的钟形曲线，且峰值在 $x=\mu$ 处。

（2）正态分布的两个参数 μ 和 σ 一旦确定，正态分布的具体形式也就唯一确定，不同参数取值的正态分布构成一个完整的“正态分布族”。其中均值 μ 决定正态曲线的具体位置，标准差 σ 相同而均值不同的正态曲线在坐标轴上体现为水平位移。标准差 σ 决定正态曲线的“陡峭”或“扁平”程度。σ 越大，正态曲线越扁平；σ 越小，正态曲线越陡峭。

（3）当 X 的取值朝横轴左右两个方向无限延伸时，正态曲线的左右两个尾端也无限渐近横轴，但理论上永远不会与之相交。

（4）正态曲线下的总面积等于1。正态随机变量取特定区间值的概率即为正态曲线下对应的面积。

由于正态分布是一个分布族，对于任意一个服从正态分布的随机变量，通过 $Z=(x-\mu)/\sigma$ 标准化后的新随机变量服从均值为0、标准差为1的**标准正态分布**（standard normal distribution），记为 $Z\sim N(0,1)$。

标准正态分布的概率密度函数用 (x) 表示，有

$$\varphi(x)=\frac{1}{\sqrt{2\pi}}\mathrm{e}^{-\frac{1}{2}x^2},-\infty<x<\infty \tag{5.9}$$

图5-3展示了标准正态分布的概率和给定尾部概率时所对应的分位点。

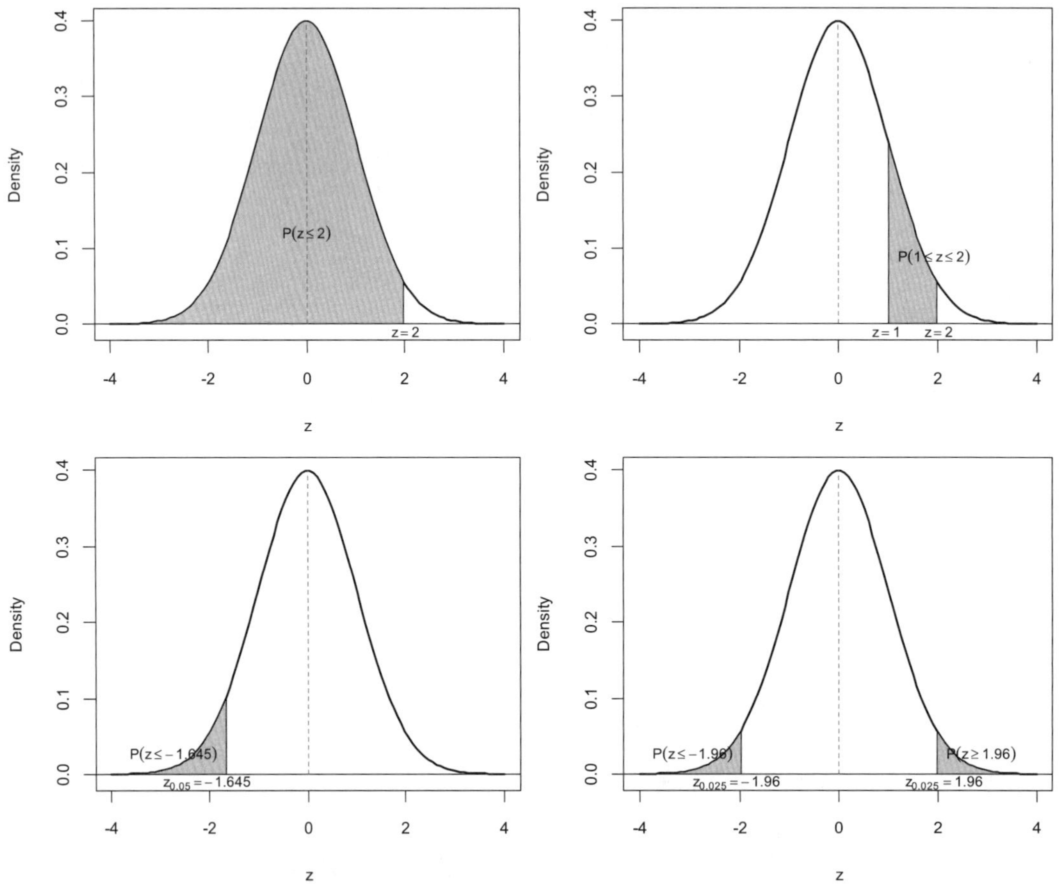

图5-3 标准正态分布的概率与分位点

【例5-3】 计算下列概率。

（1）$X\sim N(50,10^2)$，求 $P(X\leqslant 40)$ 和 $P(30\leqslant X\leqslant 40)$。

（2）$Z\sim N(0,1)$，求 $P(Z\leqslant 2.5)$ 和 $P(-1.5\leqslant Z\leqslant 2)$。

（3）标准正态分布累积概率为0.025时的分位数值 z。

解：R 代码和结果如代码框 5-5 所示。

代码框 5-5　计算正态分布累积概率和给定累积概率时的分位点

```
# 计算正态分布的概率
> pnorm(40,mean=50,sd=10)                                   #P(X ≤40)的概率
[1] 0.1586553
> pnorm(40,mean=50,sd=10)-pnorm(30,mean=50,sd=10)           #P(30≤X≤40)的概率
[1] 0.1359051
> pnorm(2.5,mean=0,sd=1)                                    #P(Z≤2.5)的概率
[1] 0.9937903
> pnorm(2,mean=0,sd=1)-pnorm(-1.5,mean=0,sd=1)              #P(-1.5≤Z≤2)的概率
[1] 0.9104427
# 计算正态分布的分位数
> qnorm(0.025,mean=0,sd=1)                                  #累积概率为 0.025 时的反函数值 z
[1] -1.959964
```

注：函数 pnorm(x,mean,sd) 为分布函数，计算 X≤某一值的累积概率；X>某一值的概率为 1-pnorm(x,mean,sd)。函数 qnorm(p,mean,sd) 为分位数函数，计算给定累积概率 p、均值 mean、标准差 sd 时的分位数。更多信息查看帮助。

正态分布在一些常用区间上的概率如图 5-4 所示。

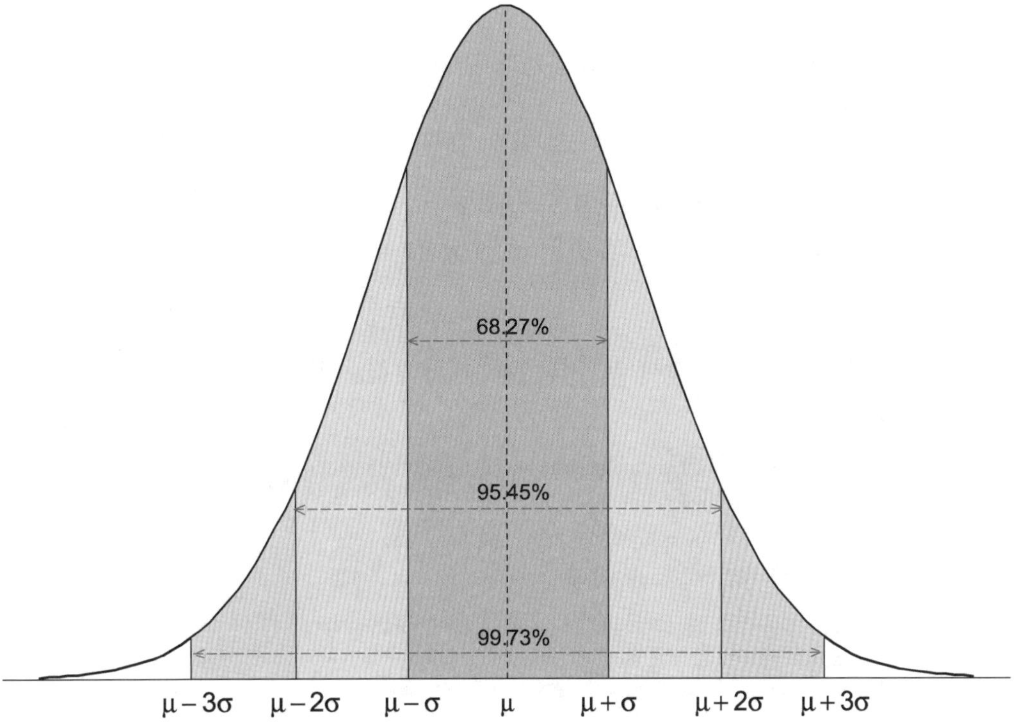

图 5-4　常用区间的正态概率值

图 5-4 显示，正态随机变量落入其均值左右各 1 个标准差范围内的概率为 68.27%，落入其均值左右各 2 个标准差范围内的概率为 95.45%；落入其均值左右各 3 个标准差范围内的概率为 99.73%。

5.2.3 其他几个重要的统计分布

有些随机变量是统计学家为分析的需要构造出来的。比如，样本方差除以总体方差得到一个随机变量χ^2，样本均值标准化后形成一个新的随机变量 t，两个样本方差比形成一个随机变量 F，等等。这些随机变量用χ^2，t 和 F 来命名是因为它们分别服从χ^2分布、t 分布和 F 分布。这些分布都是由正态分布推导而来的，它们在推断统计中具有独特的地位和用途。

1. χ^2分布

χ^2 **分布**（chi-square distribution）是由 Abbe 于 1863 年首先提出的，后来由 Hermert 和 K. Pearson 分别于 1875 年和 1900 年推导出来。

n 个独立标准正态随机变量平方和的分布称为具有 n 个自由度的 χ^2 分布，记为 $\chi^2(n)$。设 Z 为标准正态随机变量，令 $X=Z^2$，则 X 服从自由度为 1 的 χ^2 分布，即 $X\sim\chi^2(1)$。一般地，对于 n 个独立标准正态随机变量 Z_1^2，Z_2^2，L，Z_n^2，随机变量 $X=\sum_{i=1}^{n}Z_i^2$ 的分布为具有 n 个自由度的 χ^2 分布，记为 $X\sim\chi^2(n)$。

$\chi^2(n)$ 分布的形状取决于其自由度 n 的大小，通常为不对称右偏分布，但随着自由度的增大逐渐趋于对称。绘制不同自由度 χ^2 分布曲线的 R 代码和结果如代码框 5-6 所示。

在总体方差的推断和非参数检验中会用到 χ^2 分布。χ^2 分布的概率即为曲线下面积。利用 R 函数可以计算给定 χ^2 值和自由度 df 时 χ^2 分布的累积概率以及给定累积概率与自由度 df 时相应的 χ^2 值。

代码框 5-6　对应于不同自由度的χ^2分布

```
# 图5-5的绘制代码
> curve(dchisq(x,3),from=0,to=20,xlim=c(0,20),
+     xlab=expression(chi^2),ylab="Density",lty=1,lwd=1.5)
> curve(dchisq(x,5),from=0,to=20,add=TRUE,lty=2,lwd=1.5,col=2)
> curve(dchisq(x,10),from=0,to=20,add=TRUE,lty=6,lwd=1.5,col=4)
> abline(h=0,v=0)
> legend(x="topright",legend=c("chisq(df=3)","chisq(df=5)","chisq(df=10)"),
+     lty=1:3,inset=0.01,col=c(1,2,6),box.col="grey80",cex=0.8)
```

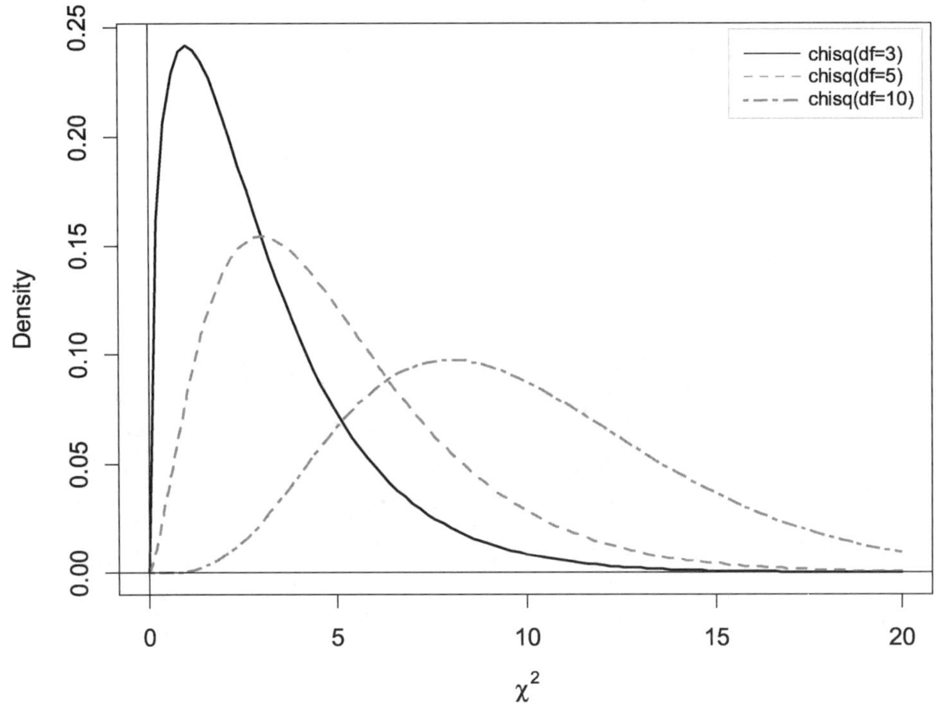

图5−5　不同自由度的χ^2分布

【例5-4】计算：（1）自由度为 15，χ^2值小于等于 10 的概率；（2）自由度为 25，χ^2值大于 15 的概率；（3）自由度为 10，χ^2分布右尾概率为 0.05 时的分位数（χ^2值）。

解：R 代码和结果如代码框 5−7 所示。

代码框5−7　计算χ^2分布累积概率和给定累积概率时的分位数

```
# 计算χ²分布的概率
> pchisq(10,df=15)                    # 自由度为 15，χ² 值小于等于 10 的概率
[1] 0.1802601
> 1-pchisq(15,df=25)                  # 自由度为 25，χ² 值大于 15 的概率
[1] 0.9413826
# 计算χ²分布的分位数
> qchisq(0.95,df=10)                  # χ² 分布右尾概率为 0.05 时的分位数
[1] 18.30704
```

注：pchisq (x,df)为分布函数，计算 X≤某一值的累积概率；X>某一值的概率为 1-pchisq (x,df)。函数 qchisq (p,df)为分位数函数，计算给定累积概率 p、自由度 df 时的分位数。更多信息查看帮助。

2. t 分布

t 分布（t-distribution）的提出者是 William Gosset，由于他经常用笔名“student”发表文章，用t表示样本均值经标准化后的新随机变量，因此称为t分布，也称为学生t分布

（student's t）。

设随机变量 $Z\sim N(0,1)$，$X\sim\chi^2(n)$，且 Z 与 X 独立，则称 $T=\frac{Z}{\sqrt{X/n}}$ 服从自由度为 n 的 t 分布，记为 $T\sim t(n)$。

t 分布是一种类似正态分布的对称分布，它通常要比正态分布平坦和分散。一个特定的 t 分布依赖于称为自由度的参数。随着自由度的增大，t 分布也逐渐趋于正态分布。绘制 t 分布曲线的 R 代码和结果如代码框 5-8 所示。

代码框 5-8　对应于不同自由度的 *t* 分布与标准正态分布曲线的比较

```
# 图5-6的绘制代码
> curve(dnorm(x,0,1),from=-3,to=3,xlim=c(-4,4),ylab="Density",lwd=1.5)
> abline(h=0)
> segments(0,0,0,dnorm(0),lty=2)
> curve(dt(x,5),from=-4,to=4,add=TRUE,lty=6,col=2,lwd=1.5)
> curve(dt(x,2),from=-4,to=4,add=TRUE,lty=3,col=4,lwd=1.5)
> legend(x="topright",legend=c("标准正态分布","t 分布， df=5",
+     "t 分布， df=2"),lty=c(1,6,3),col=c(1,2,4),inset=0.01,box.col="grey80",cex=0.8)
```

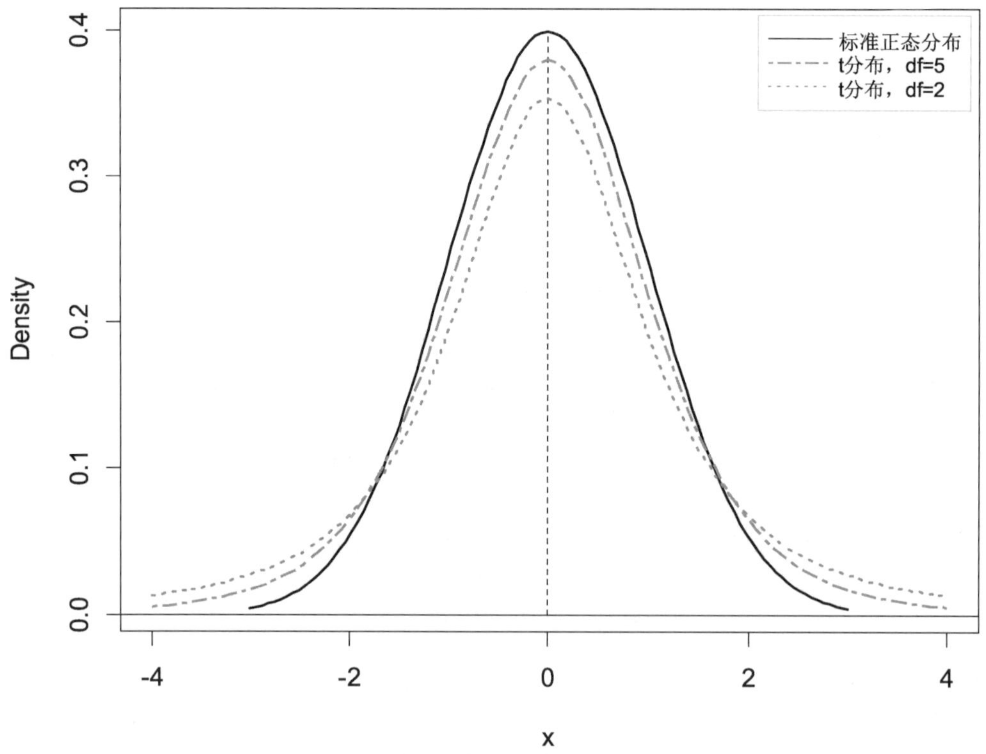

图 5-6　不同自由度的 *t* 分布与标准正态分布的比较

当正态分布标准差未知时，在小样本条件下对总体均值的估计和检验要用到 t 分布。t 分布的概率即为曲线下面积。利用 R 函数可以计算给定 t 值和自由度 df 时 t 分布的累积概率和给定累积概率与自由度 df 时相应的 t 值。

【例5-5】计算：（1）自由度为 10，t值小于等于 −2 的概率；（2）自由度为 15，t值大于 3 的概率；（3）自由度为 25，t分布右尾概率为 0.025 时的分位数（t值）。

解： R 代码和结果如代码框 5-9 所示。

代码框 5-9　计算 t 分布累积概率和给定累积概率时的分位数

```
# 计算t分布的概率
> pt(-2,df=10)                # 自由度为 10，t 值小于等于-2 的概率
[1] 0.03669402
> 1-pt(3,df=15)               # 自由度为 15，t 值大于 3 的概率
[1] 0.004486369
# 计算t分布的分位数
> qt(0.975,df=25)             # 自由度为 25，t 分布右尾概率为 0.025 时的 t 值
[1] 2.059539
```

注：pt(x,df)为分布函数，计算 X≤某一值的累积概率；X＞某一值的概率为 1-pt(x,df)。函数 qt(p,df)为分位数函数，计算给定累积概率 p、自由度 df 时的分位数。更多信息查看帮助。

3. *F* 分布

F 分布（F-distribution）是为纪念著名统计学家 R.A.Fisher 而以其姓氏的第一个字母命名的。它是两个 χ^2 分布变量的比。设 $U\sim\chi^2(n_1)$，$V\sim\chi^2(n_2)$，且 U 和 V 相互独立，则 $F=\dfrac{U/n_1}{V/n_2}$ 服从自由度 n_1 和 n_2 的 F 分布，记为 $F\sim F(n_1,n_2)$。

F 分布的图形与 χ^2 分布类似，其形状取决于两个自由度。绘制不同自由度 F 分布曲线的 R 代码和结果如代码框 5-10 所示。

F 分布通常用于比较不同总体的方差是否有显著差异。F 分布的概率即为曲线下面积。利用 R 函数，可以计算给定 F 值与自由度 df1 和 df2 时 F 分布的累积概率以及给定累积概率与自由度 df1、df2 时的相应 F 值。

代码框 5-10　对应于不同自由度的 F 分布

```
# 图5-7的绘制代码
> curve(df(x,10,20),from=0,to=5,xlim=c(0,5),xlab="F",ylab="Density",lwd=1.5)
> curve(df(x,5,10),from=0,to=5,add=TRUE,lty=3,lwd=1.5,col=2)
> curve(df(x,3,5),from=0,to=5,add=TRUE,lty=6,lwd=1.5,col=4)
> abline(h=0,v=0)
> legend(x="topright",legend=c("F(10,20)","F(5,10)","F(3,5)"),
+     lty=c(1,3,6),col=c(1,2,4),inset=0.01,box.col="grey80",cex=0.7)
```

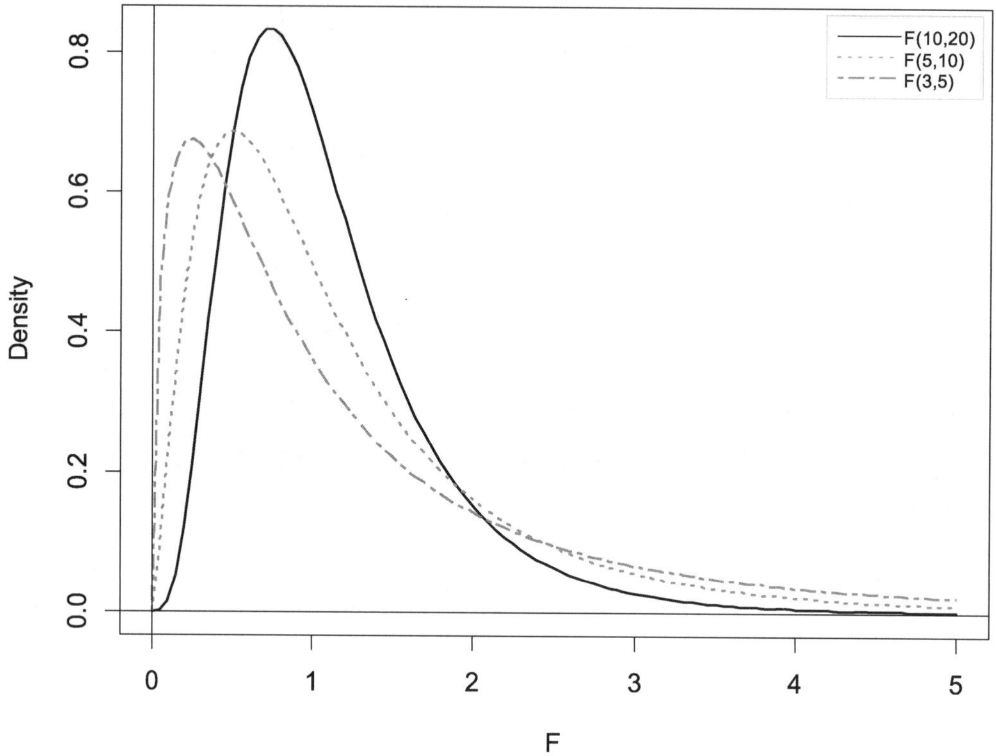

图5-7　不同自由度的*F*分布

【例5-6】计算：（1）分子自由度为10，分母自由度为8，*F*值小于等于3的概率；（2）分子自由度为18，分母自由度为15，*F*值大于2.5的概率；（3）分子自由度为25，分母自由度为20，*F*分布累积概率为0.95时的分位数（*F*值）。

解：R代码和结果如代码框5-11所示。

代码框5-11　计算*F*分布累积概率和给定累积概率时的分位数

```
# 计算F分布的概率
> pf(3,df1=10,df2=8)          # 分子自由度为10，分母自由度为8，F值小于等于3的概率
[1] 0.9335491
> 1-pf(2.5,df1=18,df2=15)    # 分子自由度为18，分母自由度为15，F值大于2.5的概率
[1] 0.03944963

# 计算F分布的分位数
> qf(0.95,df1=25,df2=20)     # 分子自由度为25，分母自由度为20，分布累积概率为0.95时的F值
[1] 2.07392
```

注：pf(x,df1,df2)为分布函数，计算X≤某一值的累积概率；X>某一值的概率为1-pf(x, df1,df2)。函数qf(p,df1,df2)为分位数函数，计算给定累积概率p、自由度df1、df2时的分位数。更多信息查看帮助。

5.3　样本统计量的概率分布

你可能关心某个地区所有家庭的平均收入是多少，但你不可能去调查每个家庭的收入，只能抽取一部分家庭作为样本，获得样本家庭的收入数据，然后用样本平均收入去推断全部家庭的平均收入。当然，你也可能去推断所有家庭收入的方差是多少，低收入家庭的比例是多少，等等。做出这种推断的依据就是样本统计量的分布，如样本均值$\bar{x}$的分布、样本比例 p 的分布、样本方差 s^2 分布等。

5.3.1　统计量及其分布

1. 参数和统计量

如果想了解某个地区的人均收入状况，由于不可能对每个人进行调查，也就无法知道该地区的人均收入。这里“该地区的人均收入”就是所关心的总体**参数**（parameter），它是对总体特征的某个概括性度量。

参数通常是不知道的，但又是我们想要了解的总体的某种特征值。如果只研究一个总体，所关心的参数通常有总体均值、总体方差、总体比例等。在统计中，总体参数通常用希腊字母表示。比如，总体均值用μ（mu）表示，总体方差用σ^2（sigma square）表示，总体比例用π（pi）表示。

总体参数虽然是未知的，但可以利用样本信息来推断。比如，从某地区随机抽取 1 000 个家庭组成一个样本，根据这 1 000 个家庭的平均收入推断该地区所有家庭的平均收入。这里 1 000 个家庭的平均收入就是一个**统计量**（statistic），它是根据样本数据计算的用于推断总体的某些量，是对样本特征的某个概括性度量。显然，统计量是样本的函数。由于统计量的取值会因样本不同而变化，因此样本统计量是一个随机变量。在抽取一个特定的样本后，统计量的值就可以计算出来。

就一个样本而言，关心的统计量通常有样本均值、样本方差、样本比例等。样本统计量通常用英文字母来表示。比如，样本均值用$\bar{x}$表示，样本方差用 s^2 表示，样本比例用 p 表示。

2. 统计量的概率分布

既然统计量是一个随机变量，那么它就有一定的概率分布。样本统计量的概率分布也称为**抽样分布**（sampling distribution），它是由样本统计量的所有可能取值形成的相对频数分布。

设总体共有 N 个元素（个体），从中抽取样本量为 n 的随机样本，假定把样本量为 n 的所有可能样本都抽出来，计算出每个样本的统计量的值（比如样本均值），所有统计量的取值形成的分布就是样本统计量的抽样分布。现实中不可能将所有的样本都抽出来，因此，样本统计量的抽样分布实际上是一种理论分布，因而也称概率分布。

根据统计量来推断总体参数具有某种不确定性，但我们可以给出这种推断的可靠性，度量这种可靠性的依据正是统计量的概率分布，且我们确知这种分布的某些性质。因此，统计量的概率分布提供了该统计量长远而稳定的信息，它构成了推断总体参数的理论基础。

5.3.2 样本均值的抽样分布

样本均值的抽样分布是有可能的样本均值形成的频数分布，即样本均值的概率分布。样本均值的分布与抽样所依据的总体的分布和样本量 n 的大小有关，如图 5-8 所示。

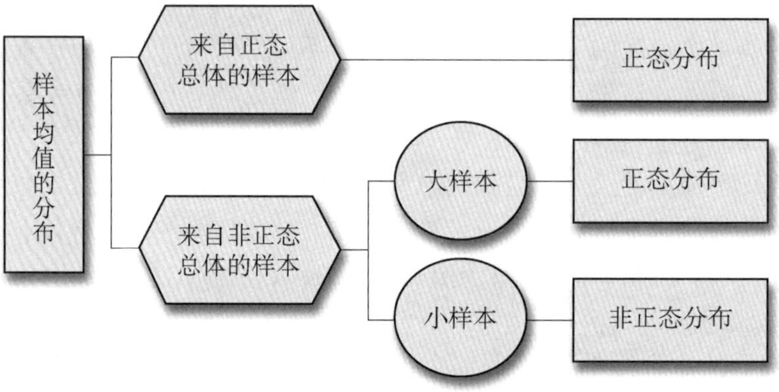

图5-8　抽样均值的分布与总体分布及样本量的关系

统计证明，如果总体是正态分布，无论样本量大小，样本均值都近似服从正态分布。如果总体不是正态分布，随着样本量 n 的增大（通常要求 $n \geqslant 30$），样本均值的概率分布仍趋于正态分布，其分布的期望值为总体均值μ，方差为总体方差的 $1/n$，这就是统计上著名的**中心极限定理**（central limit theorem）。这一定理可以表述为：从均值为μ、方差为 σ^2 的任意总体中抽取样本量为 n 的所有随机样本，当 n 充分大（通常要求 $n \geqslant 30$）时，样本均值近似服从期望值为μ、方差为 σ^2/n 的正态分布，即 $\bar{x} \sim N\left(\mu, \sigma^2/n\right)$。等价地，有 $\dfrac{\bar{x}-\mu}{\sigma/\sqrt{n}} \sim N(0,1)$。

为直观地理解样本均值的抽样分布和中心极限定理，假定从均值为 50、标准差为 10 的正态分布的 5 000 个随机数中，随机抽取样本量分别为 5、10 和 50 的各 1 000 个样本，样本均值的分布如图 5-9 所示。

代码框 5-12　来自正态总体的样本均值的抽样分布

```
# 图5-9的绘制代码
> library(DAAG)
> s_mean<-simulateSampDist(rpop=rnorm(5000,mean=50,sd=10),
                    # 抽样总体：均值=50，标准差=10 的正态分布的 5000 个随机数
+     numsamp=1000,                      # 抽取的样本数为 1000 个
+     numINsamp=c(5,10,50),              # 样本量分别为 5,10,50
+     FUN=mean)                          # 计算样本均值
> par(pty="s")                           # 生成一个方形绘图区域
> plotSampDist(s_mean,graph=c("density","qq"),   # 绘制密度图和 Q-Q 图
+     cex=0.7,                           # 设置字体大小
+     popsample=TRUE)                    # 显示产生随机样本的抽样总体的分布
```

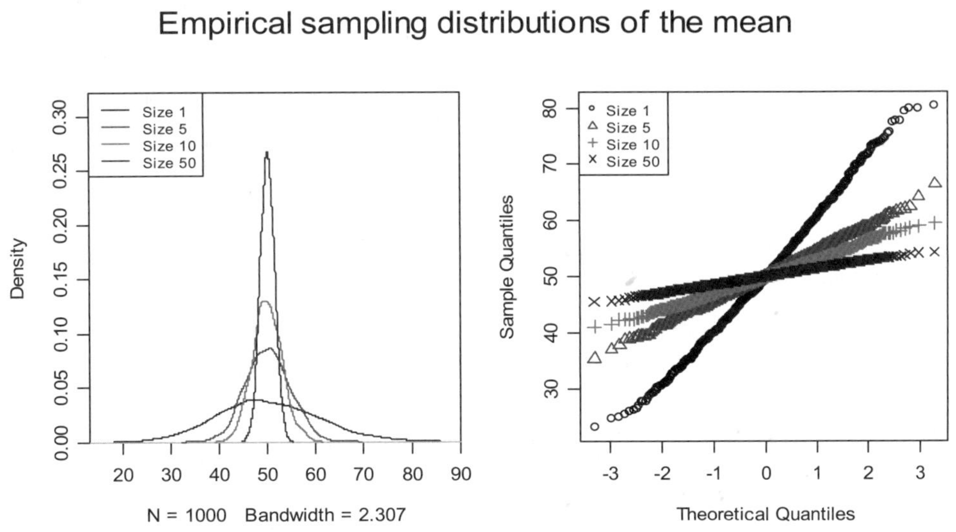

图 5-9　来自正态总体的样本均值的抽样分布

注：使用 DAAG 包中的 simulateSampDist 函数可以模拟指定统计量的抽样分布。该函数默认的抽样总体为标准正态分布，使用者可以指定从任意总体中抽样，比如，从已知分布的总体中抽样，如一般正态分布、均匀分布、指数分布、卡方分布、t 分布、F 分布等，也可以从一个已知的数据集中抽样。使用 plotSampDist 函数可以绘制出统计量分布的核密度图和正态 Q-Q 图。要想每次模拟得到相同的结果，可以在绘图参数中设置随机数种子。

图 5-9 分别绘制出了总体分布（size 1）和不同样本量的样本均值分布的核密度图和正态 Q-Q 图。图形显示，对于来自正态总体的随机样本，无论样本量大小，样本均值的分布均近似正态分布，分布的中心均大致为 50（$E(\bar{x})=\mu=50$），而且随着样本量的增大，样本均值的分布的方差越来越小（$\sigma_{\bar{x}}^2=\sigma^2/n=10^2/n$）。

我们也可以从任意分布的总体抽样来观察不同样本量时样本均值抽样分布的变化。比如，从 χ^2 分布总体中抽取样本量分别为 5，10 和 30 的各 1 000 个样本，样本均值的分布如图 5-10 所示。

代码框5-13　来自 χ^2 分布总体的样本均值的抽样分布

```
# 图5-10的绘制代码
> library(DAAG)
> s_mean<-simulateSampDist(rpop=rchisq(10000,df=10),
                                    # 抽样总体：自由度等于 10 的卡方分布的 10000 个随机数
+     numsamp=1000,numINsamp=c(5,10,30),FUN=mean)
> par(pty="s")
> plotSampDist(s_mean,graph=c("density","qq"),cex=0.7,popsample=TRUE)
```

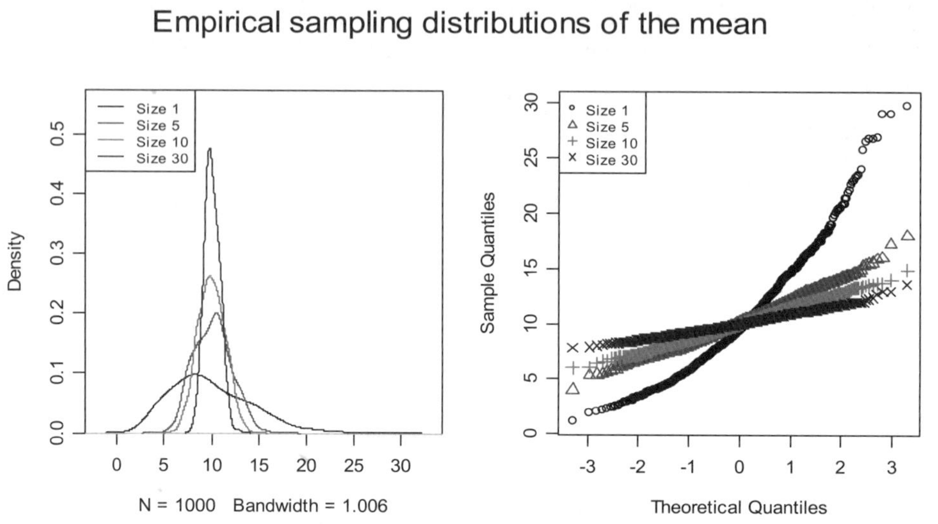

图5-10　来自卡方分布总体的样本均值的抽样分布

图 5-10 显示，虽然总体服从卡方分布，但样本均值的分布随着样本量的增大逐渐趋于正态分布。

抽样总体也可以是任何一个实际数据集。比如，以第 3 章例 3-2 中北京的 AQI 数据为例，从全年 366 天的 AQI 数据中，随机抽取样本量分别为 5，10 和 50 的各 300 个样本，得到的样本均值的抽样分布如图 5-11 所示。

代码框5-14　来自北京AQI数据的样本均值的抽样分布

```
# 图5-11的绘制代码（数据：example3_2，北京AQI数据）
> library(DAAG)
> example3_2<-read.csv("C:/example/chap03/example3_2.csv")
> s_mean<-simulateSampDist(rpop=example3_2$北京,
                                    # 抽样总体：例 3-2 北京 AQI 的 366 个观测值
+     numsamp=300,                  # 抽取的样本数为 300 个
+     numINsamp=c(5,10,50),         # 样本量分别为 5,10,50
+     FUN=mean)                     # 计算样本均值
> par(pty="s")
> plotSampDist(s_mean,graph=c("density","qq"),cex=0.7,popsample=TRUE)
```

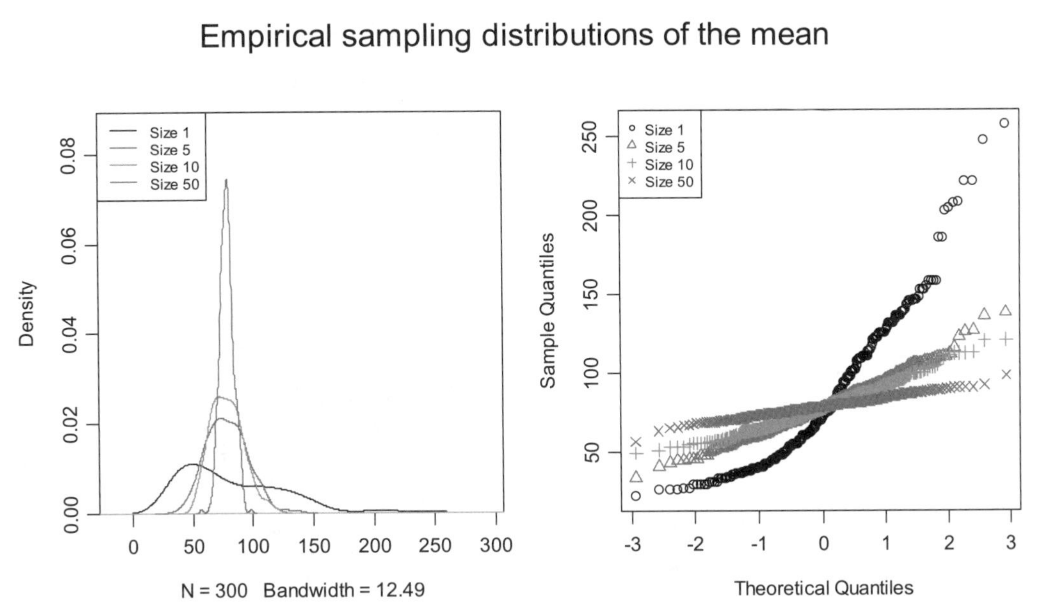

图 5-11　来自北京 AQI 数据的样本均值的抽样分布

图 5-11 的原始数据显示，AQI 呈右偏分布（size 1），但样本均值的分布则随着样本量的增大逐渐趋于正态分布。

5.3.3　样本方差的抽样分布

样本方差 s^2 是估计总体方差的统计量。统计证明，对于来自正态总体的简单随机样本，比值 $(n-1)s^2/\sigma^2$ 服从自由度为 $(n-1)$ 的 χ^2 分布，即 $\left((n-1)s^2/\sigma^2\right)\sim\chi^2(n-1)$。

假定从标准正态总体中随机抽取样本量分别为 5，10 和 30 的各 1 000 个样本，样本方差的分布如图 5-12 所示。

代码框 5-15　来自标准正态总体的样本方差的抽样分布

```
# 图5-12的绘制代码
> library(DAAG)
> s_var<-simulateSampDist(numsamp=1000,   # 从标准正态分布(默认)中抽取 1000 个样本
+     numINsamp=c(5,10,30),               # 样本量分别为 5,10,30
+     FUN=var)                            # 计算样本方差
> par(pty="s")
> plotSampDist(s_var,graph=c("density","qq"),cex=0.7, popsample=FALSE)
```

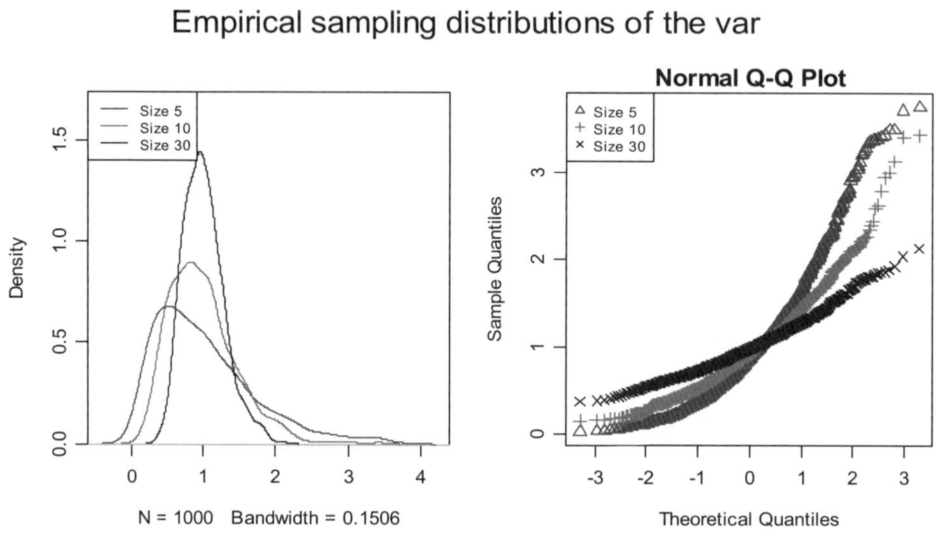

图 5-12　来自标准正态总体的样本方差的抽样分布

图 5-12 显示，随着样本量的增大，样本方差的分布逐步趋于对称。

5.3.4　样本比例的抽样分布

在统计分析中，许多情形下要进行比例估计。**比例**（proportion）是指总体（或样本）中具有某种属性的个体与全部个体之和的比值。例如，一个班级的学生按性别分为男、女两类，男生人数与全班总人数之比就是比例，女生人数与全班总人数之比也是比例。再如，产品可分为合格品与不合格品，合格品（或不合格品）与全部产品总数之比就是比例。

设总体有 N 个元素，具有某种属性的元素个数为 N_0，具有另一种属性的元素个数为 N_1，总体比例用π表示，则有$\pi=N_0/N$，或 $N_1/N=1-\pi$。相应地，样本比例用 p 表示，同样有 $p=n_0/n$，$n_1/n=1-p$。

从一个总体中重复选取样本量为 n 的样本，由样本比例的所有可能取值形成的分布就是样本比例的抽样分布。统计证明，当样本量很大（通常要求 $np\geqslant 10$ 和 $n(1-p)\geqslant 10$）时，样本比例的分布可用正态分布近似，p 的期望值 $E(p)=\pi$，方差为 $\sigma_p^2=\dfrac{\pi(1-\pi)}{n}$，即 $p\sim N\left(\pi,\ \dfrac{\pi(1-\pi)}{n}\right)$，等价地有 $\dfrac{p-\pi}{\sqrt{\pi(1-\pi)/n}}\sim N(0,1)$。

设总体比例 $\pi=0.2$，从该总体随机抽取样本量分别为 50，100，500，1 000 的各 5 000 个样本，模拟的样本比例的分布如图 5-13 所示。

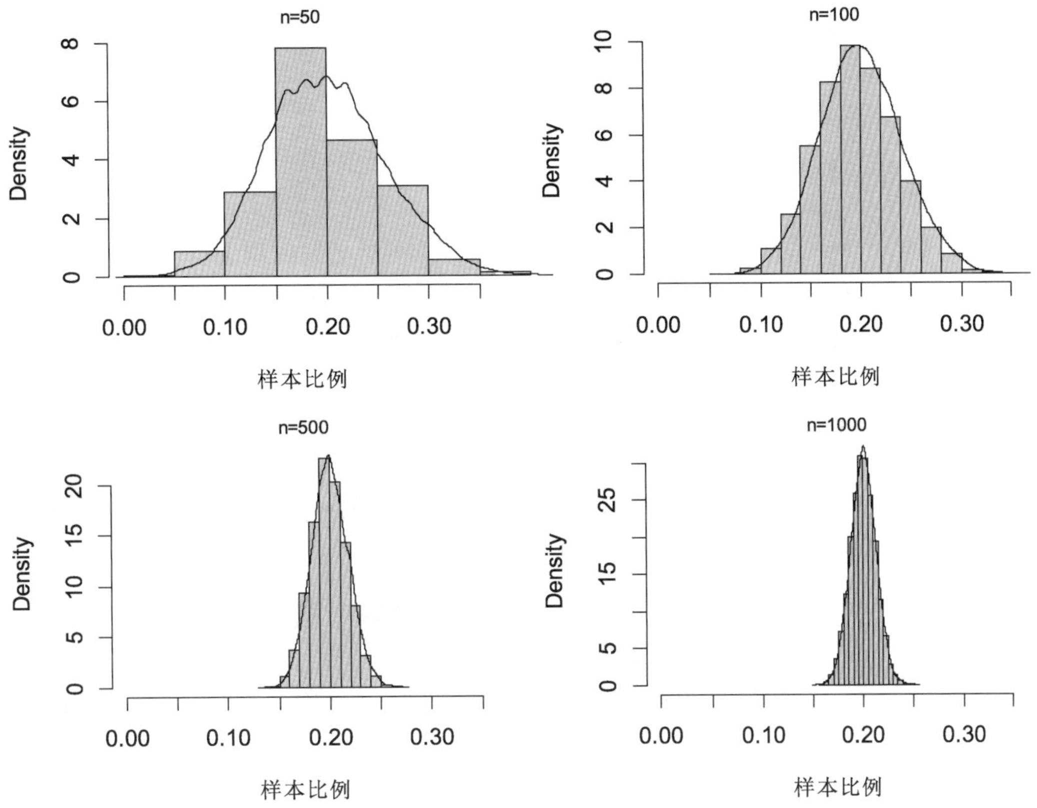

图 5-13　模拟的不同样本量的样本比例的分布

图 5-13 显示，随着样本量的增大，样本比例逐渐趋于正态分布，而且分布越来越集中。

如果要估计两个总体的参数，比如，两个总体均值之差 $\mu_1-\mu_2$、两个总体比例之差 $\pi_1-\pi_2$、两个总体的方差比 σ_1^2/σ_2^2，那么推断这些参数的统计量分别是两个样本均值之差 $\bar{x}_1-\bar{x}_2$、两个样本比例之差 p_1-p_2、两个样本的方差比 s_1^2/s_2^2。这些样本统计量的分布也有所不同。$\bar{x}_1-\bar{x}_2$ 的分布取决于两个总体的分布和两个样本的样本量大小；p_1-p_2 在两个大样本情形下近似服从正态分布；s_1^2/s_2^2 则服从 F 分布。

5.3.5　统计量的标准误

统计量的**标准误**（standard error）是指统计量分布的标准差，也称为标准误差。标准误用于衡量样本统计量的离散程度，在参数估计和假设检验中，它是用于衡量样本统计量与总体参数之间差距的一个重要尺度。样本均值的标准误用 SE 或 $\sigma_{\bar{x}}$ 表示，计算公式为：

$$\sigma_{\bar{x}}=\frac{\sigma}{\sqrt{n}} \tag{5.10}$$

当总体标准差 σ 未知时，可用样本标准差 s 代替计算，这时计算的标准误也称为**估计标准误**（standard error of estimation）。由于实际应用中，总体 σ 通常是未知的，所计算的标准误实际上都是估计标准误，因此估计标准误就简称为标准误（统计软件中得到的都是估计标准误）。

相应地，样本比例的标准误可表示为：

$$\sigma_p = \sqrt{\frac{\pi(1-\pi)}{n}} \tag{5.11}$$

当总体比例的方差 $\pi(1-\pi)$ 未知时，可用样本比例的方差 $p(1-p)$ 代替。

标准误与第 4 章介绍的标准差是两个不同的概念。标准差是根据原始观测值计算的，反映一组原始数据的离散程度，而标准误是根据样本统计量计算的，反映统计量的离散程度。

为方便读者查阅和使用，下面列出了本书用到的几种分布的概率密度函数及其相应的 R 函数，见表 5–2。其中，R 的密度函数以字母“d”开头，计算分布的概率密度；分布函数以字母“p”开头，计算分布的累积概率；分位数函数以字母“q”开头，计算给定累积概率时分布的分位数；随机数函数以字母“r”开头，产生分布的随机数。

表 5–2　本书用到的几种分布的概率密度函数及其相应的 R 函数

分布	概率密度函数	R 函数
二项分布	$p(x)=C_n^x p^x q^{n-x}$	dbinom(x,size,prob)
		pbinom(q,size,prob)
		qbinom(p,size,prob)
		rbinom(n,size,prob)
正态分布	$f(x)=\frac{1}{\sqrt{2\pi\sigma^2}}\mathrm{e}^{-\frac{1}{2\sigma^2}(x-\mu)^2}$	dnorm(x,mean=0,sd=1)
		pnorm(q,mean=0,sd=1)
		qnorm(p,mean=0,sd=1)
		rnorm(n,mean=0,sd=1)
χ^2 分布	$f(x,\mathrm{df})=\frac{x^{\frac{\mathrm{df}}{2}-1}\mathrm{e}^{-\frac{x}{2}}}{\Gamma\left(\frac{\mathrm{df}}{2}\right)2^{\mathrm{df}/2}}$	dchisq(x,df)
		pchisq(q,df)
		qchisq(p,df)
		rchisq(n,df)
t 分布	$f(x)=\frac{\Gamma\left(\frac{\mathrm{df}+1}{2}\right)}{\sqrt{\mathrm{df}\pi}\Gamma\left(\frac{\mathrm{df}}{2}\right)}\left(1+\frac{x^2}{\mathrm{df}}\right)^{-(\mathrm{df}+1)/2}$	dt(x,df)
		pt(q,df)
		qt(p,df)
		rt(n,df)
F 分布	$f(x;\mathrm{df}_1,\mathrm{df}_2)=\frac{\sqrt{\frac{(\mathrm{df}_1 x)^{\mathrm{df}_1}\mathrm{df}_2^{\mathrm{df}_2}}{(\mathrm{df}_1 x+\mathrm{df}_2)^{\mathrm{df}_1+\mathrm{df}_2}}}}{xB\left(\frac{\mathrm{df}_1}{2},\frac{\mathrm{df}_2}{2}\right)}$	df(x,df1,df2)
		pf(q,df1,df2)
		qf(p,df1,df2)
		rf(n,df1,df2)
指数分布	$f(x)=\lambda\mathrm{e}^{-\lambda x}$	dexp(x)
		pexp(q)
		qexp(p)
		rexp(n)

续表

分布	概率密度函数	R 函数
均匀分布	$f(x)=1/(b-a)$, $a\leqslant x\leqslant b$	dunif(x)
		punif(q)
		qunif(p)
		runif(n)
学生化极差分布	无	ptukey(q)
		qtukey(p)

习题

5.1　消费者协会经过调查发现，某品牌空调有重要缺陷的产品数出现的概率分布如下：

x	0	1	2	3	4	5	6	7	8	9	10
p	0.041	0.130	0.209	0.223	0.178	0.114	0.061	0.028	0.011	0.004	0.001

根据上表数据计算：

（1）有 2～5 台（包括 2 台与 5 台在内）空调出现重要缺陷的概率。

（2）只有不到 2 台空调出现重要缺陷的概率。

（3）有超过 5 台空调出现重要缺陷的概率。

5.2　设 X 是参数为 $n=4$ 和 $p=0.1$ 的二项随机变量。求以下概率：

（1）$P(X=2)$；（2）$P(X\leqslant 2)$。

5.3　计算以下概率和分位点：

（1）$X\sim N(500,20^2)$，$P(X>510)$；$P(400\leqslant X\leqslant 450)$。

（2）$Z\sim N(0,1)$，$P(0\leqslant Z\leqslant 1.2)$；$P(-0.48\leqslant Z\leqslant 0)$；$P(Z>1.2)$。

（3）标准正态分布累积概率为 0.95 时的分位数 z。

5.4　计算以下概率和分位点：

（1）$X\sim t(\mathrm{df})$，df=15，t 值小于等于−1.5 的概率；df=20，t 值大于 2 的概率；df=30，t 分布右尾概率为 0.05 时的 t 值。

（2）$X\sim \chi^2(\mathrm{df})$，df=8，$\chi^2$ 值小于等于 12 的概率；df=20，χ^2 值大于 18 的概率；df=15，χ^2 分布右尾概率为 0.025 时的 χ^2 值。

（3）$X\sim F(\mathrm{df1},\ \mathrm{df2})$，df1=15，df2=10，$F$ 值小于等于 3.5 的概率；df1=12，df2=8，F 值大于 3 的概率；df1=20，df2=16，F 分布右尾概率为 0.025 时的 F 值。

5.5　抽取不同的样本量模拟以下分布：

（1）样本均值的分布，来自正态总体的样本。

（2）样本均值的分布，来自任意总体的样本。

（3）样本比例的分布，来自二项分布总体的样本。

（4）样本方差的分布，来自正态总体的样本。

第 6 章 Chapter 6 参数估计

参数估计是在样本统计量概率分布的基础上，根据样本信息推断所关心的总体参数。本章首先介绍参数估计的基本原理，然后介绍总体参数的估计方法。

6.1 参数估计的原理

参数估计（parameter estimation）是用样本统计量去估计总体的参数。比如，用样本均值$\bar{x}$估计总体均值μ，用样本比例p估计总体比例π，用样本方差s^2估计总体方差σ^2等。如果总体参数用θ表示，用于估计参数的统计量用$\hat{\theta}$表示，当用$\hat{\theta}$估计θ时，$\hat{\theta}$也称为**估计量**（estimator），根据一个具体的样本计算出来的估计量的数值称为**估计值**（estimated value）。比如，要估计软件行业从业人员的月平均收入，从所有从业人员中抽取一个随机样本，全行业从业人员的月平均收入就是参数，用θ表示，根据样本计算的月平均收入$\bar{x}$就是一个估计量，用$\hat{\theta}$表示，假定计算出来的样本平均收入为 20 000 元，这个 20 000 元就是估计量的具体数值，称为估计值。

6.1.1 点估计与区间估计

参数估计的方法有点估计和区间估计两种。

1. 点估计

点估计（point estimation）是用估计量$\hat{\theta}$的某个取值直接作为总体参数θ的估计值。比如，用样本均值$\bar{x}$直接作为总体均值μ的估计值，用样本比例p直接作为总体比例π的估计值，用样本方差s^2直接作为总体方差σ^2的估计值，等等。从某品牌的手机电池中抽出一个随机样本，计算出平均使用寿命为 15 000 小时，用 15 000 小时作为该品牌电池平均使用寿命的一个估计值，这就是点估计。要估计一批产品的合格率，根据样本计算的合格率为 98%，将 98%直接作为这批产品合格率的估计值，这也是点估计。

由于点估计无法得到估计的可靠性（因为一个点估计量的可靠性是由其抽样分布的标准误来衡量的），也无法说出点估计值与总体参数真实值接近的程度，因此，我们不能完全依赖一个点估计值，而应围绕点估计值构造出总体参数的一个区间。

2. 区间估计

假定参数是射击靶上靶心的位置，一个点估计就相当于作一次射击，打在靶心位置上的可能性很小，但打在靶子上的可能性很大。用打在靶上的这个点画出一个区域，这个区域包含靶心的可能性就很大，区间估计要寻找的正是这样一个区域。

区间估计（interval estimation）是在点估计的基础上得到总体参数的一个估计区间，该区间通常是由样本估计量加减**估计误差**（evaluated error）得到的。与点估计不同，进行区间估计时，根据样本统计量的抽样分布，可以对估计量与总体参数的接近程度给出一个概率度量。

（1）区间估计的原理

下面以总体均值的估计为例来说明区间估计的基本原理。

由样本均值的抽样分布可知，在重复抽样或无限总体抽样的情形下，样本均值的期望值等于总体均值，即 $E(\bar{x})=\mu$，样本均值的标准误为 $\sigma_{\bar{x}}=\sigma/\sqrt{n}$。由此可知，样本均值 $\bar{x}$ 落在总体均值 μ 的两侧各 1 个标准误范围内的概率为 0.682 7，落在 2 个标准误范围内的概率为 0.954 5，落在 3 个标准误范围内的概率为 0.997 3。实际上，可以求出样本均值 $\bar{x}$ 落在总体均值 μ 的两侧任何倍数的标准误范围内的概率。比如，样本均值 $\bar{x}$ 落在总体均值 μ 的两侧 1.65 倍的标准误、1.96 倍的标准误和 2.58 倍的标准误范围内的概率分别为 90%、95%和 99%，这意味着约有 90%、95%和 99%的样本均值分别会落在 μ 的两侧各 1.65 个标准误、1.96 个标准误和 2.58 个标准误的范围之内。区间估计的示意图如图 6-1 所示。

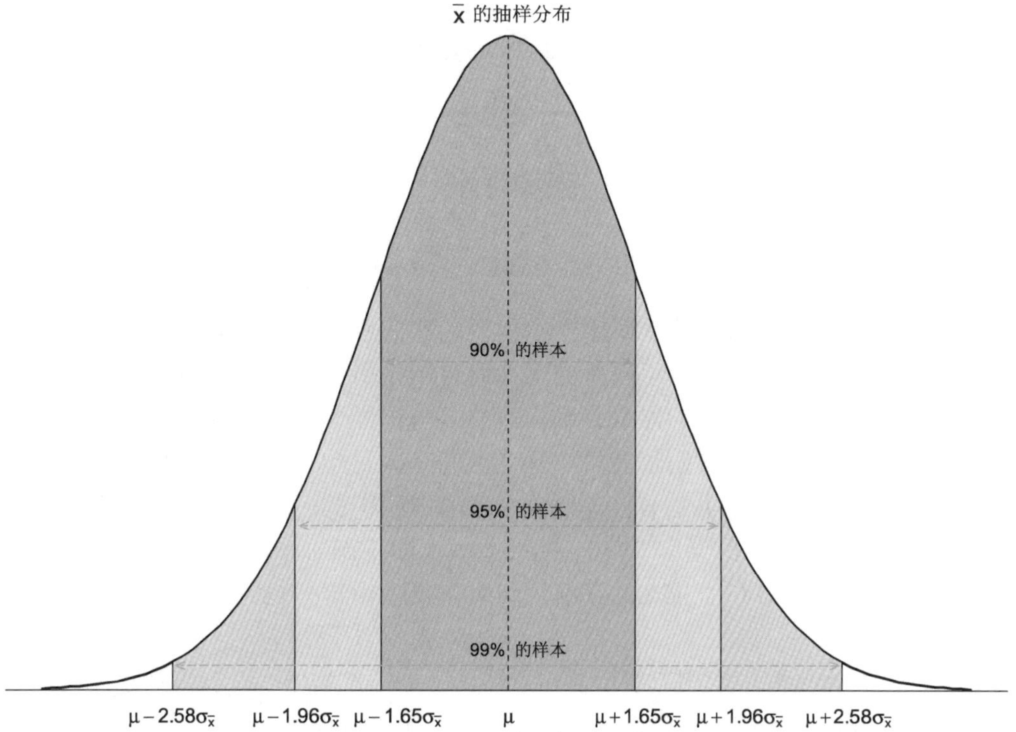

图 6-1　区间估计示意图

然而，实际估计时，情形恰好相反。$\bar{x}$ 是已知的，而 μ 是未知的，也正是要估计的。由于 $\bar{x}$ 与 μ 的距离是对称的，如果某个 $\bar{x}$ 落在 μ 的 1.96 个标准误范围之内，那么 μ 也被包括在以 $\bar{x}$ 为中心两侧 1.96 个标准误的范围之内，这意味着约有 95%的样本均值所构造的 1.96 个标准误的区间会包括 μ。举例来说，如果抽取 100 个样本来估计总体均值，由 100 个样本均值所构造的 100 个区间中，约有 95 个区间包含总体均值，而另外 5 个区间则不包含总体均值。

（2）置信区间与置信水平

在区间估计中，由样本估计量构造出的总体参数在一定置信水平下的估计区间称为**置信区间**（confidence interval，CI），其中区间的最小值称为置信下限，最大值称为置信上限。由于统计学家在某种程度上确信这个区间会包含真正的总体参数，所以给它取名为置信区间。假定抽取 100 个样本构造出 100 个置信区间，这 100 个置信区间中有 95%的区间包含总体参数的真值，5%没包含，则 95%这个值称为**置信水平**（confidence level）。一般地，如果将构造置信区间的步骤重复多次，置信区间中包含总体参数真值的次数所占的比例称为置信水平，也称为**置信度**或**置信系数**（confidence coefficient）。如果用某种方法构造的所有区间中有 95%的区间包含总体参数的真值，5%的区间不包含总体参数的真值，那么用该方法构造的区间称为置信水平为 95%的置信区间。同样，用其他置信水平构造的区间也可以用类似的方式进行表述。统计上，常用的置信水平有 90%、95%和 99%。置信区间的示意图如图 6-2 所示。

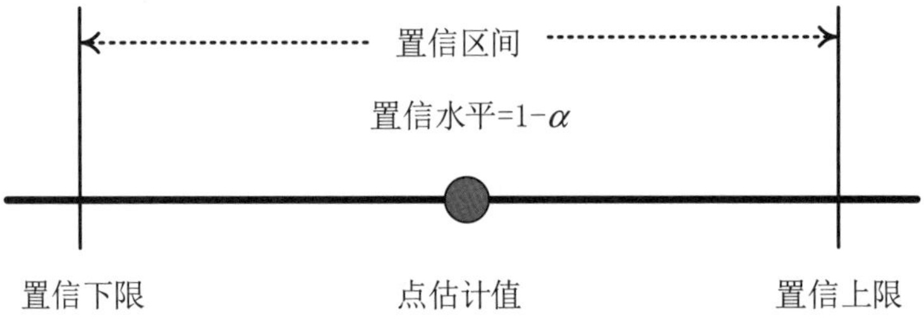

图6-2　置信区间示意图

总体参数的真值是固定的，而用样本构造的区间则是不固定的，因此置信区间是一个随机区间，它会因样本的不同而变化，而且不是所有的区间都包含总体参数。在实际估计时，往往只抽取一个样本，所构造的是与该样本相联系的一定置信水平（比如 95%）下的置信区间。我们只能希望这个区间是大量包含总体参数真值的区间中的一个，但它也可能是少数几个不包含参数真值的区间中的一个。以总体均值的区间估计为例，假定从一个均值（μ）为 50、标准差为 5 的正态总体中，抽取 n=10 的 100 个随机样本，得到 μ 的 100 个 95%的置信区间，重复模拟这一过程 4 次，得到的置信区间如图 6-3 所示。

图 6-3 中每个区间中间的点表示 μ 的点估计，即样本均值 $\bar{x}$，横线为总体均值 μ。可以看出，在 4 次模拟中，每次未包含 μ 的区间（用粗虚线表示的置信区间）的个数都不同。第 1 个图中有 5 个区间未包含 μ，第 2 个图中有 3 个区间未包含 μ，第 3 个图中

有 4 个区间未包含 μ，第 4 个图中有 6 个区间未包含 μ。如果反复进行模拟，100 个置信区间也可能都包含 μ，也可能有更多的区间未包含 μ。因为 95%的置信区间是指反复抽取的多个样本中包含 μ 的区间的比例，而不是指任意一次抽取的 100 个样本中恰好有 95 个区间包含 μ。但是，对于一个特定的样本所构造的区间是一个常数区间，我们无法知道这个区间是否包含 μ，因为它可能是包含 μ 的 95 个区间中的一个，也可能是未包含 μ 的 5 个区间中的一个。因此，一个特定的区间总是"绝对包含"或"绝对不包含"参数的真值，不存在"以多大的概率包含总体参数"的问题。置信水平只是告诉我们在多次估计得到的区间中大概有多少个区间包含参数的真值，而不是针对所抽取的这个样本所构建的区间而言的。

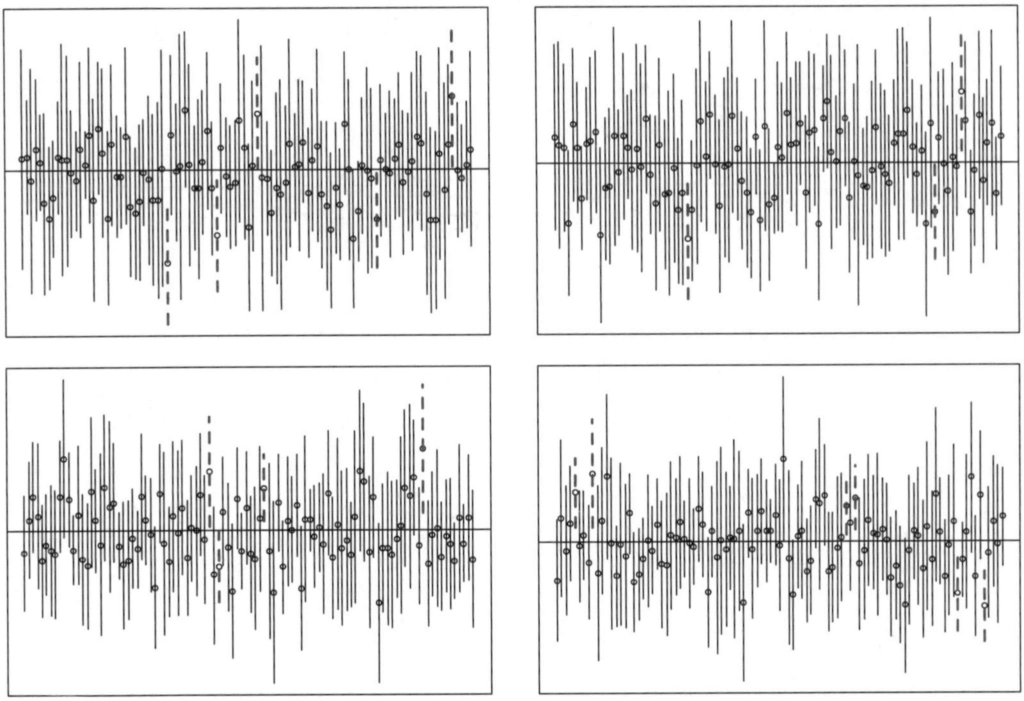

图6-3　重复构造出的 μ 的100个置信区间，样本量为10，置信水平为95%

（3）影响区间宽度的因素

在其他条件不变时，使用一个较大的置信水平会得到一个比较宽的置信区间，而使用一个较大的样本则会得到一个较准确（较窄）的区间。换言之，较宽的区间会有更大的可能性包含参数。但实际应用中，过宽的区间往往没有实际意义。比如，天气预报"下一年的降雨量是 0～10 000mm"，虽然这很有把握，但有什么意义呢？另一方面，要求过于准确（过窄）的区间同样不一定有意义，因为过窄的区间虽然看上去很准确，但把握性就会降低，除非无限制增加样本量，而现实中样本量总是受限的。由此可见，区间估计总是要给结论留些余地。

图 6-4 展示了不同置信水平和不同样本量对置信区间的影响。

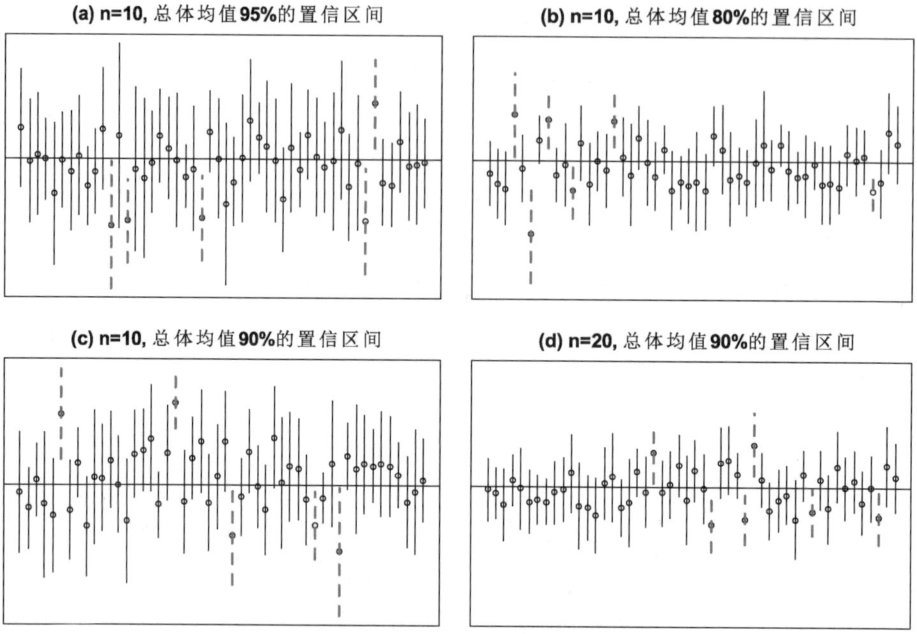

图6-4　置信水平和样本量对置信区间的影响

图 6-4（a）和图 6-4（b）是样本量相同（n=10）、置信水平不同（95%和 80%）的总体均值的置信区间，结果显示，样本量相同时，置信水平越大，置信区间就越宽。图 6-4（c）和图 6-4（d）是样本量不同（n=10 和 n=20）、置信水平相同（均为 90%）的总体均值的置信区间，结果显示，置信水平相同时，样本量越大，置信区间就越窄。

6.1.2　评价估计量的标准

用于估计总体参数 θ 的估计量 $\hat{\theta}$ 可以有很多。比如，可以用样本均值作为总体均值的估计量，也可以用样本中位数作为总体均值的估计量，等等。那么，究竟用哪种估计量作为总体参数的估计呢？自然要用估计效果比较好的那种估计量。什么样的估计量才算一个好的估计量呢？这就需要有一定的评价标准。统计学家给出了评价估计量的一些标准，主要有以下几个。

1. 无偏性

无偏性（unbiasedness）是指估计量抽样分布的期望值等于被估计的总体参数。设总体参数为 θ，所选择的估计量为 $\hat{\theta}$，如果 $E\left(\hat{\theta}\right)=\theta$，则称 $\hat{\theta}$ 是 θ 的无偏估计量。图 6-5 展示了估计量无偏和有偏的情形。

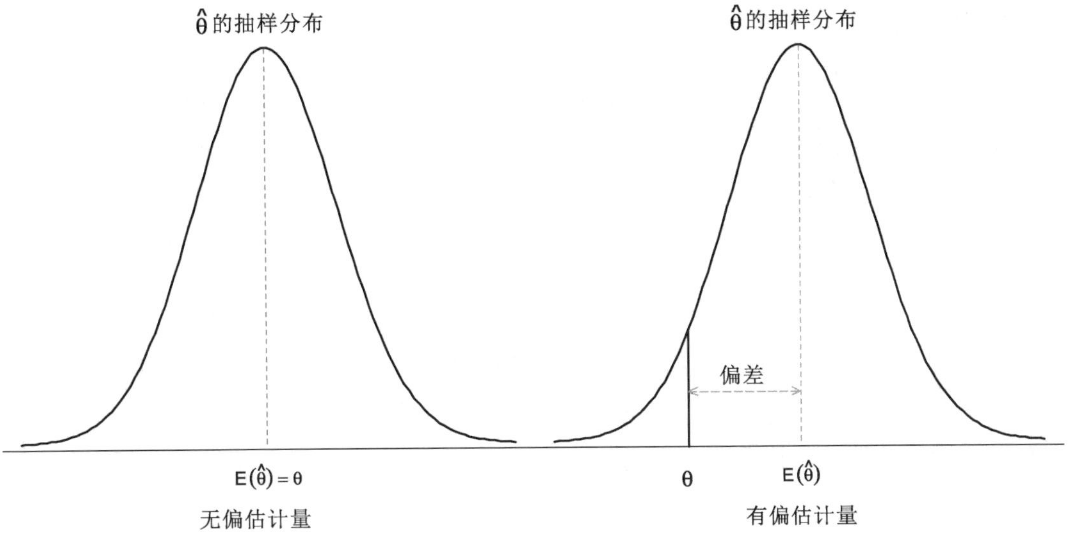

图6-5　无偏和有偏估计量的情形

由统计量的抽样分布可知，$E(\bar{x})=\mu$，$E(p)=\pi$，$E(s^2)=\sigma^2$，因此$\bar{x}$，p，s^2分别是总体均值μ、总体比例π、总体方差σ^2的无偏估计量。

假定从均值为50、方差为100的正态总体中，随机抽取10 000个样本量为10的样本，分别计算出10 000个样本均值的均值、样本中位数的均值和样本方差的均值，会发现样本均值和样本中位数都是总体均值的无偏估计量，而样本方差则是总体方差的无偏估计量。代码框6-1给出了无偏性模拟的R代码和结果。

代码框6-1　样本均值、样本中位数和样本方差的无偏性模拟

```
> x<-vector();m<-vector();v<-vector()
for(i in 1:10000){
n<-10
d<-rnorm(n,50,10)
x<-append(x,mean(d))
m<-append(m,median(d))
v<-append(v,var(d))
}
> data.frame(mean(x),mean(m),mean(v))
    mean.x.   mean.m.   mean.v.
1 50.00042 49.99504 100.1158
```

注：函数vector( )用于产生一个空向量。函数append(x, values, after = length(x))在向量x中插入数值，after指定在哪个数据后追加数值。更多信息查看帮助。

代码框6-1的结果显示，样本均值的均值（mean.x.）和样本中位数的均值（mean.m.）都非常接近总体均值（50），样本方差的均值（mean.v.）接近总体方差（100）。读者可以反复运行上述代码进行模拟。

2. 有效性

有效性（efficiency）是指估计量的方差大小。一个无偏的估计量并不意味着它就非常接近被估计的总体参数，估计量与参数的接近程度是用估计量的方差（或标准误）来度量的。对同一总体参数的多个无偏估计量，有更小方差的估计量更有效。假定有两个用于估计总体参数的无偏估计量，分别为 $\hat{\theta}_1$ 和 $\hat{\theta}_2$，它们的方差分别为 $D\left(\hat{\theta}_1\right)$ 和 $D\left(\hat{\theta}_2\right)$，如果 $\hat{\theta}_1$ 的方差小于 $\hat{\theta}_2$ 的方差，即 $D\left(\hat{\theta}_1\right) < D\left(\hat{\theta}_2\right)$，就称 $\hat{\theta}_1$ 是比 $\hat{\theta}_2$ 更有效的一个估计量。在无偏估计的条件下，估计量的方差越小，估计也就越有效。图 6-6 展示了两个无偏估计量 $\hat{\theta}_1$ 和 $\hat{\theta}_2$ 的抽样分布。可以看到，$\hat{\theta}_1$ 的方差比 $\hat{\theta}_2$ 的方差小，因此 $\hat{\theta}_1$ 的值比 $\hat{\theta}_2$ 的值更接近总体的参数，表明 $\hat{\theta}_1$ 是比 $\hat{\theta}_2$ 更有效的一个估计量。

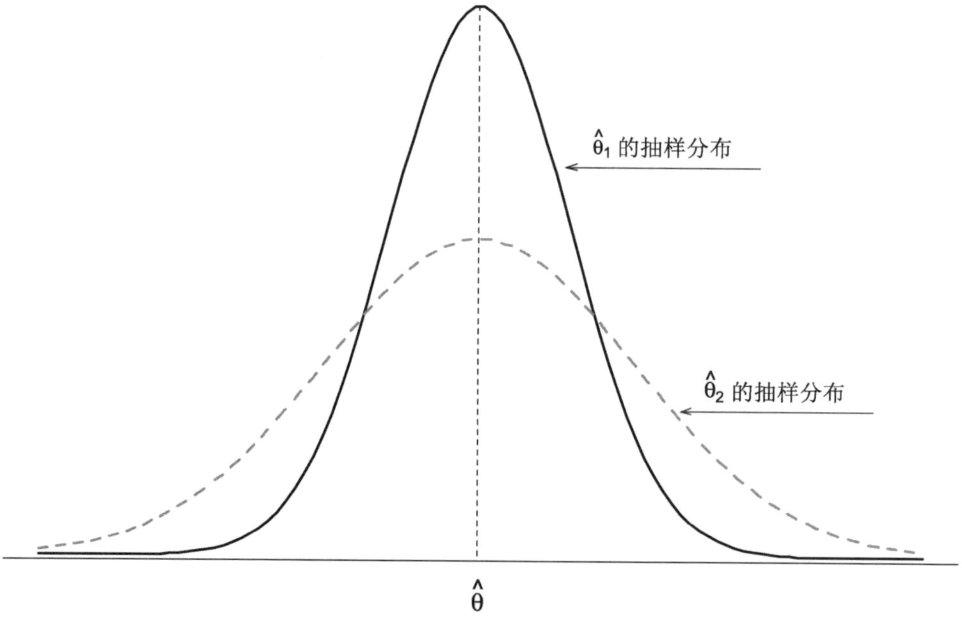

图 6-6　两个无偏估计量的抽样分布

假定从均值为 0、方差为 1 的正态总体中，随机抽取 10 000 个样本量为 10 的样本，分别计算出 10 000 个样本均值的方差和样本中位数的方差，会发现样本均值的方差小于样本中位数的方差。代码框 6-2 给出了有效性模拟的 R 代码和结果。

代码框 6-2　样本均值和样本中位数的有效性模拟

```
# 计算样本均值的方差和样本中位数的方差
> x<-vector();m<-vector()
> for(i in 1:10000){
+   n=10
+   d<-rnorm(n)
+   x<-append(x,mean(d))
+   m<-append(m,median(d))
```

```
+}
> data.frame(var(x),var(m))
      var.x.     var.m.
1 0.1001679 0.1380651
# 绘制样本均值和样本中位数分布的直方图（图 6–7）
> par(mfrow=c(1,2),mai=c(0.7,0.7,0.2,0.2),cex=0.8,font.main=1,cex.main=1)
> hist(x,prob=T,xlim=c(-1.5,1.5),ylim=c(0,1.3),col="lightblue",
+     xlab="样本均值",main="样本均值的分布")
> lines(density(x),col="red",lwd=1.5)
> hist(m,prob=T,xlim=c(-1.5,1.5),ylim=c(0,1.3),col="lightblue",
+     xlab="中位数",main="样本中位数的分布")
> lines(density(m),col="red",lwd=1.5)
```

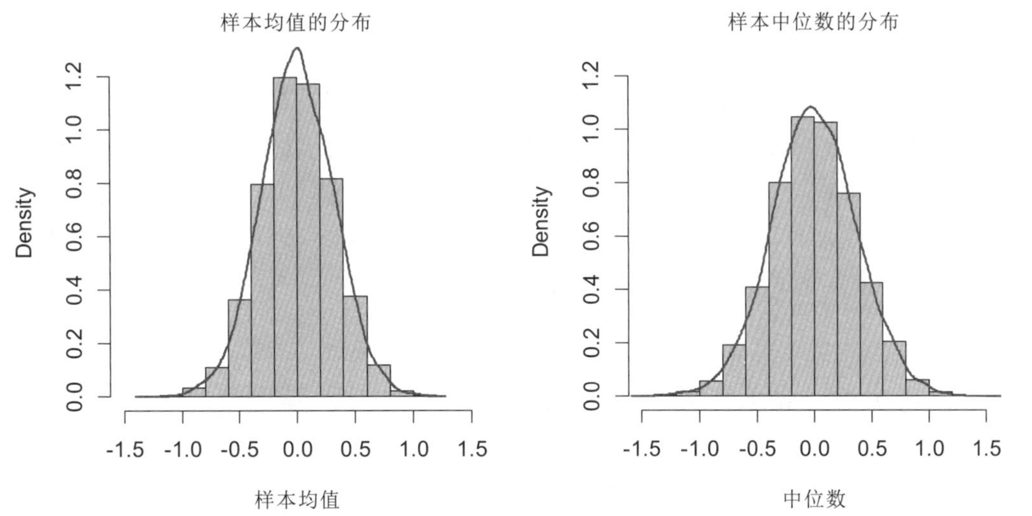

图 6–7 样本均值分布和样本中位数分布的直方图

代码框 6-2 的结果显示，样本均值的方差（0.100 167 9）小于样本中位数的方差（0.138 065 1），这意味着样本均值是比样本中位数更有效的估计量。图 6-7 也显示样本均值的分布比样本中位数的分布更加集中。读者可按上述代码反复进行模拟，都会得到相同的结论。

3. 一致性

一致性（consistency）是指随着样本量的无限增大，统计量收敛于被估总体的参数。换言之，一个大样本得到的估计量更接近总体参数。由于样本均值的标准误 $\sigma_{\bar{x}}=\sigma/\sqrt{n}$ 与样本量大小有关，样本量越大，$\sigma_{\bar{x}}$ 的值就越小，因此，大样本量得到的估计量更接近总体均值 μ。从这个意义上说，样本均值是总体均值的一个一致估计量。对于一致性，也可以用图 6-8 理解它的意义。

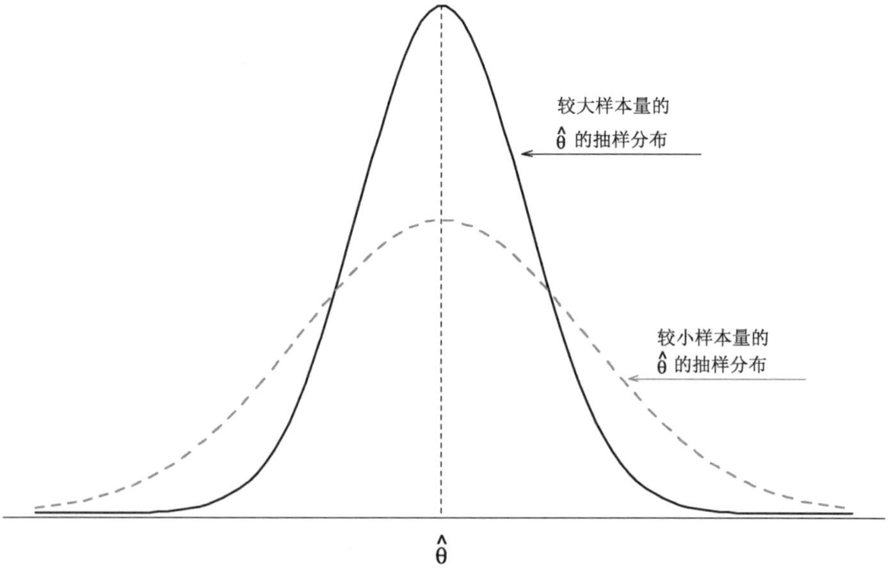

图6-8　两个不同样本量的样本统计量的抽样分布

假定总体是均值为 50、方差为 100 的 1 000 个正态随机数，从该总体分别抽取样本量为 10、100、500、900 的样本，并计算出每个样本的均值，会发现样本均值随着样本量的增大而越来越接近总体均值。代码框 6-3 给出了一致性模拟的 R 代码和结果。

代码框6-3　样本均值的一致性模拟

```
# 样本量分别为10、100、500、900时的样本均值
> set.seed(12)
> N=rnorm(1000,50,10)
> mu=mean(N)
> xbar10<-mean(sample(N,10,replace=F))
> xbar100<-mean(sample(N,100,replace=F))
> xbar500<-mean(sample(N,500,replace=F))
> xbar900<-mean(sample(N,900,replace=F))
> data.frame(总体均值=mu,xbar10,xbar100,xbar500,xbar900)
   总体均值    xbar10    xbar100    xbar500    xbar900
1  50.7632   53.97397   50.18654   51.20217   50.64963
# 样本均值与总体均值mu的差值d
>  data.frame("d10"=(xbar10-mu),"d100"=(xbar100-mu),"d500"=(xbar500-mu),"d900"=(xbar900-mu))
         d10        d100        d500        d900
1   3.210775  -0.5766594   0.4389778  -0.1135658
```

代码框 6-3 的结果显示，随着样本量的增大，样本均值越来越接近总体均值。

6.2　总体均值的区间估计

研究一个总体时，推断总体均值μ的统计量就是样本均值$\bar{x}$。研究两个总体时，所关心的参数主要是两个总体均值之差（$\mu_1-\mu_2$），用于推断的统计量则是两个样本的均值之差（$\bar{x}_1-\bar{x}_2$）。

6.2.1　一个总体均值的估计

在对一个总体均值进行区间估计时，需要考虑抽取样本的总体是否为正态分布、总体方差是否已知、用于估计的样本是大样本（$n\geqslant 30$）还是小样本（$n<30$）等几种情形。不管哪种情形，总体均值的置信区间都是由样本均值$\bar{x}$加减估计误差E得到的。估计误差E由两部分的乘积组成：一是点估计量的标准误；二是估计时所要求的置信水平为$(1-\alpha)$时统计量分布两侧面积各为$\alpha/2$时的分位数值。因此，总体均值在$(1-\alpha)$置信水平下的置信区间可一般性地表达为：

$$\bar{x}\pm(\text{分位数}\times\bar{x}\text{的标准误}) \tag{6.1}$$

1. 大样本的估计

在大样本$(n\geqslant 30)$情形下，由中心极限定理可知，样本均值$\bar{x}$近似服从期望值为μ、方差为σ^2/n的正态分布。样本均值经过标准化后则服从标准正态分布，即$z=\dfrac{\bar{x}-\mu}{\sigma/\sqrt{n}}\sim N(0,\ 1)$。

当总体标准差σ已知时，标准化时使用σ；当σ未知时，则用样本标准差s代替。因此，可以由正态分布构建总体均值在$(1-\alpha)$置信水平下的置信区间。

当总体方差σ^2已知时，总体均值μ在$(1-\alpha)$置信水平下的置信区间为：

$$\bar{x}\pm z_{\alpha/2}\frac{\sigma}{\sqrt{n}} \tag{6.2}$$

式中，$\bar{x}-z_{\alpha/2}\dfrac{\sigma}{\sqrt{n}}$为置信下限，$\bar{x}+z_{\alpha/2}\dfrac{\sigma}{\sqrt{n}}$为置信上限；$\alpha$为事先确定的一个概率值，它是总体均值不包括在置信区间内的概率；$(1-\alpha)$为置信水平；$z_{\alpha/2}$为标准正态分布两侧面积各为$\alpha/2$时的z值；$z_{\alpha/2}\dfrac{\sigma}{\sqrt{n}}$为估计误差。

当总体方差σ^2未知时，式（6.2）中的σ可以用s代替，此时总体均值μ在$(1-\alpha)$置信水平下的置信区间为：

$$\bar{x}\pm z_{\alpha/2}\frac{s}{\sqrt{n}} \tag{6.3}$$

【例6-1】（数据：example6_1.csv）一家研究机构随机抽取40辆相同排气量的家用

轿车，经过测试得到每百公里耗油量数据（单位：升）如表 6-1 所示。建立该排气量轿车平均耗油量的 90%的置信区间。

表 6-1　40 辆轿车每百公里的耗油量数据

7.9	7.9	6.5	7.4	7.7	8.1	7.8	8.6
8.1	8.2	8.1	8.4	8.4	8.2	8.3	7.4
7.5	7.7	7.8	7.4	8.5	8.6	6.9	8.3
8.4	7.5	8.3	8.0	8.7	7.4	7.6	8.5
7.8	7.9	8.7	8.6	8.4	8.2	7.4	7.6

解：虽然总体方差未知，但为大样本，可用样本方差来代替，用正态分布构建置信区间。R 代码和结果如代码框 6-4 所示。

代码框 6-4　计算一个总体均值的置信区间（大样本）

```
# 只输出置信区间的信息
> example6_1<-read.csv("C:/example/chap06/example6_1.csv")
> library(BSDA)
> z.test(example6_1$耗油量,mu=0,sigma.x=sd(example6_1$耗油量),conf.level=0.90)$conf.int
[1] 7.835887 8.099113
attr(,"conf.level")
[1] 0.9

注：z.test 函数是基于标准正态分布的单样本和双样本检验函数。详细信息查阅帮助。
```

该排气量轿车平均耗油量的 90%的置信区间为 7.835 887~8.099 113 升。

2. 小样本的估计

在小样本$(n<30)$情形下，对总体均值的估计都是建立在总体服从正态分布的假定前提下。[①] 如果正态总体的 σ 已知，样本均值经过标准化后仍然服从标准正态分布，此时可使用式（6.2）建立总体均值的置信区间。如果正态总体的 σ 未知，样本均值经过标准化后则服从自由度为 $n-1$ 的 t 分布，即 $t=\dfrac{\bar{x}-\mu}{s/\sqrt{n}}\sim t(n-1)$。这时需要使用 t 分布构建总体均值的置信区间。在$(1-\alpha)$置信水平下，总体均值的置信区间为：

$$\bar{x}\pm t_{\alpha/2}\frac{s}{\sqrt{n}} \tag{6.4}$$

【例 6-2】（数据：example6_2.csv）从一批袋装食品中随机抽取 25 袋，测得每袋重量如表 6-2 所示。假定食品重量服从正态分布，估计该批食品平均重量的置信区间，置信水平为 95%。

① 在估计之前首先应对总体的正态性进行检验，可以用直方图、茎叶图、P-P 图或 Q-Q 图进行初步评估，也可以使用 S-W 检验和 K-S 检验等，具体内容见第 7 章。

表6-2 25袋食品的重量 单位：克

112.5	101.0	103.0	102.0	100.5
102.6	107.5	95.0	108.8	115.6
100.0	123.5	102.0	101.6	102.2
116.6	95.4	97.8	108.6	105.0
136.8	102.8	101.5	98.4	93.3

解：总体服从正态分布但σ未知，由于是小样本，样本均值经标准化后服从自由度为n-1的t分布，因此可按式（6.4）来建立置信区间。R代码和结果如代码框6-5所示。

代码框6-5 计算一个总体均值的置信区间（小样本）

```
# 只输出置信区间的信息
> example6_2<-read.csv("C:/example/chap06/example6_2.csv")
> t.test(example6_2)$conf.int
[1] 101.3748 109.3452
attr(,"conf.level")
[1] 0.95
```

注：函数t.test用于单样本和双样本假设检验，该函数的详细注释见第7章或查看函数帮助。

该批食品平均重量95%的置信区间为101.374 8～109.345 2克。

6.2.2 两个总体均值差的估计

设两个总体的均值分别为μ_1和μ_2，从两个总体中分别抽取样本量为n_1和n_2的两个随机样本，其样本均值分别为$\bar{x}_1$和$\bar{x}_2$。估计两个总体均值之差（$\mu_1-\mu_2$）的点估计量显然是两个样本的均值之差（$\bar{x}_1-\bar{x}_2$）。估计原理与一个总体均值的区间估计类似，置信区间仍然是点估计值±估计误差。因此，两个总体均值之差（$\mu_1-\mu_2$）在$(1-\alpha)$置信水平下的置信区间可一般性地表示为：

$$(\bar{x}_1-\bar{x}_2)\pm 分位数\times(\bar{x}_1-\bar{x}_2)的标准误 \tag{6.5}$$

1. 独立大样本的估计

如果两个样本是从两个总体中独立抽取的，即一个样本中的元素与另一个样本中的元素相互独立，则称为**独立样本**（independent sample）。

如果两个样本都为大样本（$n_1\geqslant 30$和$n_2\geqslant 30$），两个样本均值之差（$\bar{x}_1-\bar{x}_2$）近似服从期望值为（$\mu_1-\mu_2$）、方差为$\left(\sigma_1^2/n_1+\sigma_2^2/n_2\right)$的正态分布，两个样本均值之差经标准化后则服从标准正态分布，即

$$z=\frac{(\bar{x}_1-\bar{x}_2)-(\mu_1-\mu_2)}{\sqrt{\frac{\sigma_1^2}{n_1}+\frac{\sigma_2^2}{n_2}}}\sim N(0,1) \tag{6.6}$$

当两个总体的方差 σ_1^2 和 σ_2^2 都已知时，两个总体均值之差（ $\mu_1-\mu_2$ ）在 $(1-\alpha)$ 置信水平下的置信区间为：

$$(\bar{x}_1-\bar{x}_2)\pm z_{\alpha/2}\sqrt{\frac{\sigma_1^2}{n_1}+\frac{\sigma_2^2}{n_2}} \tag{6.7}$$

当两个总体的方差 σ_1^2 和 σ_2^2 未知时，可用两个样本方差 s_1^2 和 s_2^2 来代替，这时，两个总体均值之差（ $\mu_1-\mu_2$ ）在 $(1-\alpha)$ 置信水平下的置信区间为：

$$(\bar{x}_1-\bar{x}_2)\pm z_{\alpha/2}\sqrt{\frac{s_1^2}{n_1}+\frac{s_2^2}{n_2}} \tag{6.8}$$

【例6–3】（数据：example6_3.csv）为研究男女网上购物支出的差异，从某电商中随机抽取男女各 50 人，得到某个月的网购支出数据如表 6–3 所示。建立男女平均支出差值的 95%的置信区间。

表6–3　女性和男性某月的网购支出数据　　单位：元

女性支出					男性支出				
2 692.8	2 168.9	2 842.0	2 864.1	3 100.7	1 242.9	1 629.0	1 575.6	1 907.3	1 004.6
2 787.1	3 618.6	3 347.1	3 902.2	470.8	2 635.4	793.3	1 105.3	2 129.4	1 065.9
2 172.3	2 531.9	1 770.8	3 793.2	1 461.2	1 574.4	1 854.8	956.1	1 374.8	2 601.6
1 914.5	2 643.5	1 090.4	3 480.3	2 960.9	1 741.6	2 435.5	2 848.9	2 932.9	1 326.3
2 711.2	1 692.0	1 056.3	2 444.6	2 895.7	1 169.4	1 214.7	2 329.5	2 086.4	1 067.1
895.0	2 866.2	3 609.7	2 624.6	3 350.3	1 702.0	519.9	2 074.7	2 589.6	1 930.8
2 728.5	1 590.3	1 896.0	2 013.5	1 194.0	1 933.6	2 042.7	2 008.3	1 921.6	1 262.9
2 049.3	2 005.7	2 721.3	1 008.3	2 681.6	2 006.4	2 438.0	1 090.2	1 372.3	2 753.2
2 043.7	3 094.7	2 712.9	3 580.2	2 694.9	2 747.7	1 835.5	1 808.8	1 844.8	1 208.6
1 566.1	2 477.9	2 131.8	2 275.1	1 276.3	231.0	821.8	2 117.1	2 006.9	1 157.4

解：设 μ_1 为女性平均支出，μ_2 为男性平均支出，计算 $(\mu_1-\mu_2)$ 置信区间的 R 代码和结果如代码框 6–6 所示。

代码框6–6　计算两个总体均值之差的置信区间（独立大样本）

```
> example6_3<-read.csv("C:/example/chap06/example6_3.csv")
> library(BSDA)
> x=example6_3$女性支出;y=example6_3$男性支出
> z.test(x,y,mu=0,sigma.x=sd(x),sigma.y=sd(y))$conf.int
[1] 381.1844 957.7516
attr(,"conf.level")
[1] 0.95
```

男女平均支出差值的 95%的置信区间为 381.184 4～957.751 6 元。

2. 独立小样本的估计

当两个样本均为独立小样本（$n_1<30$ 和 $n_2<30$）时，为估计两个总体均值之差，需要假定两个总体都服从正态分布。当两个总体方差 σ_1^2 和 σ_2^2 已知时，两个样本均值之差经标准化后服从标准正态分布，此时可按式（6.7）建立两个总体均值之差的置信区间。当 σ_1^2 和 σ_2^2 未知时，有以下几种情形。

（1）当两个总体的方差未知但相等时，即 $\sigma_1^2=\sigma_2^2=\sigma^2$，需要用两个样本的方差 s_1^2 和 s_2^2 来估计 σ^2。这时，需要将两个样本的数据合并在一起，以得到 σ^2 的合并估计量 s_p^2，其计算公式为：

$$s_p^2=\frac{(n_1-1)s_1^2+(n_2-1)s_2^2}{n_1+n_2-2} \tag{6.9}$$

此时，两个样本均值之差经标准化后服从自由度为（n_1+n_2-2）的 t 分布，即

$$t=\frac{(\bar{x}_1-\bar{x}_2)-(\mu_1-\mu_2)}{s_p\sqrt{\frac{1}{n_1}+\frac{1}{n_2}}}\sim t(n_1+n_2-2) \tag{6.10}$$

因此，两个总体均值之差（$\mu_1-\mu_2$）在$(1-\alpha)$置信水平下的置信区间为：

$$(\bar{x}_1-\bar{x}_2)\pm t_{\alpha/2}(n_1+n_2-2)\sqrt{s_p^2\left(\frac{1}{n_1}+\frac{1}{n_2}\right)} \tag{6.11}$$

（2）当两个总体的方差未知且不相等时，即 $\sigma_1^2\neq\sigma_2^2$，两个样本均值之差经标准化后近似服从自由度为 v 的 t 分布，自由度 v 的计算公式为：

$$v=\frac{\left(\frac{s_1^2}{n_1}+\frac{s_2^2}{n_2}\right)^2}{\frac{(s_1^2/n_1)^2}{n_1-1}+\frac{(s_2^2/n_2)^2}{n_2-1}} \tag{6.12}$$

两个总体均值之差（$\mu_1-\mu_2$）在$(1-\alpha)$置信水平下的置信区间为：

$$(\bar{x}_1-\bar{x}_2)\pm t_{\alpha/2}(v)\sqrt{\frac{s_1^2}{n_1}+\frac{s_2^2}{n_2}} \tag{6.13}$$

【例 6-4】（数据：example6_4.csv）为估计两种方法组装产品所需时间的差异，分别对两种不同的组装方法各随机安排 12 个工人，每个工人组装一件产品所需的时间如表 6-4 所示。假定两种方法组装产品的时间服从正态分布。以 95%的置信水平建立两种方法组装产品所需平均时间差值的置信区间。

（1）假定 $\sigma_1^2=\sigma_2^2$。

（2）假定 $\sigma_1^2\neq\sigma_2^2$。

表6-4　两种方法组装产品所需的时间　　单位：分钟

方法一	方法二
28.3	27.6
30.1	22.2
29.0	31.0
37.6	33.8
32.1	20.0
28.8	30.2
36.0	31.7
37.2	26.0
38.5	32.0
34.4	31.2
28.0	33.4
30.0	26.5

解：R 代码和结果如代码框 6-7 所示。

代码框6-7　计算两个总体均值之差的置信区间（独立小样本）

```
# 假设方差相等
> example6_4<-read.csv("C:/example/chap06/example6_4.csv")
> x=example6_4$方法一;y=example6_4$方法二
> t.test(x,y,var.equal=TRUE)$conf.int
[1] 0.1402936 7.2597064
attr(,"conf.level")
[1] 0.95
# 假设方差不相等
> t.test(x,y,var.equal=FALSE)$conf.int
[1] 0.1384265 7.2615735
attr(,"conf.level")
[1] 0.95
```

假定 $\sigma_1^2=\sigma_2^2$ 时，两种方法组装产品所需平均时间之差 95%的置信区间为 $0.140\,293\,6 \sim 7.259\,706\,4$ 分钟。假定 $\sigma_1^2 \neq \sigma_2^2$ 时，两种方法组装产品所需平均时间之差 95%的置信区间为 $0.138\,426\,5 \sim 7.261\,573\,5$ 分钟。

3. 配对样本的估计

在上面的例 6-4 中，使用的是两个独立样本，但使用独立样本估计两个总体均值之差时存在潜在弊端。比如，在对每种方法随机指派 12 个工人时，偶尔可能会将技术比较差的 12 个工人指派给方法一，而将技术较好的 12 个工人指派给方法二。这种不公平的指派可能会掩盖两种方法组装产品所需时间的真正差异。

为解决这一问题，可以使用**配对样本**（paired sample），即一个样本中的数据与另一个样本中的数据相对应，这样的数据通常是对同一个体所作的前后两次测量。比如，先指定 12 个工人用第一种方法组装产品，再让这 12 个工人用第二种方法组装产品，这样得到的两种方法组装产品的时间数据就是配对数据。

使用配对样本进行估计时，在大样本条件下，两个总体均值之差 $\mu_d = \mu_1 - \mu_2$ 在 $(1-\alpha)$ 置信水平下的置信区间为：

$$\bar{d} \pm z_{\alpha/2}\frac{\sigma_d}{\sqrt{n}} \tag{6.14}$$

式中，d 为两个配对数据的差值；$\bar{d}$ 为差值的均值；σ_d 为差值的标准差。当总体 σ_d 未知时，可用样本差值的标准差 s_d 来代替。

在小样本情形下，假定两个总体各观察值的配对差服从正态分布。两个总体均值之差 $\mu_d = \mu_1 - \mu_2$ 在 $(1-\alpha)$ 置信水平下的置信区间为：

$$\bar{d} \pm t_{\alpha/2}(n-1)\frac{s_d}{\sqrt{n}} \tag{6.15}$$

【例 6–5】（数据：example6_5.csv）由 10 名学生组成一个随机样本，让他们分别采用 A 和 B 两套试卷进行测试，结果如表 6–5 所示。假定两套试卷分数之差服从正态分布，建立两套试卷平均分数之差 $\mu_d = \mu_1 - \mu_2$ 的 95%的置信区间。

表 6–5　10 名学生两套试卷的测试得分

学生编号	试卷 A	试卷 B
1	78	71
2	63	44
3	72	61
4	89	84
5	91	74
6	49	51
7	68	55
8	76	60
9	85	77
10	55	39

解： R 代码和结果如代码框 6–8 所示。

代码框 6–8　计算两个总体均值之差的置信区间（配对样本）

```
> example6_5<-read.csv("C:/example/chap06/example6_5.csv")
> t.test(example6_5$试卷 A,example6_5$试卷 B,paired=TRUE)$conf.int
[1]  6.327308 15.672692
attr(,"conf.level")
[1] 0.95
```

两套试卷所产生的分数之差的95%的置信区间为6.327 308～15.672 692分。

6.3　总体比例的区间估计

研究一个总体时，推断总体比例π使用的统计量为样本比例p。研究两个总体时，所关注的参数是两个总体的比例之差（$\pi_1-\pi_2$），用于推断的统计量则是两个样本的比例之差（p_1-p_2）。

6.3.1　一个总体比例的估计

推断总体比例时，同样需要考虑样本量的大小。当样本量非常大时，可采用传统的估计方法。对于小样本或中等大小的样本，需要对样本量和试验成功的次数做出修正以改进估计的区间。

1. 大样本的估计方法

由样本比例p的抽样分布可知，当样本量足够大时①，p近似服从期望值为$E(p)=\pi$、方差为$\sigma_p^2=\pi(1-\pi)/n$的正态分布。样本比例经标准化后则服从标准正态分布，即$z=\dfrac{p-\pi}{\sqrt{\pi(1-\pi)/n}}\sim N(0,1)$。因此，可由正态分布建立总体比例的置信区间。与总体均值的区间估计类似，总体比例的置信区间由π的点估计值$p\pm$估计误差得到。π在$(1-\alpha)$置信水平下的置信区间可一般地表达为：

$$p\pm（分位数\times p\ 的标准误）\tag{6.16}$$

适用于大样本的传统方法得到的总体比例π在$(1-\alpha)$置信水平下的置信区间为：

$$p\pm z_{\alpha/2}\sqrt{\frac{p(1-p)}{n}}\tag{6.17}$$

式中，$z_{\alpha/2}$为标准正态分布两侧面积各为$\alpha/2$时的z值；$z_{\alpha/2}\sqrt{\dfrac{p(1-p)}{n}}$为估计误差。

【例6-6】某城市想要进行一项交通措施改革，为征求市民对该项改革措施的意见，在成年人中随机调查了500位市民，其中325人赞成改革措施。用95%的置信水平估计该城市成年人口中赞成该项改革的人数比例的置信区间。

解： R代码和结果如代码框6-9所示。

---

① 对于总体比例的估计，确定样本量是否“足够大”的一般经验规则是：区间$p\pm2\sqrt{p(1-p)/2}$中不包含0或1，或者要求$np\geqslant10$和$n(1-p)\geqslant10$。

代码框 6-9 计算一个总体比例的置信区间（大样本）

```
# 赞成比例的95%的置信区间
> n<-500
> x<-325
p<-x/n
> q<-qnorm(0.975)
> LCI<-p-q*sqrt(p*(1-p)/n)
> UCI<-p+q*sqrt(p*(1-p)/n)
> data.frame(LCI,UCI)
        LCI        UCI
1  0.6081925  0.6918075

# 使用Hmisc包得到三种不同方法的区间
> library(Hmisc)
> n<-500
> x<-325
> binconf(x,n,alpha=0.05,method="all")
           PointEst     Lower      Upper
Exact          0.65  0.6064011  0.6918131
Wilson         0.65  0.6071929  0.6905198
Asymptotic     0.65  0.6081925  0.6918075
```

注：使用Hmisc包中的binconf函数可以得到三种不同方法的区间：一是利用F分布计算的精确区间；二是基于得分检验的Wilson近似置信区间；三是按式（6.17）计算的大样本正态近似的置信区间。函数格式为：binconf(x,n,alpha,method=c("wilson","exact","asymptotic","all"),...)。alpha=需要输入α的值，注意不是1-α。method="asymptotic"就是按式（6.17）得到的区间。更多信息查看帮助。

该城市成年人中赞成该项改革的比例 95%的置信区间：大样本的正态近似区间为（0.608 192 5，0.691 807 5），Wilson 得分检验的置信区间为（0.607 192 9，0.690 519 8）；利用 F 分布计算的精确区间为（0.606 401 1，0.691 813 1）。

2. 任意大小样本的估计方法

大样本的估计方法至今仍被广泛使用，但按该方法计算出来的置信水平为 $(1-\alpha)$ 的置信区间能够覆盖总体真实比例的概率通常小于 $(1-\alpha)$，即使大样本也是如此（除非样本量非常大），更不可能应用于小样本。因此，对于任意大小的样本，可以通过修正试验次数（样本量）n 和样本比例 p 的值让置信区间有所改进。

研究发现，对于任意大小的样本，将试验次数（样本量）n 加上 4，即用 $\tilde{n}=n+4$ 代替 n；将试验成功的次数 x 加上 2，即用 $\tilde{p}=(x+2)/\tilde{n}$ 代替 p，可以改进置信区间。由此得到的总体比例 π 在 $(1-\alpha)$ 置信水平下的置信区间为：

$$\tilde{p} \pm z_{\alpha/2}\sqrt{\frac{\tilde{p}(1-\tilde{p})}{\tilde{n}}} \tag{6.18}$$

该区间也称为 Agresti-Coull 区间(由 Alan Agresti 和 Brent Coull 得出，以其姓氏命名)。对于任意大小的样本，都可以使用式（6.18）来计算总体比例的置信区间。只是在样本较小时，偶尔会有区间下限小于 0 或区间上限大于 1 的情形发生。此时可用 0 代替小于 0 的下限，用 1 代替大于 1 的上限。对于非常大的样本，大样本的估计方法和任意大小样本的估计方法结果几乎相同，但对于小样本或中等样本，使用式（6.18）更合适。

【例6-7】沿用例 6-6。用 95%的置信水平估计该城市成年人中赞成该项改革的人数比例的置信区间。

解： R 代码和结果如代码框 6-10 所示。

代码框6-10　计算一个总体比例的置信区间（任意大小样本）

```
# 赞成比例的95%的置信区间
> n1<-500+4
> p1<-(325+2)/n1
> q<-qnorm(0.975)
> LCI<-p1-q*sqrt(p1*(1-p1)/n1)
> UCI<-p1+q*sqrt(p1*(1-p1)/n1)
> data.frame(LCI,UCI)
        LCI       UCI
1 0.6071358 0.6904833
```

该城市成年人中赞成该项改革的人数比例 95%的置信区间为 60.713 58%～69.048 33%。

由于本例的样本量较大，两种方法得到的结果几乎相同。但对于中小样本，二者会有一定差异。因此，这里推荐使用任意大小样本的估计方法。

6.3.2　两个总体比例差的估计

对两个总体比例之差的估计同样需要考虑两个样本量的大小。当两个样本量都非常大时，可采用传统的估计方法。对于两个小样本或中等大小的样本，需要对样本量和试验成功的次数做出修正以改进估计的区间。

1. 两个大样本的估计方法

两个总体比例之差的区间估计原理与一个总体比例的区间估计相同，（$\pi_1-\pi_2$）的置信区间由点估计值（p_1-p_2）±估计误差得到，即

$$(p_1-p_2)\pm 分位数\times(p_1-p_2)的标准误 \tag{6.19}$$

设两个总体均服从二项分布，即 $X_1\sim B(n_1,p_1)$，$X_2\sim B(n_2,p_2)$。x_1 为 n_1 次独立 Bernoulli 试验成功的次数，p_1 为成功的概率，x_2 为 n_2 次独立 Bernoulli 试验成功的次数，p_2 为成功的概率。由样本比例的抽样分布可知，从两个二项总体中抽出两个独立大样本，两个样本比例之差近似服从正态分布，而两个样本的比例之差经标准化后

则服从标准正态分布，即

$$z=\frac{(p_1-p_2)-(\pi_1-\pi_2)}{\sqrt{\frac{\pi_1(1-\pi_1)}{n_1}+\frac{\pi_2(1-\pi_2)}{n_2}}} \tag{6.20}$$

由于两个总体的比例π_1和π_2未知，用样本比例p_1和p_2代替。因此，根据正态分布建立的两个总体比例之差（$\pi_1-\pi_2$）在$(1-\alpha)$置信水平下的置信区间为：

$$(p_1-p_2)\pm z_{\alpha/2}\sqrt{\frac{p_1(1-p_1)}{n_1}+\frac{p_2(1-p_2)}{n_2}} \tag{6.21}$$

【例6-8】在某档电视节目的收视率调查中随机调查500名女性观众，有225人收看了该节目；随机调查400名男性观众，有128人收看了该节目。用95%的置信水平估计女性与男性收视率差值的置信区间。

解：设女性收视率为p_1，男性收视率为p_2。R代码和结果如代码框6-11所示。

代码框6-11 计算两个总体比例之差的置信区间（大样本）

```
# 女性与男性收视率差值的95%的置信区间
> p1<-225/500;p2<-128/400
> q<-qnorm(0.975)
> LCI<-p1-p2-q*sqrt(p1*(1-p1)/500+p2*(1-p2)/400)
> UCI<-p1-p2+q*sqrt(p1*(1-p1)/500+p2*(1-p2)/400)
> data.frame(LCI,UCI)
         LCI       UCI
1 0.06682346 0.1931765
```

女性与男性收视率差值的95%的置信区间为6.682 346%～19.317 65%。

2. 两个任意大小样本的估计方法

研究表明，对于两个任意大小的样本，只要对n_1和n_2、p_1和p_2略加修正就可以改进估计区间。具体做法是，将试验次数（样本量）n_1和n_2各加上2，即用$\tilde{n}_1=n_1+2$代替n_1，用$\tilde{n}_2=n_2+2$代替n_2；将试验成功的次数x_1和x_2各加上1，即用$\tilde{p}_1=(x_1+1)/\tilde{n}_1$代替$p_1$，用$\tilde{p}_2=(x_2+1)/\tilde{n}_2$代替$p_2$，由此得到的两个总体比例之差（$\pi_1-\pi_2$）在$(1-\alpha)$置信水平下的置信区间为：

$$(\tilde{p}_1-\tilde{p}_2)\pm z_{\alpha/2}\sqrt{\frac{\tilde{p}_1(1-\tilde{p}_1)}{\tilde{n}_1}+\frac{\tilde{p}_2(1-\tilde{p}_2)}{\tilde{n}_2}} \tag{6.22}$$

该区间也称为Agresti-Coull区间(由Alan Agresti和Brent Coull得出，以其姓氏命名)。对于任意大小的两个样本，可以使用式（6.22）来计算两个总体比例之差的置信区间。如果有区间下限小于0或区间上限大于1的情形发生，可用0代替小于0的下限，用1代替大于1的上限。对于非常大的两个样本，大样本估计方法和任意大小样本估计方法的结果几乎相同，但对于两个小样本或中等样本，任意大小样本估计方法更适用，因此推荐使用该方法。

【例6-9】 沿用例6-8。用95%的置信水平估计女性与男性收视率差值的置信区间。

解： 设女性收视率为 p_1，男性收视率为 p_2。R代码和结果如代码框6-12所示。

代码框6-12　计算两个总体比例之差的置信区间（任意大小样本）

```
# 女性与男性收视率差值的95%的置信区间
> n1<-500+2;n2<-400+2
> p1<-(225+1)/n1;p2<-(128+1)/n2
> q<-qnorm(0.975)
> LCI<-p1-p2-q*sqrt(p1*(1-p1)/n1+p2*(1-p2)/n2)
> UCI<-p1-p2+q*sqrt(p1*(1-p1)/n1+p2*(1-p2)/n2)
> data.frame(LCI,UCI)
         LCI       UCI
1 0.06624396 0.1923634
```

即女性与男性收视率差值95%的置信区间为6.624 396%～19.236 34%。

6.4　总体方差的区间估计

研究一个总体时，推断总体方差 σ^2 的统计量是样本方差 s^2。研究两个总体时，所关注的参数是两个总体的方差比 σ_1^2/σ_2^2，用于推断的统计量则是两个样本的方差比 s_1^2/s_2^2。

6.4.1　一个总体方差的估计

估计总体方差时，首先假定总体服从正态分布。其原理与总体均值和总体比例的区间估计不同，不再是点估计量±估计误差①。因为样本方差的抽样分布服从自由度为 $(n-1)$ 的 χ^2 分布，所以需要用 χ^2 分布构造总体方差的置信区间。由于 χ^2 分布是不对称分布，无法由点估计值±估计误差得到总体方差的置信区间。

若给定置信水平 $(1-\alpha)$，用 χ^2 分布构造总体方差 σ^2 的置信区间，其原理可用图6-9表示。

---

① 点估计量±估计误差构建的是一个对称区间，只有在使用对称分布（如正态分布和 t 分布）时才能使用该方法，总体均值和总体比例的估计均使用对称分布。总体方差的估计使用的是 χ^2 分布，两个总体方差比的估计使用的则是 F 分布，这两个分布均为不对称分布。因此需要根据相应的分布构建不对称区间。

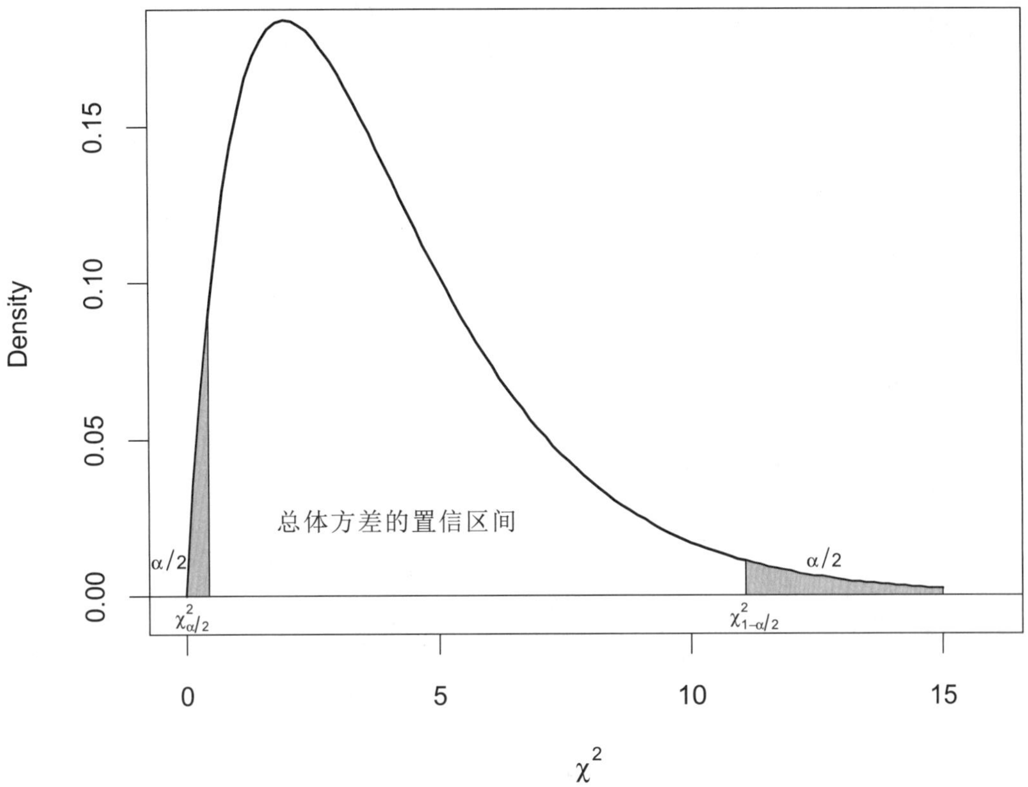

图6-9　总体方差（1-α）100%的置信区间

图 6-9 显示，建立总体方差 σ^2 的置信区间，也就是要找到一个 χ^2 值，使其满足 $\chi^2_{\alpha/2} \leqslant \chi^2 \leqslant \chi^2_{1-\alpha/2}$，由于 $\frac{(n-1)s^2}{\sigma^2} \sim \chi^2(n-1)$，可用它来代替 χ^2，于是有：

$$\chi^2_{\alpha/2} \leqslant \frac{(n-1)s^2}{\sigma^2} \leqslant \chi^2_{1-\alpha/2} \tag{6.23}$$

根据式（6.23）可推导出总体方差 σ^2 在 $(1-\alpha)$ 置信水平下的置信区间为：

$$\frac{(n-1)s^2}{\chi^2_{1-\alpha/2}} \leqslant \sigma^2 \leqslant \frac{(n-1)s^2}{\chi^2_{\alpha/2}} \tag{6.24}$$

【例6-10】（数据：example6_2.csv）沿用例 6-2。以 95%的置信水平建立该种食品重量方差和标准差的置信区间。

解： R 代码和结果如代码框 6-13 所示。

代码框6-13　计算一个总体方差的置信区间

```
# 食品重量方差的置信区间
> example6_2<-read.csv("C:/example/chap06/example6_2.csv")
> library(TeachingDemos)
> sigma.test(example6_2$食品重量,conf.level=0.95)$conf.int
[1]   56.82897 180.38811
attr(,"conf.level")
[1] 0.95
```

```
# 食品重量标准差的置信区间
> low<-sqrt(56.82897)
> up<-sqrt(180.38811)
> low;up
[1] 7.538499
[1] 13.43086
```

注：sigma.test函数用于总体方差的检验，该函数的详细注释见第7章或查看函数帮助。

$56.82897 \leqslant \sigma^2 \leqslant 180.38811$。相应地，总体标准差95%的置信区间则为$7.538499 \leqslant \sigma \leqslant 13.43086$。

6.4.2 两个总体方差比的估计

在实际问题中，经常会遇到比较两个总体方差的问题。比如，希望比较用两种不同方法生产的产品性能的稳定性，比较不同测量工具的精确度，等等。

由于两个样本的方差比服从$F(n_1-1, n_2-1)$分布，因此可用F分布构造两个总体方差比σ_1^2/σ_2^2的置信区间，其原理可用图6-10来表示。

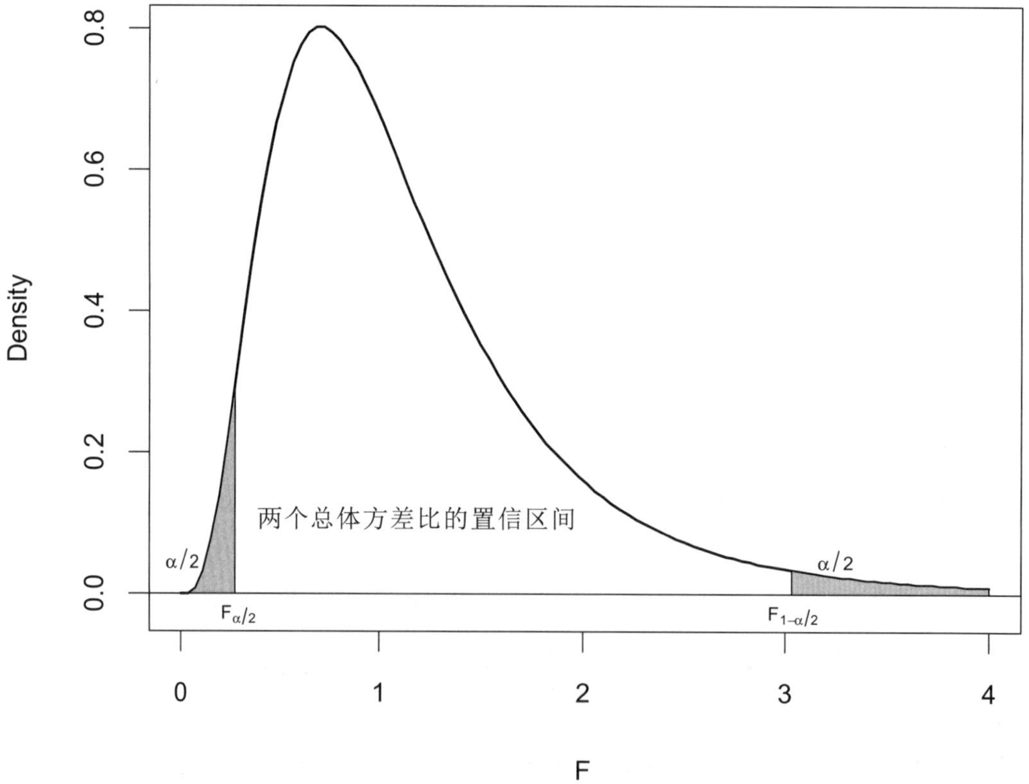

图6-10 两个总体方差比（$1-\alpha$）100%的置信区间

建立两个总体方差比的置信区间，也就是要找到一个 F 值使其满足 $F_{\alpha/2} \leqslant F \leqslant F_{1-\alpha/2}$。由于 $\frac{s_1^2}{s_2^2} \cdot \frac{\sigma_2^2}{\sigma_1^2} \sim F(n_1-1,\ n_2-1)$，可用它来代替 F，于是有

$$F_{\alpha/2} \leqslant \frac{s_1^2}{s_2^2} \cdot \frac{\sigma_2^2}{\sigma_1^2} \leqslant F_{1-\alpha/2} \tag{6.25}$$

根据式（6.25）推导出两个总体方差比在 $(1-\alpha)$ 置信水平下的置信区间为：

$$\frac{s_1^2 / s_2^2}{F_{1-\alpha/2}} \leqslant \frac{\sigma_1^2}{\sigma_2^2} \leqslant \frac{s_1^2 / s_2^2}{F_{\alpha/2}} \tag{6.26}$$

式中，$F_{\alpha/2}$ 和 $F_{1-\alpha/2}$ 为分子自由度为（n_1-1）、分母自由度为（n_2-1）的 F 分布两侧面积为 $\alpha/2$ 和 $1-\alpha/2$ 的分位数。

【例 6-11】（数据：example6_4.csv）沿用例 6-4。以 95%的置信水平建立两种方法组装产品所需时间方差比的置信区间。

解： R 代码和结果如代码框 6-14 所示。

代码框 6-14　计算两个总体方差比的置信区间

```
# 两种方法组装产品所需时间方差比的置信区间
> example6_4<-read.csv("C:/example/chap06/example6_4.csv")
> var.test(example6_4$方法一,example6_4$方法二,alternative="two.sided")$conf.int
[1] 0.2378836 2.8704428
attr(,"conf.level")
[1] 0.95

注：var.test 函数用于两个总体方差比的检验，该函数的详细注释见第 7 章或查看函数帮助。
```

$0.237\,883\,6 \leqslant \sigma_1^2 / \sigma_2^2 \leqslant 2.870\,442\,8$，两种方法组装产品所需时间方差比的 95%的置信区间为 (0.237 883 6，2.870 442 8)。

习题

6.1　某大学为了解学生每天上网的时间，在全校学生中随机抽取 36 人，调查他们每天上网的时间，得到的数据（单位：小时）如下：

3.3	3.1	6.2	5.8	2.3	4.1	5.4	4.5	3.2
4.4	2.0	5.4	2.6	6.4	1.8	3.5	5.7	2.3
2.1	1.9	1.2	5.1	4.3	4.2	3.6	0.8	1.5
4.7	1.4	1.2	2.9	3.5	2.4	0.5	3.6	2.5

求该校大学生平均上网时间的置信区间，置信水平分别为 90%、95%和 99%。

6.2　某小区共有居民 500 户，小区管理者准备采取一项新的供水设施，想了解居民是否赞成。采取重复抽样方法随机抽取 50 户，其中有 32 户赞成，18 户反对。估计总体

中赞成采用新设施的户数比例的置信区间，置信水平为95%。

6.3 顾客到银行办理业务时往往需要等待一些时间，等待时间的长短与许多因素有关，比如，银行的业务员办理业务的速度、顾客等待排队的方式等。为此，某银行准备采取两种排队方式进行试验，第一种排队方式是所有顾客都进入一个等待队伍；第二种排队方式是顾客在三个业务窗口处排队等待。为比较哪种排队方式使顾客等待的时间更短，银行各随机抽取10名顾客，他们在办理业务时等待的时间（单位：分钟）如下：

方式1	6.5	6.6	6.7	6.8	7.1	7.3	7.4	7.7	7.7	10.7
方式2	4.2	5.4	5.8	6.2	6.7	7.7	7.7	8.5	9.3	10.0

（1）构建第一种排队方式等待时间均值的95%的置信区间。

（2）构建第二种排队方式等待时间方差的95%的置信区间。

（3）构建两种方式排队时间均值差值的95%的置信区间：①假设$\sigma_1^2=\sigma_2^2$；②假设$\sigma_1^2\neq\sigma_2^2$。

6.4 一家人才测评机构对随机抽取的10名小企业的经理人用两种方法进行自信心测试，得到的自信心测试分数如下：

人员编号	方法1	方法2
1	78	71
2	63	44
3	72	61
4	89	84
5	91	74
6	49	51
7	68	55
8	76	60
9	85	77
10	55	39

构建两种方法平均自信心得分之差$\mu_d=\mu_1-\mu_2$的95%的置信区间。

6.5 从两个总体中各抽取一个$n_1=n_2=250$的独立随机样本，来自总体1的样本比例为$p_1=40\%$，来自总体2的样本比例为$p_2=30\%$。

（1）求$\pi_1-\pi_2$的90%的置信区间。

（2）求$\pi_1-\pi_2$的95%的置信区间。

6.6 生产工序的方差是工序质量的一个重要测度指标。当方差较大时，需要对工序进行改进以减小方差。下面是两部机器生产的袋茶重量的数据（单位：克）：

机器1			机器2		
3.45	3.22	3.90	3.22	3.28	3.35
3.20	2.98	3.70	3.38	3.19	3.30
3.22	3.75	3.28	3.30	3.20	3.05

续表

机器 1			机器 2		
3.50	3.38	3.35	3.30	3.29	3.33
2.95	3.45	3.20	3.34	3.35	3.27
3.16	3.48	3.12	3.28	3.16	3.28
3.20	3.18	3.25	3.30	3.34	3.25

计算两个总体方差比 σ_1^2 / σ_2^2 的 95%的置信区间。

第 7 章 Chapter 7 假设检验

假设检验是先对总体提出某种假设，然后利用样本信息判断这一假设是否成立。本章首先介绍假设检验的基本原理，然后介绍总体参数检验和正态性检验方法。

7.1 假设检验的原理

假设检验的大致思路是：首先对所关心的总体提出某种假设，然后从待检验的总体中抽取一个样本并获得数据，再根据样本提供的信息判断假设是否成立。如果已知总体分布或能对总体分布做出假定，所关注的仅仅是总体的某个参数，并对参数的某种假设做检验，称为**参数检验**（parameter test）；如果是对总体的其他特征（如分布的形式）做检验，或者是样本数据不满足参数检验条件，不依赖于总体分布的形式对总体参数做检验，这样的检验称为**非参数检验**（nonparametric test）。

7.1.1 提出假设

假设（hypothesis）是对总体的某种看法。在参数检验中，假设是对总体参数的具体数值所做的陈述。比如，不知道一批灯泡的平均使用寿命是多少，不知道一批产品的合格率是多少，不知道某种食品重量的方差是多少，可以事先提出一个假设值，比如，这批灯泡的平均使用寿命是 15 000 个小时，这批产品的合格率是 95%，某种食品重量的方差是 25 克，等等，这些陈述就是对总体参数提出的假设。在非参数检验中，假设也可以是对总体的非参数特征所做的陈述。比如，不知道学生的月生活费支出服从何种分布，不知道身高与体重之间为何种关系，可以先假设学生的月生活费支出服从正态分布，假设身高与体重之间为线性关系，等等，这就是对总体的非参数特征提出的假设。

假设检验（hypothesis test）是在对总体提出假设的基础上，利用样本信息判断假设是否成立的统计方法。比如，假设学生月生活费支出的均值是 2 000 元，假设学生月生活费支出服从正态分布，然后从全校学生中抽取一个样本，根据样本信息检验月生活费支出的均值是否为 2 000 元，检验月生活费支出是否服从正态分布，这就是假设检验。

在做假设检验时，首先要提出两种假设，即原假设和备择假设。

原假设（null hypothesis）是研究者想收集证据予以推翻的假设，用 H_0 表示。原假设表达的含义是参数没有变化，或变量之间没有某种关系，或总体分布与某一个理论分布无差异，因此等号“=”总是放在原假设上。以总体均值的检验为例，设参数的假设值为 μ_0，原假设总是写成 H_0：$\mu = \mu_0$，H_0：$\mu \geqslant \mu_0$ 或 H_0：$\mu \leqslant \mu_0$。原假设最初被假设是成立的，之后根据样本数据确定是否有足够的证据拒绝原假设。

备择假设（alternative hypothesis）通常是研究者想收集证据予以支持的假设，用 H_1 或 H_a 表示。备择假设所表达的含义是总体参数发生了变化，或变量之间有某种关系，或总体分布与某一个理论分布有差异。以总体均值的检验为例，备择假设的形式总是 H_1：$\mu \neq \mu_0$，H_1：$\mu < \mu_0$ 或 H_1：$\mu > \mu_0$。备择假设通常用于表达研究者自己倾向于支持的看法，然后就是想办法收集证据拒绝原假设，以支持备择假设。

在假设检验中，如果备择假设没有特定的方向，并含有符号“≠”，这样的假设检验称为**双侧检验**或**双尾检验**（two-tailed test）。如果备择假设具有特定的方向，并含有符号“>”或“<”，这样的假设检验称为**单侧检验**或**单尾检验**（one-tailed test）。备择假设含有符号“<”的单侧检验称为**左侧检验**，备择假设含有符号“>”的单侧检验称为**右侧检验**。

下面通过两个例子来说明确定原假设和备择假设的大概思路。

【例 7–1】一种零件的标准直径为 15cm，为对生产过程进行控制，质量监测人员定期对一台加工机床进行检查，确定这台机床生产的零件是否符合标准要求。如果零件的平均直径大于或小于 15cm，表示生产过程不正常，必须进行调整。陈述用来检验生产过程是否正常的原假设和备择假设。

解：设这台机床生产的所有零件平均直径的真值为 μ。若 $\mu=15$，表示生产过程正常，若 $\mu>15$ 或 $\mu<15$，表示生产过程不正常，研究者要检验这两种可能情形中的任何一种。因此，研究者想收集证据予以推翻的假设应该是“生产过程正常”，而想收集证据予以支持的假设是“生产过程不正常”（因为如果研究者事先认为生产过程正常，也就没有必要进行检验了），所以建立的原假设和备择假设应为：

H_0：$\mu=15$（生产过程正常）；H_1：$\mu \neq 15$（生产过程不正常）

【例 7–2】产品的外包装上都贴有标签，标签上通常标有产品的性能说明、成分指标等信息。农夫山泉 550ml 瓶装饮用天然水外包装标签上标识：每 100ml 水中钙的含量为 $\geqslant 400\mu g$。如果是消费者来做检验，应该提出怎样的原假设和备择假设？如果是生产厂家自己来做检验，又会提出怎样的原假设和备择假设？

解：设每 100ml 水中钙的含量均值为 μ。消费者做检验的目的是想寻找证据推翻标签中的说法，即 $\mu \geqslant 400\mu g$（如果对标签中的数值没有质疑，也就没有检验的必要了），而想支持的观点则是标签中的说法不正确，即 $\mu < 400\mu g$。因此，提出的原假设和备择假设应为：

H_0：$\mu \geqslant 400$（标签中的说法正确）；H_1：$\mu < 400$（标签中的说法不正确）

如果是生产厂家自己做检验，生产者自然是想办法来支持自己的看法，也就是想寻找证据证明标签中的说法是正确的，即 $\mu > 400$，而想推翻的则是 $\mu \leqslant 400$，因此会提出与消费者观点不同（方向相反）的原假设和备择假设，即

H_0：$\mu \leqslant 400$（标签中的说法不正确）；H_1：$\mu > 400$（标签中的说法正确）

通过上面的例子可以看出，原假设和备择假设是一个完备事件组，而且相互对立。这意味着，在一项检验中，原假设和备择假设必有一个成立，而且只有一个成立。此外，假设的确定带有一定的主观色彩，因为研究者想推翻的假设和研究者想支持的假设取决于研究者本人的意向。即使对同一个问题，由于研究目的不同，也可能提出截然不同的假设。无论怎样，只要假设的建立符合研究者的最终目的便是合理的。

7.1.2 做出决策

假设检验是根据样本信息做出拒绝或不拒绝原假设的决策。这就涉及两个问题：一是依据什么做出决策；二是所做的决策是否正确。

1. 两类错误与显著性水平

研究者总是希望能做出正确的决策，但由于决策是建立在样本信息的基础之上，而样本又是随机的，因此就有可能犯错误。

原假设和备择假设不能同时成立，决策的结果是要么拒绝原假设，要么不拒绝原假设。决策时总是希望当原假设正确时没有拒绝它，当原假设不正确时拒绝它，但实际上很难保证不犯错误。一种情形是，原假设是正确的却拒绝了它，这时所犯的错误称为**第Ⅰ类错误**（type Ⅰ error），犯第Ⅰ类错误的概率记为α，因此也称$\boldsymbol{\alpha}$**错误**。另一种情形是，原假设是错误的却没有拒绝它，这时所犯的错误称为**第Ⅱ类错误**（type Ⅱ error），犯第Ⅱ类错误的概率记为β，因此也称$\boldsymbol{\beta}$**错误**。

在假设检验中，只要做出拒绝原假设的决策，就有可能犯第Ⅰ类错误；只要做出不拒绝原假设的决策，就有可能犯第Ⅱ类错误。直观上说，这两类错误的概率之间存在这样的关系：在样本量不变的情形下，要减小α就会使β增大，而要减小β就会使α增大，两类错误就像一个跷跷板的两端。人们自然希望犯两类错误的概率都尽可能小，但实际上难以做到。要使α和β同时减小的唯一办法是增加样本量，但样本量的增加又会受许多因素的限制，因此人们只能在两类错误的发生概率之间进行平衡，将α和β控制在能够接受的范围内。一般来说，对于一个固定的样本，如果犯第Ⅰ类错误的代价比犯第Ⅱ类错误的代价高，则将犯第Ⅰ类错误的概率定得低些较为合理；反之，则可以将犯第Ⅰ类错误的概率定得高些。那么，检验时先控制哪类错误呢？一般来说，犯哪一类错误的后果更严重，就应该先控制哪类错误发生的概率。由于犯第Ⅰ类错误的概率可以由研究者事先控制，而犯第Ⅱ类错误的概率则相对难以计算，因此在假设检验中，人们往往先控制第Ⅰ类错误发生的概率。

假设检验中，犯第Ⅰ类错误的概率也称为**显著性水平**（level of significance），记为α，它是人们事先确定的犯第Ⅰ类错误概率的最大允许值。显著性水平α越小，犯第Ⅰ类错误的可能性自然就越小，但犯第Ⅱ类错误的可能性则随之增大。实际应用中，究竟确定一个多大的显著性水平值合适呢？一般情形下，由于人们认为犯第Ⅰ类错误的后果更严重一些，因此通常会取一个较小的 α 值（一般要求 α 可以取小于或等于 0.1 的任何值）。著名的英国统计学家 Ronald Fisher 在他的研究中把小概率的标准定为 0.05，因此人们通常选择显著性水平为 0.05 或比 0.05 更小的概率，当然也可以取其他值。实际中常用的显著性水平有 $\alpha=0.01$ 、$\alpha=0.05$ 、$\alpha=0.1$ 等。当选择样本量时，通常要求第 I 类错误发生的概率不大于 0.05，第 II 类错误发生的概率不大于 0.1。

2. 决策的依据

提出具体的假设之后，研究者需要提供可靠的证据来支持所关注的备择假设。在上面的例 7-2 中，如果你想证实产品标签上的说法不属实，即检验假设：H_0：$\mu \geqslant 400$，H_1：$\mu < 400$，抽取一个样本得到的样本均值为 390μg，你是否拒绝原假设呢？如果样本均值是 410μg，你是否就不拒绝原假设呢？做出拒绝或不拒绝原假设的依据是什么？传统检验中，决策依据的是检验统计量，现代检验中，人们直接根据检验统计量算出犯第 I 类错误的概率，即所谓的 ***P* 值**（p-value）。检验时做出决策的依据是：原假设成立时小概率事件不应发生，如果小概率事件发生了，就应当拒绝原假设。统计上通常把 $P \leqslant 0.1$ 的值统称为小概率。

（1）用统计量决策（传统做法）

怎样利用样本信息做出决策呢？传统方法是首先根据样本数据计算出用于决策的**检验统计量**（test statistic）。比如要检验总体均值，我们自然会想到要用样本均值作为判断标准。但样本均值 $\bar{x}$ 是总体均值 μ 的一个点估计量，它并不能直接作为判断的依据，只有将其标准化后，才能用于度量它与原假设的参数值之间的差异程度。对于总体均值和总体比例的检验，在原假设 H_0 为真的条件下，根据点估计量的抽样分布可以得到**标准化检验统计量**（standardized test statistic）：

$$\text{标准化检验统计量}=\frac{\text{点估计量}-\text{假设值}}{\text{点估计量的标准误}} \tag{7.1}$$

标准化检验统计量反映了点估计值（比如样本均值）与假设的总体参数（比如假设的总体均值）相比相差多少个标准误的距离。虽然检验统计量是一个随机变量，随样本观测结果的不同而变化，但只要已知一组特定的样本观测结果，检验统计量的值也就唯一确定了。

有了检验统计量就可以建立决策准则。根据事先设定的显著性水平 α，可以在统计量的分布上找到相应的**临界值**（critical value）。由显著性水平和相应的临界值围成的一个区域称为**拒绝域**（rejection region）。如果统计量的值落在拒绝域内就拒绝原假设，否则就不拒绝原假设。拒绝域的大小与设定的显著性水平有关。当样本量固定时，拒绝域随 α 的减小而减小。显著性水平、临界值和拒绝域的关系可用图 7-1 来表示。

从图 7-1 可以得出利用统计量做检验时的决策准则：

双侧检验：|统计量的值|>临界值，拒绝原假设。

左侧检验：统计量的值<−临界值，拒绝原假设。

右侧检验：统计量的值>临界值，拒绝原假设。

介绍传统的统计量决策方法只是为了帮助读者理解假设检验的原理，但不推荐使用。

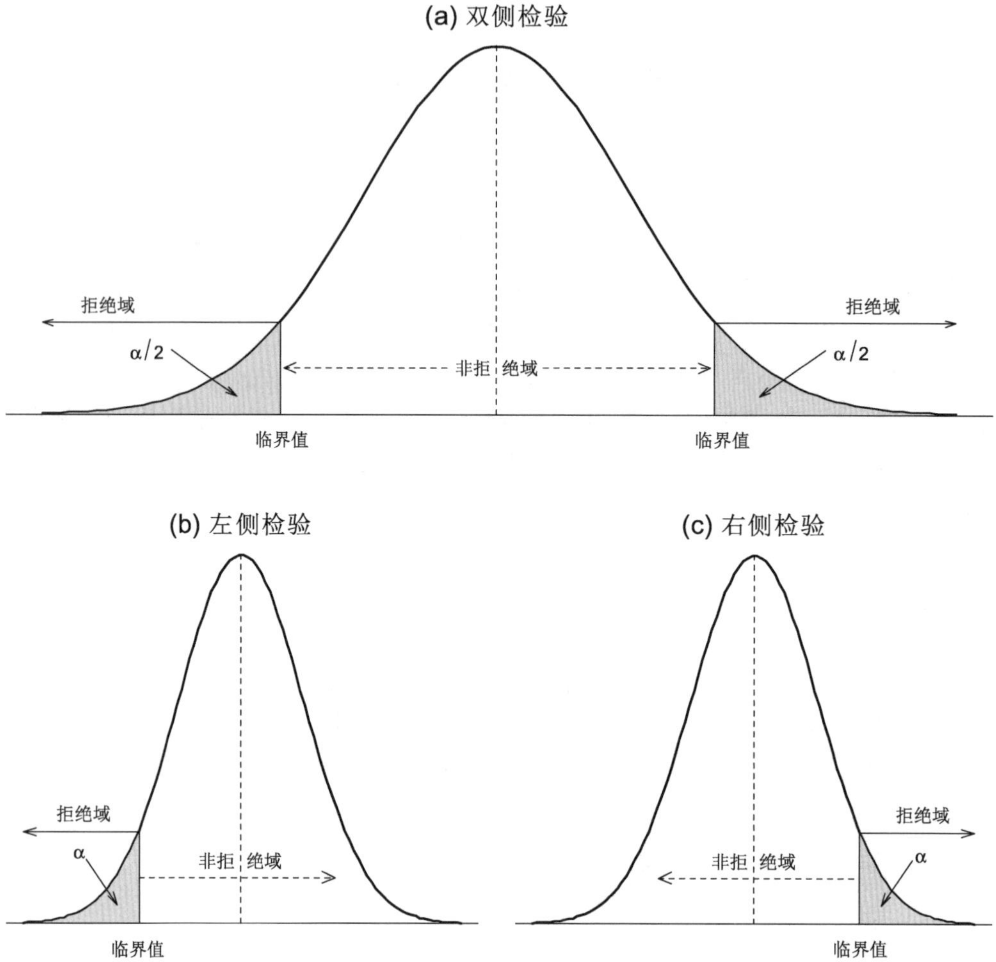

图7-1　显著性水平、临界值和拒绝域

（2）用 *P* 值决策（现代做法）

统计量检验是根据事先确定的显著性水平 α 围成的拒绝域做出决策，不论检验统计量的值是大还是小，只要它落入拒绝域就拒绝原假设，否则就不拒绝原假设。这样，无论统计量落在拒绝域的什么位置，也只能说犯第Ⅰ类错误的概率是 α。但实际上，α 是犯第Ⅰ类错误的上限控制值，统计量落在拒绝域的不同位置，决策时所犯第Ⅰ类错误的概率是不同的。如果能把犯第Ⅰ类错误的真实概率计算出来，就可以直接用这个概率做出决策，而不需要管什么事先设定的显著性水平 α。这个犯第Ⅰ类错误的真实概率就是 P 值，它是指当原假设正确时，所得到的样本结果会像实际观测结果那么极端或更极端的概率，也称为**观察到的显著性水平**（observed significance level）或实测显著性水平。图 7-2 展示了拒绝原假设时的 P 值与设定显著性水平 α 的比较。

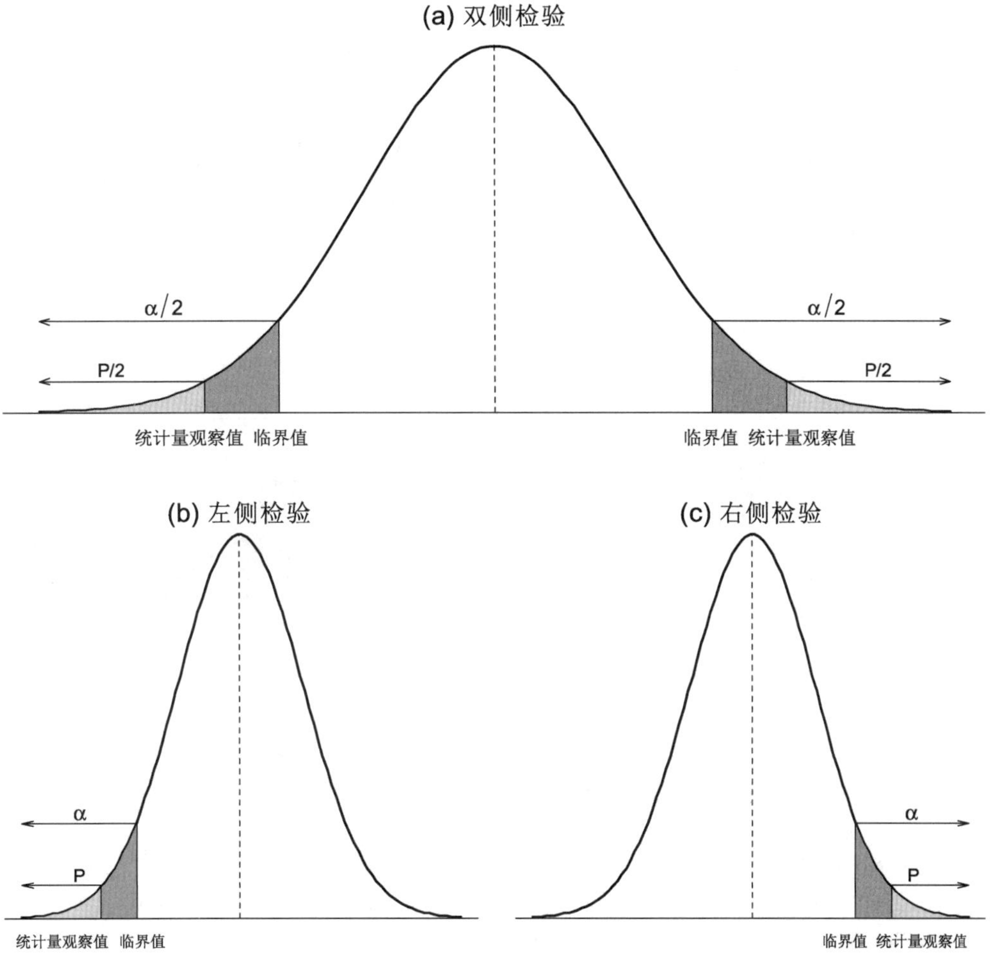

图 7–2　P 值与设定的显著性水平 α 的比较

用 P 值决策的规则很简单：如果 $P<\alpha$，拒绝 H_0；如果 $P>\alpha$，不拒绝 H_0（双侧检验将两侧面积的总和定义为 P）。

P 值决策与统计量决策的结论是相同的，但优于统计量决策。与传统的统计量决策相比，P 值决策提供了更多的信息。比如，根据事先确定的 α 进行决策时，只要统计量的值落在拒绝域，无论它在哪个位置，拒绝原假设的结论都是一样的（只能说犯第 I 类错误的概率是 α）。但实际上，统计量落在拒绝域不同的地方，实际的显著性是不同的。比如，统计量落在临界值附近与落在远离临界值的地方，实际的显著性就有较大差异。P 值是根据实际统计量计算出的显著性水平，它告诉我们真实的显著性水平是多少。图 7-3 展示了拒绝原假设时两个不同统计量的值及其 P 值，从中容易看出统计量决策与 P 值决策的差异。

图 7-3 显示，虽然统计量 1 和统计量 2 均落在拒绝域，结论也都是拒绝原假设，但由于 $P_2<P_1$，表示拒绝原假设时，统计量 2 犯第 I 类错误的概率小于统计量 1。

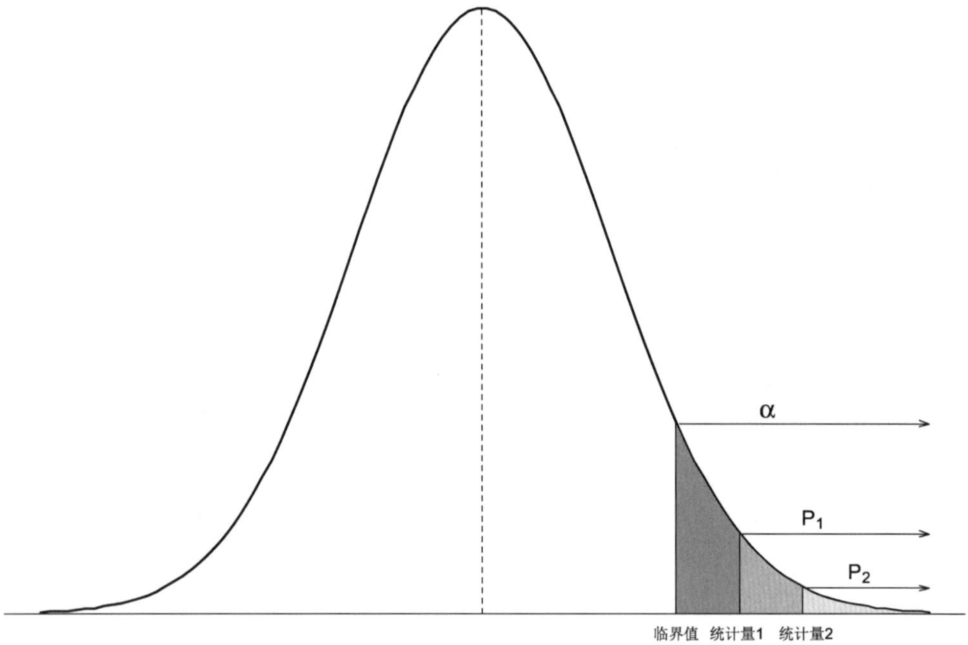

图7–3　拒绝 H_0 的两个统计量的不同显著性

7.1.3　表述结果

假设检验的目的就是寻找证据拒绝原假设，而不是寻找证据支持原假设。在假设检验中，当拒绝 H_0 时称样本结果是“统计上显著的”（statistically significant）；不拒绝 H_0 则称结果是“统计上不显著的”。当 $P<\alpha$ 拒绝 H_0 时，表示有足够的证据证明 H_0 是错误的；当不拒绝 H_0 时，通常不说“接受 H_0”，因为“接受 H_0”的表述隐含着证明了 H_0 是正确的。实际上，P 值只是推翻原假设的证据，而不是证明原假设正确的证据。没有足够的证据拒绝原假设并不等于已经“证明”了原假设是真的，它仅仅意味着目前还没有足够的证据拒绝 H_0。比如，在 $\alpha=0.05$ 的显著性水平上检验假设：$H_0:\mu=100$，$H_1:\mu\neq100$，假定根据样本数据计算出的 $P=0.02$，由于 $P<\alpha$，拒绝 H_0，表示有证据表明 $\mu\neq100$。如果 $P=0.2$，不拒绝 H_0，我们也没有证明 $\mu=100$，而只是表示这个样本还没有足够的证据证明 μ 不是 100。因为假设检验的目的不是证明原假设正确，检验的 P 值也不是原假设正确的证据，它只是原假设不正确的证据。因此，当 P 值较小而不拒绝原假设时，通常将结论描述为没有证据表明 μ 不等于 100。

此外，采取“不拒绝 H_0”而不是“接受 H_0”的表述方法也避免了第Ⅱ类错误发生的风险，因为“接受 H_0”所得结论的可靠性由犯第Ⅱ类错误的概率 β 来度量，而 β 的控制又相对复杂，有时甚至根本无法知道 β 的值（除非你能确切给出 β，否则就不宜表述成“接受”原假设）。当然，不拒绝 H_0 并不意味着 H_0 为真的概率很高，它只是意味着拒绝 H_0 需要更多的证据。

7.1.4　效应量

当假设检验拒绝原假设时，表示参数与假设值之间差异显著，但这一结果并未告诉我们差异的大小（程度）。度量差异大小的统计量就是**效应量**（effect size），它描述了结果的差异程度是小、中还是大。

效应量的提出者是 Jacob Cohen（1988），他提供了不同检验效应量小、中、大的度量标准。如果假设检验拒绝了原假设，一般应给出相应的效应量。不同检验效应量的计算和具体应用将在后面的检验中陆续介绍。

7.2　总体均值的检验

当研究一个总体时，主要是检验该总体均值 μ 与某个假设值 μ_0 的差异是否显著；当研究两个总体时，主要是检验两个总体均值之差（$\mu_1-\mu_2$）是否显著。

7.2.1　一个总体均值的检验

检验总体均值时，采用什么样的检验统计量取决于所抽取的样本是大样本（$n\geqslant 30$）还是小样本（$n<30$），此外，还要考虑总体是否服从正态分布、总体方差 σ^2 是否已知等几种情形。

1. 大样本的检验

在大样本情形下，样本均值的抽样分布近似服从正态分布，其标准误为 $\sigma/\sqrt{n}$。将样本均值 $\bar{x}$ 标准化后即可得到检验统计量。由于 $\bar{x}$ 经标准化后服从标准正态分布，因此采用正态分布的检验统计量。设假设的总体均值为 μ_0，当总体方差 σ^2 已知时，总体均值检验的统计量为：

$$z=\frac{\bar{x}-\mu_0}{\sigma/\sqrt{n}} \tag{7.2}$$

当总体方差 σ^2 未知时，可以用样本方差 s^2 来代替，此时检验的统计量为：

$$z=\frac{\bar{x}-\mu_0}{s/\sqrt{n}} \tag{7.3}$$

【例 7-3】（数据：example7_3.csv）为监测空气质量，某城市环保部门每隔几天对空气中的 PM2.5（可吸入颗粒物）进行一次随机测试。已知该城市过去每立方米空气中 PM2.5 的均值是 81μg/m^3。在最近一段时间的 40 次检测中，每立方米空气中的 PM2.5 数值如表 7-1 所示。

表7-1　每立方米空气中的PM2.5数值　　单位：μg/m³

82.6	74.7	79.9	87.5	73.8	79.8	87.0	68.3
68.5	78.0	86.2	76.9	75.7	89.9	80.2	85.1
85.1	89.2	77.7	57.5	65.3	80.2	74.7	68.8
97.6	75.0	80.1	76.6	85.1	76.1	81.6	72.5
93.5	77.8	80.7	84.5	77.3	83.3	82.2	85.5

根据最近的测量数据，能否认为该城市每立方米空气中的PM2.5均值显著低于81（ $\alpha=0.05$ ）。

解：这里关心的是空气中PM2.5的均值是否显著低于过去的均值，也就是 μ 是否小于 81μg/m³，属于左侧检验。提出的假设为：

H_0： $\mu\geqslant 81$； H_1： $\mu<81$

检验的R代码和结果如代码框7-1所示。

代码框7-1　一个总体均值的检验（大样本）

```
# 使用z.test函数进行大样本检验
> example7_3<-read.csv("C:/example/chap07/example7_3.csv")
> library(BSDA)
> z.test(example7_3$PM2.5值,mu=81,sigma.x=sd(example7_3$PM2.5值),
+     alternative="less",conf.level=0.95)
          One-sample z-Test
data:   example7_3$PM2.5值
z = -1.1856, p-value = 0.1179
alternative hypothesis: true mean is less than 81
95 percent confidence interval:
        NA 81.56174
sample estimates:
mean of x
     79.55
```

注：函数z.test(x, y = NULL, alternative = "two.sided", mu = 0, sigma.x = NULL,sigma.y = NULL, conf.level = 0.95)用于大样本时总体均值的检验。参数x是用于检验的数值向量，设置向量y则可以进行双样本检验。默认alternative = "two.sided"做双侧检验，设置alternative = "greater"或"less" 则可以做右侧检验或左侧检验。sigma.x 和 sigma.y 表示总体标准差，未知时可用样本标准差代替。conf.level = 0.95 为默认的置信水平，可根据需要设置。更多信息查看帮助。

结论：在该项检验中， $\bar{x}=79.55$ ， $z=-1.1856$ ， $P=0.1179$ ，由于 $P>0.05$ ，不拒绝 H_0 ，没有证据表明该城市空气中的PM2.5均值显著低于81μg/m³。图7-4展示了本例的检验结果。

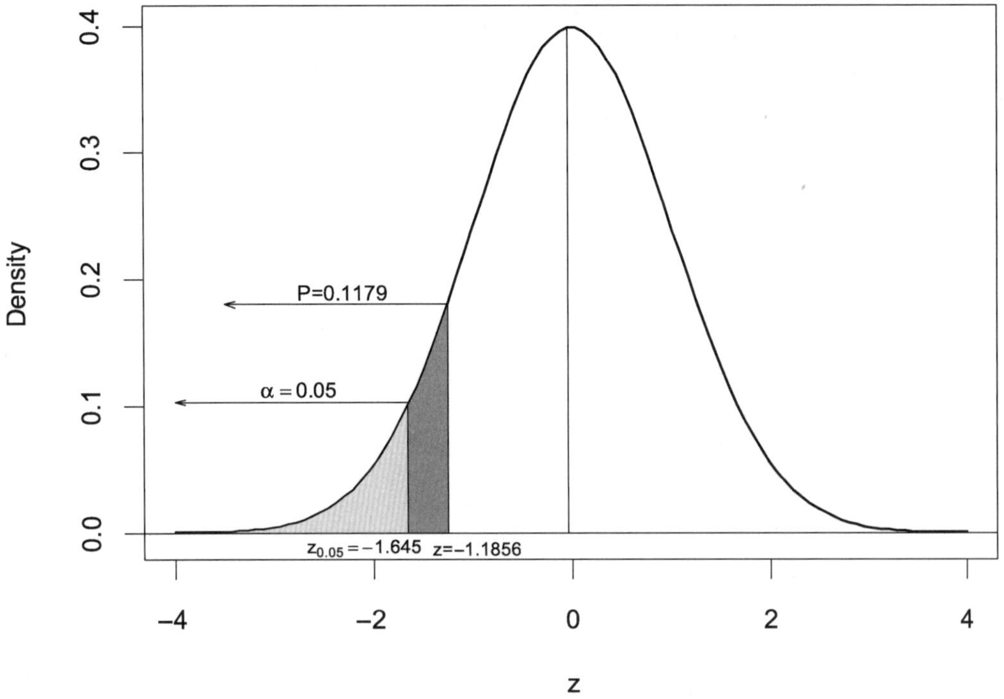

图7-4　例7-3的拒绝域和P值

2. 小样本的检验

在小样本（$n<30$）情形下，检验时首先假定总体服从正态分布。检验统计量的选择与总体方差是否已知有关。

当总体方差σ^2已知时，样本均值经标准化后服从标准正态分布，此时可按式（7.2）对总体均值进行检验。

当总体方差σ^2未知时，需要用样本方差s^2代替σ^2，此时按式（7.3）得到的检验统计量不再服从标准正态分布，而是服从自由度为$n-1$的t分布。因此需要采用t分布进行检验，通常称为“t检验”。检验的统计量为：

$$t=\frac{\bar{x}-\mu_0}{s/\sqrt{n}} \tag{7.4}$$

单样本t检验的效应量通常使用Cohen的d统计量来度量，计算公式为：

$$d=\frac{|\text{样本均值}-\text{假设的总体均值}|}{\text{样本标准差}}=\frac{|\bar{x}-\mu_0|}{s} \tag{7.5}$$

该效应量表示样本均值与假设的总体均值的差异是多少个标准差。根据Cohen（1988）提出的标准，单样本t检验的小、中、大效应量对应的d值分别为0.20、0.50、0.80。即当$d<0.20$时，效应量非常小，几乎为0；当$0.20\leqslant d<0.50$时，为小的效应量；当$0.50\leqslant d<0.80$时，为中的效应量；当$d\geqslant 0.80$时，为大的效应量。0.20表示样本均值与假设的总体均值相差0.2个标准差，0.50表示相差0.5个标准差，0.80表示相差0.8个标准差。当然，Cohen提供的标准只是近似结果，应用中可灵活掌握。

【例7-4】（数据：example7_4.csv）一种建筑材料的厚度要求为5cm，高于或低于该标准均被认为是不合格的。现对一家生产企业提供的20个样品进行检测，结果如表7-2所示。

表7-2　20个样品的厚度数据　　单位：cm

4.7	4.9	4.9	4.8	4.7	4.7	4.5	5.0	4.7	4.8
4.6	5.0	4.7	4.7	5.0	5.1	4.7	5.0	4.8	4.7

假定材料的厚度服从正态分布，在0.05的显著性水平下，检验该企业生产的材料厚度是否符合要求。

解：依题意建立如下假设：

H_0：$\mu=5$；H_1：$\mu\neq5$

检验的R代码和结果如代码框7-2所示。

代码框7-2　一个总体均值的检验（小样本）

```
# 单样本t检验（使用t.test函数）
> example7_4<-read.csv("C:/example/chap07/example7_4.csv")
> t.test(example7_4$厚度,mu=5)
        One Sample t-test
data:   example7_4$厚度
t = -5.6273, df = 19, p-value = 1.998e-05
alternative hypothesis: true mean is not equal to 5
95 percent confidence interval:
 4.725612 4.874388
sample estimates:
mean of x
      4.8
# 计算效应量
> library(lsr)
> cohensD(example7_4$厚度,mu=5)
[1] 1.258306
```

注：函数t.test(x,y=NULL,alternative=c("two.sided", "less", "greater"),mu=0, paired=FALSE,var.equal = FALSE,conf.level=0.95)用于单样本或双样本t检验。参数x和y是用于检验的向量，默认做单样本检验。默认alternative = "two.sided"做双侧检验，设置alternative = " less "或" greater " 则可以做左侧检验或右侧检验。mu是假设的总体均值。双样本检验时，默认paired=FALSE做独立样本检验，设置paired=TRUE做配对样本检验；默认var.equal =FALSE，即方差不等，方差相对时设置var.equal = TRUE，conf.level = 0.95为默认的置信水平，可根据需要设置。更多信息查看帮助。

结论：在该项检验中，$\bar{x}=4.8$，$t=-5.627\,3$，$\mathrm{df}=19$，$P=1.998\mathrm{e}-05$，由于$P<0.05$，拒绝H_0，有证据显示该企业生产的材料厚度不符合要求。图7-5展示了本例的检验结果。

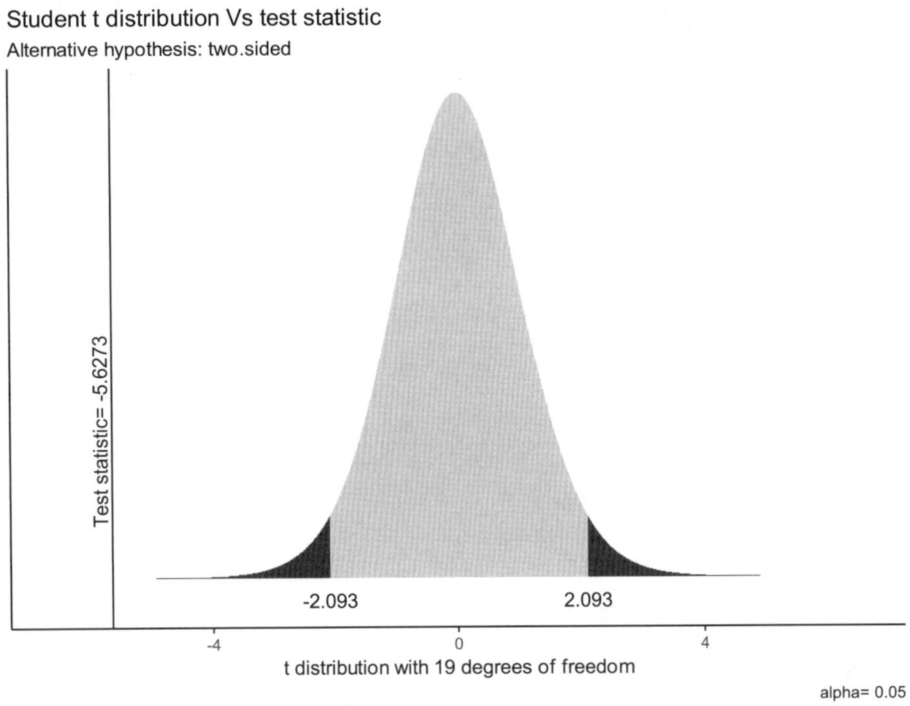

图 7-5　例 7-4 的检验结果

图 7-5 展示了给定显著性水平的临界值及其拒绝域、检验统计量值的位置等信息。由于统计量落在拒绝域，所以拒绝原假设。

7.2.2　两个总体均值差的检验

根据获得样本的方式不同，两个总体均值的检验分为独立样本和配对样本两种情形，也有大样本与小样本之分。检验的统计量是以两个样本均值之差（$\bar{x}_1 - \bar{x}_2$）的抽样分布为基础构造出来的。对于大样本和小样本两种情形，由于两个样本均值之差经标准化后的分布不同，检验统计量也有差异。

1. 独立大样本的检验

在大样本情形下，两个样本均值之差（$\bar{x}_1 - \bar{x}_2$）的抽样分布近似服从正态分布，而（$\bar{x}_1 - \bar{x}_2$）经过标准化后则服从标准正态分布。如果两个总体的方差 σ_1^2，σ_2^2 已知，采用下面的检验统计量：

$$z = \frac{(\bar{x}_1 - \bar{x}_2) - (\mu_1 - \mu_2)}{\sqrt{\frac{\sigma_1^2}{n_1} - \frac{\sigma_2^2}{n_2}}} \tag{7.6}$$

如果两个总体方差 σ_1^2，σ_2^2 未知，可分别用样本方差 s_1^2，s_2^2 替代，此时检验统计量为：

$$z=\frac{(\bar{x}_1-\bar{x}_2)-(\mu_1-\mu_2)}{\sqrt{\frac{s_1^2}{n_1}-\frac{s_2^2}{n_2}}} \qquad (7.7)$$

【例7-5】（数据：example7_5.csv）为分析男女学生上网时间是否有差异，从男女学生中各随机抽取 36 人，得到每天的上网时间数据如表 7-3 所示。设显著性水平为 0.05，检验男女学生上网的平均时间是否有显著差异。

表7-3　男女学生的每天上网时间　　单位：小时

男生上网时间		女生上网时间	
2.4	0.5	1.7	1.8
2.0	2.0	2.6	1.9
3.4	2.5	3.2	2.0
2.7	3.7	3.6	4.2
2.5	3.4	2.4	1.1
2.2	3.6	3.6	3.2
1.9	3.6	2.7	1.4
3.0	3.9	3.8	1.4
1.4	2.6	2.0	1.4
3.5	3.1	2.4	2.1
4.3	2.9	1.8	3.9
3.6	3.0	3.1	2.4
2.9	3.7	2.6	2.2
2.8	1.5	2.4	2.6
2.8	2.6	2.8	2.5
4.2	2.7	2.2	1.5
3.4	3.0	3.1	1.8
2.3	2.5	2.6	1.8

解：设 μ_1 =男生上网的平均时间；μ_2 =女生上网的平均时间。由于关心上网的平均时间是否有显著差异，提出的假设为：

H_0：$\mu_1-\mu_2=0$；H_1：$\mu_1-\mu_2\neq 0$

检验的 R 代码和结果如代码框 7-3 所示。

代码框7-3　两个总体均值之差的检验（独立大样本）

```
# 检验男女学生的每天上网时间
> example7_5<-read.csv("C:/example/chap07/example7_5.csv")
```

```
> x=example7_5$男生上网时间;y=example7_5$女生上网时间
> library(BSDA)
> z.test(x,y,sigma.x=sd(x),sigma.y=sd(y))
          Two-sample z-Test
data:   x and y
z = 1.1188, p-value = 0.2632
alternative hypothesis: true difference in means is not equal to 0
95 percent confidence interval:
 -0.1712448   0.6268003
sample estimates:
mean of x mean of y
 3.058333   2.830556
```

结论：在该项检验中，$\bar{x}_{男}=3.058\,333$，$\bar{x}_{女}=2.830\,556$，$z=1.118\,8$，$P=0.263\,2$，由于 $P>0.05$，不拒绝 H_0，没有证据显示男女学生上网的平均时间有显著差异。

2. 独立小样本的检验

当两个样本均为独立小样本时，需要假定两个总体均服从正态分布。检验时有以下 3 种情形。

（1）两个正态总体方差 σ_1^2 和 σ_2^2 已知时，无论样本量大小①，两个样本均值之差的抽样分布都服从正态分布，这时可用式（7.6）作为检验统计量。

（2）两个正态总体的方差未知但相等时，即 $\sigma_1^2=\sigma_2^2$，则需要用两个样本的方差 s_1^2 和 s_2^2 进行估计，此时需要将两个样本的数据合并在一起，以计算出总体方差的合并估计量，用 s_p^2 表示，计算公式为：

$$s_p^2=\frac{(n_1-1)s_1^2+(n_2-1)s_2^2}{n_1+n_2-2} \tag{7.8}$$

此时，两个样本均值之差经标准化后服从自由度为（n_1+n_2-2）的 t 分布，因而采用的检验统计量为：

$$t=\frac{(\bar{x}_1-\bar{x}_2)-(\mu_1-\mu_2)}{s_p\sqrt{\dfrac{1}{n_1}+\dfrac{1}{n_2}}} \tag{7.9}$$

（3）两个正态总体的方差未知且不相等时，即 $\sigma_1^2\neq\sigma_2^2$，两个样本均值之差经标准化后不再服从自由度为（n_1+n_2-2）的 t 分布，而是近似服从自由度为 v 的 t 分布。此时的检验统计量为：

$$t=\frac{(\bar{x}_1-\bar{x}_2)-(\mu_1-\mu_2)}{\sqrt{\dfrac{s_1^2}{n_1}+\dfrac{s_2^2}{n_2}}} \tag{7.10}$$

① 如果两个总体均服从正态分布且方差已知，两个总体均值之差的检验无须区分样本量大小。

该统计量的自由度为 v，其计算公式为：

$$v=\frac{\left(s_1^2/n_1+s_2^2/n_2\right)^2}{\frac{\left(s_1^2/n_1\right)^2}{n_1-1}+\frac{\left(s_2^2/n_2\right)^2}{n_2-1}} \tag{7.11}$$

如果检验结果为拒绝原假设，可用使用 Cohen 的效应量 d 来分析样本均值的差值与假设的总体均值差值之间的差异程度。独立样本 t 检验的效应量的计算公式为：

$$d=|t|\sqrt{\frac{n_1+n_2}{n_1 n_2}} \tag{7.12}$$

根据 Cohen（1988）提出的标准，独立样本 t 检验的小、中、大效应量对应的 d 值分别为 0.20、0.50、0.80。

【例 7–6】（数据：example7_6.csv）为比较两家企业生产的同类产品平均使用寿命是否有显著差异，质检人员对两家供货商提供的各 20 个样品进行检测，得到的使用寿命数据如表 7–4 所示。检验两家企业产品的平均使用寿命是否有显著差异（$\alpha=0.05$）：（1）假设两个总体方差相等；（2）假设两个总体方差不相等。

表 7–4　两家企业产品使用寿命的样本数据　　单位：小时

甲企业	乙企业
8 428	8 522
8 298	9 071
8 317	8 257
8 761	8 458
8 058	8 700
8 518	8 500
7 996	8 621
8 371	8 410
8 427	8 235
7 379	8 137
8 131	8 438
8 329	8 129
8 116	8 627
8 415	8 360
7 481	8 815
7 956	8 453
8 450	8 703
8 071	8 557
7 911	8 503
7 907	8 254

解：设 μ_1 为甲企业产品的平均使用寿命，μ_2 为乙企业产品的平均使用寿命。依题意提出如下假设：

$$H_0\text{：}\mu_1-\mu_2=0\text{；}\quad H_1\text{：}\mu_1-\mu_2\neq 0$$

检验的 R 代码和结果如代码框 7-4 所示。

代码框 7-4　两个总体均值之差的检验（独立小样本）

```
# 假设总体方差相等
> example7_6<-read.csv("C:/example/chap07/example7_6.csv")
> t.test(example7_6$甲企业,example7_6$乙企业,var.equal=TRUE)
        Two Sample t-test
data:   example7_6$甲企业  and example7_6$乙企业
t = -3.4943, df = 38, p-value = 0.001225
alternative hypothesis: true difference in means is not equal to 0
95 percent confidence interval:
  -507.76    -135.24
sample estimates:
mean of x mean of y
   8166.0      8487.5
# 假设总体方差不相等
> t.test(example7_6$甲企业,example7_6$乙企业,var.equal=FALSE)
        Welch Two Sample t-test
data:   example7_6$甲企业  and example7_6$乙企业
t = -3.4943, df = 33.683, p-value = 0.001353
alternative hypothesis: true difference in means is not equal to 0
95 percent  confidence interval:
  -508.5472   -134.4528
sample estimates:
mean of x mean of y
   8166.0      8487.5

# 计算效应量
> library(lsr)
> cohensD(example7_6$甲企业,example7_6$乙企业)
[1] 1.104985
```

结论：在该项检验中，$\bar{x}_{甲企业}=8\,166.0$，$\bar{x}_{乙企业}=8\,487.5$，假设总体方差相等时，$t=-3.494\,3$，$\mathrm{df}=38$，$P=0.001\,225$；假设总体方差不等时，$t=-3.494\,3$，$\mathrm{df}=33.683$，$P=0.001\,353$。两种假设条件下检验的 P 值均小于 0.05，所以拒绝 H_0，表明两家企业生产的产品平均使用寿命有显著差异。代码框 7-4 的结果显示，$d=1.104\,985$，表示甲企业和乙企业的产品平均使用寿命的样本均值差值与总体均值差值相差 1.104 985 个标准差。根据 Cohen 准则，该检验结果属于大的效应量。图 7-6 展示了本例的检验结果。

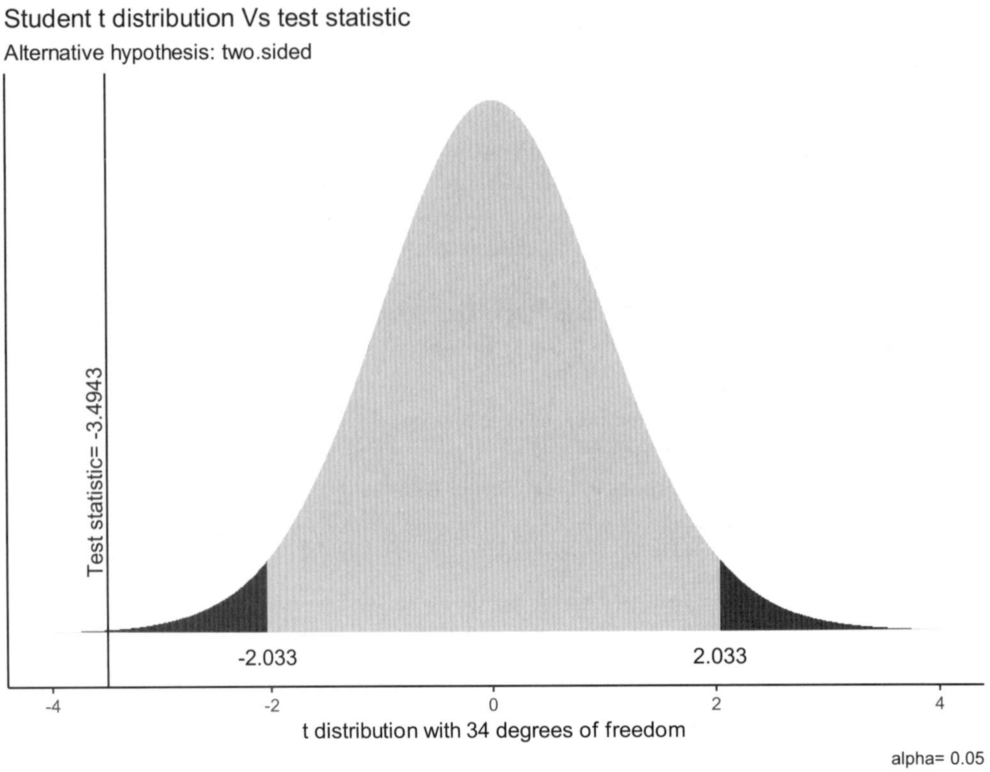

图7–6　例7–6的检验结果

3. 配对样本的检验

配对样本的检验需要假定两个总体配对的差值服从正态分布，而且配对差是由差值总体中随机抽取的。对于小样本情形，配对差值经标准化后服从自由度为$n-1$的t分布①，因此检验统计量为：

$$t=\frac{\bar{d}-(\mu_1-\mu_2)}{s_d/\sqrt{n}} \tag{7.13}$$

式中，$\bar{d}$为配对差值的均值；s_d为配对差值的标准差。

如果检验结果拒绝原假设，可计算效应量来进一步分析配对样本差值的均值与假设的总体配对差值的均值之间的差异程度。配对样本t检验的效应量的估计由Cohen的d统计量给出。计算公式为：

$$d=\frac{|\text{配对样本差值的均值}|}{\text{配对差值的标准差}}=\frac{\bar{d}}{s_d}=\frac{|t|}{\sqrt{n}} \tag{7.14}$$

根据Cohen提出的标准，配对样本t检验的小、中、大效应量对应的d值分别为0.20、0.50、0.80。

① 对于大样本情形，该统计量服从标准正态分布，此时可按正态分布进行检验。

【例 7–7】（数据：example7_7.csv）某饮料公司研制出一款新产品，为比较消费者对新旧产品口感的满意程度，随机抽选一组消费者共 10 人，让每个消费者先品尝一款饮料，再品尝另一款饮料，两款饮料的品尝顺序是随机的，而后让每个消费者对两款饮料分别进行评分（0 ~ 10 分），评分结果如表 7–5 所示。设显著性水平 $\alpha = 0.05$，检验消费者对两款饮料的评分是否有显著差异。

表 7–5　10 个消费者对两款饮料的评分

旧款饮料	新款饮料
7	8
8	10
6	9
7	9
8	9
8	8
7	9
8	9
7	10
9	7

解：设 μ_1 = 消费者对旧款饮料的平均评分，μ_2 = 消费者对新款饮料的平均评分。依题意建立的原假设与备择假设为：

H_0: $\mu_1 - \mu_2 = 0$；H_1: $\mu_1 - \mu_2 \neq 0$

检验的 R 代码和结果如代码框 7–5 所示。

代码框 7–5　两个总体均值之差的检验（配对样本）

```
# 配对样本t检验
> example7_7<-read.csv("C:/example/chap07/example7_7.csv")
> t.test(example7_7$旧款饮料,example7_7$新款饮料,paired=TRUE)
          Paired t-test
data:   example7_7$旧款饮料  and example7_7$新款饮料
t = -2.7508, df = 9, p-value = 0.02245
alternative hypothesis: true difference in means is not equal to 0
95 percent confidence interval:
 -2.3690538 -0.2309462
sample estimates:
mean of the differences
                   -1.3
# 计算效应量
> cohensD(example7_7$旧款饮料,example7_7$新款饮料,method="paired")
[1] 0.8698945
```

结论：在该项检验中，$\bar{d}=-1.3$，$t=-2.7508$，df $=9$，$P=0.02245$，由于 $P<0.05$，拒绝 H_0，消费者对新旧饮料的评分有显著差异。效应量 $d=0.8698945$。根据 Cohen 准则，该检验结果属于大的效应量。图 7-7 展示了本例的检验结果。

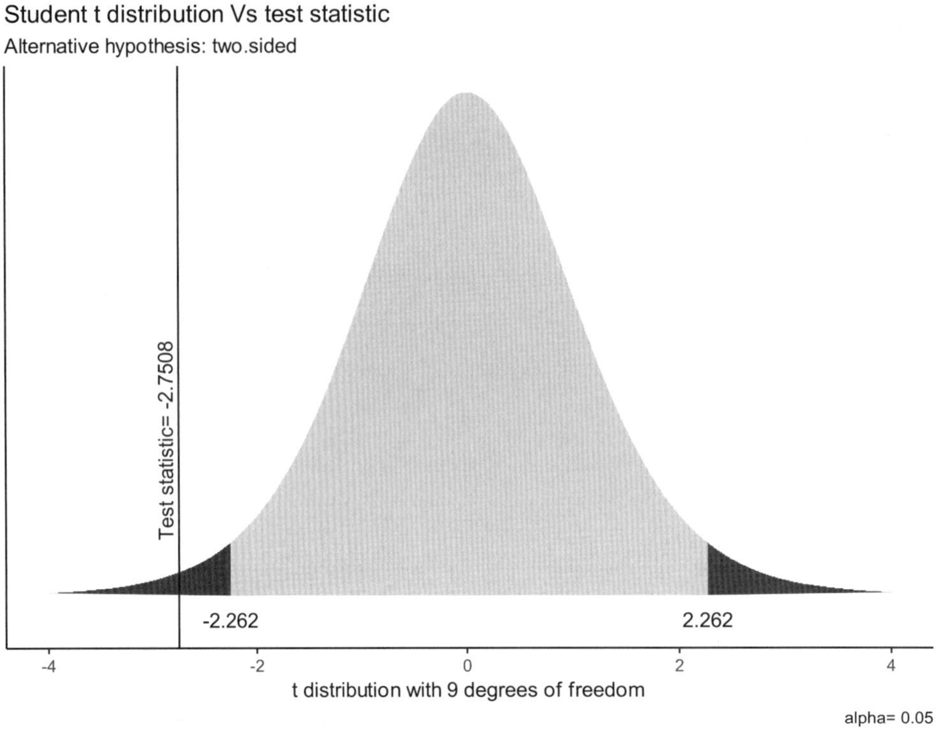

图 7-7 例 7-7 的检验结果

7.3 总体比例的检验

总体比例的检验程序与总体均值的检验类似，本节只介绍大样本①情形下一个总体比例的检验和两个总体比例之差的检验方法。

7.3.1 一个总体比例的检验

在大样本情形下，统计量 p 近似服从正态分布，而样本比例标准化后则近似服从标准正态分布，因此检验统计量为：

$$z=\frac{p-\pi_0}{\sqrt{\frac{\pi_0(1-\pi_0)}{n}}} \tag{7.15}$$

① 检验总体比例时，确定样本量是否“足够大”的方法与总体比例的区间估计一样，参见第 6 章。

【例 7-8】 一家电视台的影视频道制作人认为，某电视连续剧如果在黄金时段播出，收视率将会达到 25%以上。经过一周的试播放后，该制作人随机抽取了由 2 000 人组成的一个样本，发现有 450 个观众观看了该电视连续剧。设显著性水平 $\alpha=0.05$，检验收视率是否达到制作人的预期。

解：制作人想支持的观点是收视率达到 25%以上，因此提出的假设为：

H_0：$\pi \leqslant 25\%$；H_1：$\pi > 25\%$

检验的 R 代码和结果如代码框 7-6 所示。

代码框 7-6 一个总体比例的检验

```
> n<-2000
> p<-450/2000
> pi0<-0.25
> z<-(p-pi0)/sqrt(pi0*(1-pi0)/n)
> p_value<-1-pnorm(z)
> data.frame(z,p_value)
          z      p_value
1 -2.581989    0.9950884
```

结论：在该项检验中，$z=-2.581\,989$，$P=0.995\,088\,4$，由于 $P>0.05$，不拒绝 H_0，没有证据表明收视率达到了制作人的预期。

7.3.2 两个总体比例差的检验

两个总体比例之差（$\pi_1-\pi_2$）的检验思路与一个总体比例的检验类似，要求两个样本都是大样本。当 n_1p_1，$n_1(1-p_1)$，n_2p_2，$n_2(1-p_2)$ 都大于等于 10 时，就可以认为是大样本。根据两个样本比例之差的抽样分布，得到两个总体比例之差检验的统计量为：

$$z=\frac{(p_1-p_2)-(\pi_1-\pi_2)}{\sigma_{p_1-p_2}} \tag{7.16}$$

式中，$\sigma_{p_1-p_2}=\sqrt{\frac{\pi_1(1-\pi_1)}{n_1}+\frac{\pi_2(1-\pi_2)}{n_2}}$ 是两个样本比例之差抽样分布的标准差。

由于两个总体的比例 π_1 和 π_2 是未知的，需要用两个样本比例 p_1，p_2 来估计 $\sigma_{p_1-p_2}$，此时有以下两种情形。

第一种情形是检验两个总体比例是否相等，即 H_0：$\pi_1-\pi_2=0$ 或 H_0：$\pi_1=\pi_2$，此时 $\pi_1=\pi_2=\pi$ 的最佳估计量是将两个样本合并后得到的合并比例 p。设 x_1 表示样本 1 中成功的次数，x_2 表示样本 2 中成功的次数，则合并后的比例为：

$$p=\frac{x_1+x_2}{n_1+n_2}=\frac{p_1n_{1+}p_2n_2}{n_1+n_2} \tag{7.17}$$

此时 $\sigma_{p_1-p_2}$ 的最佳估计量为：

$$\sigma_{p_1-p_2}=\sqrt{\frac{p(1-p)}{n_1}+\frac{p(1-p)}{n_2}}=\sqrt{p(1-p)\left(\frac{1}{n_1}+\frac{1}{n_2}\right)} \tag{7.18}$$

将式（7.18）代入式（7.16）中得到两个总体比例之差检验的统计量为：

$$z=\frac{p_1-p_2}{\sqrt{p(1-p)\left(\frac{1}{n_1}+\frac{1}{n_2}\right)}} \tag{7.19}$$

第二种情形是检验两个总体比例之差等于某个常数，即 H_0：$\pi_1-\pi_2=d_0$（$d_0\neq 0$），此时可直接用两个样本的比例 p_1 和 p_2 作为相应两个总体比例 π_1 和 π_2 的估计量，得到两个总体比例之差检验的统计量为：

$$z=\frac{(p_1-p_2)-d_0}{\sqrt{\frac{p_1(1-p_1)}{n_1}+\frac{p_2(1-p_2)}{n_2}}} \tag{7.20}$$

【例7-9】一所大学准备采取一项新的上网收费措施，为了解男女学生对这一措施的看法是否有差异，分别抽取200名男生和200名女生进行调查。其中的一个问题是："你是否赞成采取新的上网收费的措施？"其中男生表示赞成的比例为27%，女生表示赞成的比例为35%。调查者认为，男生中表示赞成的比例显著低于女生。设显著性水平 $\alpha=0.05$，样本提供的证据是否支持调查者的看法？

解：设 π_1 =男生中表示赞成的比例，π_2 =女生中表示赞成的比例。依题意提出如下假设：

H_0：$\pi_1-\pi_2\geqslant 0$；H_1：$\pi_1-\pi_2<0$

检验的R代码和结果如代码框7-7所示。

代码框7-7　两个总体比例之差的检验（H_0：$\pi_1-\pi_2=0$）

```
> n1<-200;n2<-200
> p1<-0.27;p2<-0.35
> p<-(p1*n1+p2*n2)/(n1+n2)
> z<-(p1-p2)/sqrt(p*(1-p)*(1/n1+1/n2))
> p_value<-pnorm(z)
> data.frame(z,p_value)
          z     p_value
1 -1.729755   0.04183703
```

结论：在该项检验中，$z=-1.729\,755$，$P=0.041\,837\,03$，由于 $P<0.05$，拒绝 H_0，样本提供的证据支持调查者的看法，即男生中表示赞成的比例显著低于女生。

【例7-10】有两种方法生产同一种产品，方法1的生产成本较高而次品率较低，方法2的生产成本较低而次品率则较高。管理人员在选择生产方法时，决定对两种方法的次品率进行比较。如果方法1比方法2的次品率低8%以上，则采用方法1，否则就采用方法2。管理人员从采用方法1生产的产品中随机抽取300个，发现有33个次品；从采用方法 2 生产的产品中也随机抽取 300 个，发现有 84 个次品。用显著性水平 $\alpha=0.01$ 进行检验，管理人员应决定采用哪种方法进行生产。

解：设 π_1＝方法 1 的次品率，π_2＝方法 2 的次品率。因为要检验“方法 1 的次品率是否比方法 2 低 8%”（不是检验二者的差值是否等于 0），所以选择式（7.20）作为检验统计量。依题意提出如下假设：

H_0：$\pi_1-\pi_2\geqslant 8\%$；H_1：$\pi_1-\pi_2<8\%$

检验的 R 代码和结果如代码框 7-8 所示。

代码框 7-8　两个总体比例之差的检验（H_0：$\pi_1-\pi_2=d_0$）

```
> n1<-300;n2<-300
> p1<-33/300;p2<-84/300
> d0<-0.08
> z<-((p1-p2)-0.08)/sqrt(p1*(1-p1)/n1+p2*(1-p2)/n2)
> p_value<-pnorm(z)
> data.frame(z,p_value)
          z        p_value
1 -7.91229    1.26348e -15
```

结论：在该项检验中，$z=-7.912\,29$，$P=1.263\,48\text{e}-15$，由于 $P<0.01$，拒绝 H_0，表示方法 1 的次品率显著地低于方法 2 达 8%以上，所以应采用方法 1 进行生产。

7.4　总体方差的检验

研究一个总体时，总体方差 σ^2 的检验采用 χ^2 统计量。研究两个总体时，两个总体方差比 σ_1^2/σ_2^2 的检验采用 F 统计量。

7.4.1　一个总体方差的检验

在生产和生活的许多领域，方差的大小是否适度是需要考虑的一个重要因素。一个方差大的产品意味着其质量或性能不稳定。相同均值的产品，方差小的自然要好些。与总体方差的区间估计类似，一个总体方差的检验使用 χ^2 分布。此外，不论样本量 n 是大还是小，总体方差的检验都要求总体服从正态分布。检验统计量为：

$$\chi^2=\frac{(n-1)s^2}{\sigma_0^2} \tag{7.21}$$

对于设定的显著性水平 α，双侧检验的拒绝域如图 7-8 所示。对于单侧检验，拒绝域在分布一侧的尾部。

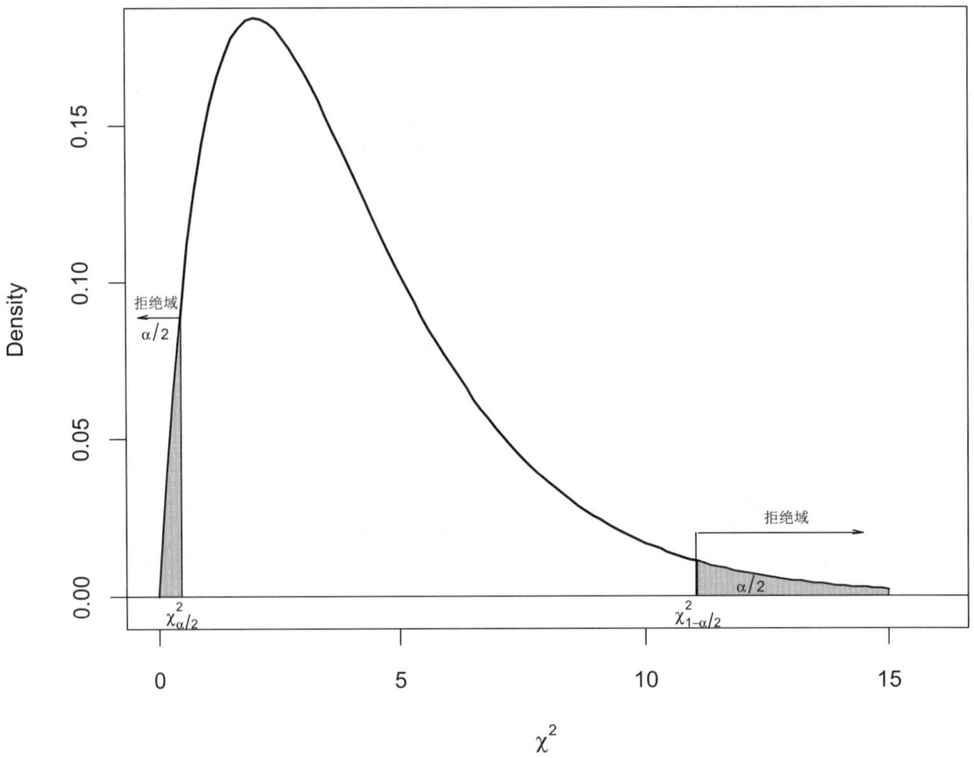

图7-8　显著性水平为 α 时双侧检验的临界值和拒绝域

【例7-11】（数据：example7_11.csv）啤酒生产企业采用自动生产线灌装啤酒，每瓶的填装量为640ml，但由于受某些不可控因素的影响，每瓶的填装量会有差异。如果 σ^2 很大，会出现填装量太多或太少的情形，这样，要么生产企业不划算，要么消费者不满意。假定生产标准规定每瓶填装量的方差不应超过16。企业质检部门抽取了10瓶啤酒进行检测，得到的样本数据如下。检验填装量的方差是否符合要求（$\alpha = 0.05$）。

638.3	642.0	640.4	641.1	637.2	643.3	643.7	640.5	639.8	644.2

解：依题意提出如下假设：

H_0：$\sigma^2 \leqslant 16$；H_1：$\sigma^2 > 16$

检验的R代码和结果如代码框7-9所示。

代码框7-9　一个总体方差的检验

```
> example7_11<-read.csv("C:/example/chap07/example7_11.csv")
> library(TeachingDemos)
> sigma.test(example7_11$填装量,sigmasq=16,alternative="greater")
        One sample Chi-squared test for variance
data:   example7_11$填装量
X-squared = 2.9741, df = 9, p-value = 0.9653
alternative hypothesis: true variance is greater than 16
95 percent confidence interval:
```

```
  2.812522          Inf
sample estimates:
var of example7_11$填装量
                        5.287222
```

注：sigma.test(x,sigma=1,sigmasq=sigma^2,alternative=c("two.sided","less", "greater"),conf.level=0.95)函数用于总体方差的检验。参数x为向量；sigma为假设的总体标准差，默认1；sigmasq为假设的总体方差；alternative确定备择假设的形式，默认"two.sided"；conf.level指定置信水平，默认0.95。更多信息查看帮助。

结论：在该项检验中，$s^2=5.287\,222$，$\chi^2=2.9741$，$\text{df}=9$，$P=0.9653$，由于$P>0.05$，不拒绝H_0。没有证据显示啤酒填装量的方差不符合要求。

7.4.2 两个总体方差比的检验

比较两个总体方差时，通常将原假设和备择假设的形式表示成两个总体方差比值与数值1之间的比较关系。由于两个样本方差比s_1^2/s_2^2是两个总体方差比σ_1^2/σ_2^2的理想估计量，当样本量为n_1和n_2的两个样本分别独立地抽自两个正态总体时，检验统计量为：

$$F=\frac{s_1^2}{s_2^2} \quad \text{或} \quad F=\frac{s_2^2}{s_1^2} \tag{7.22}$$

【例7-12】（数据：example7_6.csv）沿用例7-6。检验两家企业产品使用寿命的方差是否有显著差异（$\alpha=0.05$）。

解：设甲企业产品使用寿命的方差为σ_1^2，乙企业产品使用寿命的方差为σ_2^2，依题意建立的原假设与备择假设为：

$$H_0\text{：}\frac{\sigma_1^2}{\sigma_2^2}=1\text{；}\quad H_1\text{：}\frac{\sigma_1^2}{\sigma_2^2}\neq 1$$

检验的R代码和结果如代码框7-10所示。

代码框7-10 两个总体方差比的检验

```
> example7_6<-read.csv("C:/example/chap07/example7_6.csv")
> x=example7_6$甲企业;y=example7_6$乙企业
> var.test(x,y,alternative="two.sided")
        F test to compare two variances
data:   x and y
F = 2.1154, num df = 19, denom df = 19, p-value =0.111
alternative hypothesis: true ratio of variances is not equal to 1
95 percent confidence interval:
 0.8372882 5.3443721
sample estimates:
ratio of variances
          2.115367
```

注：函数var.test(x,y,ratio=1,...)用于两个总体方差比的检验。参数x和y为向量；ratio为假设的两个总体方差比，默认1。更多信息查看函数帮助。

结论：在该项检验中，$s_1^2 / s_2^2 = 2.115\,367$，$F = 2.115\,4$，df1=19，df2=19，$P = 0.111$，由于$P > 0.05$，不拒绝$H_0$，没有证据表明两家企业产品使用寿命的方差有显著差异。图7-9展示了本例的检验结果。

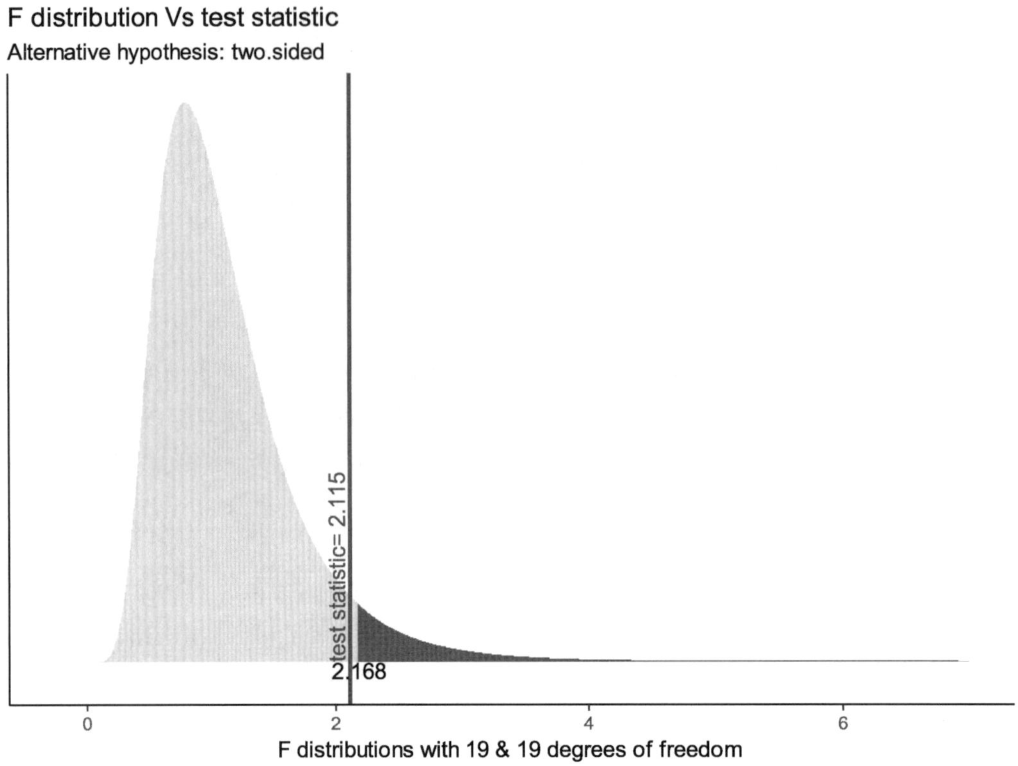

图7-9　例7-12的检验结果

7.5　正态性检验

以上各节介绍的参数检验（如t检验、F检验等）通常是在假定总体服从正态分布或总体分布形式已知的条件下进行的。检验样本数据是否来自正态总体，这就是**正态性检验**（normality test）。正态性检验有图示法和检验法两大类。

7.5.1　正态概率图

判断数据是否服从正态分布的可视化图形有直方图、核密度图等，但这类图形是将数据分布的形状与正态曲线进行比较，如果分布的形状与正态分布曲线接近，就可以初步认为数据近似服从正态分布，但这种比较形状的做法有时难以做出确切的判断。在实际中，常用的检验正态性的可视化方法是绘制出样本数据的**正态概率图**（normal probability plots），它可以对正态性做出较为确切的判断。

正态概率图有两种画法，一种称为 **Q-Q 图**（Quantile-Quantile plot），一种称为 **P-P 图**（Probability-Probability plot）。Q-Q 图是根据样本数据的分位数与理论分布（如正态分布）的分位数的符合程度绘制的，有时也称为分位数-分位数图。P-P 图则是根据样本数据的累积概率与理论分布（如正态分布）的累积概率的符合程度绘制的。除用于正态分布检验外，Q-Q 图（或 P-P 图）也可用于检验 t 分布、卡方分布、均匀分布、贝塔分布、伽马分布等。

以正态 Q-Q 图为例，说明正态概率图的绘制过程。对于一组样本数据，可以计算出任意一点的分位数，记为 Q_o。如果要检验该数据是否服从正态分布，我们可以计算出相应的标准正态分布的分位数，称为理论分位数，记为 Q_e。以 Q_e 作 x 轴，Q_o 作 y 轴（x 轴和 y 轴可以互换），可以绘制出多个分位数点（Q_e，Q_o）在坐标系中散点图。如果实际数据服从正态分布，则所有分位数点应该落在截距为样本均值，斜率为样本标准差的直线上。如果各分位数点在这条直线周围随机分布，越靠近直线，说明实际数据越近似服从正态分布，如果各分位数点的分布有明显的固定模式，则表示实际数据不服从正态分布。P-P 图的画法类似，只不过是根据累积概率绘制的。图 7-10 展示了不同分布的直方图和对应的正态 Q-Q 图。

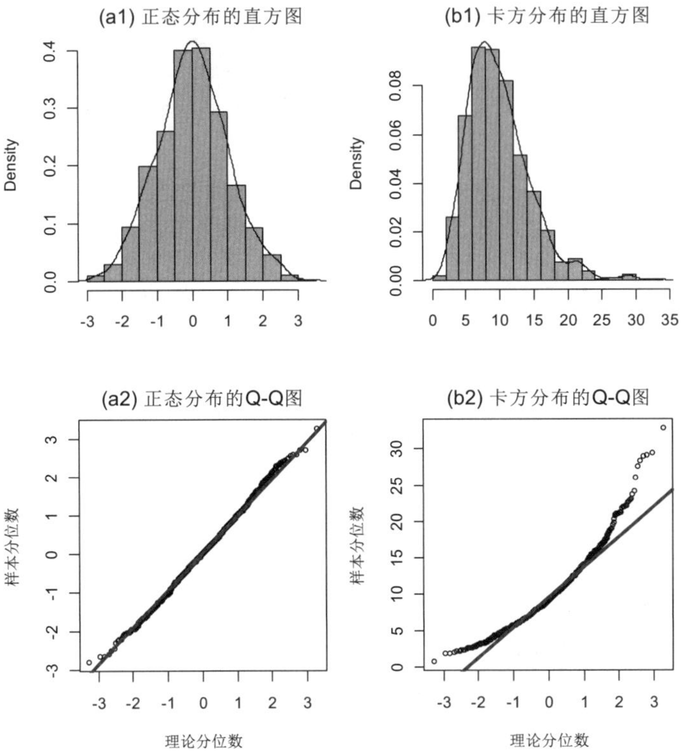

图 7-10　不同分布的直方图与正态 Q-Q 图的比较

在分析正态概率图时，最好不要用严格的标准去衡量数据点是否在理论直线上，只要各点近似在一条直线周围且随机分布即可。当样本量较小时，正态概率图中的点很少，提供的正态性信息很有限，因此，使用 Q-Q 图时，样本量应尽可能大。

【例7–13】（数据：example7_3.csv）沿用例 7–3。绘制 PM2.5 的正态 Q-Q 图，检验 PM2.5 是否服从正态分布。

解： 绘制正态 Q-Q 图的 R 代码和结果如代码框 7–11 所示。

代码框 7–11　绘制正态 Q-Q 图

```
# 图7-11的绘制代码
> example7_3<-read.csv("C:/example/chap07/example7_3.csv")
> x=example7_3$PM2.5 值
> qqnorm(x,xlab="理论分位数",ylab="样本分位数",main="")      # 绘制 Q-Q 点
> qqline(x,col="red",lwd=2)                                  # 添加 Q-Q 线
> par(fig=c(0.075,0.56,0.55,0.99),new=TRUE)                  # 设置图形位置
> hist(x,xlab="PM2.5",ylab="",ylim=c(0,0.055),freq=FALSE,
+     col="lightblue", cex.axis=0.7,cex.lab=0.7,main="")     # 绘制直方图
> lines(density(x),col="red")                                # 添加核密度曲线
> box(col="grey80")                                          # 添加盒子
```

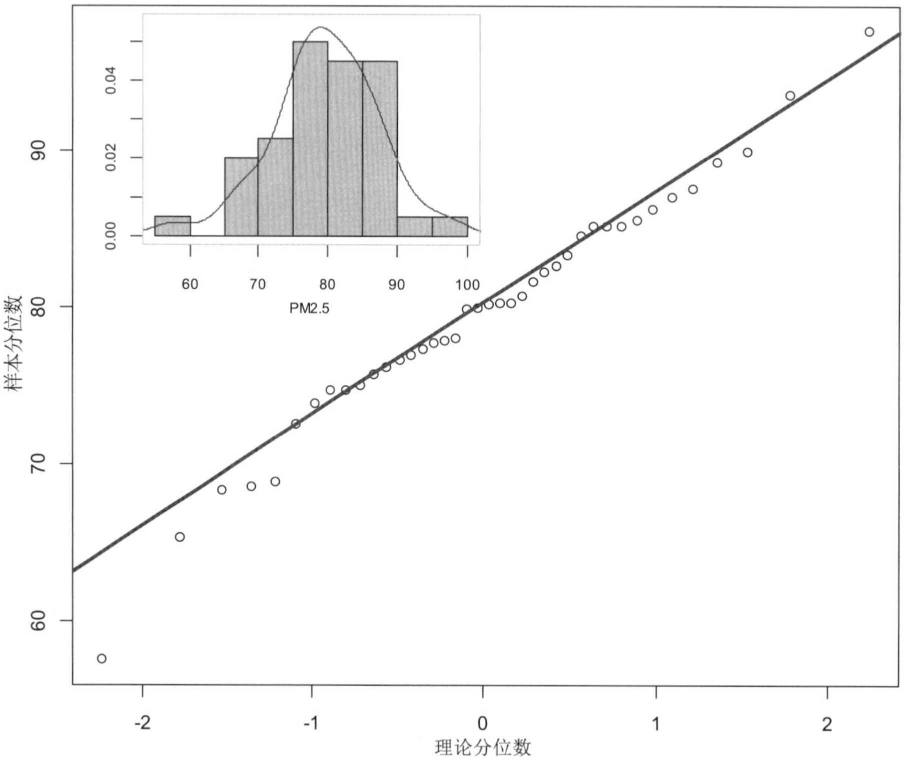

图7–11　PM2.5 的正态 Q-Q 图

注：qqnorm 函数默认生成数据的标准Q-Q图。qqline添加一条理论分位数线，该线默认穿过25%分位数和75%分位数。

为便于理解 Q-Q 图的含义，图 7–11 中添加了 PM2.5 的直方图和核密度曲线。图 7–11 显示，除第 1 个点远离理论分布线外，其余各观测点基本上在理论正态分布直线周围随机分布，表明 PM2.5 近似服从正态分布。当正态 Q-Q 图不能判断数据是否近似服从

正态分布时，可以使用统计检验的方法。

7.5.2　Shapiro-Wilk 检验和 Kolmogorov-Smirnov 检验

当样本量较小时，正态概率图难以做出确切的判断，这时可以使用标准的统计检验方法。检验的原假设是总体服从正态分布。如果检验获得的 P 值小于预设的显著性水平，则拒绝原假设，表示总体不服从正态分布；如果 P 值较大不能拒绝原假设，可以认为总体近似正态分布。正态性的检验方法有很多，这里只介绍两种常用的检验方法，即 Shapiro-Wilk 检验（简称 S-W 检验）和 Kolmogorov-Smirnov 检验（简称 K-S 检验）。

1. Shapiro-Wilk 检验

Shapiro-Wilk 检验是 S.Shapiro 和 M.Wilk 于 1965 年提出的，该检验使用顺序统计量 W 来检验分布的正态性。Shapiro-Wilk 检验的具体步骤如下：

首先，对研究的总体提出如下假设：

H_0：总体服从正态分布；H_1：总体不服从正态分布

然后，按下列公式计算检验统计量 W：

$$W = \frac{\sum a_i y_i^2}{\sum (y_i - \bar{y})^2} \tag{7.23}$$

式中，y_i 为排序后的样本数据；$\bar{y}$ 为样本均值；a_i 为样本量为 n 时所对应的系数。

W 统计量的最大值是 1，最小值是 $na_1^2/(n-1)$。统计量越大，表示数据越符合正态分布。但在非正态分布的小样本数据中也经常会出现较大的 W 值，同时，由于该统计量的分布是未知的，因此需要通过模拟来估计其概率或者通过查表得到 a_i 的值。当 P 值小于指定显著性水平时表示总体不符合正态分布。

Shapiro-Wilk 检验适用于样本量较小的情形，即 $3 \leqslant n \leqslant 50$ 时。使用 R 做 Shapiro-Wilk 检验时，要求样本量 n 必须在 3~5 000 之间，即 $3 \leqslant n \leqslant 5\,000$。

【例 7-14】（数据：example7_3.csv）沿用例 7-3。用 Shapiro-Wilk 方法检验 PM2.5 是否服从正态分布（$\alpha = 0.05$）。

解：提出假设：H_0：PM2.5 服从正态分布；H_1：PM2.5 不服从正态分布

Shapiro-Wilk 检验的 R 代码和结果如代码框 7-12 所示。

代码框 7-12　Shapiro-Wilk 正态性检验

```
> example7_3<-read.csv("C:/example/chap07/example7_3.csv")
> shapiro.test(example7_3$PM2.5 值)
            Shapiro-Wilk normality test
data:   example7_3$PM2.5 值
W = 0.98272, p-value = 0.7888

注：函数 shapiro.test(x)用于 shapiro 正态性检验。参数 x 为取值在 3 和 5000 之间的数值向量。更多信息查看帮助。
```

结论：在该项检验中，$W=0.98272$，$P=0.7888$，由于$P>0.05$，不拒绝原假设，没有证据显示 PM2.5 不服从正态分布。

2. Kolmogorov-Smirnov 检验

当样本量较大时，可使用 Kolmogorov-Smirnov 检验（以下简称 K-S 检验）。该检验既可用于大样本，也可用于小样本。

K-S 检验用来检验总体是否服从某个已知的理论分布①。该检验是将某一变量的累积分布函数与特定的分布函数进行比较，检验其拟合程度。设总体的累积分布函数为$F(x)$，已知的理论分布函数为$F_0(x)$，则检验的原假设和备择假设为：

H_0：$F(x)=F_0(x)$（总体分布与指定的理论分布无显著差异）

H_1：$F(x)\neq F_0(x)$（总体分布与指定的理论分布差异显著）

设各样本观测值在理论分布中出现的累积概率为$F_0(x)$，各样本观测值的实际累积概率为$S(x)$，实际累积概率与理论累积概率的差值为$D(x)$，差值序列中的最大绝对差值为：

$$D=\max\left(\left|S(x_i)-F(x_i)\right|\right) \tag{7.24}$$

由于实际累积概率为离散值，通常作以下修正：

$$D=\max\left\{\left(\left|S(x_i)-F(x_i)\right|\right),\ \left(\left|S(x_{i-1})-F(x_i)\right|\right)\right\} \tag{7.25}$$

式（7.25）就是 K-S 检验的统计量。在小样本情形下，统计量D服从 Kolmogorov 分布；在大样本情形下，则用正态分布近似，统计量为：

$$z=\sqrt{n}D \tag{7.26}$$

如果H_0成立，每次抽样得到的D值应当不会与 0 偏离太远，否则就应拒绝H_0。对于设定的显著性水平α，若检验统计量D（或 z）对应的概率小于α，则拒绝H_0，表示总体与指定的理论分布差异显著。

K-S 检验要求样本数据是连续的数值型数据，而且要求理论分布已知。比如，要检验样本数据是否来自$\mu=100$，$\sigma=10$的正态总体，即$X\sim N(100,\ 10^2)$。当总体均值和方差未知时，可以用样本均值$\bar{x}$和方差s^2来代替②。

【例 7−15】（数据：example7_3.csv）沿用例 7−3。用 K-S 检验方法检验该 PM2.5 是否服从正态分布（$\alpha=0.05$）。

解：提出假设：

H_0：PM2.5 服从正态分布；H_1：PM2.5 不服从正态分布

由于 K-S 检验要求正态总体是已知的，即参数μ和σ^2已知。当μ和σ^2未知时，可以分别用样本均值$\bar{x}$和样本方差s^2来代替。

---

① 可检验的理论分布主要有正态分布（normal）、Poisson 分布、均匀分布（uniform）、指数分布（exponential）等。

② Lilliefor 于 1967 年提出该方法，因此该方法也称为 Lilliefor 正态性检验，它可以检验样本数据是否来自某个未知的理论总体。使用 SPSS 做检验时均用样本均值和样本方差来代替。

K-S 检验的 R 代码和结果如代码框 7-13 所示。

代码框 7-13　K-S 正态性检验

```
> example7_3<-read.csv("C:/example/chap07/example7_3.csv")
> x=example7_3$PM2.5 值
> ks.test(x,"pnorm", mean(x), sd(x))
        One-sample Kolmogorov-Smirnov test
data:   x
D = 0.09033, p-value = 0.8999
alternative hypothesis: two-sided
```

注：K-S 检验的函数为 ks.test(x,y, ...)。参数 x 为向量或数据框；y 为指定分布，pnorm 表示要检验的是正态分布；μ和 sd 是正态分布的均值和标准差。更多信息查看帮助。

结论：在该项检验中，$D=0.090\,33$，$P=0.899\,9$，由于 $P>0.05$，不拒绝 H_0，没有证据显示 PM2.5 不服从正态分布。

除上述函数外，R 中的 fBasics 包提供了多个正态性检验函数，其中包括 Shapiro-Wilk 正态性检验函数 ShapiroTest、K-S 单样本正态性检验函数 ksnormTest 等。比如，运行代码 fBasics::shapiroTest(example7_3$PM2.5)得到的结果与代码框 7-12 相同。

由于 Shapiro-Wilk 检验和 K-S 检验对正态性偏离十分敏感，因此，当样本数据轻微偏离正态分布时，这些检验往往也会导致拒绝原假设。当某些分析对正态性的要求相对宽松时，应谨慎使用这些检验。

习题

7.1　一种机床加工的零件尺寸绝对平均误差为 1.35mm。生产厂家准备采用一种新的机床进行加工以期进一步降低误差。为检验新机床加工的零件平均误差与旧机床相比是否有显著降低，从新机床生产的零件中随机抽取 50 个进行检验。50 个零件尺寸的绝对误差数据（单位：mm）如下：

1.26	1.19	1.31	0.97	1.81
1.13	0.96	1.06	1.00	0.94
0.98	1.10	1.12	1.03	1.16
1.12	1.12	0.95	1.02	1.13
1.23	0.74	1.50	0.50	0.59
0.99	1.45	1.24	1.01	2.03
1.98	1.97	0.91	1.22	1.06
1.11	1.54	1.08	1.10	1.64
1.70	2.37	1.38	1.60	1.26
1.17	1.12	1.23	0.82	0.86

（1）绘制 Q-Q 图，检验零件尺寸的绝对误差是否服从正态分布。

（2）检验新机床加工的零件尺寸的平均误差与旧机床相比是否有显著降低（$\alpha=0.01$）。

7.2　安装于一种联合收割机的金属板的平均重量为 25 千克。对某企业生产的 20 块金属板进行测量，得到的重量数据（单位：千克）如下：

22.6	26.6	23.1	23.5
27.0	25.3	28.6	24.5
26.2	30.4	27.4	24.9
25.8	23.2	26.9	26.1
22.2	28.1	24.2	23.6

（1）采用 Shapiro-Wilk 检验和 K-S 检验两种方法，检验该企业生产的金属板重量是否服从正态分布（$\alpha=0.05$）。

（2）假定金属板的重量服从正态分布，检验该企业生产的金属板是否符合要求（$\alpha=0.05$）。

（3）计算效应量，分析差异程度。

7.3　某市场研究机构用一组被调查者样本来给某特定商品的潜在购买力打分。样本中每个人都分别在看过该产品的新的电视广告之前与之后打分。潜在购买力的分值为 0～10 分，分值越高，表示潜在购买力越强。原假设认为“看后”平均得分小于或等于“看前”平均得分，拒绝该假设就表示广告提高了平均潜在购买力得分。设显著性水平 $\alpha=0.05$，用下列数据检验该假设，计算并分析效应量。

个体	购买力得分	
	看后	看前
1	6	5
2	6	4
3	7	7
4	4	3
5	3	5
6	9	8
7	7	5
8	6	6

7.4　某企业为比较两种方法对员工培训的效果，采用方法 1 对 15 名员工进行培训，采用方法 2 对另外 15 名员工进行培训。培训后的测试分数如下：

方法 1			方法 2		
56	51	45	59	57	53
47	52	43	52	56	65
42	53	52	53	55	53
50	42	48	54	64	57
47	44	44	58	60	55

在 $\alpha=0.05$ 显著性水平下，检验两种方法的培训效果是否有显著差异。

（1）假定方差相等。

（2）假定方差不相等。

（3）计算效应量，分析差异程度。

7.5　对消费者的一项调查显示，17%的人早餐饮料是牛奶。某城市的牛奶生产商认为，该城市的人早餐饮用牛奶的比例更高。为验证这一说法，生产商随机抽取 550 人的一个随机样本，其中 115 人早餐饮用牛奶。检验该生产商的说法是否属实（ $\alpha=0.05$ ）。

7.6　为研究小企业经理是否认为他们获得了成功，在随机抽取的 100 位小企业的女性经理中，认为自己成功的人数为 24 人；在对 95 位男性经理的调查中，认为自己成功的人数为 39 人。在 $\alpha=0.05$ 的显著性水平下，检验男女经理认为自己成功的人数比例是否有显著差异。

7.7　为比较新、旧两种肥料对产量的影响，以便决定是否采用新肥料，研究者选择了面积相等、土壤等条件相同的 40 块田地，分别施用新、旧两种肥料，得到的产量数据如下：

旧肥料					新肥料				
109	101	97	98	100	105	109	110	118	109
98	98	94	99	104	113	111	111	99	112
103	88	108	102	106	106	117	99	107	119
97	105	102	104	101	110	111	103	110	119

设显著性水平 $\alpha=0.05$：

（1）检验新肥料获得的平均产量是否显著地高于旧肥料，假定方差相等。

（2）检验两种肥料产量的方差是否有显著差异。

（3）计算效应量，分析差异程度。

7.8　生产工序中的方差是工序质量的一个重要指针，通常较大的方差意味着要通过寻找减小工序方差的途径来改进工序。某杂志上刊载了两部机器生产的袋茶重量的数据（单位：克）如下，检验这两部机器生产的袋茶重量的方差是否存在显著差异（ $\alpha=0.05$ ）。

机器 1	2.95	3.45	3.50	3.75	3.48	3.26	3.33	3.20
	3.16	3.20	3.22	3.38	3.90	3.36	3.25	3.28
	3.20	3.22	2.98	3.45	3.70	3.34	3.18	3.12
机器 2	3.22	3.30	3.34	3.28	3.29	3.25	3.30	3.27
	3.38	3.34	3.35	3.19	3.35	3.05	3.36	3.28
	3.30	3.28	3.30	3.20	3.16	3.33	3.26	3.35

第 8 章 Chapter 8 类别变量分析

在分析实际问题时常常遇到类别变量，如性别、产品的品牌、消费者的偏好等。类别变量的观测结果是各个类别，对这些类别观测频数的描述性分析主要是计算比例、比率等统计量，推断性分析则是根据各类别的频数利用 χ^2 分布进行检验，因此也称为 χ^2 检验，内容包括 χ^2 拟合优度检验和 χ^2 独立性检验等。

8.1 一个类别变量的拟合优度检验

只研究一个类别变量时，可利用 χ^2 检验来判断各类别的观测频数与某一期望频数或理论频数是否一致。比如，各月份的产品销售额是否符从均匀分布，不同地区的离婚率是否有显著差异，等等，这就是 χ^2 **拟合优度检验**（goodness of fit test）。该检验是利用 χ^2 统计量来判断某个类别变量中各类别的观测频数与期望频数或理论频数是否一致，它也可用于判断各类别观测频数的分布是否符合某一理论分布，如均匀分布或正态分布等。

8.1.1 期望频数相等

为更好地理解拟合优度检验，还是先从一个例子开始。

【例 8-1】（数据：example8_1.csv）为研究消费者对不同类型的饮料是否有明显偏好，一家调查公司随机调查了 2 000 名消费者对 4 种饮料的偏好情况，得到不同类型饮料的偏好数据如表 8-1 所示。

表 8-1　2 000 名消费者对不同类型饮料的偏好数据

饮料类型	人数
碳酸饮料	525
矿泉水	550
果汁	470
其他	455
合计	2 000

表 8-1 中的饮料类型是类别变量，共有 4 个类别值，每个类别的偏好人数称为**观测频数**（observed frequency），即各类别的实际频数。如果消费者对各类型饮料没有明显偏好，则各类别的观测频数应该相等或近似相等，也就是不同类型饮料的消费者人数都是 500 人（2 000/4），这就是各类别的**期望频数**（expected frequency）或理论频数。调查者想分析消费者对不同类型饮料的偏好是否有显著差异，实际上也就是检验观测频数与期望频数是否一致，因此，拟合优度检验也称为**一致性检验**（test of homogeneity）。该检验使用的是 χ^2 统计量，它是由英国统计学家卡尔·皮尔逊（Karl Pearson）于 1900 年提出的，因此，拟合优度检验使用的统计量也称为 Pearson χ^2。其计算公式为：

$$\chi^2=\sum\frac{(f_o-f_e)^2}{f_e} \tag{8.1}$$

式中，f_o 为观测频数；f_e 为期望频数。该统计量服从自由度为 $k-1$ 的 χ^2 分布，k 为类别个数。

如果统计量 χ^2 等于 0，表示观测频数与期望频数完全一致；如果显著不等于 0，则表示观测频数与期望频数之间存在显著差异，χ^2 值越大，差异就越显著。

下面来检验消费者对不同类型饮料的偏好是否有显著差异（$\alpha=0.05$）。

解：第 1 步：提出假设。

H_0：观测频数与期望频数无显著差异（无显著偏好）

H_1：观测频数与期望频数有显著差异（有显著偏好）

第 2 步：计算检验统计量 χ^2。如果消费者对不同类型饮料的偏好无显著差异，意味着各期望频数相等，即不同类型饮料的期望频数均为 500。统计量 χ^2 的计算过程如表 8-2 所示。

表 8-2　计算例 8-1 的 χ^2 统计量

饮料类型	观测频数 f_o	期望频数 f_e	$(f_o-f_e)^2/f_e$
碳酸饮料	525	500	1.25
矿泉水	550	500	5.00
果汁	470	500	1.80
其他	455	500	4.05
合计	2 000	2 000	12.10

第 3 步：做出决策。$\chi^2=12.10$，自由度为 $4-1=3$，由 R 函数得 P 值（右尾概率）为 0.007 048，由于 $P<\alpha$，拒绝 H_0，表明消费者对不同类型饮料的偏好有显著差异。

期望频数相等时拟合优度检验的 R 代码和结果如代码框 8-1 所示。

代码框 8-1　期望频数相等时的拟合优度检验

```
> example8_1<-read.csv("C:/example/chap08/example8_1.csv")
> chisq.test(example8_1$人数)
```

```
        Chi-squared test for given probabilities
data:   example8_1$人数
X-squared = 12.1, df = 3, p-value = 0.007048

注：　chisq.test()函数默认期望频数相等。更多信息查看帮助。
```

在该项检验中，$\chi^2 = 12.1$，df = 3，$P = 0.007\,048$，由于$P < 0.05$，拒绝H_0，表明消费者对不同类型饮料的偏好有显著差异。

8.1.2　期望频数不等

在例 8-1 中，各类别的期望频数是相等的。当各类别的期望频数不相等时，进行拟合优度检验需要先计算出各类别的期望频数。

【例8-2】（数据：example8_2.csv）一项社会学研究认为，离婚率的高低与受教育程度有关，而且由于社会经济发展程度及生活方式等因素的影响，不同地区也有一定差异。在对北部地区离婚家庭的样本研究中发现，离婚家庭中，受教育程度为小学及以下的家庭所占的比例为 20%，初中家庭为 35%，高中家庭为 25%，大学家庭为 12%，研究生家庭为 8%。在对南部地区 260 个离婚家庭的调查中，不同受教育程度的离婚家庭分布如表 8-3 所示。检验南部地区不同受教育程度的离婚家庭数与期望频数是否一致（$\alpha = 0.05$）。

表8-3　南部地区不同受教育程度的离婚家庭分布　　单位：个

受教育程度	离婚家庭数
小学及以下	30
初中	110
高中	80
大学	25
研究生	15
合计	260

解：提出假设。这里将北部地区的调查比例作为期望比例。所关心的问题是南部地区不同受教育程度的离婚家庭数与期望频数是否一致。因此提出的假设为：

H_0：不同受教育程度的离婚家庭数与期望频数无显著差异

H_1：不同受教育程度的离婚家庭数与期望频数有显著差异

计算期望频数和检验统计量。虽然期望比例是已知的，但期望频数需要计算。如果南部地区不同受教育程度的离婚家庭数与期望的一样，那么在 260 个离婚家庭中，不同受教育程度的离婚家庭数所占的比例与北部地区的期望比例应该一致。因此，用期望比例乘以总的观测频数（样本量）即得期望频数。计算结果如表 8-4 所示。

表 8-4 南部地区不同受教育程度离婚家庭的期望频数

受教育程度	观测频数	期望比例（%）	期望频数=期望比例×样本量
小学及以下	30	20	0.20×260=52.0
初中	110	35	0.35×260=91.0
高中	80	25	0.25×260=65.0
大学	25	12	0.12×260=31.2
研究生	15	8	0.08×260=20.8
合计	260	100	260

有了期望频数就可以计算检验的 χ^2 统计量了，结果如表 8-5 所示。

表 8-5 南部地区不同受教育程度离婚家庭的拟合优度检验

受教育程度	观测频数 f_o	期望频数 f_e	$(f_o-f_e)^2/f_e$
小学及以下	30	52.0	9.307 7
初中	110	91.0	3.967 0
高中	80	65.0	3.461 5
大学	25	31.2	1.232 1
研究生	15	20.8	1.617 3
合计	260	260	19.585 6

在该项检验中，$\chi^2=19.585\,6$，$\mathrm{df}=4$，$P=0.000\,602\,8$，由于 $P<0.05$，拒绝 H_0，表示南部地区不同受教育程度的离婚家庭数与期望频数有显著差异。

期望频数不相等时拟合优度检验的 R 代码和结果如代码框 8-2 所示。

代码框 8-2 期望频数不相等时的拟合优度检验

```
# 加载并显示本例数据
> example8_2<-read.csv("C:/example/chap08/example8_2.csv")
> example8_2
  受教育程度 离婚家庭数 期望比例
1 小学及以下        30     0.20
2       初中       110     0.35
3       高中        80     0.25
4       大学        25     0.12
5     研究生        15     0.08
# 期望频数不等时的拟合优度检验
> chisq.test(example8_2$离婚家庭数,p=example8_2$期望比例)
        Chi-squared test for given probabilities
data:   example8_2$离婚家庭数
X-squared = 19.586, df = 4, p-value = 0.0006028
```

注：函数 chisq.test（x, y，p,...）用于列联表的拟合优度检验。参数 x 和 y 是频数向量或一个矩阵；p 为概率向量（期望比例）。更多信息查看帮助。

代码框 8-2 显示的结果与手工计算结果相同。

8.2　两个类别变量的独立性检验

对于两个类别变量的推断分析，主要是检验两个变量是否独立，这就是 χ^2 **独立性检验**（test of independence）。

8.2.1　列联表与 χ^2 独立性检验

如果研究的是两个类别变量，每个变量有多个类别，通常将两个变量多个类别的频数用交叉表的形式表示出来。其中一个变量放在行（row）的位置，称为行变量，其类别数（行数）用 r 表示；另一个变量放在列（column）的位置，称为列变量，其类别数（列数）用 c 表示。这种由两个或两个以上类别变量交叉分类的频数分布表就是列联表。一个由 r 行和 c 列组成的列联表也称为 $r\times c$ 列联表。

对列联表中的两个类别变量进行分析，通常是判断两个变量是否独立。该检验的原假设是：两个变量独立（无关），如果原假设被拒绝，则表示两个变量不独立，或者说两个变量相关。χ^2 独立性检验的统计量为：

$$\chi^2=\sum\sum\frac{(f_o-f_e)^2}{f_e} \tag{8.2}$$

式中，f_o 为观测频数；f_e 为期望频数。期望频数的计算见式（8.4）。该统计量服从自由度为 $(r-1)(c-1)$ 的 χ^2 分布，r 为行数，c 为列数。

下面通过一个例子展示 χ^2 独立性检验的具体过程。

【例8-3】（数据：example8_3.csv）一家电商对在本平台购物的客户做了一项调查。调查的客户来自东部、中部、西部三个地区共 500 人，表 8-6 是对本平台购物的整体满意度评价结果。检验客户满意度与地区是否独立（$\alpha=0.05$）。

表8-6　客户对本购物平台满意度的调查结果

满意度	地区			
	东部	中部	西部	合计
满意	126	158	35	319
不满意	34	82	65	181
合计	160	240	100	500

解： 提出假设。

H_0：满意度与地区独立

H_1：满意度与地区不独立

计算期望频数和检验统计量。

要计算出检验统计量，关键是计算出期望频数。如果两个变量独立，两个变量各类别交叉项的概率可根据独立事件的概率乘法公式求得。

设给定单元格所在行的合计频数为 RT，所在列的合计频数为 CT，任意给定单元格（比如第 i 行第 j 列的单元格 r_ic_j）的概率为：

$$P(r_ic_j)=P(r_i)\times P(c_j)=\left(\frac{RT}{n}\right)\times\left(\frac{CT}{n}\right) \tag{8.3}$$

用式（8.3）乘以总观测频数（即样本量 n），可以得到任意单元格的期望频数为：

$$f_e=\left(\frac{RT}{n}\right)\times\left(\frac{CT}{n}\right)\times n \tag{8.4}$$

比如，第 1 个单元格的期望频数为：

$$f_1=\left(\frac{319}{500}\right)\times\left(\frac{160}{500}\right)\times 500=102.08$$

按上述步骤计算的各单元格的期望频数如表 8-7 所示。

表 8-7　满意度与地区的单元格期望频数计算表

满意度	地区			
	东部	中部	西部	合计
满意	126 （102.08）	158 （153.12）	35 （63.80）	319
不满意	34 （57.92）	82 （86.88）	65 （36.20）	181
合计	160	240	100	500

注：表中括号内的数值是期望频数。

将每个单元格的 $(f_o-f_e)^2/f_e$ 加起来，即可得到按式（8.2）计算的 χ^2 统计量：

$$\chi^2=\frac{(126-102.08)^2}{102.08}+\cdots+\frac{(65-36.20)^2}{36.20}=51.826\,6$$

决策与结论：在该项检验中，$\chi^2=51.826\,6$，$\text{df}=2$，$P=5.572\text{e}-12$，由于 $P<0.05$，拒绝 H_0，满意度与地区不独立，或者说，满意度与地区有关。

列联表独立性检验的 R 代码和结果如代码框 8-3 所示。

代码框 8-3　两个类别变量的独立性检验

```
# 数据已是列联表情形下的检验
# 创建列联表 M
> x<-c(126,158,35,34,82,65)                                    # 输入频数向量
> M<-matrix(x,nr=2,nc=3,byrow=TRUE,dimnames=list(c("满意","不满意"),c("东部","中部","西部")))
> chisq.test(M)                                                # 检验列联表 M
        Pearson's Chi-squared test
data:   M
X-squared = 51.827, df = 2, p-value = 5.572e-12
```

```
# 根据原始数据进行检验
> example8_3<-read.csv("C:/example/chap08/example8_3.csv")
> count<-table(example8_3)     # 生成列联表
> chisq.test(count)
        Pearson's Chi-squared test
data:   count
X-squared = 51.827, df = 2, p-value = 5.572e-12
```

代码框 8-3 显示的卡方统计量及 P 值与手工计算结果相同。

8.2.2　应用 χ^2 检验的注意事项

在应用 χ^2 检验时，要求样本量应足够大，特别是每个单元格的期望频数不能太小，否则应用 χ^2 检验可能会得出错误结论。从 χ^2 统计量的计算公式可以看出，期望频数 f_e 在公式的分母上，如果某个单元格的期望频数过小，χ^2 统计量的值就会变大，从而导致拒绝原假设。因此，应用 χ^2 检验时对单元格的期望频数有以下要求：

如果仅有两个单元格，单元格的最小期望频数不应小于 5，否则不能使用 χ^2 检验。

如果有两个以上单元格，期望频数小于 5 的单元格不能超过总格子数的 20%，否则不能使用 χ^2 检验。如果期望频数小于 5 的单元格超过 20%，可以采取合并类别的办法来解决这一问题。在上面的各例子中，每个单元格的期望频数均大于 5。因此，可以进行 χ^2 检验。

8.3　两个类别变量的相关性度量

如果 χ^2 独立性检验拒绝了原假设，则表示两个变量不独立，这意味着它们之间存在一定的相关。这时，可以进一步度量它们之间的关联程度，使用的统计量主要有 **φ 系数**（φ coefficient）、**Cramer's V 系数**（Cramer's V coefficient）、**列联系数**（contingency coefficient）等，这些系数的计算均以 χ^2 统计量的值为基础。

8.3.1　φ 系数和 Cramer's V 系数

1. φ 系数

φ 系数主要用于 2×2 列联表的相关性度量。计算公式为：

$$\varphi=\sqrt{\frac{\chi^2}{n}} \tag{8.5}$$

式中，χ^2 为按式（8.2）计算出的 χ^2 值；n 为列联表的总频数，即样本量。

对于 2×2 列联表，φ 系数的取值范围在 0～1 之间。φ 越接近 1，表示两个变量之间的相关性越强；φ 越接近 0，表示相关性越弱。但是，当列联表的行数或列数大于 2 时，φ 系数会随着行数或列数的增加而变大，而且没有上限。这时，φ 系数的含义不易解释。

例如，根据例 8-3 的计算结果，得到满意度与地区之间的 φ 系数为：

$$\varphi=\sqrt{\frac{\chi^2}{n}}=\sqrt{\frac{51.826\,6}{500}}=0.321\,952$$

由于 φ 系数较小，表示满意度与地区之间的相关性较弱。

2. Cramer’s V 系数

Cramer’s V 系数是由 Cramer 提出来的。计算公式为：

$$V=\sqrt{\frac{\chi^2}{n\times\min\left[(r-1),\ (c-1)\right]}} \tag{8.6}$$

式中，χ^2 为按式（8.2）计算出的 χ^2 值；n 为列联表的总频数，即样本量；r 为行数；c 为列数；$\min\left[(r-1),\ (c-1)\right]$ 表示（$r-1$）和（$c-1$）中较小的一个。

Cramer’s V 系数的取值范围总是在 0～1 之间。当两个变量独立时，$V=0$；当两个变量完全相关时，$V=1$。如果列联表的行数或列数中有一个为 2，Cramer’s V 系数就等于 φ 系数。例如，根据例 8-3 的计算结果，得到满意度与地区之间的 Cramer’s V 系数为：

$$V=\sqrt{\frac{\chi^2}{n\times(2-1)}}=\sqrt{\frac{51.826\,6}{500\times 1}}=0.321\,952$$

结果与 φ 系数一致。

8.3.2　列联系数

列联系数主要用于大于 2×2 列联表的相关性度量，用 C 表示。计算公式为：

$$C=\sqrt{\frac{\chi^2}{\chi^2+n}} \tag{8.7}$$

从式（8.7）可以看出，列联系数不可能大于或等于 1。当两个变量独立时，$C=0$，即使两个变量完全相关，列联系数也不可能等于 1。因此，解释列联系数的含义不够方便。例如，根据例 8-3 的计算结果，得到满意度与地区之间的列联系数为：

$$C=\sqrt{\frac{51.826\,6}{51.826\,6+500}}=0.306\,461$$

上述 3 个系数均显示满意度与地区之间存在一定的相关性，但相关性较弱。

计算相关性统计量的 R 代码和结果如代码框 8-4 所示。

代码框8-4　计算两个类别变量的相关性统计量

```
> library(DescTools)
> example8_3<-read.csv("C:/example/chap08/example8_3.csv")
> count<-table(example8_3)
> Phi(count)              # 计算 Phi 系数
[1] 0.3219522
> CramerV(count)          # 计算 V 系数
[1] 0.3219522
> ContCoef(count)         # 计算 C 系数
[1] 0.3064609
```

注：使用vcd包中的assocstats(x)也可以计算相关性度量的统计量。使用DescTools包中的Assocs函数可以得到更多的相关性度量信息。更多信息查看帮助。

习题

8.1　一家食品生产企业想了解过去一年中各月份的销售量是否符合均匀分布，以便更好地安排生产，企业的市场销售部门收集了过去一年中每个月的销售量数据（单位：箱）如下：

月份	销售量
1月	1 660
2月	1 600
3月	1 560
4月	1 490
5月	1 380
6月	1 620
7月	1 580
8月	1 680
9月	1 550
10月	1 370
11月	1 410
12月	1 610

检验各月份的销售量是否符合均匀分布（$\alpha = 0.05$）。

8.2　为研究大学生的逃课情况，一个研究小组做了一次调查，得到男女学生逃课情况的汇总表如下：

是否逃课	男	女
逃过课	34	38
未逃过课	28	50

检验是否逃课与学生性别是否独立（$\alpha = 0.05$）。

8.3 为研究上市公司对其股价波动的关注程度，一家研究机构对在主板、中小板和创业板上市的 100 家公司进行了调查，得到如下数据：

上市公司的类型	关注	不关注
主板企业	50	70
中小板企业	30	15
创业板企业	20	5

（1）检验上市公司的类型与对股价波动的关注程度是否独立（$\alpha = 0.05$）。

（2）计算上市公司的类型与对股价波动的关注程度两个变量之间的 φ 系数、Cramer's V 系数和列联系数，并分析其相关程度。

8.4 一家汽车企业的销售部门对北部地区、南部地区和中部地区的 400 位消费者作了抽样调查，得到如下数据：

汽车价格	北部地区	南部地区	中部地区
10 万元以下	20	40	40
10 万～20 万元	50	50	60
20 万～30 万元	30	20	20
30 万元以上	40	10	20

（1）检验地区与汽车价格是否独立（$\alpha = 0.05$）。

（2）计算地区与汽车价格两个变量之间的 φ 系数、Cramer's V 系数和列联系数，并分析其相关程度。

第 9 章 方差分析

Chapter 9

方差分析是 20 世纪 20 年代发展起来的一种统计方法，它的基本原理是由英国统计学家 Ronald A. Fisher 在进行实验设计时为解释实验数据而首先引入的。目前，方差分析方法广泛应用于分析心理学、生物学、工程学和医药学的实验数据。本章首先介绍方差分析的基本原理，然后介绍只涉及一个因变量的单因子独立样本和双因子独立样本的方差分析方法。

9.1 方差分析的原理

9.1.1 什么是方差分析

方差分析（analysis of variance，ANOVA）是分析类别自变量对数值因变量影响的一种统计方法。自变量对因变量的影响也称为自变量**效应**（effect）。由于影响效应的大小表现在因变量的误差里有多少是由自变量造成的，因此，方差分析是通过对数据误差的分析来检验这种效应是否显著。

为理解方差分析的有关概念，先看一个简单的例子。

【例 9-1】（数据：example9_1.csv）为分析小麦品种对产量的影响，一家研究机构挑选了 3 个小麦品种：品种 1、品种 2、品种 3，然后选择条件和面积相同的 30 个地块，每个品种在 10 个地块上试种，实验获得的产量数据如表 9-1 所示。

表 9-1　3 个小麦品种的产量数据　　单位：kg

品种 1	品种 2	品种 3
729	639	684
738	648	711
711	648	693
729	594	684
702	648	702
801	693	801
828	729	783
783	693	756
765	657	783
774	711	783

在表 9-1 中，“小麦品种”是类别变量，称为实验的**因子**（factor），品种 1、品种 2、品种 3 是因子的 3 个不同取值，称为**处理**（treatment）或**水平**（level）。这里的“地块”就是接受处理的对象或实体，称为**实验单元**（experiment unit）。产量则是因变量，每个地块上获得的产量是样本观测值。分析小麦品种对产量影响的统计方法就是方差分析。在单因子方差分析中，也可以解释为检验各处理间的均值是否相同，比如，检验不同小麦品种产量的均值是否相等。

9.1.2　误差分解

怎样分析小麦品种对产量是否有显著影响呢？由于品种对产量的影响效应体现在产量数值的误差里，因此，分析时首先应从数据误差的分析入手。方差分析的原理就是通过对数据误差的分析来判断类别自变量（小麦品种）对数值因变量（产量）的影响效应是否显著。

怎样分析数据的误差呢？表 9-1 显示，每个品种（每种处理）各有 10 个实验数据，这些数据实际上是从每个品种的产量总体中抽出来的样本量为 10 的随机样本，共获得 3 个样本的 30 个实验数据。可以看出，这 30 个产量数据是不同的，反映全部观测数据的误差称为**总误差**（total error）。本例中，总误差反映了全部 30 个观测数据误差的大小。

总误差可能是由于不同处理（小麦的不同品种）造成的，也可能是由于其他随机因素造成的。由不同处理造成的误差称为**处理误差**（treatment error）或**处理效应**（treatment effect）。本例中，处理误差反映了不同品种对产量的影响。由于处理误差来自不同的处理之间，有时也称**组间误差**（between-group error）。由其他随机因素对观测数据造成的误差称为**随机误差**（random error），或简称为**误差**（error）。本例中，随机误差反映了除品种外其他随机因素对产量的影响。由于随机误差主要存在于每种处理的内部，因此也称**组内误差**（within-group error）。

在统计中，数据的误差通常用**平方和**（sum of squares）表示，记为 SS。反映全部数据总误差大小的平方和称为**总平方和**（sum of squares for total），记为 SST。例如，全部 30 个地块的产量之间的误差平方和就是总平方和，它反映了全部产量的总离散程度。反映处理误差大小的平方和称为**处理平方和**（treatment sum of squares）或**组间平方和**（between-group sum of squares），记为 SSA（这里把因子记为 A）。例如，不同品种之间产量的误差平方和就是处理平方和。反映随机误差大小的平方和称为**误差平方和**（sum of squares of error）或**组内平方和**（within-group sum of squares），记为 SSE。这样，全部数据的总误差平方和被分解成两部分：一部分是处理平方和 SSA，另一部分是误差平方和 SSE。显然，这三个误差平方和的关系为：SST=SSA+SSE。

数据误差的来源及其分解过程可用图 9-1 来表示。

方差分析就是要分析数据的总误差中处理误差是否显著存在。如果处理（小麦品种）对观测数据（产量）没有显著影响，意味着处理误差不显著。这时，每种处理所对应的总体均值（ μ_i ）应该相等。如果处理误差显著存在，每种处理所对应的总体均值

（ μ_i ）至少有一对不相等。

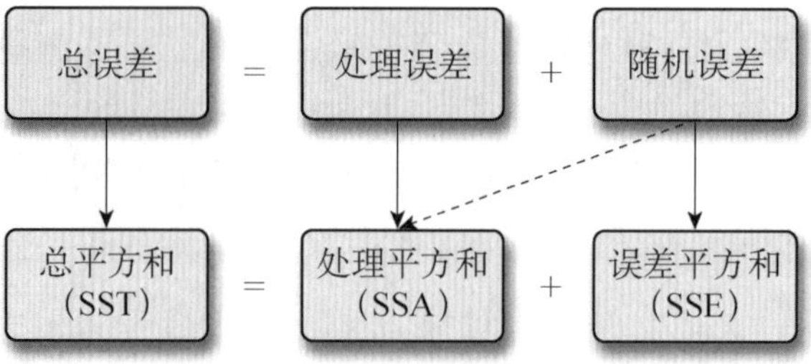

图9-1　误差的来源及其分解

9.2　单因子方差分析

只考虑一个因子对观测数据影响的方差分析称为**单因子方差分析**（one-way analysis of variance）。比如，在例9-1中，只考虑小麦品种对产量的影响就属于单因子方差分析。

9.2.1　数学模型

设因子A有I个处理（比如小麦品种有“品种1”“品种2”“品种3”3个处理），单因子方差分析可用下面的线性模型来表示：

$$y_{ij}=\mu_i+\varepsilon_{ij} \tag{9.1}$$

式中，y_{ij}为第i（$i=1, 2, \cdots, I$）个处理中的第j个观测值；μ_i为第i个处理的平均值；ε_{ij}为第i个处理中的第j个观测值的随机误差。例如，在表9-1中，品种1（第1个处理）的第1个观测值729（y_{11}）可表示为品种1的平均产量（μ_1）加上随机误差（ε_{11}）；品种2（第2个处理）的第1个观测值639可表示为品种2的平均产量（μ_2）加上随机误差（ε_{21}）；等等。

对于式（9.1），通常假定ε_{ij}是期望值为0、方差相等的正态随机变量，即$\varepsilon \sim N(0,\sigma^2)$，这意味着无论$i$的数值是多少，$\varepsilon_{ij}$均服从期望值为0、方差为某个假定值的正态分布，$\varepsilon_{ij}$所对应的是随机误差。同时，为了能够对观测值（产量）进行预测，假定$E(y)=\mu_i$，即第i个处理的各观测值都等于该处理的均值。比如，品种1的各产量的预测值就是品种1的产量的均值。

设全部观测数据的总均值为μ，第i个处理效应用第i个处理均值μ_i与总均值之差（$\mu_i-\mu$）表示，记为α_i，即$\alpha_i=\mu_i-\mu$。这样，第i个处理均值被分解成$\mu_i=\mu+\alpha_i$，式（9.1）可以表达成下面的形式：

$$y_{ij}=\mu+\alpha_i+\varepsilon_{ij} \tag{9.2}$$

式中，μ为不考虑因子（小麦品种）的影响时观测值（产量）的总均值，它是模型的常数项（截距）；α_i为处理为i（$i=1, 2, \cdots, I$）时对观测值的附加效应，比如，小麦品种为品种 1 时对平均产量的影响。α_i 所对应的就是处理误差，比如，假定 $\alpha_1 = 50$，它表示品种 1 的平均产量比总的平均产量高出 50kg。如果 3 个品种的平均产量无显著差异，则表示品种对产量没有附加效应，应当有 $\alpha_1 = \alpha_2 = \alpha_3 = 0$；如果 3 个品种的平均产量有显著差异，则表示品种对产量有附加效应，此时 α_1，α_2，α_3 中至少有一个不等于 0。因此，要检验小麦品种对产量是否有显著影响，也就是检验如下假设：

H_0：$\alpha_1 = \alpha_2 = \alpha_3 = 0$（品种对产量的影响不显著）

H_1：α_1，α_2，α_3 至少有一个不等于 0（品种对产量的影响显著）

在单因子方差分析中，上述检验也可等价地表示为：

H_0：$\mu_1 = \mu_2 = \mu_3$；H_1：μ_1，μ_2，μ_3 不全相等

9.2.2　效应检验

设因子 A 有 I 个处理，单因子方差分析要检验的假设为：

H_0：$\alpha_i = 0$（$i = 1, 2, \cdots, I$）（处理效应不显著）

H_1：α_i 至少有一个不等于 0　（处理效应显著）

为获得上述检验的统计量，首先需要计算处理平方和 SSA、误差平方和 SSE，然后将各平方和除以相应的自由度 df，以消除观测数据多少对平方和大小的影响，其结果称为**均方**（mean square），也称为方差。最后，将处理均方（MSA）除以误差均方（MSE），即得到用于检验处理效应的统计量 F。这一计算过程可以用方差分析表的形式来表示。表 9-2 展示了单因子方差分析表的一般形式。

表 9-2　单因子方差分析表

误差来源	平方和 SS	自由度 df	均方 MS	检验统计量 F
处理效应	$\text{SSA} = \sum_{i=1}^{I} n_i \left(\bar{y}_i - \bar{\bar{y}}\right)^2$	$I-1$	$\text{MSA} = \dfrac{\text{SSA}}{I-1}$	$\dfrac{\text{MSA}}{\text{MSE}}$
误差	$\text{SSE} = \sum_{i=1}^{I}\sum_{j=1}^{n_i}\left(y_{ij} - \bar{y}_i\right)^2$	$n-I$	$\text{MSE} = \dfrac{\text{SSE}}{n-I}$	
总效应	$\text{SST} = \sum_{i=1}^{I}\sum_{j=1}^{n_i}\left(y_{ij} - \bar{\bar{y}}\right)^2$	$n-1$		

表 9-2 中：

n 为因变量观测值的个数，本例 n=30。

n_i 为第 i 个处理的样本量，本例 3 个处理的样本量相等，均为 10。

$\bar{y}_i = \dfrac{1}{n_i}\sum_{j=1}^{n_i} y_{ij}$（$i = 1, 2, \cdots, I$；$j = 1, 2, \cdots, J$）是对应于第 i 个处理的样本均值。

$\bar{\bar{y}} = \dfrac{1}{n}\sum_{i=1}^{I}\sum_{j=1}^{n_i} y_{ij}$ 是所有样本数据的总均值。

有了统计量，就可以根据 P 值作出决策：若 $P < \alpha$，拒绝 H_0，α_i（$i = 1,2,\cdots,I$）不

全为 0，表示处理效应显著（因子对观测值有显著影响）。

【例 9–2】（数据：example9_2.csv）沿用例 9–1。检验小麦品种对产量的影响是否显著（$\alpha = 0.05$）。

解： 设小麦品种对产量的影响效应分别为 α_1（品种 1）、α_2（品种 2）、α_3（品种 3）。提出的假设为：

H_0: $\alpha_1 = \alpha_2 = \alpha_3 = 0$（品种对产量的影响不显著）

H_1: α_1, α_2, α_3 至少有一个不等于 0（品种对产量的影响显著）

单因子方差分析的 R 代码和结果如代码框 9–1 所示。

代码框 9–1　单因子方差分析

```
# 将表 9–1 的短格式数据转为长格式数据，并命名为 example9_2
> example9_1<-read.csv("C:/example/chap09/example9_1.csv")
> library(reshape2)
> example9_2<-melt(example9_1,variable.name="品种",value.name="产量")

# 拟合单因子方差分析模型并输出结果
> model_1w<-aov(产量~品种,data=example9_2)        # 拟合方差分析模型
> summary(model_1w)                              # 汇总输出方差分析模型结果
            Df  Sum Sq  Mean Sq  F value    Pr(>F)
品种          2   45360    22680    12.31  0.000158 ***
Residuals    27   49734     1842
---
Signif. codes:  0  '***'  0.001  '**'  0.01  '*'  0.05  '.'  0.1  ' '  1

# 方差分析模型的参数估计
> model_1w$coefficients
(Intercept)   品种品种2   品种品种3
      756         -90         -18
```

注：函数 aov 用于拟合方差分析模型。参数 formula 用于指定模型形式；data 为数据框。单因子方差分析模型的 R 表达式为：y~A，其中 y 为因变量，A 为因子。更多信息查阅函数帮助。

代码框 9–1 列出了自由度（Df）、品种效应和随机效应的平方和（Sum Sq）、均方（Mean Sq）、检验统计量值（F value）、检验的 P 值（Pr(>F)）。由于 $P = 0.000\,158 < 0.05$，拒绝 H_0，表示 α_i（$i = 1, 2, 3$）至少有一个不等于 0，这意味着品种对产量的影响效应显著。

从方差分析模型的参数估计结果可知，截距（intercept）是模型 $y_{ij} = \mu + \alpha_i + \varepsilon_{ij}$ 中的常数项 μ，它表示不考虑“品种”这一因子影响时产量总的均值为 756kg，这实际上就是品种 1（参照的基础水平）的平均产量。由于 3 个品种一共有 3 个参数，在估计模型的参数时，需要将因子的某一个处理（本例为品种 1）作为参照水平，这相当于强制 $\alpha_1 = 0$，另外两个参数（品种 2 和品种 3）的估计值实际上是与参照水平相比较的结果。比如，品种 2 的参数 $\alpha_2 = -90$，表示品种 2 对产量的附加效应，即品种 2 的平均产量（666）与参照标准为

品种 1 的平均产量（756）相比低 90kg；品种 3 的参数 $\alpha_3 = -18$，表示品种 3 对产量的附加效应，即品种 3 的平均产量（738）与参照标准为品种 1 的平均产量相比低18kg。

此外，还可以绘制各样本产量的均值图来观察各样本之间的差异，R 代码和结果如代码框 9-2 所示。

代码框 9-2　绘制均值图

```
# 绘制各品种产量的均值图（图9-2）
> library(gplots)
> par(mai=c(0.7,0.7,0.3,0.2),cex=0.8,font.main=1)
> plotmeans(data=example9_2,产量~品种,p=0.95,        # 置信水平为 95%
+     use.t=TRUE,              # 用 t 分别构建置信区间（use.t=FALSE 则使用正态分布构建置信区间）
+     mean.labels=TRUE,        # 显示均值标签
+     ci.label=TRUE,           # 显示置信区间标签
+     n.label=TRUE,            # 显示各组的样本量（默认）
+     col="steelblue",         # 设置颜色
+     cex=1.2,                 # 设置均值点的大小
+     ylim=c(600,800))
```

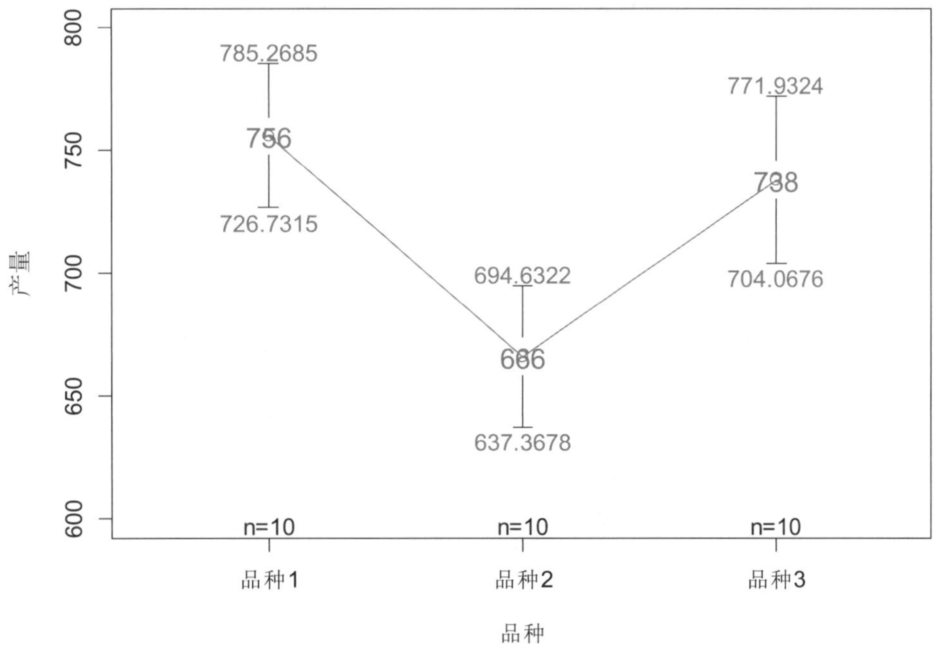

图 9-2　带有 95%置信区间的产量均值图

9.2.3　效应量分析

如果方差分析的结果是拒绝原假设，则表示自变量（因子）对因变量（观测结果）的影响显著，而影响的大小则用效应量来度量。在单因子方差分析中，效应量是因子平

方和与总平方和之比，它反映了在因变量取值的总误差中被因子解释的比例。显然，效应量越大，说明自变量与因变量之间的关系就越强。用η^2表示效应量，计算公式为：

$$\eta^2 = \frac{\text{因子平方和}}{\text{总平方和}} = \frac{SSA}{SST} \tag{9.3}$$

例如，根据代码框 9-1 的方差分析结果计算的效应量为：

$$\eta^2 = \frac{45\,360}{45\,360 + 49\,734} = 0.477\,001\,7$$

η^2表示在产量取值的总误差中被品种解释的比例为 47.7%。

计算效应量的 R 代码和结果如代码框 9-3 所示。

代码框 9-3　计算例 9-2 的效应量

```
> library(DescTools)
> model_1w<-aov(产量~品种,data=example9_2)
> EtaSq(model_1w)
          eta.sq    eta.sq.part
品种 0.4770017    0.4770017
```

注：函数 EtaSq(x, type = 2, anova = FALSE)用于计算效应量eta方、偏eta方和广义eta方。参数x为方差分析对象；type指定平方和的计算方法，默认为2；设置参数anova = TRUE可输出方差分析表。更多信息查阅函数帮助。

代码框 9-3 中的第 2 列是η^2（eta.sq）的数值；第 3 列是偏η^2（eta.sq.part）的数值（偏η^2将在 9.3 节中介绍）。在单因子方差分析中，偏η^2等于η^2。

9.2.4　多重比较

例 9-2 的检验结果显示，品种对产量有显著影响，或者说不同品种之间的产量差异显著，但这一检验并未告诉我们究竟哪些品种之间的产量差异显著。设品种 1 产量的均值为μ_1，品种 2 产量的均值为μ_2，品种 3 产量的均值为μ_3，要分析这种差异究竟出现在哪些品种之间，也就是要找出μ_1与μ_2、μ_1与μ_3、μ_2与μ_3之间究竟是哪两个均值不相等，这种对均值的配对检验就是方差分析中的**多重比较**（multiple comparison）。

多重比较的方法有许多种，每种方法的适用场合不完全一样，这里只介绍常用的 Tukey-Kramer 的 HSD 方法。

HSD 是**真实显著差异**（honestly significant difference，HSD）的缩写，该方法是由 John W. Tukey 于 1953 年提出的，因此也称为 Tukey 的 HSD 方法。由于 Tukey 的 HSD 方法要求各处理的样本量相同，因此当各处理的样本量不相同时，该方法就不再适用。20 世纪 50 年代中期，C.Y.Kramer 对 Tukey 的 HSD 方法做了一些修正，使其适用于样本量不同的情形。修正后的 HSD 检验称为 Tukey-Kramer 方法，简称为 Tukey-Kramer 的 HSD 方法。该方法的适用场合是：研究者事先并未计划进行多重比较，只是在方差分析拒绝原假设后，才需要对任意两个处理的均值进行比较。

HSD 方法依据的不是普通的 t 分布，而是**学生化全距分布**（studentized range distribution）。该分布有两个参数，它们分别为 I 和 $(N-I)$。HSD 方法用自由度为 I 和 $(N-I)$ 的学生化全距分布的 $(1-\alpha)$分位数作为临界值，记为 $q_\alpha(I,N-I)$。

HSD 方法考虑三个数值，即处理个数、均方误差 MSE 和样本量。利用这三个值和一个临界值 q 确定出一个临界差异，该临界差异是判断两个处理的均值存在显著差异所必须达到的差异。因此，只要计算出 HSD，就可以将两个处理的均值之差的绝对值与 HSD 进行比较，从而确定两个处理的均值是否存在显著差异。HSD 的计算公式为：

$$\text{HSD}=q_\alpha(I,N-I)\sqrt{\frac{\text{MSE}}{2}\left(\frac{1}{n_i}+\frac{1}{n_j}\right)} \tag{9.4}$$

式中，I 为处理的个数（也就是样本均值的个数）；N 为所有样本观测值的个数；n_i 和 n_j 分别为第 i 个样本和第 j 个样本的样本量；α 为给定的显著性水平；（$N-\text{I}$）为 MSE 的自由度；$q_\alpha(I,\ N-I)$ 为学生化全距分布的临界值（使用 R 软件的 qtukey$(1-\alpha,\ \text{I},\ N-\text{I})$ 函数可获得该临界值）。

当各处理的样本量相同时，即 $n_i=n_j=n$，$\sqrt{\frac{\text{MSE}}{2}\left(\frac{1}{n}+\frac{1}{n}\right)}=\sqrt{\frac{\text{MSE}}{n}}$，式（9.4）简化为：

$$\text{HSD}=q_\alpha(I,N-I)\sqrt{\frac{\text{MSE}}{n}} \tag{9.5}$$

式（9.5）简称为 Tukey 的 HSD 方法。

HSD 方法也可以得到 $\mu_i-\mu_j$ 的置信区间。设定显著性水平 α，$\mu_i-\mu_j$ 在 $1-\alpha$ 置信水平下的置信区间为 $(\bar{y}_i-\bar{y}_j)\pm\text{HSD}$，即

$$(\bar{y}_i-\bar{y}_j)\pm q_\alpha(I,N-I)\sqrt{\frac{\text{MSE}}{2}\left(\frac{1}{n_i}+\frac{1}{n_j}\right)} \tag{9.6}$$

【例 9-3】（数据：example9_2.csv）沿用例 9-2。用 HSD 方法对不同品种的产量均值做多重比较（$\alpha=0.05$）。

解： 提出假设：H_0：$\mu_i=\mu_j$；H_0：$\mu_i\neq\mu_j$。

计算出 HSD。由 R 函数 qtukey(0.95, 3, 27) 得到的临界值为 3.506 426，计算的 HSD 为：

$$\text{HSD}=3.506\,426\times\sqrt{\frac{1\,842}{2}\times\left(\frac{1}{10}+\frac{1}{10}\right)}=47.589\,32$$

计算出各处理的样本均值差的绝对差值 $|\bar{y}_i-\bar{y}_j|$，并与 HSD 进行比较做出决策，若 $|\bar{y}_i-\bar{y}_j|>\text{HSD}$，拒绝 H_0。

$|\bar{y}_1-\bar{y}_2|=|756-666|=90>47.589\,32$，拒绝 H_0，品种 1 和品种 2 的产量之间差异显著。

$|\bar{y}_1-\bar{y}_3|=|756-738|=18<47.589\,32$，不拒绝 H_0，品种 1 和品种 3 的产量之间差异不显著。

$|\bar{y}_2 - \bar{y}_3| = |666 - 738| = 72 > 47.589\,32$，拒绝 H_0，品种 2 和品种 3 的产量之间差异显著。

HSD 多重比较的 R 代码和结果如代码框 9-4 所示。

代码框 9-4　多重比较的 HSD 方法

```
# 多重比较的HSD方法
> TukeyHSD(model_1w,alpha=0.05)    # 默认显著性水平为 0.05
  Tukey multiple comparisons of means
    95% family-wise confidence level

Fit: aov(formula = 产量 ~ 品种, data = example9_2)

$品种
                diff        lwr         upr      p adj
品种2-品种1      -90  -137.58932  -42.41068  0.0002017
品种3-品种1      -18   -65.58932   29.58932  0.6215828
品种3-品种2       72    24.41068  119.58932  0.0023770

# 绘制配对差值置信区间的比较图（图9-3）
> plot(TukeyHSD(model_1w))
```

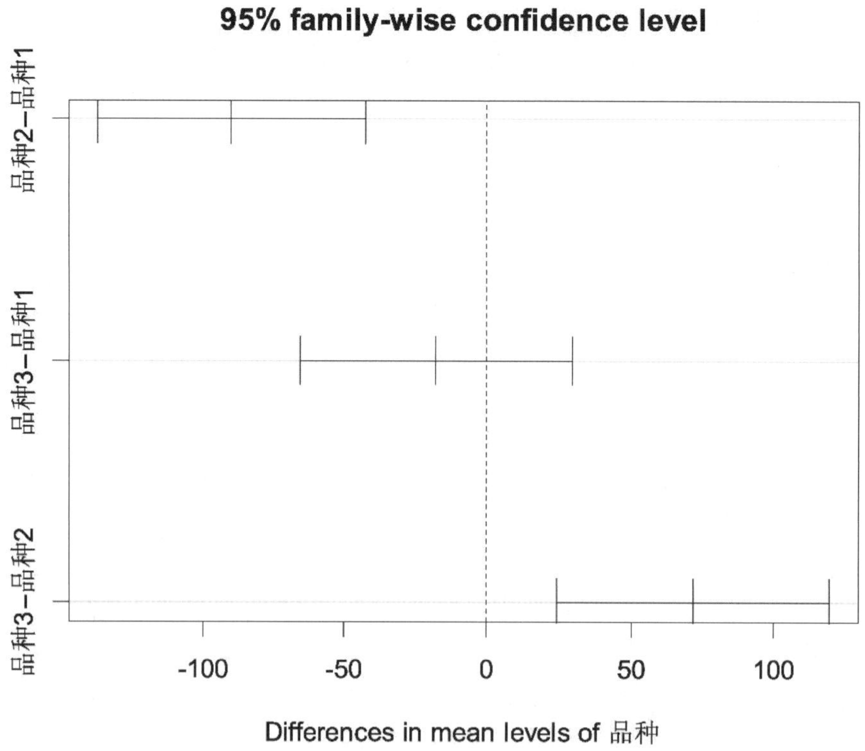

图 9-3　均值配对差值的 95% 的置信区间比较

```
# 输出HSD方法的其他信息（可根据需要使用）
```

```
> model_1w<-aov(产量~品种,data=example9_2)
> library(agricolae)
> HSD.test(model_1w,"品种")
$statistics
  MSerror  Df  Mean        CV      MSD
     1842  27   720  5.960907 47.58932

$parameters
   test  name.t  ntr  StudentizedRange  alpha
  Tukey    品种    3          3.506426   0.05

$means
        产量       std   r  Min  Max     Q25    Q50     Q75
品种1   756  40.91455  10  702  828  729.00  751.5  780.75
品种2   666  40.02499  10  594  729  648.00  652.5  693.00
品种3   738  47.43416  10  684  801  695.25  733.5  783.00

$comparison
NULL

$groups
        产量  groups
品种1   756       a
品种3   738       a
品种2   666       b

attr(,"class")
[1] "group"
```

代码框 9-4 中，TukeyHSD 函数给出的 P 值显示，品种 3 和品种 1 之间的差异不显著，品种 1 和品种 2、品种 3 和品种 2 之间的差异均显著。HSD.test 函数输出了 HSD 方法的更多信息，包括 HSD 的值（MSD）、字母比较（$groups 中的结果）等。如果不同品种中有相同的字母，表示差异不显著，有不同的字母表示差异显著。比如，品种 1 和品种 3 具有相同字母 a，表示二者差异不显著，而品种 1 和品种 2、品种 3 和品种 2 具有不同字母，表示它们之间的差异显著。图 9-3 是差值 $\mu_i-\mu_j$ 的 95%的置信区间，如果置信区间包含 0，表示差异不显著，未包含 0 则表示差异显著。比如，品种 3 与品种 1 差值的置信区间包含 0，表示二者差异不显著，品种 1 和品种 2、品种 3 和品种 2 差值的置信区间未包含 0，表示它们之间的差异显著。

9.3 双因子方差分析

考虑两个类别自变量对数值因变量影响的方差分析称为**双因子方差分析**（two-way analysis of variance）。分析时有两种情形：一是只考虑两个因子对因变量的单独影响，即

主效应（main effect），这时的方差分析称为只考虑主效应的双因子方差分析，或称为**无重复双因子分析**（two-factor without replication）；二是除了两个因子的主效应外，还考虑两个因子的搭配对因变量产生的**交互效应**（interaction effect），这时的方差分析称为考虑交互效应的双因子方差分析，或称为**可重复双因子分析**（two-factor with replication）。

9.3.1 数学模型

设因子 A 有 I 个处理，因子 B 有 J 个处理，两个因子共有 IJ 种不同的处理组合。如果每种处理组合只测得一个观测值，则有 IJ 个观测值，这样的测量属于无重复测量（无重复实验）。如果每种处理组合测得多个观测值，这样的测量就是重复测量（重复实验）。如果每种处理组合重复测量的次数相同，将重复次数记为 K，这时两个因子的 IJ 种不同处理组合共有 IJK 个观测值。

如果只考虑主效应而不考虑交互效应，两个因子的每种组合可以只测得一个观测值，即 $K=1$。但要考虑交互效应时，每种组合就必须重复测量多个观测值，一般要求每种处理的重复次数 K 不小于 2。

为便于表述，引进下列记号：

$\bar{\mu}_{i.}$：因子 A 的第 i 个处理的均值（$i=1, 2, \cdots, I$）。

$\bar{\mu}_{.j}$：因子 B 的第 j 个处理的均值（$j=1, 2, \cdots, J$）。

μ：总均值，它是所有处理均值 μ_{ij} 的平均。

α_i：因子 A 的效应。它衡量的是因子 A 的第 i 个处理均值与总均值的差异程度，即 $\alpha_i=\bar{\mu}_{i.}-\mu$。

β_j：因子 B 的效应。它衡量的是因子 B 的第 j 个处理均值与总均值的差异程度，即 $\beta_j=\bar{\mu}_{.j}-\mu$。

γ_{ij}：因子 A 的第 i 个处理和因子 B 的第 j 个处理搭配产生的交互效应。它衡量的是因子 A 的第 i 个处理和因子 B 的第 j 个处理搭配（共有 IJ 个）对因变量产生的效应。

ε_{ijk}：误差。随机因子对因变量的影响。

这样，对于任何一个观测值 y_{ijk} 都可以表达成下面的线性组合，即

$$y_{ijk}=\mu+\alpha_i+\beta_j+\gamma_{ij}+\varepsilon_{ijk}\quad (k=1, 2, \cdots, K) \tag{9.7}$$

式（9.7）中：

y_{ijk} 为因子 A 的第 i 个处理和因子 B 的第 j 个处理组合的第 k 个观测值。

μ 为不考虑因子 A 和因子 B 及其交互影响时观测值的总均值，它是模型的常数项（截距）。

α_i 为因子 A 的处理为 i 时对观测数据的附加效应，它所对应的是因子 A 的处理误差。

β_j 为因子 B 的处理为 j 时对观测数据的附加效应，它所对应的是因子 B 的处理误差。

γ_{ij} 为因子 A 的第 i 个处理和因子 B 的第 j 个处理搭配产生的交互效应。

ε_{ijk} 为因子 A 的第 i 个处理和因子 B 的第 j 个处理组合中的第 k 个观测值的随机误差，同时假定 ε_{ijk} 服从均值为 0、方差为常数的正态分布。

式（9.7）就是考虑交互效应时双因子方差分析的数学模型。

当交互效应 γ_{ij} 为 0 时，式（9.7）变为：

$$y_{ijk}=\mu+\alpha_i+\beta_j+\varepsilon_{ijk} \tag{9.8}$$

式（9.8）就是只考虑主效应时双因子方差分析的数学模型，显然它是考虑交互效应的方差分析模型的一个特例。

在实际应用双因子方差分析时，首先应考虑交互效应模型，当交互效应不显著时，再考虑做主效应方差分析。考虑到方法的繁简程度，下面先介绍主效应方差分析。

9.3.2　主效应分析

1. 效应检验

对于因子 A 的 I 个处理和因子 B 的 J 个处理，要检验因子 A 和因子 B 对因变量的主效应，也就是检验如下假设：

检验因子 A 的假设：

H_0：$\alpha_i=0$（$i=1, 2, \cdots, I$）（因子 A 的处理效应不显著）

H_1：α_i 至少有一个不等于 0（因子 A 的处理效应显著）

检验因子 B 的假设：

H_0：$\beta_j=0$（$j=1, 2, \cdots, J$）（因子 B 的处理效应不显著）

H_1：β_j 至少有一个不等于 0（因子 B 的处理效应显著）

各因子的效应用误差来表示。检验上述假设时，与式（9.8）对应的误差分解过程如图 9-4 所示。

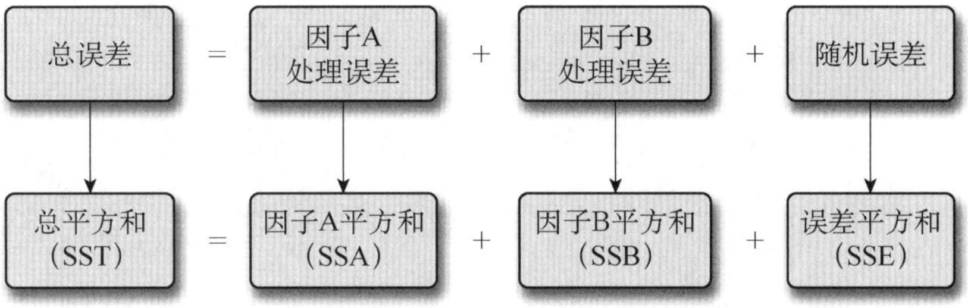

图 9-4　只考虑主效应的误差分解

根据上述误差分解原理，可以构建用于检验因子 A 和因子 B 主效应的统计量 F_A 和 F_B。设：

y_{ijk} 为因子 A 的第 i 个处理和因子 B 的第 j 个处理组合的第 k 个观测值；

$\bar{y}_{i.}$ 为因子 A 的第 i 个处理的样本均值；

$\bar{y}_{.j}$ 为因子 B 的第 j 个处理的样本均值；

$\bar{y}_{ij}$ 为对应于因子 A 的第 i 个处理和因子 B 的第 j 个处理组合的样本均值；

$\bar{\bar{y}}$ 为全部 IJK 个观测值的总均值。

各平方和的计算公式如下：

总平方和：

$$\mathrm{SST}=\sum_{i=1}^{I}\sum_{j=1}^{J}\sum_{k=1}^{K}\left(y_{ijk}-\bar{\bar{y}}\right)^2$$

因子 A 的平方和：

$$\mathrm{SSA}=JK\sum_{i=1}^{I}\left(\bar{y}_{i.}-\bar{\bar{y}}\right)^2$$

因子 B 的平方和：

$$\mathrm{SSB}=IK\sum_{j=1}^{J}\left(\bar{y}_{.j}-\bar{\bar{y}}\right)^2$$

交互效应平方和：

$$\mathrm{SSAB}=K\sum_{i=1}^{I}\sum_{j=1}^{J}\left(\bar{y}_{ij}-\bar{y}_{i.}-\bar{y}_{.j}+\bar{\bar{y}}\right)^2$$

误差平方和：

$$\mathrm{SSE}=\mathrm{SST}-\mathrm{SSA}-\mathrm{SSB}-\mathrm{SSAB}$$

将各平方和（SS）除以相应的自由度 df，得到各均方（MS），再将各处理均方（MSA 和 MSB）分别除以误差均方（MSE），即得到用于检验因子 A 和因子 B 主效应的统计量 F_A 和 F_B。

只考虑主效应的双因子方差分析表如表 9-3 所示。

表 9-3　只考虑主效应的双因子方差分析表

误差来源	平方和 SS	自由度 df	均方 MS	检验统计量 F
因子 A 的处理效应	SSA	$I-1$	$\mathrm{MSA}=\frac{\mathrm{SSA}}{I-1}$	$F_A=\frac{\mathrm{MSA}}{\mathrm{MSE}}$
因子 B 的处理效应	SSB	$J-1$	$\mathrm{MSB}=\frac{\mathrm{SSB}}{J-1}$	$F_B=\frac{\mathrm{MSB}}{\mathrm{MSE}}$
误差	SSE	$IJK-I-J+1$	$\mathrm{MSE}=\frac{\mathrm{SSE}}{IJK-I-J+1}$	
总效应	SST	$IJK-1$		

注：如果两个因子的每种处理组合只测得一个观测值，即 $K=1$，则误差平方和 SSE 的自由度为：$\mathrm{df}=IJ-I-J+1=(I-1)(J-1)$。总平方和 SST 的自由度为：$\mathrm{df}=IJ-1$。

【例 9-4】（数据：example9_4.csv）假定在例 9-2 中，除了考虑品种对产量的影响外，还考虑施肥方式对产量的影响。设有甲、乙两种施肥方式，这样，3 个品种和两种施肥方式的搭配共有 $3\times2=6$ 种组合。如果选择 30 个地块进行实验，每一种搭配可以做 5 次实验，也就是每个品种的样本量为 5，即相当于每个品种重复做了 5 次实验。

实验取得的数据如表 9-4 所示。检验品种和施肥方式对产量的影响是否显著（ $\alpha = 0.05$ ）。

表 9-4 小麦品种和施肥方式的实验数据 单位：kg

施肥方式	品种 1	品种 2	品种 3
甲	729	639	684
	738	648	711
	711	648	693
	729	594	684
	702	648	702
乙	801	693	801
	828	729	783
	783	693	756
	765	657	783
	774	711	783

解： 设品种（因子 A）对产量的附加效应分别为 α_1（品种 1）、α_2（品种 2）和 α_3（品种 3）；施肥方式（因子 B）对产量的附加效应分别为 β_1（施肥方式甲）、β_2（施肥方式乙）。检验品种效应的假设为：

H_0：$\alpha_1 = \alpha_2 = \alpha_3 = 0$（品种对产量的影响不显著）

H_1：$\alpha_1, \alpha_2, \alpha_3$ 至少有一个不等于 0（品种对产量的影响显著）

检验施肥方式效应的假设为：

H_0：$\beta_1 = \beta_2 = 0$（施肥方式对产量的影响不显著）

H_1：β_1，β_2 至少有一个不等于 0（施肥方式对产量的影响显著）

主效应方差分析的 R 代码和结果如代码框 9-5 所示。

代码框 9-5 主效应方差分析

```
# 将表 9-4 的数据（table9_4）转换为长格式，并另存为 example9_4
> table9_4<-read.csv("C:/example/chap09/table9_4.csv")
> library(reshape2)
> example9_4<-melt(table9_4,variable.name="品种",value.name="产量")

# 拟合主效应方差分析模型并输出结果
> model_2wm<-aov(产量~品种+施肥方式,data=example9_4)
> summary(model_2wm)
            Df  Sum Sq  Mean Sq  F value    Pr(>F)
品种         2   45360    22680    54.33   5.18e-10 ***
施肥方式     1   38880    38880    93.13   4.42e-10 ***
Residuals   26   10854      417
---
Signif. codes:    0  '***'  0.001  '**'  0.01  '*'  0.05  '.'  0.1  ' '  1

# 主效应方差分析模型的参数估计
>   model_2wm$coefficients
```

```
(Intercept)    品种品种2    品种品种3    施肥方式乙
        720          -90          -18            72

注：A和B两个因子主效应方差分析模型的R表达式为：y~A+B。
```

代码框 9-5 给出的方差分析表显示，检验品种和施肥方式两个因子的 P 值（Pr(> F)）均接近于 0，表示两个因子对产量均有显著影响。

代码框 9-5 中的截距（Intercept）是模型 $y_{ijk}=\mu+\alpha_i+\beta_j+\varepsilon_{ijk}$ 中的常数项 μ，它表示不考虑“品种”和“施肥方式”影响时产量的均值为 720kg。由于 3 个品种共有 3 个参数，在估计模型的参数时，将第一个水平（本例为品种 1）作为参照水平，这相当于强制 $\alpha_1=0$，另外两个参数（品种 2 和品种 3）的估计值实际上就是与参照水平相比较的结果。比如，品种 2 的参数 $\alpha_2=-90$，表示品种 2 对产量的附加效应。施肥方式的参数估计将施肥方式甲作为参照，也就是强制 $\beta_1=0$，$\beta_2=72$ 表示施肥方式为乙时对产量的附加效应，即施肥方式为乙时的产量比施肥方式为甲时的产量平均高出 72kg。

2. 效应量分析

在两个因子的主效应方差分析中，衡量效应量大小的统计量是**偏效应**（partial effect），即偏 η^2。某个因子的偏效应是排除另一个因子的效应后，该因子对因变量的影响大小。计算公式为：

因子 A 的偏效应量：

$$偏\eta^2=\frac{因子A的平方和}{因子A的平方和+误差平方和}=\frac{\mathrm{SSA}}{\mathrm{SSA}+\mathrm{SSE}} \tag{9.9}$$

因子 B 的偏效应量：

$$偏\eta^2=\frac{因子B的平方和}{因子B的平方和+误差平方和}=\frac{\mathrm{SSB}}{\mathrm{SSB}+\mathrm{SSE}} \tag{9.10}$$

例如，根据代码框 9-5 的方差分析结果，得到品种和施肥方式的偏效应量分别为：

品种的偏效应量：

$$偏\eta^2=\frac{45\,360}{45\,360+10\,854}=0.806\,916$$

结果表示：在排除施肥方式的影响后，品种因子解释了产量误差的 80.691 6%。

施肥方式的偏效应量：

$$偏\eta^2=\frac{38\,880}{38\,880+10\,854}=0.781\,759$$

结果表示：在排除品种的影响后，施肥方式解释了产量误差的 78.175 9%。

此外，还可以计算每个因子的主效应量，以反映每个因子对因变量的单独影响大小。主效应量的计算方法是分别将每个因子的平方和除以总平方和，如式（9.3）所示。

例如，根据代码框 9-5 的方差分析结果得到品种的主效应量为：

$$\eta^2 = \frac{45\,360}{45\,360 + 38\,880 + 10\,854} = 0.477\,001\,7$$

施肥方式的主效应量为：

$$\eta^2 = \frac{38\,880}{45\,360 + 38\,880 + 10\,854} = 0.408\,858\,60$$

可知，品种因子单独解释了产量误差的 47.70%；施肥方式因子单独解释了产量误差的 40.89%。

由于主效应量 η^2 具有可加性（各项效应之和等于 1。注意：偏 η^2 不具有可加性），将两个主效应量相加就是两个因子的**联合效应**（joint effect），它反映了两个因子联合起来对因变量的影响大小。例如，将品种的主效应量和施肥方式的主效应量相加，为 $0.477\,001\,7 + 0.408\,858\,60 = 0.885\,9$，表示品种和施肥方式两个因子联合起来总共解释产量误差的 88.59%。

计算主效应方差分析效应量的 R 代码和结果如代码框 9-6 所示。

代码框 9-6　主效应方差分析的效应量

```
> model_2wm<-aov(产量~品种+施肥方式,data=example9_4)
> library(DescTools)
> EtaSq(model_2wm)
            eta.sq     eta.sq.part
品种        0.4770017  0.8069164
施肥方式    0.4088586  0.7817590
```

代码框 9-6 的第 2 列是每个因子的主效应量；第 3 列是每个因子的偏效应量。

9.3.3　交互效应分析

1. 效应检验

如果除了考虑品种和施肥方式两个因子的主效应外，还考虑两个因子搭配对产量的交互作用，则方差分析的模型为式（9.7）。

对于因子 A 的 I 个处理和因子 B 的 J 个处理，要检验因子 A 的效应、因子 B 的效应、两个因子的交互效应，也就是检验如下假设。

检验因子 A 的假设：

H_0：$\alpha_i = 0$（$i = 1,\ 2,\ \cdots,\ I$）（因子 A 的处理效应不显著）

H_1：α_i 至少有一个不等于 0 （因子 A 的处理效应显著）

检验因子 B 的假设：

H_0：$\beta_j = 0$（$j = 1,\ 2,\ \cdots,\ J$）（因子 B 的处理效应不显著）

H_1：β_j 至少有一个不等于 0 （因子 B 的处理效应显著）

检验交互效应的假设：

H_0：$\gamma_{ij}=0$（交互效应不显著）

H_1：γ_{ij}至少有一个不等于0（交互效应显著）

检验上述假设时，与式（9.7）对应的总误差分解过程可用图9-5表示。

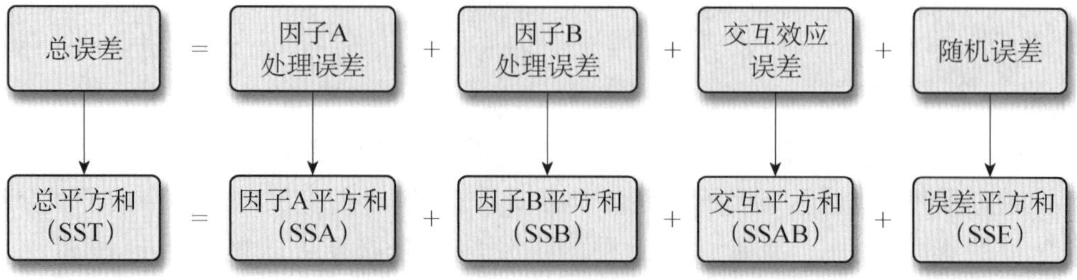

图9-5　考虑交互效应的误差分解

根据上述误差分解原理，可以构建用于检验的统计量F_A，F_B，F_{AB}。其原理与只考虑主效应的双因子方差分析类似，其方差分析表如表9-5所示。

表9-5　考虑交互效应的双因子方差分析表

误差来源	平方和 SS	自由度 df	均方 MS	检验统计量 F
因子A的 处理效应	SSA	$I-1$	$\text{MSA}=\dfrac{\text{SSA}}{I-1}$	$F_A=\dfrac{\text{MSA}}{\text{MSE}}$
因子B的 处理效应	SSB	$J-1$	$\text{MSB}=\dfrac{\text{SSB}}{J-1}$	$F_B=\dfrac{\text{MSB}}{\text{MSE}}$
A，B的 交互效应	SSAB	$(I-1)(J-1)$	$\text{MSAB}=\dfrac{\text{SSAB}}{(I-1)(J-1)}$	$F_{AB}=\dfrac{\text{MSAB}}{\text{MSE}}$
误差	SSE	$IJ(K-1)$	$\text{MSE}=\dfrac{\text{SSE}}{IJ(K-1)}$	
总效应	SST	$IJK-1$		

【例9-5】（数据：example9_4.csv）沿用例9-4。检验品种、施肥方式及其交互效应对产量的影响是否显著($\alpha=0.05$)。

解：设品种对产量的附加效应分别为α_1（品种1）、α_2（品种2）和α_3（品种3）；施肥方式对产量的附加效应分别为β_1（方式甲）、β_2（方式乙）；交互效应为γ_{ij}。

检验品种效应的假设为：

H_0：$\alpha_1=\alpha_2=\alpha_3=0$（品种对产量的影响不显著）

H_1：α_1，α_2，α_3至少有一个不等于0（品种对产量的影响显著）

检验施肥方式效应的假设为：

H_0：$\beta_1=\beta_2=0$（施肥方式对产量的影响不显著）

H_1：β_1，β_2至少有一个不等于0（施肥方式对产量的影响显著）

检验交互效应的假设：

H_0：$\gamma_{ij}=0$（$i=1$，2，3；$j=1,2$）（交互效应不显著）

H_1：γ_{ij} 至少有一个不等于 0（交互效应显著）

交互效应方差分析的 R 代码和结果如代码框 9–7 所示。

代码框 9–7　交互效应的方差分析

```
# 拟合交互效应方差分析模型并输出结果
> example9_4<-read.csv("C:/example/chap09/example9_4.csv")
> model_2wi<-aov(产量~品种 + 施肥方式 + 品种:施肥方式,data=example9_4)
> summary(model_2wi)
              Df  Sum Sq  Mean Sq  F value    Pr(>F)
品种           2   45360    22680    54.37  1.22e-09 ***
施肥方式        1   38880    38880    93.20  9.73e-10 ***
品种:施肥方式    2     842      421     1.01     0.379
Residuals     24   10012      417
---
Signif. codes:  0 '***' 0.001 '**' 0.01 '*' 0.05 '.' 0.1 ' ' 1

# 交互效应方差分析模型的参数估计
> model_2wi$coefficients
         (Intercept)            品种品种2            品种品种3
               721.8                -86.4                -27.0
          施肥方式乙  品种品种2:施肥方式乙  品种品种3:施肥方式乙
                68.4                 -7.2                 18.0
```

注：A 和 B 两个因子交互效应方差分析模型的 R 表达式为：y~A+B+A:B 或 y~A*B。

代码框 9–7 中的方差分析表显示，检验品种和施肥方式的 P 均小于 0.05，表示两个因子对产量的影响均显著，而检验交互效应的 $P=0.379$，大于 0.05，表示交互效应对产量的影响不显著。

绘制主效应和交互效应图的 R 代码和结果如代码框 9–8 所示。

图 9–6 中的箱线图反映了每个因子的主效应，可观察品种和施肥方式对产量是否有影响；折线图反映了两个因子的交互效应。由于图中的各条折线基本上是平行的，表示两个因子间无明显的交互效应（无交互效应时，一个因子各处理间均值的差异不会随另一个因子处理的变化而变化，各条折线是平行的。如果各条线明显不平行或之间有交叉，则意味着两个因子的各处理间存在交互效应）。

代码框 9–8　绘制品种和施肥方式的主效应和交互效应图

```
# 图9–6的代码
> library(HH)
```

```
> interaction2wt(产量~施肥方式+品种,data=example9_4)
```

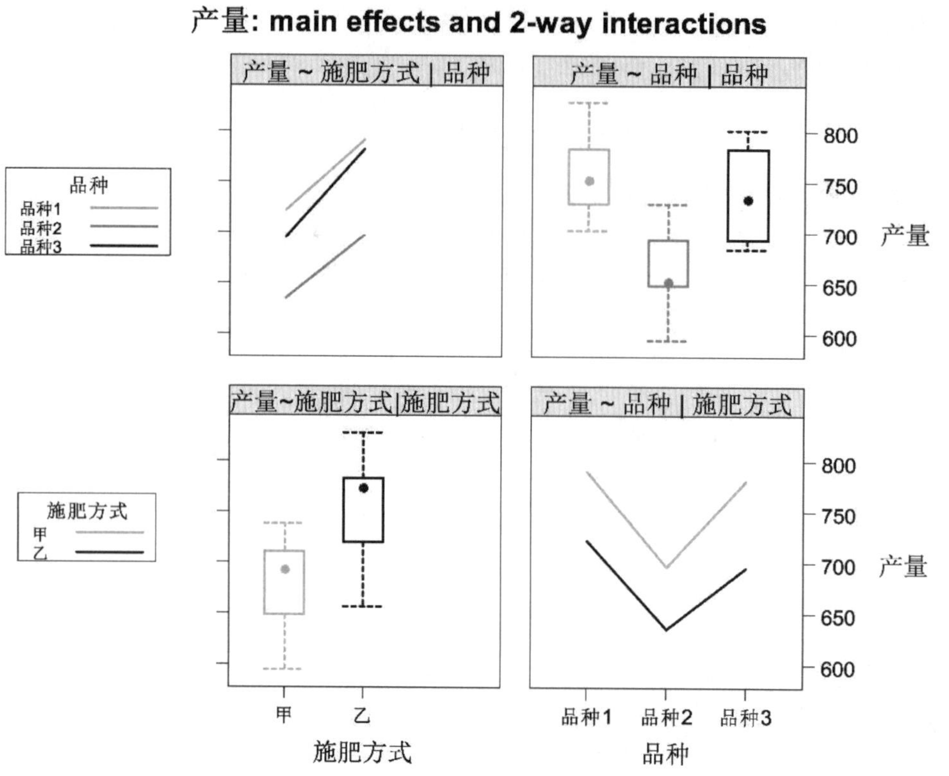

图9–6　例9–5方差分析的主效应和交互效应图

2. 效应量分析

在两个因子的交互效应方差分析中，衡量效应量大小的统计量仍然是偏效应量，即偏η^2。两个因子的偏效应量计算公式如式（9.9）和式（9.10）所示。交互效应的偏效应量计算公式为：

$$偏\eta^2=\frac{交互效应平方和}{交互效应平方和+误差平方和}=\frac{SSAB}{SSAB+SSE} \tag{9.11}$$

例如，根据代码框 9-7 的方差分析结果，得到品种、施肥方式及其交互效应的偏效应量分别为：

品种的偏效应量：

$$偏\eta^2=\frac{45\,360}{45\,360+10\,012}=0.819\,2$$

结果表明：在排除施肥方式和交互效应的影响后，品种因子解释了产量误差的81.92%。

施肥方式的偏效应量：

$$偏\eta^2=\frac{38\,880}{38\,880+10\,012}=0.795\,2$$

结果表明：在排除品种和交互效应的影响后，施肥方式解释了产量误差的 79.52%。

交互效应的偏效应量：

$$偏\eta^2=\frac{842}{842+10\,012}=0.077\,6$$

结果表明：在排除品种和施肥方式的影响后，交互效应解释了产量误差的 7.76%。这么小的偏效应量，也佐证了上述检验中交互效应不显著的结论。

同样，可以将各因子的平方和分别除以总平方和计算出因子 A、因子 B 的主效应量以及交互效应 AB 的效应量。显然，各项主效应之和等于 1。

代码框 9-9 给出了计算交互效应方差分析效应量的 R 代码和结果。

代码框 9-9　交互效应方差分析的效应量

```
> model_2wi<-aov(产量~品种 + 施肥方式 + 品种:施肥方式,data=example9_4)
> library(DescTools)
> EtaSq(model_2wi)
                    eta. sq    eta. sq. part
品种            0.477001704   0.81919251
施肥方式        0.408858603   0.79522863
品种:施肥方式   0.008858603   0.07761194
```

9.4　方差分析的假定及其检验

在方差分析模型中，假定误差项 ε 是期望值为 0、方差相等的正态独立随机变量，也就是说，误差项 ε 满足 3 个基本假定，即正态性、方差齐性和独立性。这些假定实际上也就是对因变量 y 的假定，因此，在做方差分析之前，应首先对这些假定进行检验，考察数据是否适合做方差分析。

9.4.1 正态性检验

正态性（normality）假定要求每个处理所对应的总体都服从正态分布（检验正态性的方法见第 7 章），即对于任意一个处理，其观测值是来自正态分布总体的简单随机样本。例如，在例 9-1 中，要求每个品种的产量均服从正态分布，在例 9-4 中，要求每种施肥方式的产量也均服从正态分布。

【例 9-6】（数据：example9_4.csv）沿用例 9-4。分别用 Q-Q 图和检验方法检验各品种小麦产量是否服从正态分布（$\alpha=0.05$）。

解：首先，绘制 Q-Q 图来检验小麦产量是否服从正态分布。当每个处理的样本量足够大时，可以对每个样本绘制 Q-Q 图来检查每个处理对应的总体是否服从正态分布。当每个处理的样本量比较小时，正态概率图中的点很少，提供的正态性信息有限，这时，可以将每个处理的样本数据合并绘制一幅正态概率图来检验正态性。R 代码和结果如代码框 9-10 所示。

图 9-7 中的每幅图只有 10 个数据点，很难提供正态性的证据，图 9-8 显示，产量近似服从正态分布。

代码框 9-10　用 Q-Q 图检验正态性

```
# 绘制每个品种产量数据的正态Q-Q图（图9-7）
> example9_4<-read.csv("C:/example/chap09/example9_4.csv")
> attach(example9_4)
> par(mfrow=c(1,3),mai=c(0.6,0.6,0.25,0.1),cex=0.7,font.main=1)
> qqnorm(产量[品种=="品种 1"],xlab="理论分位数",ylab="样本分位数",main="品种 1 的 Q-Q 图")
> qqline(产量[品种=="品种 1"])
> qqnorm(产量[品种=="品种 2"],xlab="理论分位数",ylab="样本分位数",main="品种 2 的 Q-Q 图")
> qqline(产量[品种=="品种 2"])
> qqnorm(产量[品种=="品种 3"],xlab="理论分位数",ylab="样本分位数",main="品种 3 的 Q-Q 图")
> qqline(产量[品种=="品种 3"])
```

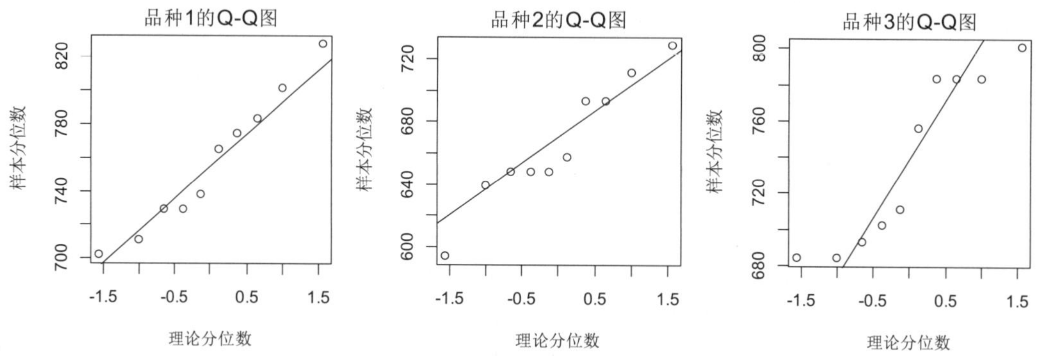

图 9-7　3个品种产量的正态 Q-Q 图

```
# 绘制3个品种产量数据合并后的正态Q-Q图（图9-8）
> qqnorm(产量,xlab="理论分位数",ylab="样本分位数",main="")
> qqline(产量,col="red",lwd=2)
> par(fig=c(.075,.5,.55,.98),new=TRUE)
> hist(产量,xlab="产量",ylab="",freq=FALSE,col="lightblue", cex.axis=0.7,cex.lab=0.7,main="")
> lines(density(产量),col="red",lwd=1)
> box(col="gray")
```

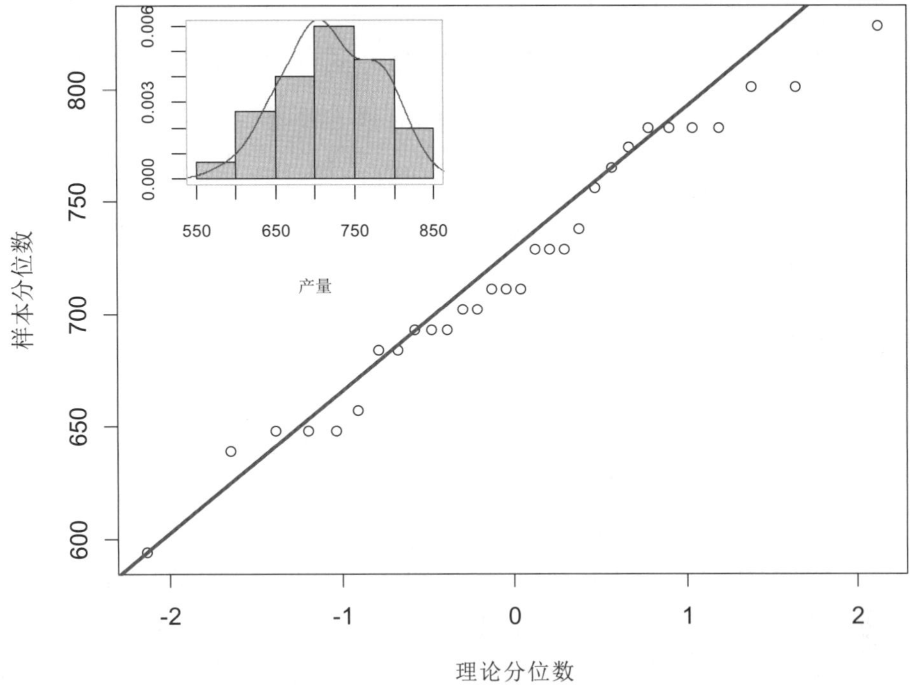

图 9–8　3 个品种产量数据合并后的正态 Q-Q 图（添加直方图及核密度曲线）

其次，如果 Q-Q 图不能确定产量是否近似服从正态分布，可以采用 Shapiro-Wilk 检验或 K-S 检验来分析。以各品种的产量为例，检验的 R 代码和结果如代码框 9–11 所示。

代码框 9–11　Shapiro-Wilk 和 K-S 正态性检验

```
# Shapiro-Wilk检验（每个品种的产量分别做检验）
> example9_4<-read.csv("C:/example/chap09/example9_4.csv")
> attach(example9_4)
> shapiro.test(产量[品种=='品种 1'])
        Shapiro-Wilk normality test
data:   产量[品种 == "品种 1"]
W = 0.95704, p-value = 0.7517
> shapiro.test(产量[品种=='品种 2'])
        Shapiro-Wilk normality test
data:   产量[品种 == "品种 2"]
W = 0.94408, p-value = 0.5992
> shapiro.test(产量[品种=='品种 3'])
        Shapiro-Wilk normality test
data:   产量[品种 == "品种 3"]
W = 0.84402, p-value = 0.04929
# K-S检验（每个品种的产量分别做检验）
> ks.test(产量[品种=='品种 1'],"pnorm",mean(产量[品种=='品种 1']),sd(产量[品种=='品种 1']))
        One-sample Kolmogorov-Smirnov test
data:   产量[品种 == "品种 1"]
D = 0.17001, p-value = 0.9347
```

```
alternative hypothesis: two-sided
> ks.test(产量[品种=='品种 2'],"pnorm",mean(产量[品种=='品种 2']),sd(产量[品种=='品种 2']))
        One-sample Kolmogorov-Smirnov test
data:  产量[品种 == "品种2"]
D = 0.18896, p-value = 0.8675
alternative hypothesis: two-sided
> ks.test(产量[品种=='品种 3'],"pnorm",mean(产量[品种=='品种 3']),sd(产量[品种=='品种 3']))
        One-sample Kolmogorov-Smirnov test
data:  产量[品种 == "品种3"]
D = 0.22861, p-value = 0.6728
alternative hypothesis: two-sided
```

注：也可以将3个品种的产量数据合并后进行检验。对于各施肥方式也可以做类似的检验，限于篇幅，这里不再演示，请读者自己完成。

代码框 9-11 的结果显示，在 Shapiro-Wilk 检验和 K-S 检验中，只有品种 3 的 P 值略微小于 0.05（可忽略不计），其余检验的 P 值均较大，可以认为不同的产量均近似服从正态分布。需要注意的是，由于 Shapiro-Wilk 检验和 K-S 检验对正态性偏离十分敏感，当样本数据轻微偏离正态分布时，往往也会导致拒绝原假设。方差分析对正态性的要求相对比较宽松，当正态性略微不满足时，对分析结果的影响不是很大。因此，实际中应谨慎使用这些检验。

9.4.2 方差齐性检验

方差齐性（homogeneity variance）假定要求各处理的总体方差 σ^2 必须相等，即 $\sigma_1^2=\sigma_2^2=\cdots=\sigma_I^2$。比如，在例 9-2 中，要求各个品种产量的方差都相同，在例 9-4 中，要求每个品种的产量和每种施肥方式的产量方差都相同。检验方差齐性可以使用图示的方法，也可以使用标准的统计检验。

1. 图示法

检验方差齐性的图形有箱线图和残差图等。比如，可以绘制出每个样本数据的箱线图观察其离散程度，如果各样本箱线图的离散程度大致相同，那么方差齐性假定就可能是满足的。绘制残差图是另一种图示方法。**残差**（residual）是实际观测值与预测值的差值，残差除以残差的标准差称为**标准化残差**（standardized residual）。以例 9-2 的单因子方差分析和例 9-5 的双因子方差分析为例，绘制残差图的 R 代码和结果如代码框 9-12 所示。

代码框 9-12　用残差图检验方差齐性

```
# 图（a）例9-2单因子方差分析的残差图
> example9_2<-read.csv("C:/example/chap09/example9_2.csv")
> model_1w<-aov(产量~品种,data=example9_2)
```

```
> par(mfrow=c(1,2),mai=c(0.6,0.6,0.6,0.1),cex=0.7,font.main=1)
> plot(model_1w,which=1,main="(a) 例 9-2 的残差图")

# 图（b）例9-5双因子方差分析的残差图
> example9_4<-read.csv("C:/example/chap09/example9_4.csv")
> model_2wi<-aov(产量~品种 * 施肥方式,data=example9_4)
> plot(model_2wi,which=1,main="(b) 例 9-5 的残差图")
```

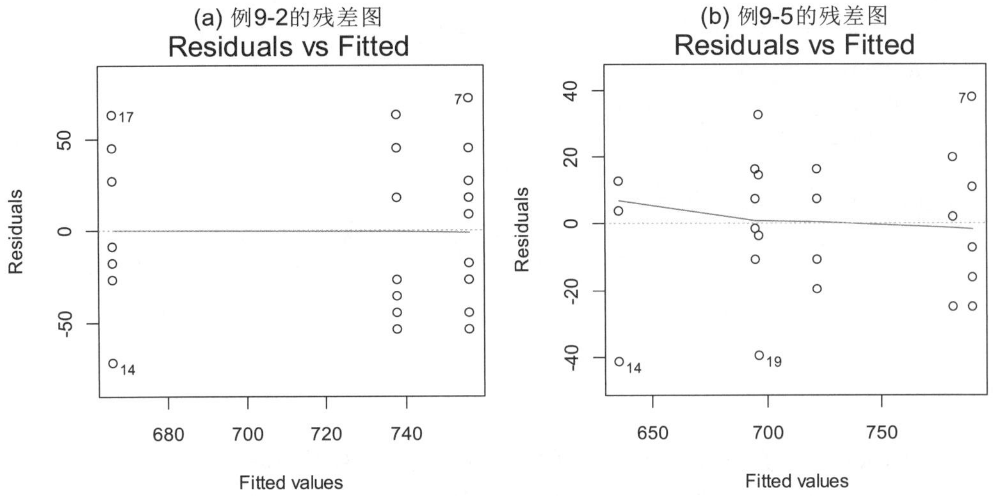

图9-9　例9-2和例9-5方差分析模型的残差图

注：plot(model) 默认绘制4个图，这里设定参数which=1仅输出所需的第1个图。

残差图的横坐标是模型的拟合值，纵坐标是预测残差。图 9-9（a）是例 9-2 单因子方差分析的残差图，图 9-9（b）是交互效应方差分析的残差图。图 9-9 显示，残差都没有离群点，拟合值和残差的散点随机分布在一个水平带之内，而且其离散程度也基本相同，表明单因子方差分析和交互效应方差分析均满足方差齐性假定。

2. 检验法

当残差图不能判断数据是否满足方差齐性时，可以使用检验的方法。方差齐性检验的方法有 Levene 检验、Bartlett 检验等，限于篇幅，这里只介绍 Levene 检验。Levene 检验是由 H. Levene 于 1960 年提出的。该检验既可用于正态总体，也可用于非正态总体。检验统计量为：

$$F=\frac{\text{MSA}}{\text{MSE}}\sim F\left(I-1,\ n-I\right) \tag{9.12}$$

式中，MSA 和 MSE 是对因变量实施 $y_i'=|y_i-\text{Med}_i|$ 的变换后进行方差分析得到的处理均方和残差均方；Med_i 第 i 个处理的 y 的中位数。

如果 $P<\alpha$，拒绝 H_0，表示各总体的方差不相等。

【例9–7】（数据：example9_4.csv）沿用例9–4。用Levene方法检验不同品种的产量和不同施肥方式的产量是否满足方差齐性($\alpha = 0.05$)。

解：Levene检验的R代码和结果如代码框9–13所示。

代码框9–13　Levene方差齐性检验

```
# 不同品种产量的Levene方差齐性检验
> example9_4<-read.csv("C:/example/chap09/example9_4.csv")
> library(car)
> leveneTest(产量~品种,center=median,data=example9_4)
Levene's Test for Homogeneity of Variance (center = median)
      Df  F value   Pr(>F)
group  2  0.9292    0.4071
      27
# 不同施肥方式产量的Levene方差齐性检验
> leveneTest(产量~施肥方式,center=median,data=example9_4)
Levene's Test for Homogeneity of Variance (center = median)
      Df     F value    Pr(>F)
group  1     0.2323     0.6336
      28        28
```

注：函数leveneTest(y,...)用于levene方差齐性检验。参数y为方差分析对象；center用于指定变换方法，默认center=median，即使用中位数变换。设置参数center=mean，则进行均值变换，也就是用第i个处理的y的平均数$\overline{y}_i$进行变换，即$y_i' = |y_i - \overline{y}_i|$。更多信息查阅函数帮助。

代码框9–13中的P值均大于0.05，不拒绝H_0，可以认为各个品种的产量和不同施肥方式的产量满足方差齐性。

在方差分析中，对方差齐性的要求相对比较宽松，当方差略有不齐时，对分析结果的影响不是很大。特别是当各处理的样本量相同时，方差分析对不等方差是稳健的。

除正态性和方差齐性假定外，方差分析中还有一个重要的假定，即**独立性**（independence）。该假定要求每个样本数据来自不同处理的独立样本。比如，在例9–4中，3个品种的产量数据来自3个不同品种产量总体的3个独立样本，两种施肥方式的产量来自两种施肥方式产量总体的两个独立样本。方差分析对独立性的要求比较严格，若该假设得不到满足，方差分析的结果往往会受到较大影响。独立性可在实验设计之前予以确定，不需要检验。因为在获取数据之前，实验的安排是否独立，研究者本身就是清楚的。

习题

9.1　一家牛奶公司有4台机器装填牛奶，每桶的容量为4L。下面是从4台机器中抽取的装填量样本数据：

机器 1	机器 2	机器 3	机器 4
4.05	3.99	3.97	4.00
4.01	4.02	3.98	4.02
4.02	4.01	3.97	3.99
4.04	3.99	3.95	4.01
4.00	4.00	4.02	4.00
4.03	4.05	4.00	4.03

（1）检验机器对装填量是否有显著影响（$\alpha=0.01$）。

（2）分析效应量。

（3）采用 HSD 方法比较哪些机器的装填量之间存在显著差异。

（4）检验装填量是否满足正态性和方差齐性。

9.2　一家管理咨询公司为不同的客户提供人力资源管理讲座。每次讲座的内容基本上一样，听课者有时是高层管理者，有时是中层管理者，有时是基层管理者。该咨询公司认为，不同层次的管理者对讲座的满意度是不同的。对听完讲座后随机抽取的不同层次的管理者，满意度评分如下（评分标准是从 1～10，10 代表非常满意）:

高层管理者	中层管理者	基层管理者
7	8	5
7	9	6
8	8	5
7	10	7
9	9	4
8	10	8

（1）检验管理者的水平不同是否会导致评分的显著差异（$\alpha=0.05$），并分析效应量。

（2）采用 HSD 方法比较管理者的评分之间的差异。

（3）检验满意度评分是否满足正态性和方差齐性。

9.3　某家电制造公司准备购进一批 5 号电池，现有 A，B，C 三个电池生产企业愿意供货。为比较它们生产的电池质量，从每个企业各随机抽取 5 节电池，经实验得其使用寿命（单位：小时）的数据如下：

实验号	电池生产企业		
	A	B	C
1	50	32	45
2	50	28	42
3	43	30	38
4	40	34	48
5	39	26	40

（1）分析3个企业生产的电池平均寿命之间有无显著差异（$\alpha=0.05$），并分析效应量。

（2）如果有差异，用HSD方法检验哪些企业之间有差异。

9.4　有5个不同品种的种子和4个不同的施肥方案，在20块同样面积的土地上分别采用5种种子和4个施肥方案搭配进行实验，取得的产量数据如下：

品种	施肥方案			
	1	2	3	4
1	12.0	9.5	10.4	9.7
2	13.7	11.5	12.4	9.6
3	14.3	12.3	11.4	11.1
4	14.2	14.0	12.5	12.0
5	13.0	14.0	13.1	11.4

（1）检验不同品种和施肥方案对产量的影响是否显著（$\alpha=0.05$）。

（2）计算偏效应量并进行分析。

9.5　城市道路交通管理部门为研究不同路段和不同时间段对行车时间的影响，让一名交通警察分别在3个路段和高峰期与非高峰期亲自驾车进行实验，通过实验共获得30个行车时间（单位：分钟）数据。

		路段		
		路段1	路段2	路段3
时段	高峰期	36.5	28.1	32.4
		34.1	29.9	33.0
		37.2	32.2	36.2
		35.6	31.5	35.5
		38.0	30.1	35.1
	非高峰期	30.6	27.6	31.8
		27.9	24.3	28.0
		32.4	22.0	26.7
		31.8	25.4	29.3
		27.3	21.7	25.6

（1）分析路段、时段以及路段和时段的交互作用对行车时间的影响（$\alpha=0.05$）。

（2）计算偏效应量并进行分析。

第10章 Chapter 10 一元线性回归

研究某些实际问题时往往涉及多个变量。在这些变量中，有一个是研究者特别关注的被预测或被解释的变量，称为**因变量**（dependent variable）或**响应变量**（response variable）。用来预测或解释因变量的一个或多个变量称为**自变量**（independent variable）或**解释变量**（explanatory variable）。假定因变量与自变量之间有某种关系，并把这种关系用适当的数学模型表达出来，就可以利用这一模型根据给定的自变量来预测或解释因变量，这就是回归要解决的问题。在回归分析中，只涉及一个自变量时称为一元回归，涉及多个自变量时则称为多元回归。如果因变量与自变量之间是线性关系，则称为**线性回归**（linear regression）；如果因变量与自变量之间是非线性关系，则称为**非线性回归**（nonlinear regression）。

回归分析的目的主要有两个：一是通过自变量来解释因变量；二是用自变量的取值来预测因变量的取值。一元线性回归建模的大致思路如下：

第1步：确定因变量和自变量，并确定它们之间的关系。

第2步：如果因变量与自变量之间为线性关系，则建立线性关系模型，并对模型进行估计和检验。

第3步：利用回归方程进行预测。

第4步：对回归模型进行诊断。

10.1 确定变量间的关系

建立回归模型时，首先需要确定变量之间的关系，然后依据变量间的关系建立适当的模型。分析变量之间的关系需要解决下面的问题：（1）变量之间是否有关系；（2）如果有，它们之间是什么样的关系；（3）变量之间的关系强度如何；（4）样本所反映的变量之间的关系能否代表总体变量之间的关系。

10.1.1 变量间的关系

变量间的关系大体上分为两种类型，即函数关系和相关关系。函数关系是人们比较熟悉的。设有两个变量 x 和 y，变量 y 随变量 x 一起变化，并完全依赖于 x，当 x 取某个值时，y 依确定的关系取相应的值，则称 y 是 x 的函数，记为 $y=f(x)$。

在实际问题中，有些变量间的关系并不像函数关系那么简单。例如，家庭收入与家庭支出之间就不是完全确定的关系。收入水平相同的家庭，它们的支出可能不同，而支出相同的家庭，它们的收入水平也可能不同。这意味着家庭支出并不能完全由家庭收入一个因素决定，还受消费水平、存款利率等其他因素的影响。正是由于影响一个变量的因素有多个，才造成了它们之间关系的不确定性。变量之间不确定的关系称为**相关关系**（correlation）。

相关关系的特点是：一个变量的取值不能由另一个变量唯一确定，当变量 x 取某个值时，变量 y 的取值可能有多个，或者说，当 x 取某个固定的值时，y 的取值对应着一个分布。例如，身高（x）与体重（y）的关系就属于相关关系。一般来说，身材较高的人，其体重一般也较重。但实际情形并非完全如此，体重并不完全由身高一个因素决定，还受饮食习惯等其他许多因素的影响。因此，身高相同的人，体重的取值可能有多个，即身高取某个值时，体重的取值对应着一个分布。

10.1.2 相关关系的描述

描述相关关系的一种常用工具是散点图。对于两个变量 x 和 y，可以根据散点图的分布形态判断它们之间是否有关系、有什么样的关系及关系的大致强度等。图 10-1 是用 R 模拟的不同形态的散点图。

图 10-1（a）和图 10-1（b）是典型的线性相关关系形态，两个变量的观测点随机分布在一条直线周围。图 10-1（a）显示，一个变量的数值增加，另一个变量的数值也随之增加，因而称为正线性相关；图 10-1（b）显示，一个变量的数值增加，另一个变量的数值随之减少，因而称为负线性相关。图 10-1（c）和图 10-1（d）显示，两个变量的观测点全部落在直线上，称为完全线性相关（这实际上就是函数关系），其中图 10-1（c）为完全正相关，图 10-1（d）为完全负相关。图 10-1（e）显示，两个变量之间是非线性关系。图 10-1（f）的观测点很分散，无任何规律，表示变量之间没有相关关系。

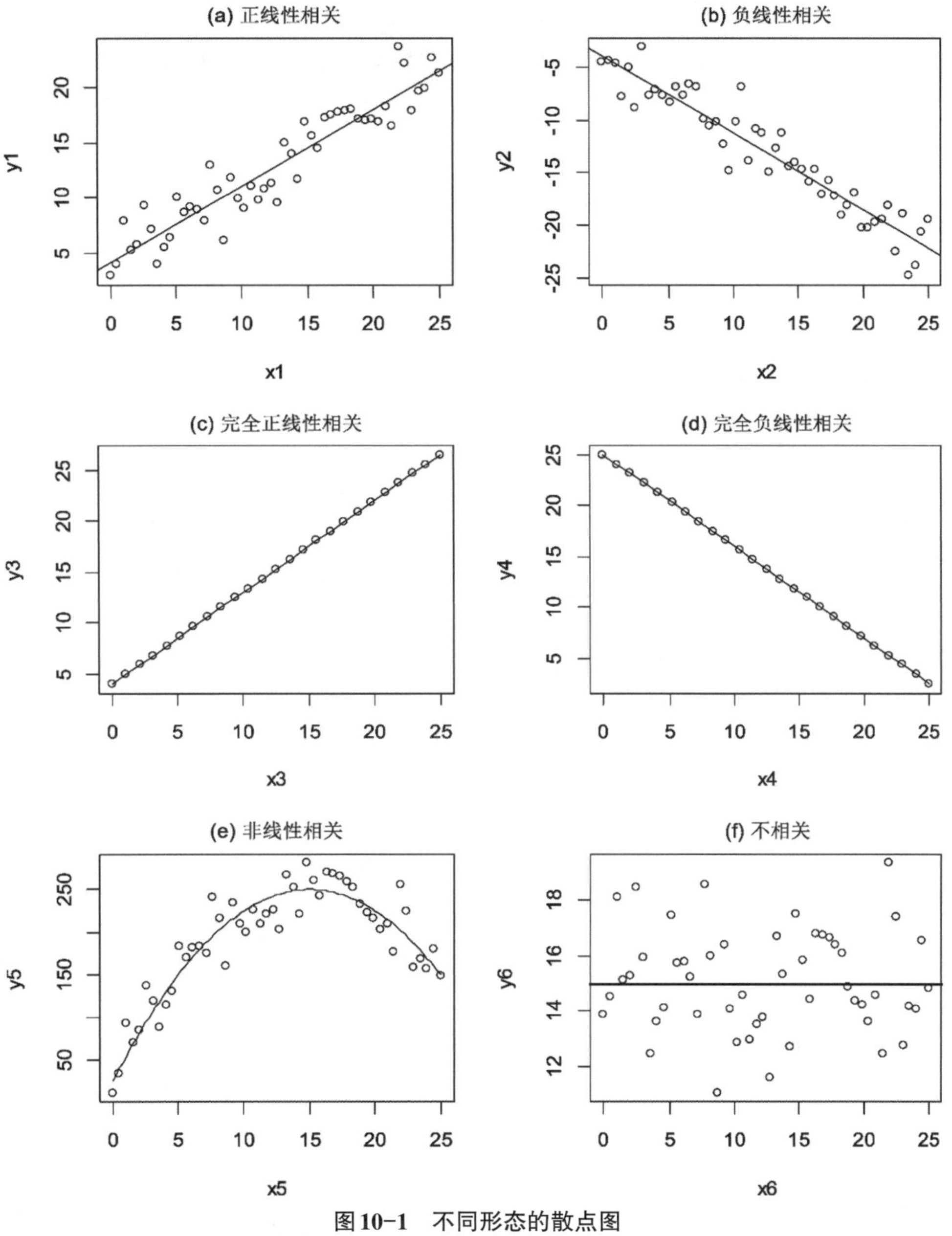

图 10-1　不同形态的散点图

【例 10-1】（数据：example10_1.csv）为研究销售收入与广告支出之间的关系，随机抽取 20 家医药生产企业，得到它们的销售收入和广告支出数据如表 10-1 所示。绘制散点图描述销售收入与广告支出之间的关系。

表 10-1　20 家医药生产企业的销售收入和广告支出　　单位：万元

企业编号	销售收入	广告支出
1	4 597.5	338.6
2	6 611.0	811.0

续表

企业编号	销售收入	广告支出
3	7 349.3	723.5
4	5 525.7	514.0
5	4 675.9	426.4
6	4 418.6	426.3
7	5 845.4	679.0
8	7 313.0	847.3
9	5 035.4	470.9
10	4 322.6	393.8
11	6 389.5	701.0
12	4 152.2	294.0
13	5 544.8	442.6
14	6 095.1	635.0
15	3 626.2	260.5
16	3 745.4	305.0
17	5 121.8	624.7
18	5 674.5	600.0
19	4 256.6	299.6
20	5 803.7	646.0

解：绘制散点图的R代码和结果如代码框10-1所示。

图10-2显示，广告支出增加，销售收入也随之增加，二者的观测点分布在一条直线周围，因而具有正的线性相关关系。两个箱线图显示销售收入和广告支出大致为对称分布。

代码框10-1　绘制销售收入与广告支出的散点图

```
# 绘制带有边际箱线图的散点图（图10-2）
> example10_1<-read.csv("C:/example/chap10/example10_1.csv")
> library(ggpubr)                              # 加载包
> ggscatterhist(data=example10_1,x="广告支出",y="销售收入",
+     size=2,color="blue4",                     # 设置点的大小和点的颜色
+     margin.plot="boxplot",                    # 设置边际图的类型为箱线图
+     margin.params=list(fill="lightblue",color="blue"))  # 设置边际图的填充颜色和线的颜色
```

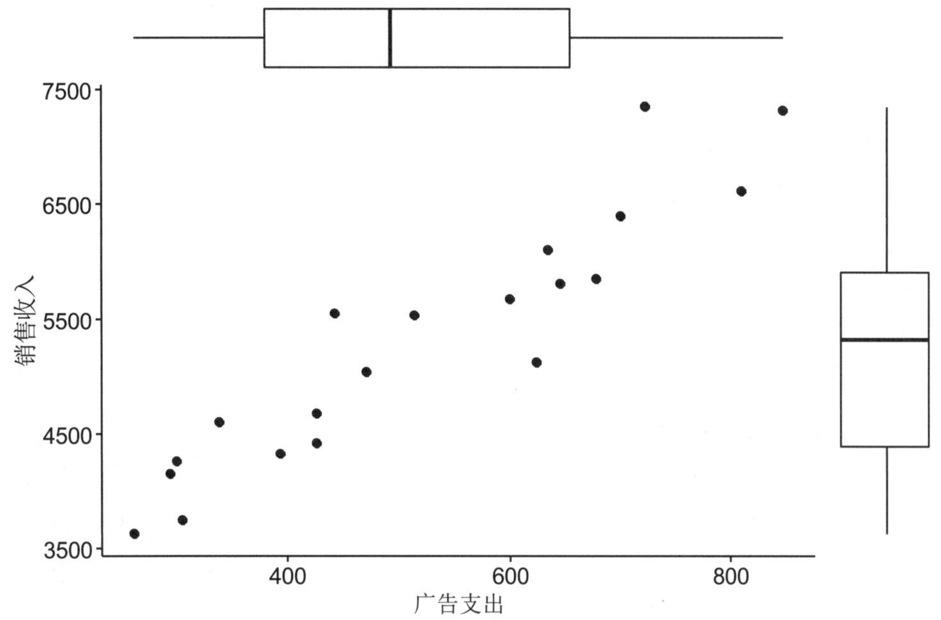

图 10-2　带有边际箱线图的销售收入与广告支出的散点图

10.1.3　关系强度的度量

根据散点图可以判断两个变量之间有无相关关系，并对关系形态做出大致描述，但要准确度量变量间的关系强度，则需要计算相关系数。

1. 相关系数

相关系数（correlation coefficient）是度量两个变量之间线性关系强度的统计量。样本相关系数记为 r，计算公式为：

$$r=\frac{\sum(x_i-\bar{x})(y_i-\bar{y})}{\sqrt{\sum(x_i-\bar{x})^2\cdot\sum(y_i-\bar{y})^2}} \tag{10.1}$$

按式（10.1）计算的相关系数也称为 **Pearson 相关系数**[①]（Pearson's correlation coefficient）。

计算相关系数时，假定两个变量之间是线性关系，两个变量都是随机变量，且服从一个联合的双变量正态分布[②]。此外，样本数据中不应有极端值，否则会对相关系数的值有较大影响。

① 相关和回归的概念是 1877—1888 年 Francis Galton 提出的，但真正使该理论系统化的是 Karl Pearson，为纪念他的贡献将相关系数也称为 Pearson 相关系数。

② 注意：并不是简单地要求两个变量各自服从正态分布。

r 的取值范围在 $-1\sim+1$ 之间，即 $-1\leqslant r\leqslant 1$。$|r|\to 1$ 表示两个变量之间的线性关系强；$|r|\to 0$ 表示两个变量之间的线性关系弱。$r>0$ 表示 x 与 y 之间为正线性相关；$r<0$ 表示 x 与 y 之间为负线性相关；$|r|=1$ 表示 x 与 y 之间为完全相关，其中 $r=+1$ 表示 x 与 y 之间为完全正线性相关，$r=-1$ 表示 x 与 y 之间为完全负线性相关；$r=0$ 表示 x 与 y 之间不存在线性相关。需要注意的是，r 仅仅是 x 与 y 之间线性关系的一种度量，它不能用于描述非线性关系。这意味着 $r=0$ 只表示两个变量之间不存在线性相关，并不表示变量之间没有任何关系，比如它们之间可能存在非线性关系。当变量之间的非线性相关程度较强时，就可能会导致 $r=0$。因此，当 $r=0$ 或很小时，不能轻易得出两个变量之间没有关系的结论，而应结合散点图做出合理解释。

2. 相关系数的检验

总体相关系数 ρ 通常是未知的，需要根据样本相关系数 r 作为近似估计。由于 r 是根据样本数据计算的，抽取的样本不同，r 的取值也就不同，因此 r 是一个随机变量。能否用样本相关系数表示总体的相关程度，需要考察样本相关系数的可靠性，也就是进行显著性检验。

相关系数的显著性检验通常采用 R.A.Fisher 提出的 t 检验方法，该检验可用于小样本，也可用于大样本。检验的具体步骤如下。

第 1 步：提出假设：

H_0：$\rho=0$（两个变量的线性关系不显著）

H_1：$\rho\neq 0$（两个变量的线性关系显著）

第 2 步：计算检验统计量：

$$t=\frac{r\sqrt{n-2}}{\sqrt{1-r^2}}\sim t(n-2) \tag{10.2}$$

第 3 步：进行决策。求出统计量的 P 值，如果 $P<\alpha$，拒绝 H_0，表示总体的两个变量之间线性关系显著。

【例 10-2】（数据：example10_1.csv）沿用例 10-1。计算销售收入与广告支出的相关系数，并检验其显著性($\alpha=0.05$)。

解：相关分析的 R 代码和结果如代码框 10-2 所示。

代码框 10-2　相关系数的计算和检验

```
# 计算相关系数
> example10_1<-read.csv("C:/example/chap10/example10_1.csv")
> cor(example10_1$销售收入,example10_1$广告支出)
[1] 0.937114

# 检验相关系数
> cor.test(example10_1$销售收入,example10_1$广告支出)
        Pearson's product-moment correlation
```

```
data:   example9_1[, 2] and example9_1[, 3]
t = 11.391, df = 18, p-value = 1.161e-09
alternative hypothesis: true correlation is not equal to 0
95 percent confidence interval:
 0.8450142 0.9752189
sample estimates:
      cor
0.937114
```

注：函数 cor(x,y=NULL,use="everything",method=c("pearson","kendall", "spearman"))用于计算相关系数。参数x为向量、矩阵或数据框；参数y为向量、矩阵或数据框；use用于指定缺失值的处理方式；method指定计算相关系数的方法，默认为pearson。更多信息查看帮助。函数cor.test(x,y,...)用于相关系数的检验（该函数会输出相关系数的点估计值和95%的置信区间）。更多信息查看帮助。

代码框 10-2 显示，销售收入与广告支出之间的相关系数为 0.937 114，检验的 P 值接近 0，表示二者之间的线性关系显著。

10.2　模型估计和检验

确定变量间的关系后，就可以依据关系形态建立适当的回归模型。**回归分析**（regression analysis）是重点考察一个特定的变量（因变量），而把其他变量（自变量）看作影响这一变量的因素，并通过适当的数学模型将变量间的关系表达出来，进而通过一个或几个自变量的取值来预测因变量的取值或解释它们之间的关系。

10.2.1　回归模型与回归方程

设因变量为y，自变量为x。模型中只涉及一个自变量时称为一元回归，若 y 与x之间为线性关系，称为一元线性回归。描述因变量y如何依赖于自变量x和误差项ε的方程称为**回归模型**（regression model）。一元线性回归模型可表示为：

$$y=\beta_0+\beta_1x+\varepsilon \tag{10.3}$$

式中，β_0 和 β_1 为模型的参数。

式（10.3）表示，在一元线性回归模型中，y是 x 的线性函数（$\beta_0+\beta_1x$ 部分）加上误差项 ε 。$\beta_0+\beta_1x$ 反映了由于 x 的变化而引起的 y 的线性变化；ε 是称为误差项的随机变量，它是除 x 以外的其他随机因素对 y 的影响，是不能由 x 和 y 之间的线性关系所解释的 y 的误差。

建立一元线性回归模型时，首先假定因变量 y 与自变量 x 之间为线性关系，而且自变量 x 的取值是事先给定的（假定 x 是非随机变量），而 y 则是随机变量。这意味着对于任何一个给定的 x 值，y 的取值都对应着一个分布，因此，$E(y)=\beta_0+\beta_1x$ 代表一条直线。但由于单个的数据点是从 y 的分布中抽出来的，可能不在这条直线上，因此，必须包含一个误差项ε来描述模型的观测点，并对ε做出以下假定：

（1）正态性。ε是一个服从正态分布的随机变量，且期望值为0，即$E(\varepsilon)=0$。这意味着在式（10.3）中，由于β_0和β_1都是常数，有$E(\beta_0)=\beta_0$，$E(\beta_1)=\beta_1$。因此对于一个给定的x值，y的期望值为$E(y)=\beta_0+\beta_1 x$。

（2）方差齐性。对于所有的x值，ε的方差σ^2都相同。这意味着对于一个给定的x值，y的方差也都等于σ^2。

（3）独立性。对于一定的x值，它所对应的ε与其他x值所对应的ε不相关。因此，对于一个给定的x值，它所对应的y值与其他x所对应的y值也不相关。这表示，在x取某个给定值的情形下，y的变化由误差项ε的方差σ^2来决定。当σ^2较小时，y的观测值非常靠近直线；当σ^2较大时，y的观测值将偏离直线。对于任何一个给定的x值，y都服从期望值$E(y)=\beta_0+\beta_1 x$、方差为σ^2的正态分布，且对于不同的x具有相同方差。

回归模型中的参数β_0和β_1是未知的，需要利用样本数据去估计。当用样本统计量$\hat{\beta}_0$和$\hat{\beta}_1$估计参数β_0和β_1时，就得到了**估计的回归方程**（estimated regression equation），它是根据样本数据求出的回归模型的估计。一元线性回归模型的估计方程为：

$$\hat{y}=\hat{\beta}_0+\hat{\beta}_1 x \quad (10.4)$$

式中，$\hat{\beta}_0$为估计的回归直线在y轴上的截距；$\hat{\beta}_1$为直线的斜率，也称为**回归系数**（regression coefficient），它表示x每改变一个单位时，y的平均改变量。

10.2.2 参数的最小二乘估计

模型参数的估计通常采用**最小二乘估计**（least squares estimation）或称**最小平方法估计**，它是通过使因变量的观测值y_i与估计值$\hat{y}_i$之间的离差平方和达到最小来估计β_0和β_1。最小二乘法的含义可用图10-3表示。

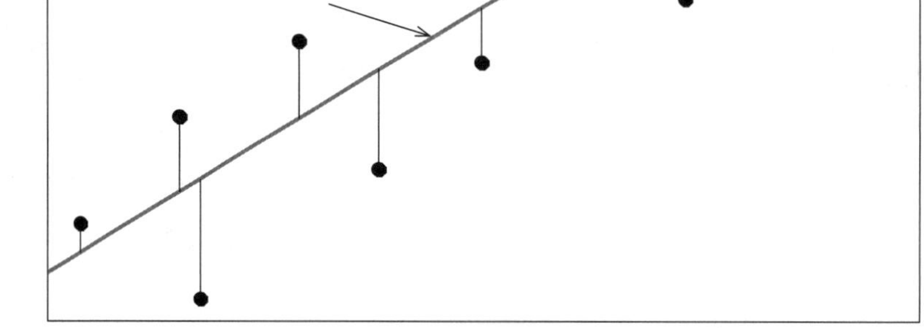

图10-3 最小二乘法示意图

根据最小二乘法估计参数可知 β_0 和 β_1 的抽样分布，并且在一定条件下，β_0 和 β_1 的最小二乘估计量具有性质 $E\left(\hat{\beta}_0\right)=\beta_0$，$E\left(\hat{\beta}_1\right)=\beta_1$，与其他估计量相比，其抽样分布具有较小的方差。正是基于上述性质，最小二乘法广泛应用于回归模型参数的估计。

根据最小二乘法，有

$$\sum\left(y_i-\hat{y}_i\right)^2=\sum\left(y_i-\hat{\beta}_0-\hat{\beta}_i x_i\right)^2=\min \tag{10.5}$$

令 $Q=\sum\left(y_i-\hat{y}_i\right)^2$，在给定样本数据后，$Q$ 是 $\hat{\beta}_0$ 和 $\hat{\beta}_1$ 的函数，且最小值总存在。根据微积分的极值定理，对 Q 求相应于 $\hat{\beta}_0$ 和 $\hat{\beta}_1$ 的偏导数，并令其等于 0，便可求出 $\hat{\beta}_0$ 和 $\hat{\beta}_1$，即

$$\begin{cases}\left.\dfrac{\partial Q}{\partial \beta_0}\right|_{\beta_0=\hat{\beta}_0}=-2\sum\limits_{i=1}^{n}\left(y_i-\hat{\beta}_0-\hat{\beta}_1 x_i\right)=0\\ \left.\dfrac{\partial Q}{\partial \beta_1}\right|_{\beta_1=\hat{\beta}_1}=-2\sum\limits_{i=1}^{n}x_i\left(y_i-\hat{\beta}_0-\hat{\beta}_1 x_i\right)=0\end{cases} \tag{10.6}$$

解上述方程组得：

$$\begin{cases}\hat{\beta}_1=\dfrac{\sum\left(x_i-\bar{x}\right)\left(y_i-\bar{y}\right)}{\sum\left(x_i-\bar{x}\right)^2}\\ \hat{\beta}_0=\bar{y}-\hat{\beta}_1\bar{x}\end{cases} \tag{10.7}$$

【例 10-3】（数据：example10_1.csv）沿用例 10-1。求销售收入（因变量 y）与广告支出（自变量 x）的估计的回归方程。

解： 回归分析的 R 代码和结果如代码框 10-3 所示。

代码框 10-3 的结果显示，销售收入与广告支出的估计方程为：

$$\hat{y}=2\,343.891\,6+5.673\,5\times \text{广告支出}$$

将广告支出的各个取值代入上述估计方程，可以得到销售收入的各个估计值 $\hat{y}_i$。回归系数 $\hat{\beta}_1=5.673\,5$ 表示广告支出每变动（增加或减少）1 万元，销售收入平均变动（增加或减少）5.673 5 万元。截距 $\hat{\beta}_0=2\,343.891\,6$ 表示广告支出为 0 时销售收入的均值。不过，在回归分析中，对截距 $\hat{\beta}_0$ 通常不作实际意义上的解释，除非 x 取 0 有实际意义。

代码框 10-3　一元线性回归分析

```
# 拟合一元线性回归模型
> df<-read.csv("C:/example/chap10/example10_1.csv")
> model<-lm(销售收入~广告支出,data=df)        # 拟合线性模型
> summary(model)                              # 输出模型结果
Call:
lm(formula = 销售收入 ~ 广告支出, data = example9_1)


Residuals:
```

```
     Min        1Q    Median       3Q      Max
-766.30   -273.85    -26.79   174.73   900.66

Coefficients:
              Estimate  Std. Error   t value   Pr(>|t|)
(Intercept)  2343.8916    274.4825     8.539   9.56e-08 ***
广告支出        5.6735      0.4981    11.391   1.16e-09 ***
---
Signif. codes:  0  '***'  0.001  '**'  0.01  '*'  0.05  '.'  0.1  ' '  1

Residual standard error: 394 on 18 degrees of freedom
Multiple R-squared:   0.8782,     Adjusted R-squared:   0.8714
F-statistic: 129.8 on 1 and 18 DF,   p-value: 1.161e−09

# 计算回归系数的置信区间
> confint(model,level=0.95)
                  2.5 %        97.5 %
(Intercept)  1767.225152  2920.558006
广告支出        4.627092      6.719825

# 输出方差分析表
> anova(model)
Analysis of Variance Table

Response:  销售收入
            Df    Sum Sq    Mean Sq   F value      Pr(>F)
广告支出     1  20139304   20139304    129.76   1.161e-09 ***
Residuals 18     2793629     155202
---
Signif. codes:  0  '***'  0.001  '**'  0.01  '*'  0.05  '.'  0.1  ' '  1

# 绘制拟合图（图10-4）
> attach(df)
> model<-lm(销售收入~广告支出)
> plot(销售收入~广告支出)
> text(销售收入~广告支出,labels=企业编号,cex=.6,adj=c(-0.6,.25),col=4)
> abline(model,col=2,lwd=2)
> n=nrow(example10_1)
> for(i in 1:n){segments(df[i,3],df[i,2],df[i,3],model$fitted[i],col=4)}
> mtext(expression(hat(y)==2343.8916+5.6735%*%广告支出),
+     cex =0.7,side=1,line=-6,adj=0.75)
> arrows(600,4900,550,5350,code=2,angle=15,length=0.08)
```

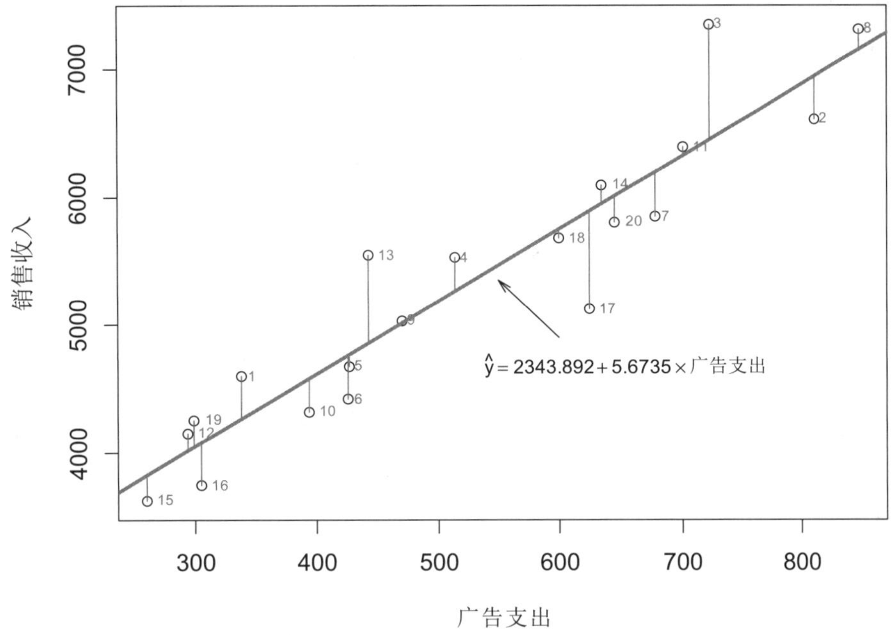

图 10-4　销售收入与广告支出的回归拟合图

注：函数 lm(formula,data,...) 用于拟合线性模型。线性回归表达式 formula 为 y~x，~左侧为因变量，右侧为自变量，有多个自变量时用+连接。利用 anova( ) 函数可以得到回归模型的方差分析表，也可用于比较多个模型的方差分析表。confint(object,level=0.95) 中 object 为拟合的模型对象，level 指定置信水平。更多信息查看帮助。

代码框 10-3 输出的其他结果将在后面陆续介绍。

10.2.3　模型的拟合优度

根据估计方程 $\hat{y}=\hat{\beta}_0+\hat{\beta}_1x_i$，可用自变量 x 的取值来预测因变量 y 的取值，预测的精度则取决于回归模型对观测数据的拟合程度。可以想象，如果各观测点都落在这一直线上，模型就是对数据的完全拟合，此时用 x 来估计 y 是没有误差的。各观测点越是紧密围绕直线，模型对观测数据的拟合程度就越好，反之则越差。回归直线与各观测点的接近程度称为回归模型的**拟合优度**（goodness of fit）或拟合程度。评价拟合优度的一个重要统计量就是**决定系数**（coefficient of determination）。

1. 决定系数

决定系数是对回归模型拟合优度的度量。为理解它的含义，需要考察因变量 y 取值的误差。

因变量 y 的取值是不同的，y 取值的这种波动称为误差。误差的产生来自两个方面：一是由于自变量 x 的取值不同造成的；二是 x 以外的其他随机因素的影响。对一个具体的观测值来说，误差的大小可以用（ $y_i-\bar{y}$ ）来表示，如图 10-5 所示。n 次观测值的总误差可由误差的平方和表示，称为**总平方和**（total sum of squares），记为 SST，即 $\text{SST}=(y_i-\bar{y})^2$。

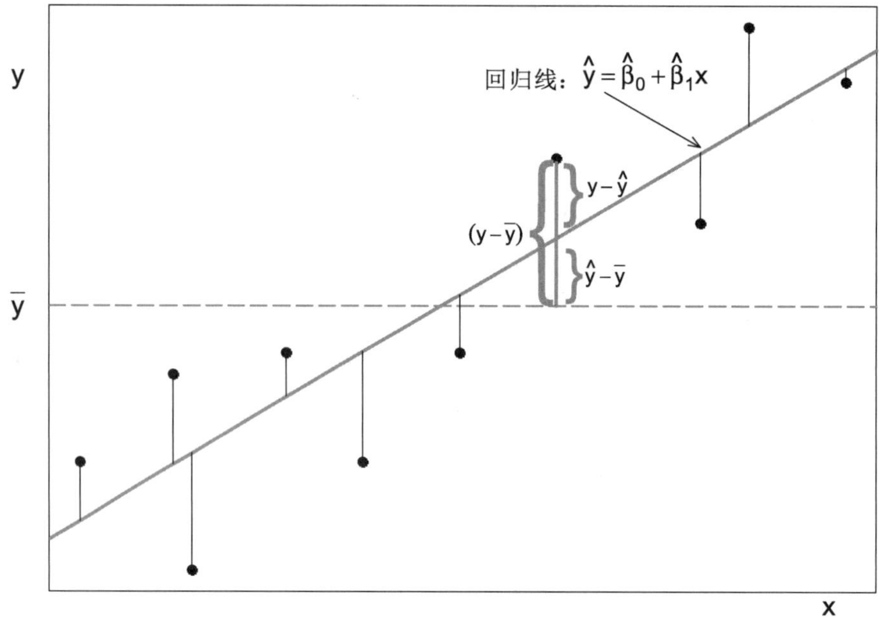

图 10-5　误差分解示意图

图 10-5 显示，每个观测值的误差都可以分解为两部分：$y_i-\bar{y}=(y_i-\hat{y}_i)+(\hat{y}_i-\bar{y})$，两边平方并对所有 n 个点求和，有

$$\sum(y_i-\bar{y})^2=\sum(y_i-\hat{y}_i)^2+\sum(\hat{y}_i-\bar{y})^2+2\sum(y_i-\hat{y}_i)(\hat{y}_i-\bar{y}) \tag{10.8}$$

可以证明，$\Sigma(y_i-\hat{y}_i)(\hat{y}_i-\bar{y})=0$，因此有：

$$\sum(y_i-\bar{y})^2=\sum(y_i-\hat{y}_i)^2+\sum(\hat{y}_i-\bar{y})^2 \tag{10.9}$$

式（10.9）的左边为总平方和 SST，它被分解为两部分。其中，$\sum(\hat{y}_i-\bar{y})^2$ 是回归值 $\hat{y}_i$ 与均值 $\bar{y}$ 的误差平方和，它是由 x 的变化引起的 y 的变化，反映了 y 的总误差中由于 x 的变化引起的 y 的变化部分，是可以由回归方程来解释的 y_i 的误差部分，**称为回归平方和**（regression sum of squares），记为 SSR。另一部分 $\sum(y_i-\hat{y}_i)^2$ 是实际观测值与回归值的误差平方和，它是除了 x 对 y 的线性影响之外的其他随机因素对 y 的影响，是不能由回归方程来解释的 y_i 的误差部分，称为**残差平方和**（residual sum of squares），记为 SSE。三个平方和的关系为：

$$\text{总平方和（SST）}=\text{回归平方和（SSR）}+\text{残差平方和（SSE）} \tag{10.10}$$

从图 10-5 可以看出，回归模型拟合得好坏取决于回归平方和 SSR 占总平方和 SST 的比例（SSR/SST）的大小。各观测值越是靠近直线，SSR/SST 越大，模型拟合得越好。回归平方和占总平方和的比例称为决定系数，记为 R^2，其计算公式为：

$$R^2=\frac{\text{SSR}}{\text{SST}}=\frac{\sum(\hat{y}_i-\bar{y})^2}{\sum(y_i-\bar{y})^2} \quad (10.11)$$

R^2 度量了模型的拟合程度。若所有观测点都落在直线上，残差平方和 SSE=0，$R^2=1$，拟合是完全的；如果 y 的变化与 x 无关，此时 $\hat{y}=\bar{y}$，则 $R^2=0$。可见 R^2 的取值范围是[0，1]。R^2 越接近 1，模型的拟合程度就越好；R^2 越接近 0，模型的拟合程度就越差。在一元线性回归中，决定系数等于相关系数的平方。

代码框 10-3 显示的决定系数（Multiple R-squared）$R^2=0.878\,2=87.82\%$，它表示在销售收入取值的总误差中，有 87.82%可以由销售收入与广告支出之间的线性关系来解释，可见模型的拟合程度较高。

2. 残差的标准误

残差的标准误（residual standard error）是残差平方和的均方根，即残差的标准差，用s_e表示。计算公式为：

$$s_e=\sqrt{\frac{\Sigma(y_i-\hat{y}_i)^2}{n-k-1}}=\sqrt{\frac{\text{SSE}}{n-k-1}}=\sqrt{\text{MSE}} \quad (10.12)$$

式中，k 为自变量的个数。在一元线性回归中，$n-k-1=n-2$。

s_e 是度量各观测值在直线周围分散程度的一个统计量，它反映了实际观测值y_i与回归估计值$\hat{y}_i$之间的差异程度。s_e 也是对误差项 ε 的标准差 σ 的估计，它可以看作在排除了 x 对 y 的线性影响后，y 随机波动大小的一个估计量。从实际意义看，s_e 反映了用估计的回归方程预测 y 时产生的预测误差大小。各观测值越靠近直线，s_e 就越小，根据回归方程进行预测也就越准确；若各观测值全部落在直线上，$s_e=0$，此时用 x 预测 y 是没有误差的。

代码框 10-3 给出的残差标准误（Residual standard error）$s_e=394$，它表示用广告支出来预测销售收入时平均的预测误差为 394 万元。

10.2.4　模型的显著性检验

在建立回归模型之前，已经假定 x 与 y 是线性关系，但这种假定是否成立，需要检验后才能确定。回归分析中的显著性检验主要包括线性关系检验和回归系数检验。

1. 线性关系检验

线性关系检验简称 F 检验，它是检验因变量 y 和自变量 x 之间的线性关系是否显著，或者说，它们之间能否用一个线性模型 $y=\beta_0+\beta_1x+\varepsilon$ 来表示。检验统计量的构造是以回归平方和（SSR）以及残差平方和（SSE）为基础的。将 SSR 除以其相应自由度（SSR 的自由度是自变量的个数 k，一元线性回归中自由度为 1）的结果称为回归**均方**

（mean square），记为 MSR；将 SSE 除以其相应自由度（SSE 的自由度为 $n-k-1$，一元线性回归中自由度为 $n-2$）的结果称为残差均方，记为 MSE。如果原假设（H_0：$\beta_1=0$，两个变量之间的线性关系不显著）成立，则比值 MSR/MSE 服从分子自由度为 k、分母自由度为 $n-k-1$ 的 F 分布，即：

$$F=\frac{\text{SSR}/k}{\text{SSE}/(n-k-1)}=\frac{\text{MSR}}{\text{MSE}}\sim F(k,n-k-1) \tag{10.13}$$

如果 H_0 成立，MSR / MSE 的值应接近 1；如果 H_0 不成立，MSR / MSE 的值将变得无穷大。因此，较大的 MSR / MSE 值将导致拒绝 H_0，此时就可以断定 x 与 y 之间的线性关系显著。线性关系检验的具体步骤如下：

第 1 步：提出假设：

H_0：$\beta_1=0$（两个变量之间的线性关系不显著）

H_1：$\beta_1\neq 0$（两个变量之间的线性关系显著）

第 2 步：计算检验统计量 F。

第 3 步：做出决策。求出统计量的 P 值，设定显著性水平 α，若 $P<\alpha$，则拒绝 H_0，表示两个变量之间的线性关系显著。

代码框 10-3 给出的检验统计量（F-statistic）$F=129.8$，$P=1.161\text{e}-09$ 接近 0，拒绝 H_0，表示销售收入与广告支出之间的线性关系显著。

2. 回归系数的检验和推断

回归系数检验简称 t 检验，它用于检验自变量对因变量的影响是否显著。在一元线性回归中，由于只有一个自变量，回归系数检验与线性关系检验是等价的（在多元线性回归中这两种检验不再等价）。其检验假设为：

H_0：$\beta_1=0$（自变量对因变量的影响不显著）

H_1：$\beta_1\neq 0$（自变量对因变量的影响显著）

检验统计量的构造是以回归系数 β_1 的抽样分布为基础的。统计证明，$\hat{\beta}_1$ 服从正态分布，期望值为 $E(\hat{\beta}_1)=\beta_1$，标准误的估计量为：

$$s_{\hat{\beta}_i}=\frac{s_e}{\sqrt{\sum x_i^2-\frac{1}{n}\left(\sum x_i\right)^2}} \tag{10.14}$$

将回归系数标准化，即可得到检验 β_1 的统计量 t。在 H_0 成立的条件下，$\hat{\beta}_1-\beta_1=\hat{\beta}_1$，因此检验统计量为：

$$t=\frac{\hat{\beta}_1}{s_{\hat{\beta}_1}}\sim t(n-2) \tag{10.15}$$

确定显著性水平 α，并根据自由度 $\text{df}=n-2$ 计算出统计量的 P 值，若 $P<\alpha$，则拒绝 H_0，表示 x 对 y 的影响显著。

代码框 10-3 给出的检验统计量 $t=11.391$，显著性水平 $P=1.161\text{e}-09$，接近 0，拒绝

H_0，表示广告支出是影响销售收入的一个显著因素。

除对回归系数进行检验外，还可以对其进行区间估计。在$1-\alpha$置信水平下，回归系数 β_1 的置信区间为：

$$\hat{\beta}_1 \pm t_{\alpha/2}(n-2)\frac{s_e}{\sqrt{\sum_{i=1}^{n}(x_i-\overline{x})^2}} \tag{10.16}$$

回归模型中常数项 β_0 的置信区间为：

$$\hat{\beta}_0 \pm t_{\alpha/2}(n-2)s_e\sqrt{\frac{1}{n}+\frac{\overline{x}}{\sum_{i=1}^{n}(x_i-\overline{x})^2}} \tag{10.17}$$

代码框 10-3 给出的 β_1 的 95%的置信区间为（4.627 092，6.719 825），β_0 的 95%的置信区间为（1 767.225 152，2 920.558 006）。其中 β_1 的置信区间表示广告支出每变动 1 万元，销售收入的平均改变量在 4.627 092 万元~6.719 825 万元之间。

10.3　利用回归方程进行预测

回归分析的目的之一是根据所建立的回归方程用给定的自变量来预测因变量。如果对于 x 的一个给定值 x_0，求出 y 的一个预测值 $\hat{y}_0$，就是点估计。在点估计的基础上，可以求出 y 的一个估计区间。估计区间有两种：均值的置信区间和个别值的预测区间。

10.3.1　均值的置信区间

均值的置信区间是对 x 的一个给定值 x_0 求出的 y 的均值的估计区间。比如，在例 10-3 中，根据销售收入与广告支出的估计回归方程 $\hat{y}=2\,343.891\,6+5.673\,5x$，求出广告支出为 600 万元时销售收入均值的估计区间，这个区间就是因变量的置信区间。

设 $E(y_0)$ 为给定 x_0 时 y 的期望值。当 $x=x_0$ 时，$\hat{y}_0=\hat{\beta}_0+\hat{\beta}_1x_0$ 就是 $E(y_0)$ 的点估计值。根据参数估计原理，y 的均值的置信区间等于点估计值±估计误差，即 $\hat{y}_0 \pm E$。E 等于所要求的置信水平的分位数值和点估计量（$\hat{y}_0$）的标准误的乘积。用 $s_{\hat{y}_0}$ 表示 $\hat{y}_0$ 的标准误的估计量，统计证明，求 y 的均值的置信区间时，$s_{\hat{y}_0}$ 的计算公式为：

$$s_{\hat{y}_0}=s_e\sqrt{\frac{1}{n}+\frac{(x_0-\overline{x})^2}{\sum_{i=1}^{n}(x_i-\overline{x})^2}} \tag{10.18}$$

因此，$E(y_0)$ 在$1-\alpha$置信水平下的置信区间为：

$$\hat{y}_0 \pm t_{\alpha/2}s_e\sqrt{\frac{1}{n}+\frac{(x_0-\overline{x})^2}{\sum_{i}^{n}(x_i-\overline{x})^2}} \tag{10.19}$$

当 $x_0=\overline{x}$ 时，$\hat{y}_0$ 的标准误的估计量最小，此时有 $s_{\hat{y}_0}=s_e\sqrt{1/n}$。也就是说，当 $x_0=\overline{x}$ 时，估计是最准确的。x_0 偏离 $\overline{x}$ 越远，y 的均值的置信区间就越宽，估计的效果也就越差。

10.3.2 个别值的预测区间

个别值的**预测区间**（prediction interval）是对 x 的一个给定值 x_0 求出 y 的一个个别值的估计区间。比如，在例 10-3 中，如果不是想估计广告支出为 600 万元时销售收入均值的区间，只是想估计广告支出为 600 万元的那家企业（编号为 18）销售收入的区间，这个区间就是个别值的预测区间。

与置信区间类似，y 的个别值的预测区间等于点估计值±估计误差，即 $\hat{y}_0 \pm E$。E 等于所要求的置信水平的分位数值和点估计量（$\hat{y}_0$）的标准误的乘积。用 s_{ind} 表示估计 y 的一个个别值时 $\hat{y}_0$ 的标准差的估计量，统计证明，s_{ind} 的计算公式为：

$$s_{ind} = s_e\sqrt{1+\frac{1}{n}+\frac{(x_0-\bar{x})^2}{\sum_i^n(x_i-\bar{x})^2}} \tag{10.20}$$

在 $1-\alpha$ 置信水平下，y 的一个个别值的预测区间为：

$$\hat{y}_0 \pm t_{\alpha/2}s_e\sqrt{1+\frac{1}{n}+\frac{(x_0-\bar{x})^2}{\sum_i^n(x_i-\bar{x})^2}} \tag{10.21}$$

与式（10.18）相比，式（10.20）的根号内多了数值 1。因此，即使是对同一个 x_0，这两个区间的宽度也不一样，预测区间要比置信区间宽一些。这两个区间的示意图如图 10-6 所示。

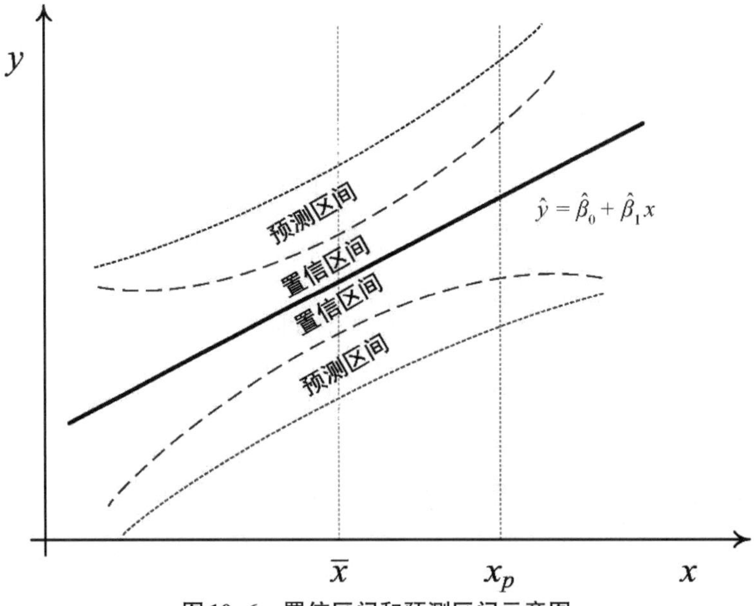

图 10-6　置信区间和预测区间示意图

图 10-6 显示，两个区间的宽度不一样，y 的个别值的预测区间要宽一些。二者的差别表示，估计 y 的均值比预测 y 的一个个别值更准确一些。同样，当 $x_0=\bar{x}$ 时，预测效果是最好的，即区间最窄。

【例 10–4】（数据：example10_1.csv）沿用例 10–1。求 20 家企业销售收入 95%的置信区间和预测区间，以及 $x_0 = 500$ 时销售收入的点预测值、置信区间和预测区间。

解：R 代码和结果如代码框 10–4 所示。

代码框 10–4 计算销售收入的置信区间和预测区间

```
# 计算点预测值（pre_model）、置信区间（con_int）和预测区间（pre_int）
> df<-read.csv("C:/example/chap10/example10_1.csv")
> model<-lm(销售收入~广告支出,data=df)
> x0<-df$广告支出
> pre_model<-predict(model)
> con_int<-predict(model,data.frame(广告支出=x0),interval="confidence",level=0.95)
> pre_int<-predict(model,data.frame(广告支出=x0),interval="prediction",level=0.95)
> data.frame(销售收入=df$销售收入,点预测值=pre_model,置信下限=con_int[,2],
+    置信上限=con_int[,3],预测下限=pre_int[,2],预测上限=pre_int[,3])
   销售收入  点预测值  置信下限  置信上限  预测下限  预测上限
1    4597.5  4264.925  3998.348  4531.501  3395.383  5134.467
2    6611.0  6945.066  6590.492  7299.641  6044.643  7845.490
3    7349.3  6448.639  6168.060  6729.217  5574.703  7322.575
4    5525.7  5260.049  5074.789  5445.310  4411.897  6108.201
5    4675.9  4763.054  4552.697  4973.412  3909.069  5617.039
6    4418.6  4762.487  4552.080  4972.894  3908.490  5616.484
7    5845.4  6196.170  5948.675  6443.664  5332.287  7060.053
8    7313.0  7151.013  6763.533  7538.493  6237.130  8064.896
9    5035.4  5015.523  4822.893  5208.154  4165.731  5865.315
10   4322.6  4578.100  4349.549  4806.650  3719.452  5436.747
11   6389.5  6320.986  6057.644  6584.328  5452.430  7189.542
12   4152.2  4011.888  3709.980  4313.796  3130.873  4892.904
13   5544.8  4854.964  4652.116  5057.813  4002.798  5707.131
14   6095.1  5946.538  5726.896  6166.179  5090.218  6802.857
15   3626.2  3821.828  3491.525  4152.130  2930.682  4712.973
16   3745.4  4074.296  3781.397  4367.196  3196.327  4952.266
17   5121.8  5888.101  5674.071  6102.132  5033.204  6742.998
18   5674.5  5747.967  5545.680  5950.254  4895.934  6600.000
19   4256.6  4043.660  3746.360  4340.960  3164.212  4923.107
20   5803.7  6008.946  5782.898  6234.994  5150.961  6866.931

# 绘制置信带和预测带（图 10–7）
> library(investr)
> model<-lm(销售收入~广告支出,data=df)
> plotFit(model,interval="both",level=0.95,shade=TRUE,col.conf="skyblue3",
+    col.pred="lightskyblue2",col.fit="red2")
> legend(x="topleft",legend=c("回归线","置信带","预测带"),
+    col=c("red2","skyblue3","lightskyblue2"),
+    fill=c("red2","skyblue3","lightskyblue2"),cex=0.9)
```

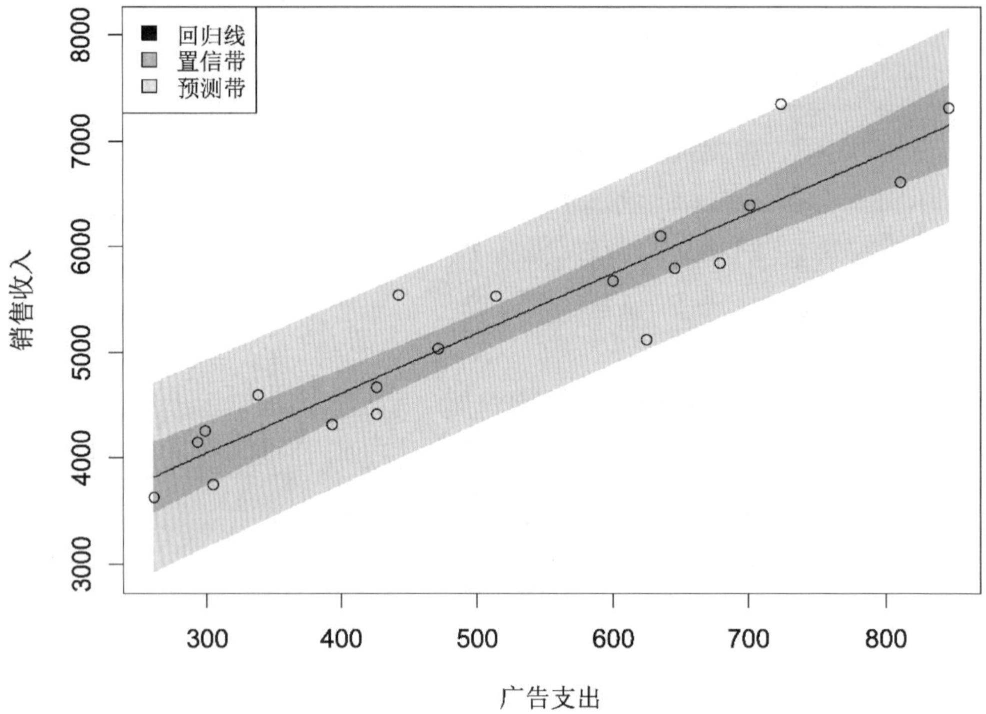

图 10–7　20家企业销售收入95%的置信带和预测带

```
# 计算x0=500时销售收入的点预测值、置信区间和预测区间(新值预测)
> x0<-data.frame(广告支出=500)
> predict(model,newdata=x0)
       1
5180.621
> predict(model,data.frame(广告支出=500),interval="confidence",level=0.95)
       fit      lwr      upr
1 5180.621 4994.127 5367.115
>   predict(model,data.frame(广告支出=500),interval="prediction",level=0.95)
       fit      lwr      upr
1 5180.621 4332.199 6029.043
```

注：predict(object,...)函数可以对回归模型进行预测。参数object为模型对象；指定参数interval可以得到置信区间(interval="confidence")和预测区间(interval="prediction")，level为置信水平。fit=点预测值；lwr和upr为区间的下限和上限。更多信息查看帮助。

图 10–7 中间的实线是拟合的回归直线，其两侧的深色区域是销售收入均值的 95%的置信带，最外侧的浅色区域是销售收入个别值的 95%的预测带。

10.4　回归模型的诊断

在回归模型 $y=\beta_0+\beta_1x+\varepsilon$ 中，除假定 y 与 x 之间是线性关系外，还假定 ε 是期望值为 0、方差相等且服从正态分布的独立随机变量。判断模型假定是否成立的过程就是回归模型的诊断。模型诊断除了可以使用一些检验方法（如利用 F 检验判断线性关系假定）外，也可以通过**残差分析**（residual analysis）来完成，其主要工具就是**残差图**（residual plot）。

10.4.1　残差与残差图

残差是因变量的观测值 y_i 与根据回归方程求出的估计值 $\hat{y}_i$ 之差，用 e 表示，它反映了用估计的回归方程预测 y_i 而引起的误差。第 i 个观测值的残差可表示为：

$$e_i=y_i-\hat{y}_i \tag{10.22}$$

残差除以它的标准误后的结果称为**标准化残差**（standardized residual），用 z_e 表示。第 i 个观测值的标准化残差可表示为：

$$z_{e_i}=\frac{e_i}{s_e}=\frac{y_i-\hat{y}_i}{s_e} \tag{10.23}$$

式中，s_e 为残差的标准误。

计算例 10-3 的回归预测值（pre）、残差（res）和标准化残差（zre）的 R 代码和结果如代码框 10-5 所示。

代码框 10-5　计算例 10-3 的残差（res）和标准化残差（zre）

```
# 计算预测值（pre）、残差（res）和标准化残差（zre）
> df<-read.csv("C:/example/chap10/example10_1.csv")
> model<-lm(销售收入~广告支出,data=df)
> pre<-fitted(model)
> res<-residuals(model)
> zre<-model$residuals/(sqrt(deviance(model)/df.residual(model)))
> data.frame(销售收入=df$销售收入,点预测值=pre,残差=res,标准化残差=zre)
   销售收入  点预测值        残差   标准化残差
1    4597.5  4264.925   332.57536   0.8441934
2    6611.0  6945.066  -334.06646  -0.8479784
3    7349.3  6448.639   900.66117   2.2861954
4    5525.7  5260.049   265.65073   0.6743151
5    4675.9  4763.054   -87.15430  -0.2212283
6    4418.6  4762.487  -343.88696  -0.8729063
7    5845.4  6196.170  -350.76993  -0.8903777
8    7313.0  7151.013   161.98700   0.4111801
9    5035.4  5015.523    19.87679   0.0504543
10   4322.6  4578.100  -255.49955  -0.6485479
11   6389.5  6320.986    68.51398   0.1739126
```

```
12     4152.2  4011.888   140.31161   0.3561603
13     5544.8  4854.964   689.83567   1.7510460
14     6095.1  5946.538   148.56225   0.3771033
15     3626.2  3821.828  -195.62753  -0.4965716
16     3745.4  4074.296  -328.89643  -0.8348550
17     5121.8  5888.101  -766.30113  -1.9451423
18     5674.5  5747.967  -73.46670   -0.1864844
19     4256.6  4043.660   212.94024   0.5405174
20     5803.7  6008.946  -205.24580  -0.5209861
```

检验ε的假定是否成立，可以通过残差图分析来完成。残差图的x轴是因变量的预测值$\hat{y}_i$，y轴是对应的残差e_i，$\hat{y}_i$与对应的e_i在图中用点表示。

为解读残差图，先考察一下残差图的形态及其所反映的信息。图10-8展示了几种不同形态的残差图。

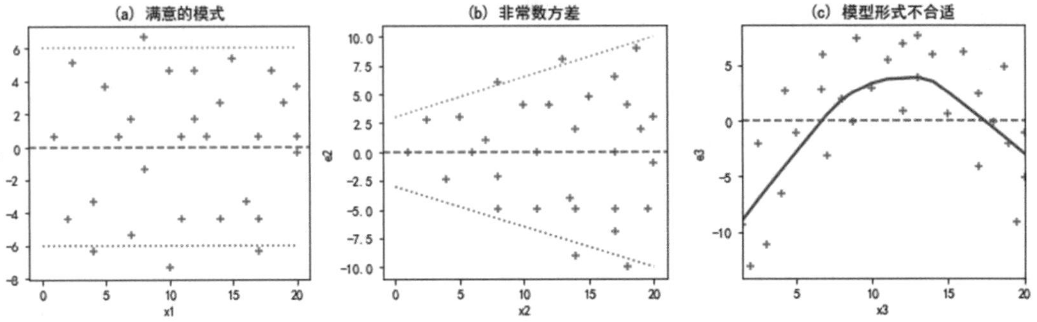

图10-8　不同形态的残差图

若关于ε等方差的假定成立，且描述y与x之间关系的回归模型是合理的，那么残差图中的所有点都应以均值0为中心随机分布在一条水平带中间，如图10-8（a）所示。如果对所有的x值ε的方差是不同的，例如，对于较大的x值相应的残差也较大（或对于较大的x值相应的残差较小），如图10-8（b）所示，这就意味着违背了ε方差相等的假设，称为**异方差性**（heteroscedasticity）。如果残差图如图10-8（c）所示，表示所选择的回归模型不合理，这时应考虑非线性回归模型。

10.4.2　检验模型假定

检验线性回归模型的正态性、方差齐性和独立性假定，除了可以使用统计检验外，也可以利用残差图来分析。

1. 检验正态性

残差的正态性检验除了可使用 Shapiro-Wilk 检验和 K-S 检验外，也可以通过绘制残差的 Q-Q 图来完成。利用 R 的 plot(model)函数可以得到模型诊断的多个图形，其中包括 Q-Q 图。以例10-3的一元线性回归为例，绘制模型诊断图的 R 代码和结果如代码框10-6所示。

代码框 10-6　例 10-3 回归的模型诊断图

```
# 图10-9的绘制代码
> df<-read.csv("C:/example/chap10/example10_1.csv")
> par(mfrow=c(2,2),mai=c(0.7,0.7,0.4,0.2),cex=0.8,cex.main=0.7)
> model<-lm(销售收入~广告支出,data=df)
> plot(model)
```

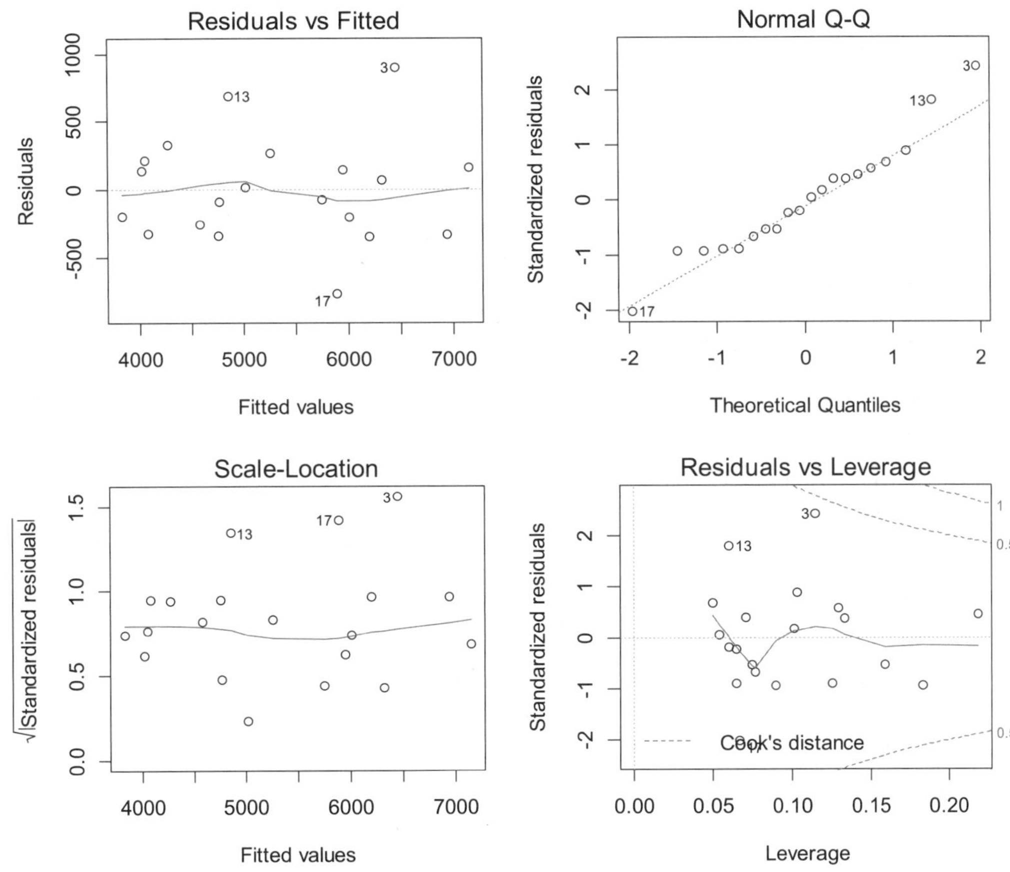

图 10-9　销售收入与广告支出的回归诊断图

图 10-9 中，Residuals vs Fitted 是残差图，该图可用于判断模型的线性关系假定是否成立，也可以用于判断方差齐性的假定是否成立。如果线性关系成立，则残差值与拟合（预测）值之间就没有任何系统关系，各残差值基本上在 0 轴水平线附近随机波动。该图显示，销售收入与广告支出之间的线性关系假定成立，也没有异方差，即方差齐性假定成立。

Normal Q-Q 是标准化残差的正态 Q-Q 图，该图可用于检验残差的正态性假定。该图显示，各个点基本上在直线周围随机分布，没有固定模式。因此，在销售收入与广告支出的线性模型中，关于 ε 正态性的假定基本成立。

Scale-Location 是位置尺度图，该图可用于判断残差的方差齐性假定是否成立。如果 ε 满足方差齐性，则各个点在水平线周围随机分布。该图显示，在销售收入与广告支出的线性模型中，关于ε方差齐性的假定基本成立。

Residuals vs Leverage 图是残差与杠杆图，该图可用于鉴别样本数据中是否有离群点、高杠杆值点和强影响点。由于这些内容超出了本书的范围，读者可进一步阅读回归方面的书籍。

2. 检验方差齐性

方差齐性检验除了可以用上述残差图来判断外，也可以绘制散布-水平图（spread-level plot）来分析，还可以利用 R 的 ncvTest 函数进行检验，R 代码和结果如代码框 10-7 所示。

代码框 10-7　例 10-3 的方差齐性检验

```
# 检验方差齐性
> df<-read.csv("C:/example/chap10/example10_1.csv")
> model<-lm(销售收入~广告支出,data=df)
> library(car)
> ncvTest(model)
Non-constant Variance Score Test
Variance formula: ~ fitted.values
Chisquare = 1.126441, Df = 1, p = 0.28854

# 绘制散布-水平图（图 10-10）
> spreadLevelPlot(model)
```

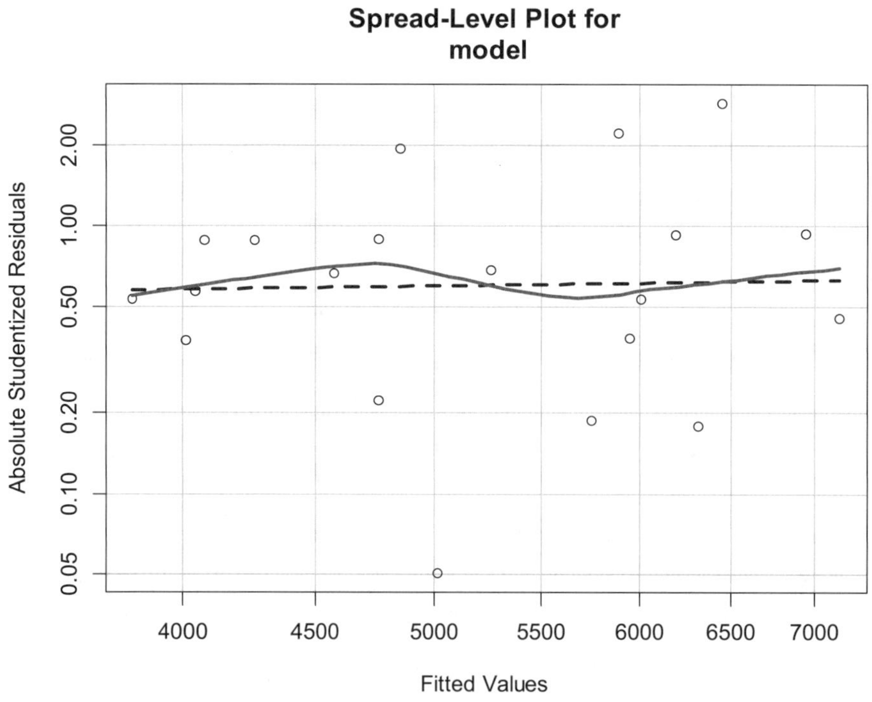

图 10-10　例 10-3 的散布-水平图

方差齐性检验的原假设为误差项满足方差齐性，由于 $P=0.288\,54$，不拒绝原假设，可以认为例 10-3 建立的回归模型满足方差齐性。图 10-10 与图 10-9 中的残差图类似，图的 x 轴是拟合值，y 轴是标准化残差的绝对值，图中分别绘制出了残差对拟合值的回归直线和曲线。该图显示，拟合曲线接近水平直线，没有非线性特征，而且各个点在该线周围随机分布，显示本例建立的线性模型满足方差齐性的假定。

3. 检验独立性

判断残差是否独立的有效方法是根据收集自变量和因变量数据时的先验知识。就截面数据的回归来说，利用先验知识就可以判断残差是否独立。但对于时间序列数据，后期的观测值往往与前期的观测值有一定关系，因而残差会呈现一定的自相关，此时就需要进行检验。

判断残差之间是否存在自相关的方法之一就是使用 Durbin-Watson 检验，简称 D-W 检验。该检验的原假设为残差无自相关，检验统计量为：

$$d=\frac{\sum_{i=1}^{n}\left(e_t-e_{t-1}\right)^2}{\sum_{i=1}^{n}e_t^2} \tag{10.24}$$

式中，e_t 为第 t 期残差；e_{t-1} 为第 $t-1$ 期残差；n 为观测值的个数。

D-W 检验的 R 代码和结果如代码框 10-8 所示。

代码框 10-8　例 10-3 的 D-W 检验

```
# 检验残差独立性
> df<-read.csv("C:/example/chap10/example10_1.csv")
> model<-lm(销售收入~广告支出,data=df)
> library(car)
> durbinWatsonTest(model)     # 自助法模拟的 P 值
 lag  Autocorrelation  D-W Statistic  p-value
   1        0.1330482        1.679232    0.486
 Alternative hypothesis: rho != 0
```

注：函数 durbinWatsonTest(model, ...)用于对模型的残差做自相关检验，并给出 bootstrap 的（自助法）P 值。更多信息查看帮助。

检验的 P 值[①]等于 0.486，不拒绝原假设，显示残差无自相关。

---

① 该 P 值由自助法（模拟）得出，每次运行程序会得出不同的结果，可设定随机数种子以再现模拟结果。

习题

10.1　使用R自带的数据集anscombe，分别绘制x_1和y_1、x_2和y_2、x_3和y_3、x_4和y_4的散点图，并建立一元线性回归模型，从散点图和各回归模型中你会得到哪些启示？

10.2　随机抽取10家航空公司，对其最近一年的航班准点率和顾客投诉次数进行调查，所得数据如下：

航空公司编号	航班准点率（%）	投诉次数（次）
1	81.8	21
2	76.6	58
3	76.6	85
4	75.7	68
5	73.8	74
6	72.2	93
7	71.2	72
8	70.8	122
9	91.4	18
10	68.5	125

（1）用航班准点率作自变量，顾客投诉次数作因变量，求出估计的回归方程，并解释回归系数的意义。

（2）检验回归系数的显著性（$\alpha=0.05$）。

（3）如果航班准点率为80%，估计顾客的投诉次数。

10.3　随机抽取7家超市，得到其广告费支出和销售额数据如下：

超市	广告费支出（万元）	销售额（万元）
A	1	19
B	2	32
C	4	44
D	6	40
E	10	52
F	14	53
G	20	54

用广告费支出作自变量x，销售额作因变量y，建立回归模型，并对模型进行诊断和评价。

第 11 章 Chapter 11 多元线性回归

在实际问题中，影响因变量的因素往往有多个，这种一个因变量同多个自变量的回归就是**多元回归**（multiple regression）。当因变量与各自变量之间为线性关系时，称为**多元线性回归**（multiple linear regression）。多元线性回归分析的原理与一元线性回归基本相同，但计算和分析的内容要复杂得多，需要借助统计软件来完成。本章主要介绍多元线性回归，并将重点放在 R 输出结果的解读及其应用上。

11.1 多元线性回归模型及其参数估计

多元线性回归建模的思路大致如下：

第 1 步：确定所关注的因变量 y 和影响因变量的 k 个自变量。

第 2 步：假定因变量 y 与 k 个自变量之间为线性关系，并建立线性关系模型。

第 3 步：对模型进行估计和检验。

第 4 步：判别模型中是否存在多重共线性，如果存在，进行处理。

第 5 步：利用回归方程进行预测。

第 6 步：对回归模型进行诊断。

11.1.1 回归模型与回归方程

设因变量为 y，k 个自变量分别为 x_1，x_2，…，x_k，描述因变量 y 依赖于自变量 x_1，x_2，…，x_k 和误差项 ε 的方程称为**多元线性回归模型**（multiple linear regression model）。其一般形式可表示为：

$$y=\beta_0+\beta_1x_1+\beta_2x_2+\cdots+\beta_kx_k+\varepsilon \tag{11.1}$$

式中，β_0，β_1，β_2,…，β_k 为模型的参数；ε 为误差项。

式（11.1）表示，y 是 x_1，x_2，…，x_k 的线性函数（$\beta_0+\beta_1x_1+\beta_2x_2+\cdots+\beta_kx_k$ 部分）加上误差项 ε。误差项反映了除 x_1，x_2，…，x_k 对 y 的影响之外其他随机因素对 y 的影响，是不能由 x_1，x_2，…，x_k 与 y 之间的线性关系所解释的 y 的误差。

在多元线性回归模型中，对误差项 ε 同样有3个基本假定：

（1）正态性。ε 是一个服从正态分布的随机变量，且期望值为0，即 $E(\varepsilon)=0$。这意味着对于给定的 x_1，x_2，…，x_k 的值，y 的期望值为 $E(y)=\beta_0+\beta_1x_1+\beta_2x_2+\cdots+\beta_kx_k$。

（2）方差齐性。对于自变量 x_1，x_2，…，x_k 的所有值，ε 的方差 σ^2 都相同。

（3）独立性。对于自变量 x_1，x_2，…，x_k 的一组给定值，它所对应的 ε 与 x_1，x_2，…，x_k 与任意一组其他值所对应的 ε 不相关。同样，对于给定的 x_1，x_2，…，x_k 的值，因变量 y 是一个服从正态分布的随机变量。

依据回归模型的假定，有

$$E(y)=\beta_0+\beta_1x_1+\beta_2x_2+\cdots+\beta_kx_k \tag{11.2}$$

式（11.2）称为**多元线性回归方程**（multiple linear regression equation），它描述了因变量 y 的期望值与自变量 x_1，x_2，…，x_k 之间的关系。

回归模型中的参数 β_0，β_1，β_2，…，β_k 是未知的，需要利用样本数据去估计。当用样本估计量 $\hat{\beta}_0$，$\hat{\beta}_1$，$\hat{\beta}_2$，…，$\hat{\beta}_k$ 去估计模型中的参数 β_0，β_1，β_2，…，β_k 时，就得到了**估计的多元线性回归方程**（estimated multiple linear regression equation），其一般形式为：

$$\hat{y}=\hat{\beta}_0+\hat{\beta}_1x_1+\hat{\beta}_2x_2+\cdots+\hat{\beta}_kx_k \tag{11.3}$$

式中，$\hat{\beta}_0$，$\hat{\beta}_1$，$\hat{\beta}_2$，…，$\hat{\beta}_k$ 为参数 β_0，β_1，β_2，…，β_k 的估计量；$\hat{y}$ 为因变量 y 的估计量。其中的 $\hat{\beta}_1$，$\hat{\beta}_2$，…，$\hat{\beta}_k$ 为偏回归系数。$\hat{\beta}_i$ 表示当其他自变量不变时，x_i 每改变一个单位因变量 y 的平均改变量。

11.1.2 参数的最小二乘估计

多元线性回归模型中的参数 β_0，β_1，β_2,…，β_k 仍然用最小二乘法来估计。也就是使残差平方和最小，即

$$Q=\sum(y_i-\hat{y}_i)^2=\sum\left(y_i-\hat{\beta}_0-\hat{\beta}_1x_1-\cdots-\hat{\beta}_kx_k\right)^2=\min \tag{11.4}$$

根据式（11.4）得到求解 $\hat{\beta}_0$，$\hat{\beta}_1$，$\hat{\beta}_2$，…，$\hat{\beta}_k$ 的标准方程组为：

$$\begin{cases}\left.\dfrac{\partial Q}{\partial \beta_0}\right|_{\beta_0=\hat{\beta}_0}=0\\[2ex]\left.\dfrac{\partial Q}{\partial \beta_1}\right|_{\beta_1=\hat{\beta}_i}=0,\ i=1,\ 2,\ \cdots,\ k\end{cases} \tag{11.5}$$

【例11-1】（数据：example11_1.csv）餐馆的营业额受多种因素影响，比如客流量、价格、交通便捷程度、服务水平、同业竞争者的数量等。为分析营业额的影响因素，一家市场调查公司在某城市随机抽取25家餐馆，调查得到的有关数据如表11-1 所示。建立多元线性回归模型，并解释各回归系数的含义。

表 11-1　25 家餐馆的调查数据

餐馆编号	y	x_1	x_2	x_3	x_4	x_5
1	53.2	163.0	168.6	6 004	5	6.5
2	18.5	14.5	22.5	209	11	16.0
3	11.3	88.2	109.4	1 919	10	18.2
4	84.7	151.6	277.0	7 287	7	10.0
5	7.3	79.1	17.4	5 311	15	17.5
6	17.9	60.4	93.0	6 109	8	3.6
7	2.5	53.2	21.5	4 057	17	18.5
8	27.3	108.5	114.5	4 161	3	4.0
9	5.9	48.7	61.3	2 166	10	11.6
10	23.9	142.8	129.8	11 125	9	14.2
11	69.4	214.7	159.4	13 937	2	2.5
12	20.6	65.6	91.0	4 000	18	12.0
13	1.9	13.2	6.1	2 841	14	12.8
14	3.0	60.9	60.3	1 273	26	7.8
15	7.3	21.2	51.1	2 404	34	2.7
16	46.2	114.3	73.6	6 109	12	3.2
17	78.8	299.5	171.7	15 571	4	7.6
18	11.1	78.9	38.8	4 228	11	11.0
19	8.6	90.0	105.3	3 772	15	28.4
20	48.9	160.3	161.5	6 451	5	6.2
21	22.1	84.0	122.6	3 275	9	10.8
22	11.1	78.9	38.8	4 228	10	33.7
23	8.6	90.0	105.3	3 772	14	16.5
24	48.9	160.3	161.5	6 451	6	9.3
25	22.1	84.0	122.6	3 275	10	11.6

表 11-1 中：y =日均营业额（万元）；x_1 =周边居民人数（万人）；x_2 =用餐平均支出（元/人）；x_3 =周边居民月平均收入（元）；x_4 =周边餐馆数（个）；x_5 =距市中心距离（km）。

解：多元线性回归的 R 代码和结果如代码框 11-1 所示。

代码框 11-1　多元线性回归分析

```
# 拟合回归模型
> example11_1<-read.csv("C:/example/chap11/example11_1.csv")
> model1<-lm(y~x1+x2+x3+x4+x5,data=example11_1)
> summary(model1)
Call:
lm(formula = y ~ x1 + x2 + x3 + x4 + x5, data = example11_1)

Residuals:
```

```
     Min        1Q    Median        3Q       Max
-16.7204   -6.0600    0.7152    3.2144   21.4805

Coefficients:
               Estimate  Std. Error  t value  Pr(>|t|)
(Intercept)   4.2604768  10.4679833    0.407   0.68856
x1            0.1273254   0.0959790    1.327   0.20037
x2            0.1605660   0.0556834    2.884   0.00952 **
x3            0.0007636   0.0013556    0.563   0.57982
x4           -0.3331990   0.3986248   -0.836   0.41362
x5           -0.5746462   0.3087506   -1.861   0.07826 .
---
Signif. codes:  0 '***' 0.001 '**' 0.01 '*' 0.05 '.' 0.1 ' ' 1

Residual standard error: 10.65 on 19 degrees of freedom
Multiple R-squared:  0.8518,    Adjusted R-squared:  0.8128
F-statistic: 21.84 on 5 and 19 DF,  p-value: 2.835e-07

# 计算回归系数的置信区间
> confint(model1,level=0.95)
                    2.5 %        97.5 %
(Intercept) -17.649264072  26.170217667
x1           -0.073561002   0.328211809
x2            0.044019355   0.277112598
x3           -0.002073719   0.003600932
x4           -1.167530271   0.501132297
x5           -1.220868586   0.071576251
# 输出方差分析表
> anova(model1)
Analysis of Variance Table

Response: y
          Df  Sum Sq  Mean Sq  F value     Pr(>F)
x1         1 10508.9  10508.9  92.7389  9.625e-09 ***
x2         1  1347.1   1347.1  11.8878   0.002696 **
x3         1    85.4     85.4   0.7539   0.396074
x4         1    40.5     40.5   0.3573   0.557082
x5         1   392.5    392.5   3.4641   0.078262 .
Residuals 19  2153.0    113.3
---
Signif. codes:  0 '***' 0.001 '**' 0.01 '*' 0.05 '.' 0.1 ' ' 1
```

注：在多元线性回归中，R输出的方差分析表将回归平方和分解到每一个自变量，并对其显著性做检验，这样可以观察每一个自变量对因变量误差（总平方和）的贡献。从检验结果看，x1，x2和x5对y的总误差平方和贡献显著，x3和x4的贡献不显著。将每一个自变量的平方和相加即可得到总回归平方和，将其除以总的自由度（自变量个数，本例为5）即可得到总回归均方，再将总回归均方除以残差均方得到检验统计量F的值21.84。R在summary(model1)中输出了F值及其检验的P值。

根据代码框 11-1 的输出结果，得到估计的多元线性回归方程为：

$$\hat{y} = 4.260\,476\,8 + 0.127\,325\,4x_1 + 0.160\,566\,0x_2$$
$$+0.000\,763\,6x_3 - 0.333\,199\,0x_4 - 0.574\,646\,2x_5$$

偏回归系数 $\hat{\beta}_1 = 0.127\,325\,4$ 的含义为：在用餐平均支出、周边居民月平均收入、周边餐馆数和距市中心距离不变的条件下，周边居民人数每变动 1 万人，日均营业额平均变动 0.127 325 4 万元。其余各回归系数的含义类似。

代码框 11-1 还列出了各回归系数的置信区间①。比如，β_1 的 95%的置信区间为（−0.073 561 002，0.328 211 809），其含义是：在用餐平均支出、周边居民月平均收入、周边餐馆数和距市中心距离不变的条件下，周边居民人数每变动 1 万人，日均营业额平均变动在−0.073 561 002 万元～0.328 211 809 万元之间。其余各回归系数置信区间的含义类似。

11.2　拟合优度和显著性检验

11.2.1　模型的拟合优度

多元线性回归模型的拟合优度可以用多重决定系数来评估。

1. 多重决定系数

在多元线性回归中，因变量的总误差平方和 $\text{SST} = \sum(y_i - \bar{y})^2$ 同样被分解成两部分：回归平方和 $\text{SSR} = \sum(\hat{y}_i - \bar{y})^2$ 与残差平方和 $\text{SSE} = \sum(y_i - \hat{y}_i)^2$，显然有：SST=SSR+SSE。**多重决定系数**（multiple coefficient of determination）是多元线性回归中回归平方和占总平方和的比例，计算公式为：

$$R^2 = \frac{\text{SSR}}{\text{SST}} \tag{11.6}$$

R^2 度量了多元线性回归模型的拟合优度，它表示在因变量 y 的总误差中被多个自变量共同解释的比例。

在多元线性回归中，自变量个数的增加将影响因变量中被估计回归方程解释的误差数量。当增加自变量时，会使预测误差变小，从而减少残差平方和 SSE。当 SSE 变小时，SSR 就会变大，从而使 R^2 变大。如果模型中增加一个自变量，即使这个自变量在统计上并不显著，R^2 也会变大。因此，为避免增加自变量而高估 R^2，统计学家使用样本量 n 和自变量的个数 k 去调整 R^2，计算出**调整的多重决定系数**（adjusted multiple coefficient of determination），记为 R_a^2，其计算公式为：

$$R_a^2 = 1 - \left(1 - R^2\right) \times \frac{n-1}{n-k-1} \tag{11.7}$$

①回归系数 β_i 在 $(1-\alpha)$ 置信水平下的置信区间为：$\hat{\beta}_i \pm t_{\alpha/2}(n-k-1)s_{\hat{\beta}_i}$。

R_a^2 的解释与 R^2 类似，不同的是 R_a^2 同时考虑了样本量（n）和模型中自变量的个数（k）的影响，这就使得 R_a^2 的值始终小于 R^2，而且 R_a^2 的值不会随模型中自变量个数的增加而越来越接近 1。因此，在多元线性回归分析中，通常用调整的多重决定系数来评估回归模型的拟合优度。

R^2 的平方根称为多重相关系数，也称为复相关系数，它度量了因变量同 k 个自变量的整体相关程度。

根据代码框 11-1 的输出结果，多重决定系数（Multiple R-squared）$R^2=0.851\ 8=85.18\%$，调整的多重决定系数（Adjusted R-squared）$R_a^2=0.812\ 8=81.28\%$，其意义与 R^2 相同，它表示在日均营业额取值的总误差中，被周边居民人数、用餐平均支出、周边居民月平均收入、周边餐馆数和距市中心距离这 5 个自变量解释的比例为 81.28%，显示模型的拟合程度较高。

2. 残差的标准误

多元线性回归中的残差标准误是其残差平方和的平方根，即残差的标准差，它是多元回归模型中误差项 ε 方差 σ^2 的一个估计量。计算公式为：

$$s_e=\sqrt{\frac{\sum\left(y_i-\hat{y}_i\right)^2}{n-k-1}}=\sqrt{\frac{\text{SSE}}{n-k-1}} \tag{11.8}$$

式中，k 为自变量的个数。

s_e 是预测误差的标准差的估计量，其含义可解释为：根据自变量 x_1，x_2，…，x_k 来预测因变量 y 时的平均预测误差。

根据代码框 11-1 的输出结果，残差标准误 $s_e=10.65$。其含义是：根据所建立的多元线性回归方程，用周边居民人数、用餐平均支出、周边居民月平均收入、周边餐馆数和距市中心距离这 5 个自变量预测日均营业额时，平均的预测误差为 10.65 万元。

11.2.2 模型的显著性检验

在一元线性回归中，由于只有一个自变量，F 检验（线性关系检验）与 t 检验（回归系数检验）是等价的。在多元回归中，这两种检验不再等价。F 检验主要是检验因变量与多个自变量的整体线性关系是否显著。在 k 个自变量中，只要有一个自变量与因变量的线性关系显著，F 检验就显著，但这不一定意味着每个自变量与因变量的线性关系都显著。t 检验则是对每个回归系数分别进行检验，以判断每个自变量对因变量的影响是否显著。

1. 线性关系检验

线性关系检验是检验因变量 y 与 k 个自变量之间的线性关系是否显著，也称为整体显著性检验。检验的具体步骤为：

第 1 步：提出假设：

H_0：$\beta_1 = \beta_2 = \cdots = \beta_k = 0$

H_1：β_1，β_2，$\cdots$，β_k 至少有一个不等于 0

第 2 步：计算检验统计量 F：

$$F = \frac{\mathrm{SSR}/k}{\mathrm{SSE}/(n-k-1)} \sim F(k, n-k-1) \tag{11.9}$$

第 3 步：做出决策。给定显著性水平 α，根据分子自由度 k，分母自由度 $(n-k-1)$ 计算出统计量的 P 值。若 $P<\alpha$，拒绝 H_0，表示 y 与 k 个自变量之间的线性关系显著。

2. 回归系数检验

要判断每个自变量对因变量的影响是否都显著，需要对各回归系数 $\beta_i\,(i=1,2,\cdots,k)$ 分别进行 t 检验，具体步骤如下：

第 1 步：提出假设。对于任意参数 $\beta_i\,(i=1,2,\cdots,k)$，有

H_0：$\beta_i = 0$；H_1：$\beta_i \neq 0$

第 2 步：计算检验统计量 t：

$$t_i = \frac{\hat{\beta}_i}{s_{\hat{\beta}_i}} \sim t(n-k-1) \tag{11.10}$$

式中，$s_{\hat{\beta}_i}$ 为回归系数 $\hat{\beta}_i$ 的抽样分布的标准差。

第 3 步：做出决策。给定显著性水平 α，根据自由度 $(n-k-1)$ 计算出统计量的 P 值。若 $P<\alpha$，则拒绝 H_0，表示回归系数 β_i 显著。

【例 11-2】（数据：example11_1.csv）沿用例 11-1。对回归模型的线性关系和回归系数分别进行显著性检验（$\alpha=0.05$）。

解：检验线性关系提出的假设如下：

H_0：$\beta_1 = \beta_2 = \beta_3 = \beta_4 = \beta_5 = 0$

H_1：β_1，β_2，β_3，β_4，β_5 至少有一个不等于 0

根据代码框 11-1 输出的结果，$F=21.84$，$P=2.835\mathrm{e}-07$ 接近 0，拒绝 H_0，表示日均营业额与周边居民人数、用餐平均支出、周边居民月平均收入、周边餐馆数和距市中心距离之间的线性关系显著。

检验回归系数提出的假设如下。对于任意参数 $\beta_i\,(i=1,\ 2,\ 3,\ 4,\ 5)$：

H_0：$\beta_i = 0$；H_1：$\beta_i \neq 0$

根据代码框 11-1 输出的结果，$t_1=1.327$，$t_2=2.884$，$t_3=0.563$，$t_4=-0.836$，$t_5=-1.861$，相应的 P 值分别为 0.200 37、0.009 52、0.579 82、0.413 62、0.078 26。只有 β_2 所对应的显著性水平小于 0.05，其余 4 个系数所对应的 P 值均大于 0.05，表示在影响日均营业额的 5 个自变量中，只有用餐平均支出的影响是显著的，其余 4 个自变量均不显著。

当然，得出上述结论还需要有其他证据，因为这4个变量没有通过检验，也可能是由于其他原因造成的。比如，当5个自变量之间高度相关时，就有可能导致某一个或几个回归系数通不过检验，但这并不一定意味着没通过检验的自变量对因变量的影响就不显著。实际上，单独做每个自变量与日均营业额的一元线性回归，各回归系数检验的P值均接近0，结果都是显著的（请读者自己去验证）。自变量之间相关造成的这种问题，在统计上称为多重共线性（见11.3节）。

11.2.3 模型诊断

与一元回归类似，可以用残差图来诊断模型的各项假定。除了使用plot函数绘制模型的诊断图外，使用sjPlot包中的plot_model函数也可以绘制模型的综合诊断图，R代码和结果如代码框11-2所示。

图11-1中的A图是每个自变量的方差膨胀因子（VIF），用于反映模型的多重共线性，详细解读见11.3节。

B图是检验残差正态性的Q-Q图。图中显示，最左侧的点和最右侧的点偏离理论正态线较远，其余点基本上在理论正态线周围随机波动，表示残差与正态性有一定偏离（读者可尝试使用Shapiro-Wilk检验或K-S检验等来进一步分析残差是否满足正态性）。

C图是残差的核密度图和理论正态分布曲线，用于判断残差是否近似正态分布。该图与正态Q-Q图的作用相同。图中的蓝色线是理论正态分布曲线，用阴影表示的是该模型残差的核密度估计曲线，如果该曲线与理论正态分布曲线较为接近，则表示残差满足正态性。图中显示，残差的核密度估计曲线两端有翘尾现象，表示与正态性有一定偏离。

D图是残差图，可用于检验方差齐性的假定及模型的综合诊断。图中的点是残差的散点图，曲线是对该散点图拟合的平滑曲线。如果残差在0轴附近随机波动，没有固定模式，表示残差满足方差齐性。该图显示，随着拟合值的变大，残差也有变大的倾向。因此，是否满足方差齐性还需要进一步分析。比如我们使用car包中的ncvTest函数做方差齐性检验，运行代码car::ncvTest(model)得到的P= 0.288 54，表示该模型满足方差齐性。违背方差齐性时，可以考虑使用加权最小二乘法来建立回归模型。

代码框11-2　绘制模型的诊断图

```
# 图11-1的绘制代码
> example11_1<-read.csv("C:/example/chap11/example11_1.csv")
> model1<-lm(y~x1+x2+x3+x4+x5,data=example11_1)
> library(sjPlot)
> p<-plot_model(model1,type="diag",     # 绘制模型诊断图
+     digits=4,value.size=2,dot.size=1.5,line.size=0.8,
+     show.values=TRUE,show.p=TRUE)
> plot_grid(p,margin=c(0.3,0.3,0.3,0.3))   # 将4幅图组合在一幅图中
```

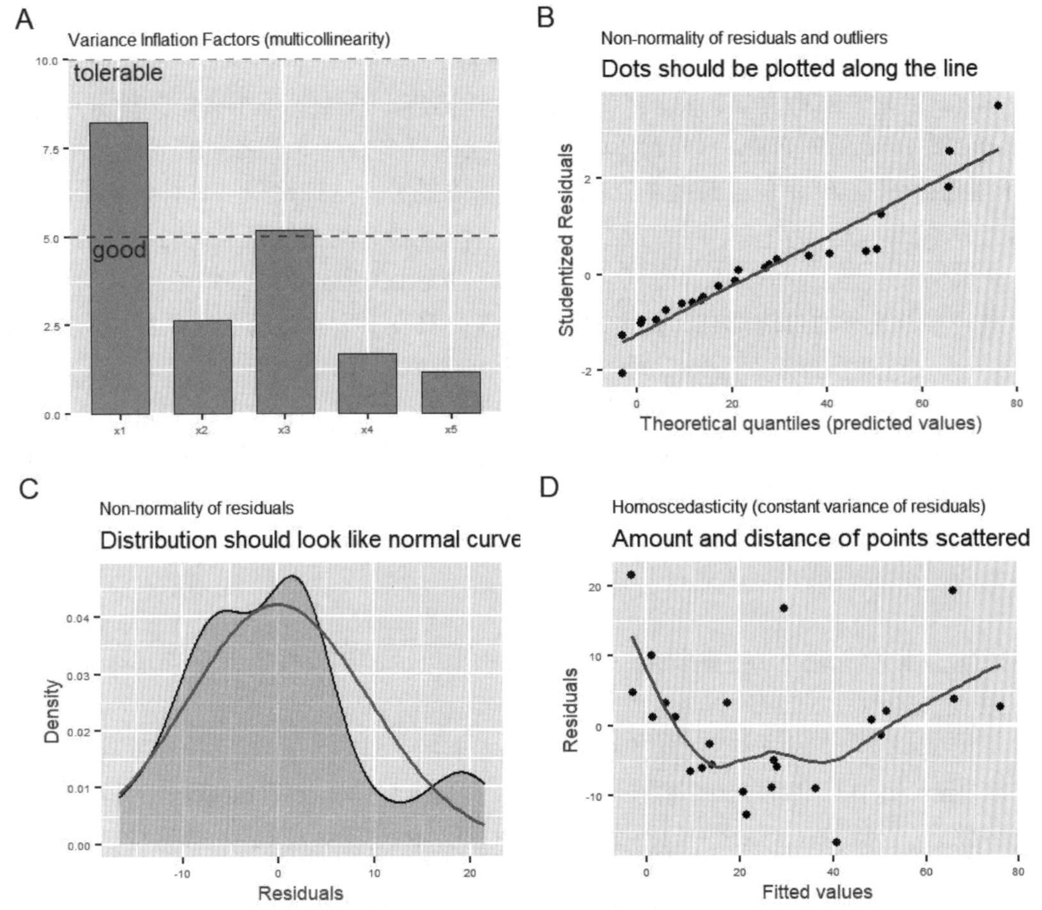

图 11–1　回归模型的诊断图

11.3　多重共线性及其处理

当回归模型中有两个或两个以上自变量时，这些自变量往往会提供多余的信息。也就是说，这些自变量之间彼此相关。比如，在例 11-1 所建立的回归模型中使用了 5 个自变量，虽然它们对预测日均营业额都有作用，但由于 5 个自变量之间可能存在相关关系，在预测中所提供的信息就是重复的。当回归模型中两个或两个以上的自变量彼此相关时，称回归模型中存在**多重共线性**（multicollinearity）。

11.3.1　多重共线性及其识别

在多元线性回归分析中，存在多重共线性可能会产生某些问题。因此，首先需要识别模型是否存在共线性，再根据共线性的严重程度做适当处理。

1. 多重共线性产生的问题

多重共线性会给回归分析带来以下问题。

首先，变量之间高度相关时，可能会造成回归结果的混乱，甚至会把分析引入歧途。比如，在例 11-1 的回归中，F 检验显示日均营业额与 5 个自变量之间的线性关系显著，而 t 检验显示只有 β_2 显著，其他 4 个回归系数均不显著。这种检验结果看起来矛盾，但实际上并不然。因为 F 检验显示线性关系显著，只是说日均营业额至少同 5 个自变量中的一个线性关系显著，并非意味着同每个自变量的线性关系都显著。事实上，5 个自变量在预测日均营业额时可能都有贡献（读者可就 5 个自变量分别进行一元线性回归加以验证），只不过一些自变量的贡献与另一些自变量的贡献相互重叠了。

其次，多重共线性可能对参数估计值的正负号产生影响，特别是 β_i 的正负号有可能同预期的正负号相反，甚至会导致对回归系数的错误估计。因此，当存在多重共线性时，对回归系数的解释要慎重。

2. 多重共线性的识别和处理

识别多重共线性的方法有多种，有些已超出本书的范围，这里只介绍几种简单的识别方法。

（1）对模型中各对自变量之间的相关系数进行检验。如果有一个或多个相关系数是显著的，就表示模型中所使用的自变量之间显著相关，因而可能存在多重共线性。例如，根据例 11-1 的数据，计算各自变量之间的相关系数并做检验，R 代码和结果如代码框 11-3 所示。

代码框 11-3　自变量之间的相关系数及其检验

```
> example11_1<-read.csv("C:/example/chap11/example11_1.csv")
> library(psych)
> corr.test(example11_1[3:7],use="complete")
Call:corr.test(x = example10_1[3:7], use = "complete")
Correlation matrix
      x1     x2     x3     x4     x5
x1  1.00   0.74   0.88  −0.62  −0.28
x2  0.74   1.00   0.55  −0.54  −0.32
x3  0.88   0.55   1.00  −0.52  −0.29
x4 −0.62  −0.54  −0.52   1.00   0.10
x5 −0.28  −0.32  −0.29   0.10   1.00
Sample Size
[1] 25
Probability values (Entries above the diagonal are adjusted for multiple tests.)
     x1   x2   x3   x4   x5
x1 0.00 0.00 0.00 0.01 0.47
x2 0.00 0.00 0.03 0.03 0.46
x3 0.00 0.00 0.00 0.04 0.47
x4 0.00 0.01 0.01 0.00 0.65
```

```
x5   0.18   0.12   0.16   0.65   0.00

 To see confidence intervals of the correlations, print with the short=FALSE option
```

代码框 11-3 中的 P 值显示，这 5 个自变量中，只有 x_5（距市中心距离）与其他 4 个自变量之间的关系不显著，其余 4 个自变量两两之间均显著相关。因此，例 11-1 所建立的多元线性回归模型中可能存在多重共线性。

（2）考察各回归系数的显著性。当模型的 F 检验显著时，多个回归系数的 t 检验却不显著，表示模型中可能存在多重共线性。本例的回归结果就出现了这种情形。

（3）分析回归系数的正负号。如果回归系数的正负号与预期的相反，表示模型中可能存在多重共线性。本例中未出现这种情形。

（4）用容忍度（tolerance）和方差膨胀因子（variance inflation factor，VIF）来识别共线性。某个自变量的容忍度等于 1 减去该自变量为因变量而其余 $k-1$ 个自变量为因变量时所得到的线性回归模型的决定系数，即 $1-R_i^2$。容忍度越小，多重共线性越严重。通常认为容忍度小于 0.1 时存在严重多重共线性。

方差扩大因子等于容忍度的倒数，即

$$\text{VIF}=\frac{1}{1-R_i^2} \tag{11.11}$$

显然，VIF 的最小值是 1，值越大表示多重共线性就越严重。一般来说，VIF≥10 则认为存在严重的多重共线性；5≤VIF<10 则认为共线性属于可容忍水平，此时，可根据实际需要决定是否对共线性进行处理；VIF<5 则认为共线性属于理想水平，表示共线性很轻微，可以忽略。计算容忍度和 VIF 的 R 代码和结果如代码框 11-4 所示。

代码框 11-4　计算容忍度和 VIF

```
> model1<-lm(y~x1+x2+x3+x4+x5,data=example11_1)
> library(car)
> vif(model1)
      x1         x2         x3         x4        x5
8.233159   2.629940   5.184365   1.702361  1.174053

> 1/vif(model1)
       x1          x2          x3          x4          x5
0.1214601   0.3802368   0.1928877   0.5874195   0.8517500

注：容忍度是vif的倒数。
```

代码框 11-4 的结果显示，容忍度均大于 0.1，VIF 均小于 10，这说明本例建立的回归模型存在共线性，但并不严重。虽然 x_1（周边居民人数）和 x_3（周边居民月平均收入）的 VIF 大于 5，但共线性也处于可容忍水平。

如果模型中存在严重多重共线性，就应采取某种解决措施[①]。比如，可以将一个或多

① 处理多重共线性问题有很多办法，感兴趣的读者可参考回归方面的书籍。

个相关的自变量从模型中剔除，使保留的自变量尽可能不相关。如果共线性不严重，从预测的效果来看，可以在模型中保留所有的自变量，但应避免对单个参数 β_i 进行 t 检验，并将对因变量 y 的推断限定在自变量样本值的范围内。

11.3.2 变量选择与逐步回归

建立多元线性回归模型时，不要试图引入更多的自变量，除非确实有必要。如果在建立模型之前就有选择地确定进入模型的自变量，也可以避免多重共线性问题。变量选择的方法主要有**向前选择**（forward selection）、**向后剔除**（backward elimination）、**逐步回归**（stepwise regression）等。

1. 向前选择

向前选择是从模型中没有自变量开始，按下列步骤选择自变量来拟合模型。

首先，分别拟合因变量 y 对 k 个自变量（$x_1,x_2,\cdots,x_k$）的一元线性回归模型，共有 k 个，然后找出 F 统计量的值最大的（或 P 值最小的）模型及其自变量 x_i，并将该自变量首先引入模型（如果所有模型均无统计上的显著性，则运算过程终止，没有模型被拟合）。

其次，在模型已经引入 x_i 的基础上，再分别拟合引入模型外的 $k-1$ 个自变量（x_1，$\cdots$，x_{i-1}，x_{i+1}，$\cdots$，x_k）的回归模型，即自变量组合为 x_i+x_1，$\cdots$，x_i+x_{i-1}，x_i+x_{i+1}，$\cdots$，x_i+x_k 的 $k-1$ 个回归模型。然后分别考察这 $k-1$ 个模型，挑选出 F 统计量的值最大的（或 P 值最小的）含有两个自变量的模型，并将使 F 值最大的（或 P 值最小的）那个自变量 x_j 引入模型。如果除 x_i 之外的 $k-1$ 个自变量中没有一个是统计上显著的，则运算过程终止。如此反复进行，直至模型外的自变量均无统计显著性为止。

向前选择法的特点是：只要某个自变量被增加到模型中，这个变量就一定会保留在模型中。

2. 向后剔除

与向前选择法相反，向后剔除的基本过程如下：

首先，拟合因变量对所有 k 个自变量的回归模型。然后考察 p（$p<k$）个去掉一个自变量的模型（这些模型中的每一个都有 $k-1$ 个自变量），使模型的 SSE 值减小最少的自变量（F 统计量的值最小或其 P 值最大）被挑选出来并从模型中剔除。

其次，考察 $p-1$ 个去掉一个自变量的模型（这些模型中的每一个都有 $k-2$ 个自变量），使模型的 SSE 值减小最少的自变量被挑选出来并从模型中剔除。如此反复进行，直至剔除一个自变量不会使 SSE 显著减小为止。这时，模型中所剩的自变量都是显著的。

向后剔除法的特点是：只要某个自变量被从模型中剔除，这个变量就不会再进入模型中。

3. 逐步回归

逐步回归是避免多重共线性的另一种有效方法[①]，它将上述两种方法结合起来筛选自变量。前两步与向前选择法相同，不过在新增加一个自变量后，它会对模型中所有的变量重新进行考察，看看有没有可能剔除某个自变量。如果在新增加一个自变量后，前面增加的某个自变量对模型的贡献变得不显著，这个变量就会被剔除。按此方法不停地增加变量并考虑剔除之前增加的变量的可能性，直至增加变量已经不能导致 SSE 值显著降低（这个过程可通过 F 检验来完成）。

逐步回归法的特点是：在前面步骤中增加的自变量在后面的步骤中有可能被剔除，而在前面步骤中剔除的自变量在后面的步骤中也可能重新进入模型。

利用逐步回归选择自变量的标准不同，得到的最终模型也就不同。R 中的逐步回归以**赤池信息准则 AIC**（Akaike's Information Criterion）为选择标准，选择使 AIC 最小的变量建立模型，因此也称信息最小准则。AIC 准则由日本学者赤池于 1973 年提出，除应用于线性模型的变量筛选外，还应用于时间序列自回归模型阶数的确定。

AIC 由两部分组成：一部分反映模型的拟合精度，另一部分反映模型中参数的个数，即模型的繁简程度。AIC 的值越小，表示拟合的模型精度越高而且越简洁。当用最小二乘法拟合模型时，计算公式为：

$$\text{AIC} = n\ln\left(\frac{\text{SSE}}{n}\right) + 2p \tag{11.12}$$

式中，n 为样本量；p 为模型中参数的个数（包括常数项）。

【例 11–3】（数据：example11_1.csv）沿用例 11-1。用逐步回归方法建立日均营业额（y）与周边居民人数（x_1）、用餐平均支出（x_2）、周边居民月平均收入（x_3）、周边餐馆数（x_4）和距市中心距离（x_5）的回归模型。

解：逐步回归的 R 代码和结果如代码框 11-5 所示。

代码框 11–5　逐步回归

```
# 变量筛选
> example11_1<-read.csv("C:/example/chap11/example11_1.csv")
> model1<-lm(y~x1+x2+x3+x4+x5,data=example11_1)
> model2<-step(model1)
Start:   AIC=123.39
y ~ x1 + x2 + x3 + x4 + x5


        Df    Sum of Sq      RSS       AIC
-x3      1        35.96   2189.0    121.81
```

① 除了逐步回归外，岭回归（ridge regression）是一种专门用于多重共线性数据分析的回归方法。它实际上是一种改良的最小二乘法，通过放弃最小二乘法的无偏性，以损失部分信息、降低精度为代价来寻求效果稍差但回归系数更符合实际的回归方程。当然，由于多重共线性，有些重要的解释变量也可能无法进入到分析中。

```
-x4     1      79.17 2232.2 122.30

<none>               2153.0 123.39
-x1     1     199.42 2352.4 123.61
-x5     1     392.54 2545.6 125.58
-x2     1     942.22 3095.2 130.47

Step:  AIC=121.81
y ~ x1 + x2 + x4 + x5

        Df  Sum of Sq     RSS     AIC
-x4      1      78.22  2267.2  120.69
<none>                 2189.0  121.81
-x5      1     445.69  2634.7  124.44
-x2      1     925.88  3114.9  128.63
-x1      1    1133.27  3322.3  130.24

Step:  AIC=120.69
y ~ x1 + x2 + x5

        Df  Sum of Sq     RSS     AIC
<none>                 2267.2  120.69
-x5      1     404.28  2671.5  122.79
-x2      1    1050.90  3318.1  128.21
-x1      1    1661.83  3929.0  132.43
```

注：（1）函数 step(object, ...)用于逐步回归。参数 object 为回归模型的对象；direction = c("both", "backward", "forward")，默认为 both，即逐步回归。变量选择标准为 AIC。更多信息查看帮助。（2）从逐步回归结果可以看到，选择全部自变量时 AIC=123.39。去掉变量 x3 后 AIC=121.81，去掉变量 x4 后 AIC=120.69，等等。在最后一步中去掉三个变量中的任何一个都会增大模型的 AIC 值，所以停止运行得到最后的模型。最后在模型中保留了 x1，x2 和 x5 三个变量。

```
# 拟合逐步回归模型
> model2<-lm(y~x1+x2+x5,data=example11_1)
> summary(model2)
Call:
lm(formula = y ~ x1 + x2 + x5, data = example10_1)

Residuals:
    Min      1Q  Median      3Q     Max
-14.027  -5.361  -1.560   2.304  23.001

Coefficients:
            Estimate Std. Error t value Pr(>|t|)
```

```
(Intercept)  -1.68928     6.25242   -0.270   0.78966
x1            0.19022     0.04848    3.923   0.00078 ***
x2            0.15763     0.05052    3.120   0.00518 **
x5           -0.56979     0.29445   -1.935   0.06656 .
---
Signif. codes:  0  '***'  0.001  '**'  0.01  '*'  0.05  '.'  0.1  ' '  1

Residual standard error: 10.39 on 21 degrees of freedom
Multiple R-squared:  0.8439,    Adjusted R-squared:  0.8216
F-statistic: 37.85 on 3 and 21 DF,  p-value: 1.187e-08

# 输出逐步回归的方差分析表
> anova(model2)
Analysis of Variance Table

Response: y
          Df  Sum Sq  Mean Sq   F value    Pr(>F)
x1         1 10508.9  10508.9   97.3392  2.452e-09 ***
x2         1  1347.1   1347.1   12.4775   0.001976 **
x5         1   404.3    404.3    3.7447   0.066558 .
Residuals 21  2267.2    108.0
---
Signif. codes:  0  '***'  0.001  '**'  0.01  '*'  0.05  '.'  0.1  ' '  1
```

根据代码框 11-5 的逐步回归结果得到最终的估计方程为：

$$\hat{y} = -1.689\ 28 + 0.190\ 22x_1 + 0.157\ 63x_2 - 0.569\ 79x_5$$

最后，对逐步回归建立的模型进行诊断，看看这一模型是否满足各种假定。绘制模型诊断图的 R 代码和结果如代码框 11-6 所示。

图 11-2 中的 A 图是每个自变量的方差膨胀因子（VIF），用于反映模型的多重共线性，其中每个条形的高度表示 VIF 的数值大小。图中下面的虚线是 VIF=5 的位置，VIF 小于 5 表示共线性不严重，属于理想水平；上面的虚线是 VIF=10 的位置，VIF 小于 10 表示共线性属于可容忍水平，VIF 大于 10 表示自变量之间存在严重共线性，需要处理（比如，可以采用岭回归、主成分回归、逐步回归等来消除共线性）。图 11-2 显示，逐步回归模型的共线性处于理想水平，可以说基本上不存在共线性了。

代码框 11-6　逐步回归模型的诊断

```
# 绘制逐步回归模型的诊断图（图 11-2）
> library(sjPlot)
> p<-plot_model(model2,type="diag",
+    digits=4,value.size=2.5,dot.size=2.5,line.size=0.8,
+    show.values=TRUE,show.p=TRUE)
> plot_grid(p,margin=c(0.3,0.3,0.3,0.3))
```

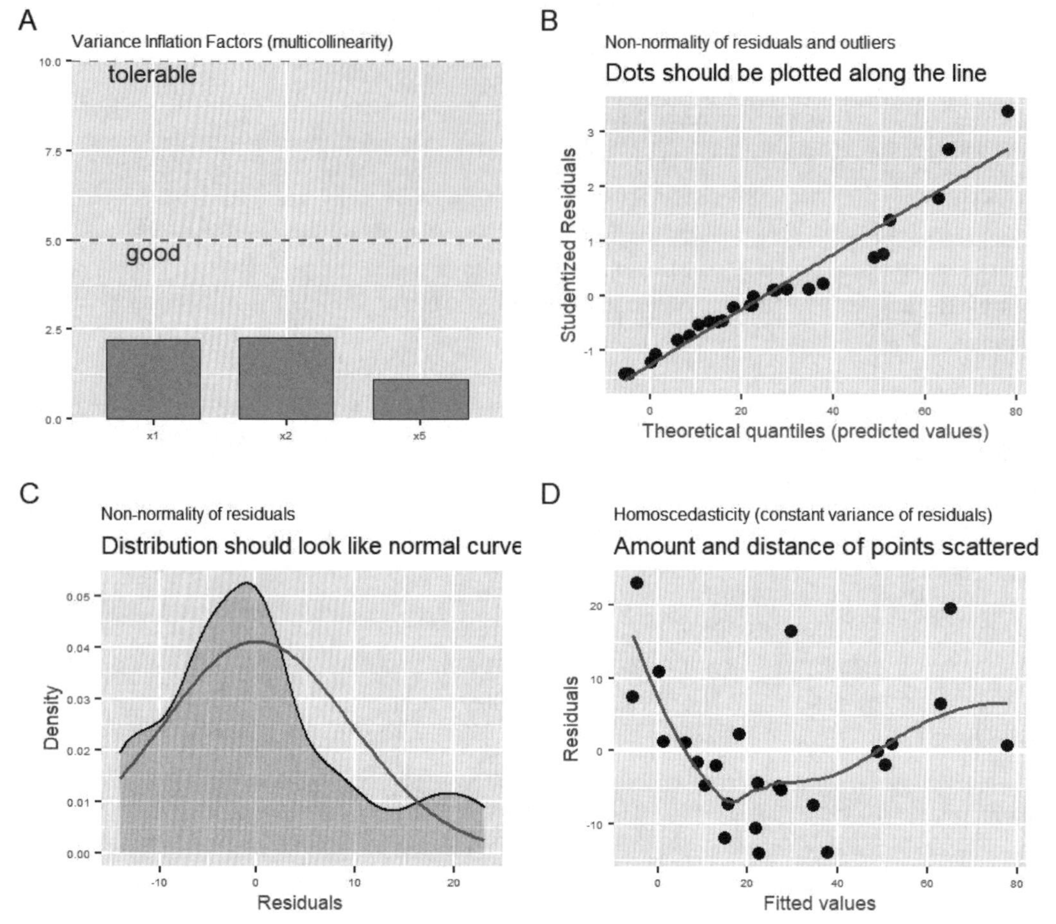

图11-2　逐步回归模型的诊断图

11.4　相对重要性和模型比较

在实际建模时，通常会关心两个问题：一是哪些自变量对预测更重要；二是所建立的模型是否包含了建模所必需的自变量。

11.4.1　自变量的相对重要性

哪些自变量对因变量的预测相对来说更重要，哪些相对来说不重要，了解这一问题对建模会有一定的参考价值。如果各自变量之间独立，那么根据自变量与因变量之间的相关系数大小就可以对重要性做出排序，相关系数大的显然更重要。但实际问题中，各自变量之间往往有一定的相关性，这就会使评估变得复杂很多。评估自变量相对重要性的方法之一就是比较**标准化回归系数**（standardized regression coefficient）。

标准化回归系数是将因变量和所有自变量都标准化后进行回归得到的回归系数。计算标准化回归系数时，首先将因变量和各个自变量进行标准化[①]处理，然后根据标准化后的值进行回归，得到的方程称为**标准化回归方程**（standardized regression equation），该方程中的回归系数就是标准化回归系数，用 $\bar{\beta}$ 表示。$\bar{\beta}_i$ 的含义是：在其他自变量取值不变的条件下，自变量 x_i（这里是指原始数据）每变动一个标准差，因变量平均变动 $\bar{\beta}_i$ 个标准差。显然，$\bar{\beta}_i$ 的绝对值越大，说明该自变量 x_i 对因变量的影响就越大，相对于其他自变量而言，它对预测因变量也就越重要。

【例 11−4】（数据：example11_1.csv）沿用例 11−1。计算标准化回归系数，分析各自变量对预测日均营业额的相对重要性。

解：计算标准化回归系数的 R 代码和结果如代码框 11−7 所示。

代码框 11−7　计算例 11−1 的标准化回归系数

```
> example11_1<-read.csv("C:/example/chap11/example11_1.csv")
> model1<-lm(y~x1+x2+x3+x4+x5,data=example11_1)
> library(lm.beta)
> model1.beta<-lm.beta(model1)
> summary(model1.beta)
Call:
lm(formula = y ~ x1 + x2 + x3 + x4 + x5, data = example10_1)

Residuals:
     Min        1Q    Median        3Q       Max
-16.7204   -6.0600    0.7152    3.2144   21.4805

Coefficients:
               Estimate  Standardized   Std. Error  t value   Pr(>|t|)
(Intercept)   4.2604768     0.0000000   10.4679833    0.407    0.68856
x1            0.1273254     0.3361822    0.0959790    1.327    0.20037
x2            0.1605660     0.4130034    0.0556834    2.884    0.00952 **
x3            0.0007636     0.1132753    0.0013556    0.563    0.57982
x4           -0.3331990    -0.0963203    0.3986248   -0.836    0.41362
x5           -0.5746462    -0.1781104    0.3087506   -1.861    0.07826 .
---
Signif. codes:  0 '***' 0.001 '**' 0.01 '*' 0.05 '.' 0.1 ' ' 1

Residual standard error: 10.65 on 19 degrees of freedom
Multiple R-squared:  0.8518,   Adjusted R-squared:  0.8128
F-statistic: 21.84 on 5 and 19 DF,  p-value: 2.835e-07
```

注：函数 lm.beta(object)为线性模型 lm 添加标准化回归系数，参数 object 为 lm 对象。更多信息查看帮助。

代码框 11−7 列出的各标准化回归系数为：$\bar{\beta}_1 = 0.336\,182\,2$，$\bar{\beta}_2 = 0.413\,003\,4$，$\bar{\beta}_3 = 0.113\,275\,3$，$\bar{\beta}_4 = -0.096\,320\,3$，$\bar{\beta}_5 = -0.178\,110\,4$。$x_1$ 的标准化回归系数 $\bar{\beta}_1 = 0.336\,182\,2$

① 标准化的计算公式为 $z_i = (x_i - \bar{x})/s$，见第 4 章。

表示在其他自变量不变的条件下，周边居民人数每改变一个标准差，日均营业额平均改变 0.336 182 2 个标准差。其余系数的含义类似。

按标准化回归系数的绝对值大小排序为$|\bar{\beta}_2|>|\bar{\beta}_1|>|\bar{\beta}_5|>|\bar{\beta}_3|>|\bar{\beta}_4|$。可见在 5 个自变量中，用餐平均支出（$x_2$）是预测日均营业额最重要的变量，而周边餐馆数（$x_4$）则是最不重要的变量。

11.4.2 模型比较

在多元线性回归建模中，总是希望所建立的模型能最好地拟合数据，同时又不希望模型包含一些不必要的自变量。如果一个模型包含建模所需的必要自变量就足以很好地拟合数据，而将多余的自变量剔除，避免给建模或模型的解释带来不必要的麻烦，这样的模型就是我们要寻找的简约模型。

逐步回归可以将不必要（有共线性）的自变量剔除，但逐步回归得到的模型是否很好地拟合了数据（虽然共线性问题不存在了），或者说，它是否就比使用所有自变量的模型好，这需要将二者进行比较才能得出结论。

在回归模型中，如果一个模型包含另一个模型的所有项，并且至少有一个额外项，称这两个模型是**嵌套模型**（nested model）。这里的所有项是指包含全部自变量$x_1,x_2,\cdots,x_k$，或者还包含自变量的二次项如x_ix_j以及x_i^2等。假定只有两个自变量x_1和x_2，模型如下：

模型 1：$E(y)=\beta_0+\beta_1x_1+\beta_2x_2$

模型 2：$E(y)=\beta_0+\beta_1x_1+\beta_2x_2+\beta_3x_1x_2+\beta_4x_1^2$

模型 2 包含模型 1 的所有项，并且多了两个附加项。模型 1 被嵌套在模型 2 里，这个两个模型就是嵌套模型。

在嵌套模型中，包含所有项的模型称为**完全模型**（full model），或简称全模型。相对完全模型较简单的模型称为**简化模型**（reduced model）。比如模型 2 就是完全模型，模型 1 就是简化模型。

完全模型是否就比简化模型提供了更多的预测信息？这一问题等价于完全模型中的β_3和β_4是否至少有一个不等于 0。也就是需要检验下面的假设：

H_0：$\beta_3=\beta_4=0$（模型中的二次项不会对y的预测提供信息）

H_1：β_3和β_4至少有一个不等于 0（模型中至少有一个二次项对y的预测提供信息）

进行上述检验的步骤是：首先，用最小二乘法拟合简化模型，并计算相应的残差平方和（SSE_R）；其次，拟合完全模型，并计算出它的残差平方和（SSE_F）；然后计算出二者的差值（$\text{SSE}_R-\text{SSE}_F$）进行比较。如果二次项对模型有贡献，那么$\text{SSE}_F$应该比$\text{SSE}_R$小很多。二者相差越大，说明完全模型比简化模型提供了越多的信息。上述检验一般性的表达如下。

简化模型：

$$E(y)=\beta_0+\beta_1x_1+\beta_2x_2+\cdots+\beta_gx_g \tag{11.13}$$

完全模型：

$$E(y)=\beta_0+\beta_1x_1+\beta_2x_2+\cdots+\beta_gx_g+\beta_{g+1}x_{g+1}+\cdots+\beta_kx_k \tag{11.14}$$

检验假设：

H_0：$\beta_{g+1}=\beta_{g+2}=\cdots=\beta_k=0$

H_1：β_{g+1}，$\beta_{g+2},\cdots$，β_k 至少一个不为 0

检验统计量：

$$F=\frac{(\text{SSE}_R-\text{SSE}_F)/(k-g)}{\text{SSE}_F/(n-k-1)}\sim F(k-g,n-k-1) \tag{11.15}$$

完全模型中的参数个数（包含常数项）为$(k+1)$，简化模型中的参数个数为$(g+1)$。如果检验的 P 值很小，就拒绝 H_0，表示完全模型比简化模型的拟合效果要好；如果 P 值较大，不拒绝 H_0，表示简化模型和完全模型的拟合效果一样好。由于建模时将更多的自变量引入模型，不仅增加了建模的复杂性，还可能造成解释上的困难。因此，当不能拒绝 H_0 时，就考虑采用简化模型。

【例 11–5】（数据：example11_1.csv）利用例 11–1 和例 11–3 的回归结果，对两个模型进行比较（$\alpha=0.05$）。

解：例 11–1 是使用全部 5 个自变量建立的模型，可以把它看作完全模型。例 11–3 是经逐步回归剔除了两个自变量，使用 x_1，x_2 和 x_5（相应的回归系数为 β_1, β_2 和 β_5）3 个自变量建立的模型，这里把它看作简化模型。现在利用模型比较方法来说明逐步回归模型的效果是否与使用全部自变量的模型有显著差异。如果没有显著差异，说明逐步回归模型预测效果并不差，依据建模的简约原则，自然会选择逐步回归模型。如果二者差异显著，可以考虑使用含有 5 个自变量的回归模型（或者尝试建立其他模型，比如，增加二次项等）。

提出假设：

H_0：$\beta_3=\beta_4=0$（x_3 和 x_4 不会对 y 的预测提供信息）

H_1：β_3，β_4 至少一个不为 0（x_3 和 x_4 至少有一个对 y 的预测提供信息）

根据上面的回归结果可知，$\text{SSE}_R=2\ 267.2$，$\text{SSE}_F=2\ 153.0$。由此计算的统计量为①：

$$F=\frac{(2\ 267.2-2\ 153.0)/(5-3)}{2\ 153.0/(25-5-1)}=0.503\ 902$$

由 R 函数得 $P=0.612\ 018\ 952>0.05$，不拒绝 H_0，逐步回归模型与含有 5 个自变量的回归模型无显著差异。

这一检验过程可以由 R 的 anova 函数来完成。R 代码和结果如代码框 11–8 所示。

① 由于 R 输出的 SSE 保留结果有限，手工计算的 F 统计量与 R 的输出结果有差异。

代码框 11-8 比较逐步回归模型与含所有5个自变量的回归模型（用anova函数）

```
> example11_1<-read.csv("C:/example/chap11/example11_1.csv")
> model1<-lm(y~x1+x2+x3+x4+x5,data=example11_1)
> model2<-lm(y~x1+x2+x5,data=example11_1)
> anova(model2,model1)
Analysis of Variance Table

Model 1: y ~ x1 + x2 + x5
Model 2: y ~ x1 + x2 + x3 + x4 + x5
  Res.Df    RSS   Df   Sum of Sq        F   Pr(>F)
1     21 2267.2
2     19 2153.0    2      114.17   0.5038   0.6121
```

代码框 11-8 给出了两个模型的残差平方和（RSS）、平方和的差值（Sum of Sq）、检验统计量（F）及其相应的 P 值。由于 $P=0.6121$，不拒绝 H_0，没有证据显示两个模型有显著差异。这表明用所有 5 个自变量建立回归模型与用逐步回归选择的 3 个自变量建立模型，预测效果差异不显著。从回归建模的简约原则看，选择逐步回归保留的 3 个自变量建立模型比较合适，以避免增加自变量给回归带来的复杂性和解释上的困难。如果检验结果拒绝 H_0，则需要考虑用 5 个自变量建立回归模型或建立其他模型。

用 anova 做模型比较时，要求模型必须是嵌套的，否则不能比较。用 AIC 准则也可以比较模型，它不要求模型必须是嵌套的。AIC 值小，说明模型用较少的参数（或自变量）就获得了足够的拟合度，因而模型将被优先选择。用 AIC 进行模型比较的 R 代码和结果如代码框 11-9 所示。

代码框 11-9 比较逐步回归模型与含所有5个自变量的回归模型（用AIC准则）

```
> model1<-lm(y~x1+x2+x3+x4+x5,data=example11_1)
> model2<-lm(y~x1+x2+x5,data=example11_1)
> AIC(model2,model1)
       df      AIC
model2  5 193.6325
model1  7 196.3408
```

代码框 11-9 输出的结果显示，逐步回归模型的 AIC 值更小，意味着它比包含全部 5 个自变量的模型更好。

11.5 用回归方程进行预测

建立回归模型后，可根据给定的 k 个自变量，求出因变量 y 的平均数的置信区间和个别值的预测区间。由于置信区间和预测区间的计算公式复杂，这里不再列出，利用 R 很容易得到预测结果。

【例 11-6】（数据：example11_1.csv）沿用例 11-3。利用逐步回归得到的回归方程 $\hat{y}=-1.689\,28+0.190\,22x_1+0.157\,63x_2-0.569\,79x_5$，求日均营业额 95%的置信区间和

预测区间，以及 $x_1=50$，$x_2=100$，$x_5=10$ 时日均营业额的点预测值、置信区间和预测区间。

解： 代码框 11-10 展示了 R 代码和结果，其中包括点预测值（pre）、残差（res）、标准化残差（zre）、置信区间、预测区间。

代码框 11-10　用回归方程进行预测

```
# 计算置信区间和预测区间
> example11_1<-read.csv("C:/example/chap11/example11_1.csv")
> model2<-lm(y~x1+x2+x5,data=example11_1)
> x<-example11_1[,c(3,4,7)]
> pre<-predict(model2)
> res<-residuals(model2)
> zre<-rstandard(model2)
> con_int<-predict(model2,x,interval="confidence",level=0.95)
> pre_int<-predict(model2,x,interval="prediction",level=0.95)
> mysummary<-data.frame(营业额=example11_1$y, 点预测值=pre,
+   残差=res, 标准化残差=zre,置信下限=con_int[,2],置信上限=con_int[,3],
+   预测下限=pre_int[,2],预测上限=pre_int[,3])
> round(mysummary,3)
   营业额 点预测值    残差 标准化残差 置信下限 置信上限 预测下限 预测上限
1    53.2   52.189   1.011      0.102   45.457   58.921   29.557   74.822
2    18.5   -4.501  23.001      2.359  -11.969    2.967  -27.363   18.361
3    11.3   21.963 -10.663     -1.072   15.685   28.240   -0.539   44.464
4    84.7   65.114  19.586      2.766   49.300   80.928   38.337   91.891
5     7.3    6.128   1.172      0.122   -2.283   14.540  -17.059   29.316
6    17.9   22.408  -4.508     -0.466   14.581   30.235   -0.574   45.390
7     2.5    1.278   1.222      0.125   -6.113    8.670  -21.559   24.116
8    27.3   34.719  -7.419     -0.747   28.400   41.038   12.206   57.232
9     5.9   10.628  -4.728     -0.472    4.904   16.351  -11.726   32.981
10   23.9   37.843 -13.943     -1.390   32.193   43.493   15.509   60.178
11   69.4   62.852   6.548      0.709   52.939   72.766   39.079   86.626
12   20.6   18.296   2.304      0.229   13.036   23.556   -3.943   40.535
13    1.9   -5.510   7.410      0.771  -13.694    2.674  -28.616   17.596
14    3.0   14.956 -11.956     -1.202    8.687   21.224   -7.543   37.455
15    7.3    8.860  -1.560     -0.169   -1.050   18.770  -14.913   32.632
16   46.2   29.831  16.369      1.699   21.745   37.917    6.759   52.903
17   78.8   78.016   0.784      0.112   62.105   93.927   51.182  104.850
18   11.1   13.167  -2.067     -0.209    6.420   19.915   -9.470   35.805
19    8.6   15.847  -7.247     -0.815    4.670   27.024   -8.481   40.175
20   48.9   50.727  -1.827     -0.184   44.205   57.250   28.156   73.299
21   22.1   27.461  -5.361     -0.536   21.671   33.251    5.090   49.831
22   11.1    0.233  10.867      1.354  -13.486   13.953  -25.362   25.829
23    8.6   22.627 -14.027     -1.395   17.181   28.073    0.344   44.911
24   48.9   48.961  -0.061     -0.006   42.722   55.200   26.470   71.452
25   22.1   27.005  -4.905     -0.490   21.220   32.790    4.636   49.374
```

```
# 求x1=50,x2=100,x5=10时日均营业额的点预测值、置信区间和预测区间（新值预测）
> model2<-lm(y~x1+x2+x5,data=example11_1)
> x0<-data.frame(x1=50,x2=100,x5=10)
> predict(model2,newdata=x0)
         1
17.88685

>predict(model2,data.frame(x1=50,x2=100,x5=10),interval="confidence",level=0.95)
       fit       lwr       upr
1  17.88685  10.98784  24.78585
>predict(model2,data.frame(x1=50,x2=100,x5=10),interval="prediction",level=0.95)
       fit       lwr        upr
1  17.88685  -4.795935  40.56963
```

11.6　哑变量回归

前面介绍的回归自变量都是数值的，在实际问题中，有时需要利用类别自变量来处理问题，比如，性别（男、女）、贷款企业的类型（房地产、医药、其他）。由于这些类别变量的取值本身是用文字来描述的，要把它们引进回归模型中，必须先将文字用代码来表示，比如，1 表示男，0 表示女，这种代码化的类别自变量称为**哑变量**（dummy variable）或**虚拟变量**。在回归模型中使用哑变量时称为哑变量回归或虚拟变量回归。

11.6.1　在模型中引入哑变量

如何将哑变量引入回归模型中呢？当类别自变量只有两个水平（取值）时，比如性别（男，女），可在回归中引入一个哑变量；当类别自变量有两个以上水平时，比如服务企业的类型（零售业、旅游业、航空业等），需要在回归模型中引入一个以上的哑变量。一般而言，如果类别自变量有 k 个水平，需要在回归模型中引入 $k-1$ 个哑变量。对于有 k 个水平的类别自变量，引入的哑变量表示为：

$$x_1=\begin{cases}1, & \text{水平1}\\0, & \text{其他水平}\end{cases},\quad x_2=\begin{cases}1, & \text{水平2}\\0, & \text{其他水平}\end{cases},\quad \cdots,\quad x_{k-1}=\begin{cases}1, & \text{水平}k-1\\0, & \text{其他水平}\end{cases}$$

对于只有两个水平的类别自变量，将哪个水平指定为 1，哪个水平指定为 0，完全是任意的。

11.6.2　含有一个哑变量的回归

下面通过一个例子说明将一个哑变量引入回归模型后如何来解释回归结果。

【例 11-7】（数据：example11_7.csv）沿用例 11-1。假定在分析影响日均营业额的因素中，再考虑“交通方便程度”变量，并设其取值为“方便”和“不方便”。假定调查得到的数据如表 11-2 所示（这里只保留用餐平均支出一个数值自变量）。

表 11-2　25 家餐馆的日均营业额、用餐平均支出和交通方便程度

餐馆编号	日均营业额（万元）y	用餐平均支出（元/人）x_1	交通方便程度 x_2
1	53.2	168.6	方便
2	18.5	22.5	方便
3	11.3	109.4	不方便
4	84.7	277.0	方便
5	7.3	17.4	不方便
6	17.9	93.0	方便
7	2.5	21.5	不方便
8	27.3	114.5	方便
9	5.9	61.3	不方便
10	23.9	129.8	方便
11	69.4	159.4	方便
12	20.6	91.0	方便
13	1.9	6.1	不方便
14	3.0	60.3	不方便
15	7.3	51.1	不方便
16	46.2	73.6	方便
17	78.8	171.7	方便
18	11.1	38.8	不方便
19	8.6	105.3	不方便
20	48.9	161.5	不方便
21	22.1	122.6	不方便
22	11.1	38.8	方便
23	8.6	105.3	不方便
24	48.9	161.5	不方便
25	22.1	122.6	不方便

建立以下两个模型，并比较引入哑变量和不引入哑变量对回归结果的影响。

日均营业额与用餐平均支出的一元回归模型。

日均营业额与用餐平均支出和交通方便程度的二元回归模型。

解： R 代码和结果如代码框 11-11 所示。

代码框 11-11　日均营业额与用餐平均支出的一元回归

```
# 拟合日均营业额与用餐平均支出的一元回归模型
> example11_7<-read.csv("C:/example/chap11/example11_7.csv")
```

```
> model_s<-lm(日均营业额~用餐平均支出,data=example11_7)
> summary(model_s)

Call:
lm(formula = 日均营业额 ~ 用餐平均支出, data = example11_7)

Residuals:
     Min       1Q   Median       3Q      Max
-19.7604 -10.7832   0.7195   4.3343  28.9301

Coefficients:
             Estimate Std. Error t value Pr(>|t|)
(Intercept)  -5.75023    5.25068  -1.095    0.285
用餐平均支出   0.32394    0.04482   7.227 2.34e-07 ***
---
Signif. codes:  0 '***' 0.001 '**' 0.01 '*' 0.05 '.' 0.1 ' ' 1

Residual standard error: 13.9 on 23 degrees of freedom
Multiple R-squared:  0.6943,    Adjusted R-squared:  0.681
F-statistic: 52.23 on 1 and 23 DF,  p-value: 2.343e-07
# 输出方差分析表
> anova(model_s)
Analysis of Variance Table

Response: 日均营业额
             Df  Sum Sq Mean Sq F value    Pr(>F)
用餐平均支出   1 10085.9 10085.9  52.228 2.343e-07 ***
Residuals    23  4441.6   193.1
---
Signif. codes:  0 '***' 0.001 '**' 0.01 '*' 0.05 '.' 0.1 ' ' 1
```

代码框 11-11 列出的 $R^2=0.6943$，表示用餐平均支出解释了日均营业额误差的 69.43%；F 检验的 $P=2.343\text{e}-07$，表示模型显著；回归系数 $\hat{\beta}_1=0.32394$，表示用餐平均支出每变动 1 元，日均营业额平均变动 0.323 94 万元。

现在建立引入“交通方便程度”这一类别变量的二元回归模型，看看对回归结果有什么影响。设用餐平均支出为 x_1，交通方便程度为 x_2，引入下面的哑变量：

$$x_2=\begin{cases}1, & \text{方便}\\ 0, & \text{不方便}\end{cases}$$

哑变量回归的 R 代码和结果如代码框 11-12 所示。

代码框 11-12　哑变量回归

```
# 拟合日均营业额与用餐平均支出和交通方便程度的二元回归模型
> example11_7<-read.csv("C:/example/chap11/example11_7.csv")
> model_dummy<-lm(日均营业额~用餐平均支出+交通方便程度,data=example11_7)
> summary(model_dummy)
```

```
Call:
lm(formula = 日均营业额 ~ 用餐平均支出 + 交通方便程度, data = example10_8)

Residuals:
    Min       1Q   Median      3Q     Max
-19.443  -11.579  -1.256    8.607   23.456

Coefficients:
                    Estimate   Std. Error   t value    Pr(>|t|)
(Intercept)         -8.45413    4.69817     -1.799    0.08568 .
用餐平均支出          0.28641    0.04145      6.909    6.15e-07 ***
交通方便程度方便     14.62088    5.17802      2.824    0.00989 **
---
Signif. codes:  0  '***'  0.001  '**'  0.01  '*'  0.05  '.'  0.1  ' '  1

Residual standard error: 12.17 on 22 degrees of freedom
Multiple R-squared:   0.7756,     Adjusted R-squared:   0.7552
F-statistic: 38.02 on 2 and 22 DF,  p-value: 7.269e-08

# 输出方差分析表
> anova(model_dummy)
Analysis of Variance Table

Response: 日均营业额
             Df   Sum Sq   Mean Sq   F value      Pr(>F)
用餐平均支出   1  10085.9   10085.9    68.062   3.529e-08 ***
交通方便程度   1   1181.5    1181.5     7.973   0.009889 **
Residuals     22   3260.1     148.2
---
Signif. codes:  0  '***'  0.001  '**'  0.01  '*'  0.05  '.'  0.1  ' '  1

注：模型中交通方便程度为“方便”时x2=1，“不方便”时x2=0。
```

由代码框 11-12 输出的结果得到二元回归方程为：

$$\hat{y}=-8.454\ 13+0.286\ 41\times\text{用餐平均支出}+14.620\ 88\times\text{交通方便程度}$$

模型检验的 $P=7.269\text{e}-08$，表示日均营业额与用餐平均支出和交通方便程度的二元回归模型显著。检验交通方便程度变量的 $P=0.009\,889$，表示它对日均营业额的影响显著。检验用餐平均支出的 $P=3.529\text{e}-08$，表示用餐平均支出对日均营业额的影响显著。调整的决定系数 $R_a^2=0.755\,2=75.52\%$，表示用餐平均支出和交通方便程度共同解释了日均营业额误差的 75.52%，比不加入交通方便程度变量时的 R^2(69.43%) 高出了 6.09%（75.52%−69.43%）。方差分析表显示，交通方便程度（Sum Sq=1 181.5）对日均营业额的误差贡献显著，这表示交通方便程度是影响日均营业额的一个显著因素。

为解释回归方程中各系数的含义，先考察含有一个数值自变量（用餐平均支出 x_1）和一个哑变量（交通方便程度 x_2）的回归方程 $E(y)=\beta_0+\beta_1x_1+\beta_2x_2$。

当方程中含有一个哑变量时，为合理地解释 β_1 和 β_2，先考虑 $x_2=1$（交通方便）的情形，用 $E(y|方便)$ 表示已知交通方便时的日均营业额，则有

$$E(y|方便)=\beta_0+\beta_1x_1+\beta_2\times1=(\beta_0+\beta_2)+\beta_1x_1$$

同样，交通不方便（$x_2=0$）时，则有

$$E(y|不方便)=\beta_0+\beta_1x_1+\beta_2\times0=\beta_0+\beta_1x_1$$

通过比较可以看到，这两个方程的斜率都是 β_1，但截距不同。交通方便时，方程的截距是（$\beta_0+\beta_2$）；交通不方便时，方程的截距是 β_0。

β_0 表示交通不方便时的期望日均营业额。

$\beta_0+\beta_2$ 表示交通方便时的期望日均营业额。

β_1 表示用餐平均支出每变动 1 元，交通方便或交通不方便时日均营业额的平均增加值。

β_2 表示交通方便时的期望营业额与交通不方便时的期望营业额之间的差值，即 $\beta_0+\beta_2-\beta_0=\beta_2$。

如果 β_2 是正的，表示交通方便时的日均营业额高于交通不方便时的日均营业额；如果 β_2 是负的，表示交通方便时的日均营业额低于交通不方便时的日均营业额；如果 $\beta_2=0$，表示交通方便时的日均营业额与交通不方便时的日均营业额之间没有差别。

根据本例得到的二元回归方程可知：

$\hat{\beta}_0=-8.454\ 13$，表示交通不方便时日均营业额的期望值为-8.454 13 万元。

$\hat{\beta}_0+\hat{\beta}_2=-8.454\,13+14.620\,88=6.166\,75$，表示交通方便时，日均营业额的期望值为 6.166 75 万元。

$\hat{\beta}_1=0.286\,41$，表示用餐平均支出每变动 1 元/人，交通方便或交通不方便时，日均营业额的平均增加值为 0.286 41 万元。

$\hat{\beta}_2=14.620\,88$，表示交通方便时日均营业额的期望值比交通不方便时日均营业额的期望值高 14.620 88 万元。

因此，当 $x_2=0$（交通不方便）时，有

$$\hat{y}=-8.454\ 13+0.286\ 41x_1$$

当 $x_2=1$（交通方便）时，有

$$\hat{y}=-8.454\,13+14.620\,88+0.286\,41x_1=6.166\,75+0.286\,41x_1$$

实际上，将交通方便程度作为哑变量引入模型，为预测日均营业额提供了两个方程：一个对应于交通方便时的日均营业额，一个对应于交通不方便时的日均营业额。这两个方程的唯一区别是截距不同，它们的截距差值正是交通方便时和交通不方便时的日均营业额期望值的差值（14.620 88 万元）。

图 11-3 展示了两个回归方程的图像。R 代码和结果如代码框 11-13 所示。

代码框 11-13　交通方便和交通不方便时的两个回归方程的图像

```
> attach(example11_7)
> plot(日均营业额~用餐平均支出,pch=c(21,19)[交通方便程度],
```

```
+   col=c('blue','red')[交通方便程度],
+   main='模型：日均营业额~用餐平均支出+交通方便程度',
+   cex.lab=0.8,cex.main=0.8)
> rc<-lm(日均营业额~用餐平均支出+交通方便程度)$coef
> abline(rc[1],rc[2],lty=2,col='blue',lwd=2)
> abline(rc[1]+rc[3],rc[2],col='red',lwd=2)
> legend(x="bottomright",legend=c('交通方便程度=方便','交通方便程度=不方便'),
+   lty=c(1,2),col=c(2,4),lwd=2,cex=0.7)
```

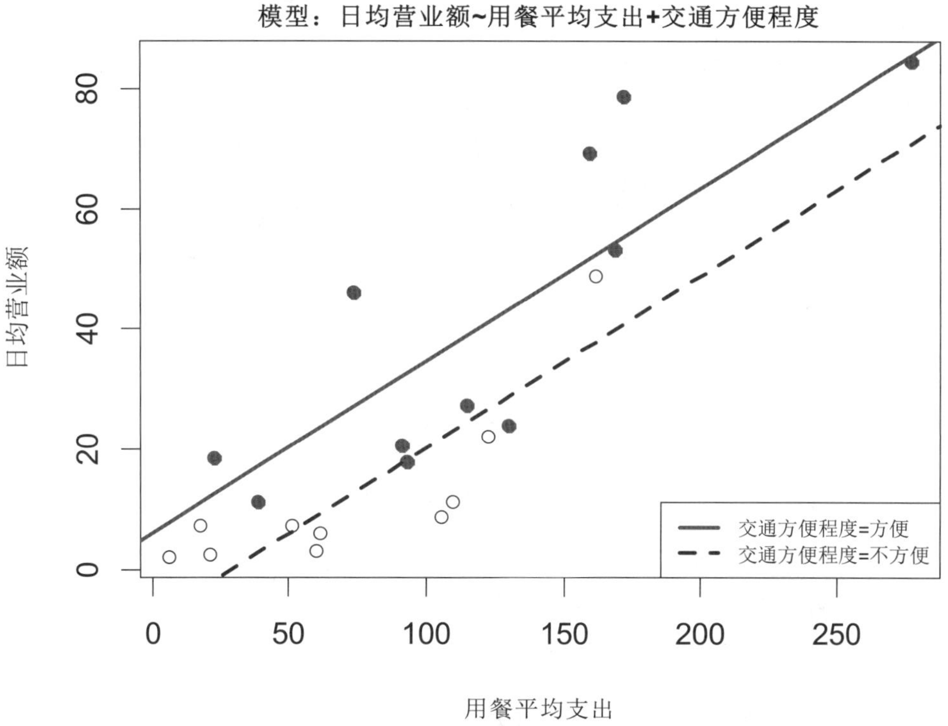

图 11-3 交通方便和不方便时的两个回归方程

最后，根据日均营业额与用餐平均支出和交通方便程度的二元回归方程来预测日均营业额。R 代码和结果如代码框 11-14 所示。

代码框 11-14 哑变量回归预测

```
> model_dummy<-lm(日均营业额~用餐平均支出+交通方便程度,data=example11_7)
> pre_model_dummy<-model_dummy$fitted.values
> res_model_dummy<-model_dummy$residuals
> mysummary<-data.frame(example11_7,,点预测值=pre_model_dummy,残差=res_model_dummy)
> mysummary
  餐馆编号 日均营业额 用餐平均支出 交通方便程度  点预测值         残差
1        1       53.2        168.6         方便 54.456103  -1.2561034
2        2       18.5         22.5         方便 12.611060   5.8889400
3        3       11.3        109.4       不方便 22.879533 -11.5795332
4        4       84.7        277.0         方便 85.503350  -0.8033499
```

```
5     5    7.3    17.4  不方便 -3.470528   10.7705283
6     6   17.9    93.0    方便 32.803227  -14.9032268
7     7    2.5    21.5  不方便 -2.296232    4.7962321
8     8   27.3   114.5    方便 38.961122  -11.6611216
9     9    5.9    61.3  不方便  9.103034   -3.2030337
10   10   23.9   129.8    方便 43.343251  -19.4432514
11   11   69.4   159.4    方便 51.821097   17.5789027
12   12   20.6    91.0    方便 32.230399  -11.6303993
13   13    1.9     6.1  不方便 -6.707003    8.6070033
14   14    3.0    60.3  不方便  8.816620   -5.8166200
15   15    7.3    51.1  不方便  6.181614    1.1183862
16   16   46.2    73.6    方便 27.246801   18.9531993
17   17   78.8   171.7    方便 55.343986   23.4560140
18   18   11.1    38.8  不方便  2.658725    8.4412749
19   19    8.6   105.3  不方便 21.705237  -13.1052370
20   20   48.9   161.5  不方便 37.801688   11.0983123
21   21   22.1   122.6  不方便 26.660194   -4.5601943
22   22   11.1    38.8    方便 17.279604   -6.1796035
23   23    8.6   105.3  不方便 21.705237  -13.1052370
24   24   48.9   161.5  不方便 37.801688   11.0983123
25   25   22.1   122.6  不方便 26.660194   -4.5601943
```

下面对增加了“交通方便程度”这一哑变量的回归模型与只包含“用餐平均支出”这一自变量的回归模型进行比较，看看增加这一变量对预测效果是否有显著影响。进行模型比较的R代码和结果如代码框11-15所示。

代码框11-15　只含有用餐平均支出一个自变量和增加交通方便程度哑变量的回归模型的比较

```
# 用anova比较
> model_s<-lm(日均营业额~用餐平均支出,data=example11_7)
> model_dummy<-lm(日均营业额~用餐平均支出+交通方便程度,data=example11_7)
> anova(model_s,model_dummy)
Analysis of Variance Table

Model 1: 日均营业额 ~ 用餐平均支出
Model 2: 日均营业额 ~ 用餐平均支出 + 交通方便程度
  Res.Df    RSS  Df  Sum of Sq      F     Pr(>F)
1     23 4441.6
2     22 3260.1   1     1181.5  7.973  0.009889 **
---
Signif. codes:  0 '***' 0.001 '**' 0.01 '*' 0.05 '.' 0.1 ' ' 1
（注：Model= model_s；Model2=model_dummy）

# 用AIC准则比较
> AIC(model_s,model_dummy)
```

```
              df        AIC
model_s        3   206.4443
model_dummy    4   200.7130
```

由于 $P=0.009\,889$ ，拒绝 H_0 ，表示两个模型有显著差异。model_dummy 的 AIC 值也较小，这意味着模型加入“交通方便程度”这一哑变量对预测效果有显著影响。因此，可选用含哑变量的回归模型作为最终的预测模型。

习题

11.1　为分析影响不良贷款的因素，一家商业银行在所属的多家分行中随机抽取 25 家，得到不良贷款、贷款余额、应收贷款、贷款项目个数、固定资产投资等有关数据如下。

不良贷款（亿元）	贷款余额（亿元）	应收贷款（亿元）	贷款项目个数（个）	固定资产投资（亿元）
0.9	67.3	6.8	5	51.9
1.1	111.3	19.8	16	90.9
4.8	173.0	7.7	17	73.7
3.2	80.8	7.2	10	14.5
7.8	199.7	16.5	19	63.2
2.7	16.2	2.2	1	2.2
1.6	107.4	10.7	17	20.2
12.5	185.4	27.1	18	43.8
1.0	96.1	1.7	10	55.9
2.6	72.8	9.1	14	64.3
0.3	64.2	2.1	11	42.7
4.0	132.2	11.2	23	76.7
0.8	58.6	6.0	14	22.8
3.5	174.6	12.7	26	117.1
10.2	263.5	15.6	34	146.7
3.0	79.3	8.9	15	29.9
0.2	14.8	0.6	2	42.1
0.4	73.5	5.9	11	25.3
1.0	24.7	5.0	4	13.4
6.8	139.4	7.2	28	64.3
11.6	368.2	16.8	32	163.9
1.6	95.7	3.8	10	44.5
1.2	109.6	10.3	14	67.9
7.2	196.2	15.8	16	39.7
3.2	102.2	12.0	10	97.1

（1）用不良贷款作因变量，建立多元线性回归模型。

（2）分析模型中是否存在共线性。

（3）用逐步回归方法建立回归模型。

（4）比较4个自变量在不良贷款中的相对重要性。

（5）用 anova 和 AIC 两种方法对模型进行比较和分析。

11.2 mtcars 是 R 自带的数据集，该数据集摘自 1974 年《美国汽车趋势》杂志，包括 32 款汽车的油耗、汽车设计和性能等共 11 个指标。根据该数据集，以行驶距离（disp）为因变量，每加仑油行驶的英里数（mpg）、气缸数（cyl）、后轴比（drat）、总马力（hp）和汽车自重（wt）为自变量，建立多元线性回归模型，并对模型进行综合评估。

11.3 为分析某行业中的薪水有无性别歧视，从该行业中随机抽取 15 名员工，有关数据如下：

月薪（元）y	工龄（年）x_1	性别 x_2
6 548	3.2	男
6 629	3.8	男
6 011	2.7	女
6 229	3.4	女
6 746	3.6	男
6 528	4.1	男
6 018	3.8	女
6 190	3.4	女
6 551	3.3	男
5 985	3.2	女
6 610	3.5	男
6 432	2.9	男
6 215	3.3	女
5 990	2.8	女
6 585	3.5	男

（1）建立月薪与工龄的一元回归模型。

（2）建立月薪与工龄和性别的二元回归模型。

（3）对两个模型进行比较，看看引入性别这一哑变量对预测月薪是否有用。

第 12 章
Chapter 12 时间序列分析和预测

时间序列（times series）是按时间顺序记录的一组数据，其中的观测时间可以是年份、季度、月份或其他任何时间形式。为便于表述，本章用 t 表示观测时间，$Y_t\left(t=1,\ 2,\ \cdots,\ n\right)$ 表示在时间 t 上的观测值。对于时间序列数据，人们通常关心其未来的变化，也就是要对未来做出预测。比如，明年的企业销售额会达到多少？下个月的住房销售价格会下降吗？这只股票明天会上涨吗？要对未来的结果做出预测，就需要知道它们在过去的一段时间里是如何变化的，这就需要考察时间序列的变化形态，进而建立适当的模型进行预测。本章首先介绍增长率的计算与分析，然后介绍时间序列的一些简单预测方法。

12.1 时间序列的描述性分析

时间序列的描述性分析是建立预测模型的基础，比如，画出时间序列的图形观察其变化模式，平滑掉序列中的随机成分观察其内在的变化规律，分解出序列中的各种成分观察其影响因素，等等。本节首先介绍时间序列的增长率分析，然后介绍成分分解和随机成分平滑的基本方法。

12.1.1 增长率分析

在一些经济报道中常使用增长率。增长率是对观测值在不同时间的变化状况所做的描述。由于对比的基期不同，增长率有不同的计算方法，如环比增长率、定基增长率、平均增长率等。

1. 环比增长率和定基增长率

增长率（growth rate）是时间序列中报告期观测值与基期观测值之比，也称增长速度，用百分比（%）表示。

由于对比的基期不同，增长率可以分为环比增长率和定基增长率。环比增长率是报告期观测值与前一时期观测值之比减 1 乘以 100，说明观测值逐期增长变化的程度；定基增长率是报告期观测值与某一固定时期观测值之比减 1 乘以 100，说明观测值在整个观察期内总的增长变化程度。设增长率为 G ，则：

环比增长率：

$$G_i=\frac{Y_i-Y_{i-1}}{Y_{i-1}}\times 100\%=\left(\frac{Y_i}{Y_{i-1}}-1\right)\times 100,\quad i=1,\ 2,\ \cdots,\ n \qquad (12.1)$$

定基增长率：

$$G_i=\frac{Y_i-Y_0}{Y_0}\times 100\%=\left(\frac{Y_i}{Y_0}-1\right)\times 100,\quad i=1,\ 2,\ \cdots,\ n \qquad (12.2)$$

式中，Y_0 为用于对比的固定基期的观测值。

2. 平均增长率

平均增长率（average rate of increase）是时间序列中各逐期环比值（也称环比发展速度）的几何平均数（ n 个观测值连乘的 n 次方根）减 1 后乘以 100 的结果，也称平均发展速度。

平均增长率用于描述观测值在整个观察期内平均增长变化的程度，计算公式为：

$$\bar{G}=\left(\sqrt[n]{\frac{Y_1}{Y_0}\times\frac{Y_2}{Y_1}\times\cdots\times\frac{Y_n}{Y_{n-1}}}-1\right)\times 100=\left(\sqrt[n]{\frac{Y_n}{Y_0}}-1\right)\times 100 \qquad (12.3)$$

式中，$\bar{G}$ 为平均增长率；n 为环比值的个数。

【例 12-1】（数据：example12_1）表 12-1 是 2011 —2020 年我国的居民消费水平数据，计算：（1）2011—2020 年环比增长率；（2）以 2011 年为固定基期的定基增长率；（3）2011—2020 年的年平均增长率，并根据年平均增长率预测 2021 年和 2022 年的居民消费水平。

表 12-1　2011—2020 年我国的居民消费水平数据　　单位：元

年份	居民消费水平
2011	12 668
2012	14 074
2013	15 586
2014	17 220
2015	18 857
2016	20 801
2017	22 969
2018	25 245
2019	27 504
2020	27 438

解： 计算增长率的 R 代码和结果如代码框 12-1 所示。

代码框 12-1　计算增长率

```
# 计算环比增长率和定基增长率
> df<-read.csv("C:/example/chap12/example12_1.csv")
> g1=round((exp(diff(log(df[,2])))-1)*100,2)    # 计算环比增长率
> g2=round((df[,2]/df[1,2]-1)*100,2)             # 计算定基增长率
> data.frame(df[,1:2],环比增长率=c(NA,g1),定基增长率=replace(g2,g2==0,NA))
     年份  居民消费水平  环比增长率  定基增长率
1   2011        12668          NA          NA
2   2012        14074       11.10       11.10
3   2013        15586       10.74       23.03
4   2014        17220       10.48       35.93
5   2015        18857        9.51       48.86
6   2016        20801       10.31       64.20
7   2017        22969       10.42       81.32
8   2018        25245        9.91       99.28
9   2019        27504        8.95      117.11
10  2020        27438       -0.24      116.59

# 计算年平均增长率
> g_bar<-(((df[10,2]/df[1,2])^(1/9))-1)*100
> round(g_bar,2)
[1] 8.97
```

由代码框 12-1 的计算结果可知，2011—2020 年居民消费水平的年平均增长率为 8.97%，或者说，居民消费水平平均每年按 8.97%的增长率增长。

根据年平均增长率预测 2021 年和 2022 年的居民消费水平分别为：

$$\hat{Y}_{2021}=2020\text{年居民消费水平}\times\left(1+\bar{G}\right)=27\,438\times\left(1+8.97\%\right)=29\,899.19\text{（元）}$$

$$\hat{Y}_{2022}=2020\text{年居民消费水平}\times\left(1+\bar{G}\right)^2=27\,438\times\left(1+8.97\%\right)^2=32\,581.14\text{（元）}$$

3. 增长率分析应注意的问题

增长率反映的是时间序列的相对变化程度，其数值的大小与对比的基数有关。因此，在用增长率分析实际问题时，应注意以下问题。

首先，当时间序列中的观测值出现 0 或负数时，不宜计算增长率。例如，假定某企业连续 5 年的利润额（单位：万元）分别为 5 000、2 000、0、-3 000、2 000，对这一序列计算增长率，要么不符合数学公理，要么无法解释其实际意义。在这种情况下，适合直接用绝对数进行分析。

其次，在有些情况下，不能单纯就增长率论增长率，要注意增长率与绝对水平的结合分析。由于对比的基数不同，大的增长率背后，隐含的增长绝对值可能很小，小的增长率背后，隐含的增长绝对值可能很大。在这种情况下，不能简单地用增长率进行比较分析，而应将增长率与绝对水平结合起来进行分析。

12.1.2 成分分解

成分分解是将时间序列中的各个成分依次分解出来，以观察和分析各成分对时间序列的影响，进而为建立预测模型提供依据。

1. 时间序列的成分

时间序列的变化可能受一种或几种因素的影响，导致它在不同时间上取值的差异，这些影响因素就是时间序列的**成分**（components）。一个时间序列通常由 4 种成分组成，即趋势、季节变动、循环波动和不规则波动。

趋势（trend）是时间序列在一段较长时期内呈现出来的持续向上或持续向下的变动。比如，可以想象一个地区的 GDP 是年年增长的，一个企业的生产成本是逐年下降的，这些都是趋势。趋势在一定观察期内可能呈现线性变化，但随着时间的推移也可能呈现非线性变化。

季节变动（seasonal fluctuation）是时间序列呈现出的以年为周期长度的固定变动模式，这种模式年复一年重复出现。它是诸如气候条件、生产条件、节假日或人们的风俗习惯等各种因素影响的结果。农业生产、交通运输、旅游、商品销售等都有明显的季节变动特征。比如，某个电商在节假日的打折促销会使销售额增加，铁路和航空客运在节假日会迎来客流高峰，一个水力发电企业会因水流高峰的到来而发电量猛增，这些都是季节变化引起的。

循环波动（cyclical fluctuation）也称周期波动，它是时间序列呈现出的非固定长度的周期性变动。比如，通常所说的景气周期、加息周期这类术语就是所谓的循环波动。循环波动的周期可能会持续一段时间，但与趋势不同，它不是朝着单一方向的持续变动，而是涨落相间的交替波动，比如经济从低谷到高峰，又从高峰慢慢滑入低谷，而后又慢慢回升；它也不同于季节变动，季节变动有比较固定的规律，且变动周期为一年，而循环波动则无固定规律，变动周期多在一年以上且周期长短不一。观察周期波动需要非常长的时间序列数据，就大多数商务与经济数据而言，由于数据量的限制，难以找出波动的周期，因此，当序列较短时，可不必考虑周期波动。

不规则波动（irregular variations）也称随机波动，它是时间序列中除去趋势、季节变动和周期波动之后剩余的波动。随机波动是由一些偶然因素引起的，通常总是夹杂在时间序列中，致使时间序列产生一种波浪形或振荡式变动。随机波动的因素不可预知，也不能控制，因此在分析时通常不予以单独考虑。

时间序列的 4 种成分，即趋势（T）、季节变动（S）、循环波动（C）和不规则波动（e）与观测值的关系可以用**加法模型**（additive model）表示，也可以用**乘法模型**（multiplicative model）表示。当不考虑周期成分时，加法模型可表示为：

$$Y_t = T_t + S_t + e_t \tag{12.4}$$

乘法模型可表示为：

$$Y_t = T_t \times S_t \times e_t \tag{12.5}$$

图 12-1 是含有不同成分的时间序列折线图。

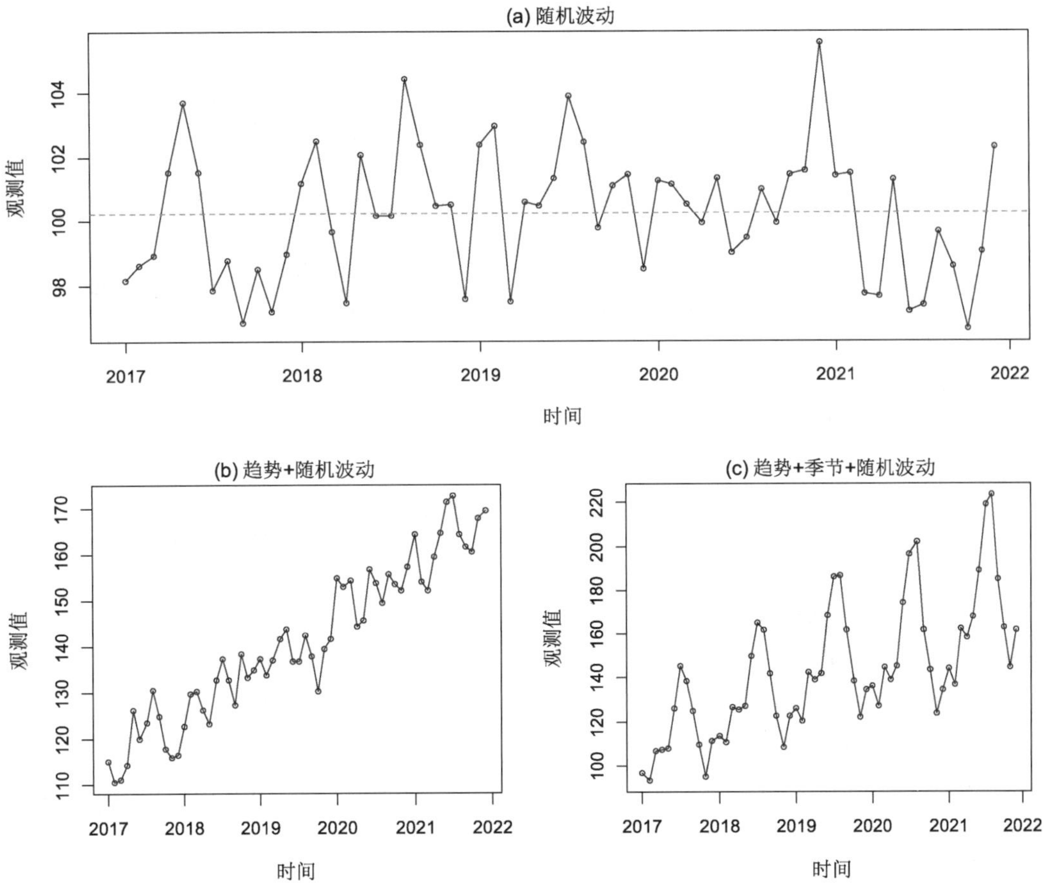

图 12-1　含有不同成分的时间序列

一个时间序列可能由一种成分组成，也可能同时含有几种成分。观察时间序列的图形可以大致判断时间序列所包含的成分。下面通过几个时间序列来观察其所包含的成分。

【例 12-2】（数据：example12_2.csv）表 12-2 是某电子产品制造企业 2006—2022 年的净利润、产量、管理成本和销售价格的时间序列。绘制折线图观察其所包含的成分。

表12-2　某电子产品制造企业2006—2022年的经营数据

年份	净利润（万元）	产量（万台）	管理成本（万元）	销售价格（元）
2006	1 200.6	55.0	28.0	199
2007	1 750.7	63.3	60.3	233
2008	2 938.1	128.8	73.5	213
2009	3 126.0	172.5	121.3	230
2010	3 250.3	246.1	126.9	223
2011	3 814.0	248.4	172.4	240
2012	4 616.4	407.1	218.7	208
2013	4 125.3	483.0	227.7	209
2014	5 386.2	706.1	254.6	208
2015	5 313.2	949.9	224.0	198
2016	6 250.1	1 362.8	226.5	223
2017	5 623.0	1 501.9	232.0	205
2018	6 000.7	1 754.9	200.1	215
2019	6 563.6	2 479.4	181.8	227
2020	6 682.4	3 366.1	173.8	235
2021	7 500.5	4 559.3	210.2	222
2022	7 885.8	6 280.8	206.5	215

解：绘制时间序列图折线图的R代码和结果如代码框12-2所示。

图12-2显示，净利润呈现一定的线性趋势；产量呈现一定的指数变化趋势；管理成本则呈现一定的抛物线变化形态；销售价格则没有明显的趋势，呈现一定的随机波动。

代码框12-2　绘制表12-2数据的时间序列折线图

```
# 图12-2的绘制代码
> example12_2<-read.csv("C:/example/chap12/example12_2.csv")
> df<-ts(example12_2,start=2006)          # 将数据定义为时间序列对象
> par(mfrow=c(2,2),mai=c(0.6,0.6,0.3,0.1),lab=c(6,6,4),cex=0.7,cex.main=1,font.main=1)
> plot(df[,2],type='o',xlab="时间",ylab="净利润",main="(a) 净利润")
> plot(df[,3],type='o',xlab="时间",ylab="产量",main="(b) 产量")
> plot(df[,4],type='o',xlab="时间",ylab="管理成本",main="(c) 管理成本")
> plot(df[,5],type='o',xlab="时间",ylab="销售价格",main="(d) 销售价格")
```

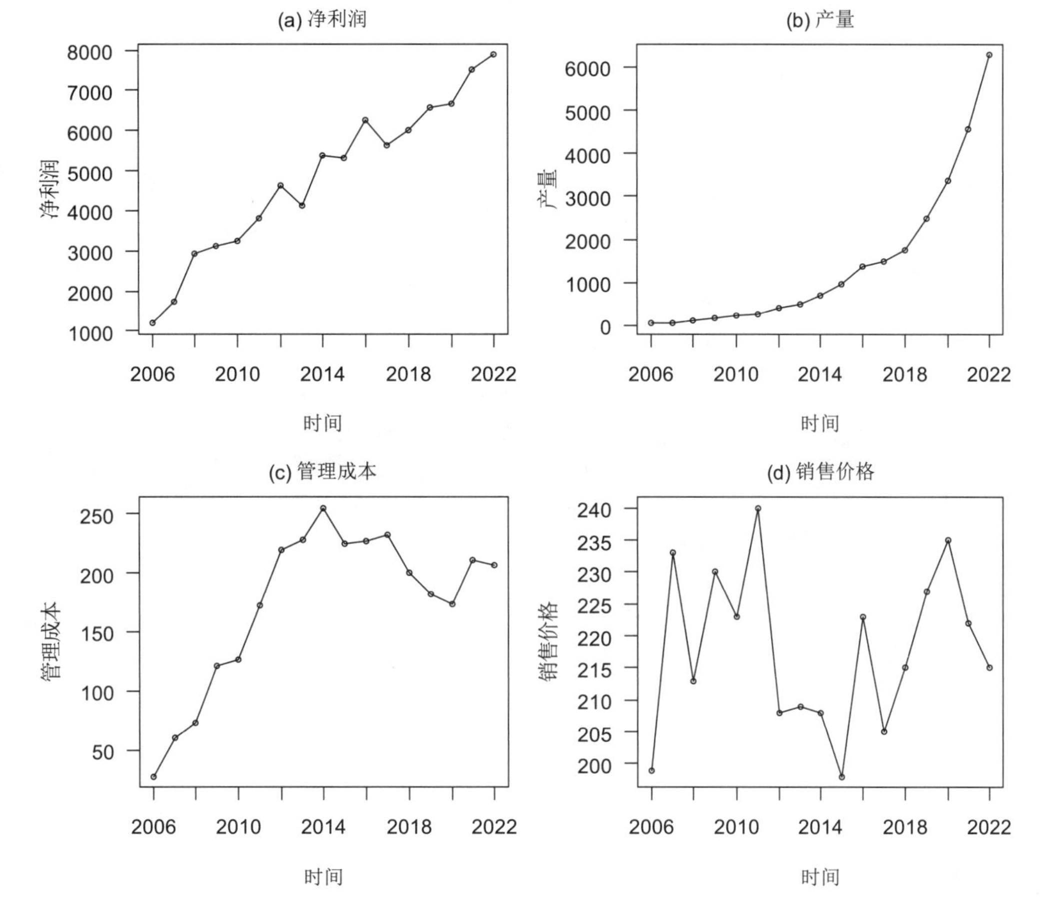

图 12-2　表 12-2 中 4 个时间序列的折线图

【例 12-3】（数据：example12_3.csv）表 12-3 是一家饮料生产企业 2017—2022 年各月份的销售量数据。绘制销售量的折线图、按年折叠图和同月份图形，观察其所包含的成分。

表 12-3　某饮料生产企业 2017—2022 年各月份的销售量数据　　单位：万吨

月份	2017 年	2018 年	2019 年	2020 年	2021 年	2022 年
1 月	116.2	136.3	151.2	163.2	172.8	184.4
2 月	111.8	133.0	144.5	152.6	164.2	178.7
3 月	128.2	152.2	170.9	173.8	194.9	219.7
4 月	129.1	150.2	167.0	167.0	190.1	217.8
5 月	129.6	152.6	170.4	174.2	201.6	233.4
6 月	151.2	179.5	202.6	208.8	226.6	249.2
7 月	174.7	198.2	223.2	235.7	263.0	292.2
8 月	166.6	194.4	224.2	242.4	268.3	290.6
9 月	149.8	170.4	193.9	193.9	222.2	253.2
10 月	131.5	146.9	166.6	172.3	195.4	219.9
11 月	113.8	130.1	146.4	148.8	173.8	200.0
12 月	133.4	146.9	161.3	161.8	194.4	230.1

解：绘制各图形的 R 代码和结果如代码框 12-3 所示。

代码框 12-3　绘制折线图、按年折叠图和同月份图

```
# 图12-3的绘制代码
> library(reshape2)
> library(forecast)
> example12_3<-read.csv("C:/example/chap12/example12_3.csv",check.names=FALSE)
> df<-melt(example12_3,variable.name="年份",value.name="销售量")
> df.ts<-ts(df[,3],start=2017,frequency=12)                # 定义为时间序列对象
> layout(matrix(c(1,1,2,3),nrow=2,ncol=2,byrow=TRUE))
> par(mai=c(0.6,0.7,0.3,0.1),las=1,mgp=c(3,1,0),lab=c(8,8,1),cex=0.7,cex.lab=1,font.main=1)
> plot(df.ts,type="o",col="blue2",xlab="时间",ylab="销售量",main="(a) 观测值图")
> abline(v=c(2016:2023),lty=6,col="gray70")                # 添加垂直线
> par(las=3)                                               # 设置坐标轴标签类型
> seasonplot(df.ts,xlab="月份",ylab="销售量",year.labels=TRUE,
+     col=1:5,cex=0.6,main="(b) 按年折叠图")                # 绘制按年折叠图
> par(las=1)
> monthplot(df.ts,xlab="月份",ylab="销售量",lty.base=6,
+     col.base="red",cex=0.8,main="(c) 同月份图")           # 绘制同月份图
```

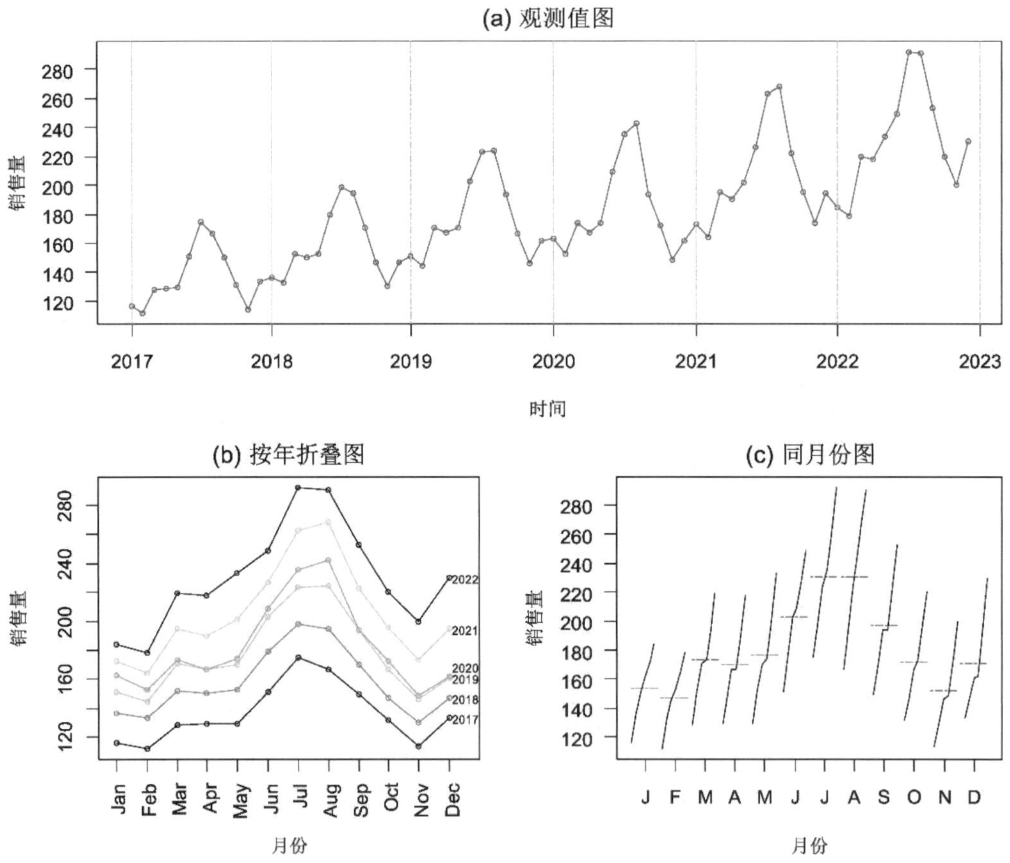

图 12-3　饮料销售量的折线图、按年折叠图和同月份图

图 12-3（a）显示，2017—2022 年各年销售量的走势有明显的季节成分和线性趋势。图 12-3（b）显示，各年销售量的折线几乎没有交叉，形状大致相同，表示存在季节变化；由于后面年份的销售量明显高于前面年份的销售量，表示存在线性上升趋势。图 12-3（c）中的虚线为同月份的平均值，结果显示，7 月份和 8 月份的销售量均值明显高于其他月份，为销售旺季，1 月份、2 月份和 11 月份则为销售淡季。

2. 成分的分解

如果时间序列同时包含趋势、季节变动和随机波动等多种成分，可以将各个成分从序列中依次分解出来，以观察各成分对序列的影响，为进一步建立预测模型奠定基础。

分解序列成分时，通常是先确定季节成分，季节成分一般用**季节指数**（seasonal index）来表示。在计算出季节指数后，用序列的每一个观测值除以相应的季节指数，以消除季节成分。消除季节成分后的序列即为含有趋势和随机成分的序列。再将趋势剔除后，即为随机波动序列。下面通过一个例子说明成分分解的过程。

【例 12–4】（数据：example12_3.csv）沿用例 12-3。分解销售量的各个成分，并绘制成分解图观察各个成分的特征。

解：使用 decompose 函数可以分解出一个时间序列的季节、趋势和不规则成分，R 代码和结果如代码框 12-4 所示。

代码框 12–4　饮料销售量的成分分解

```
# 成分分解
> example12_3<-read.csv("C:/example/chap12/example12_3.csv",check.names=FALSE)
> df<-reshape2::melt(example12_3,variable.name="年份",value.name="销售量")
> df.ts<-ts(df[,3],start=2017,frequency=12)
> salecompose<-decompose(df.ts,type="multiplicative")  # 分解序列成分
> names(salecompose)                                   # 显示成分的名称
[1] "x"        "seasonal" "trend"    "random"
[5] "figure"   "type"
> salecompose$seasonal[1:12]                           # 输出 1~12 月的季节成分
[1] 0.8940036  0.8460346  0.9844395  0.9549860  0.9876779  1.1269278
[7] 1.2702866  1.2587149  1.0647286  0.9218187  0.8007608  0.8896210
```

注：decompose(x,type=c("additive","multiplicative")) 可用于时间序列的成分分解。参数 type="additive" 指定分解使用加法模型，type=" multiplicative " 指定分解使用乘法模型运行。运行 salecompose 可以输出全部分解结果。

```
# 绘制成分分解图（图 12–4）
> plot(salecompose,type='o',col="red4")
```

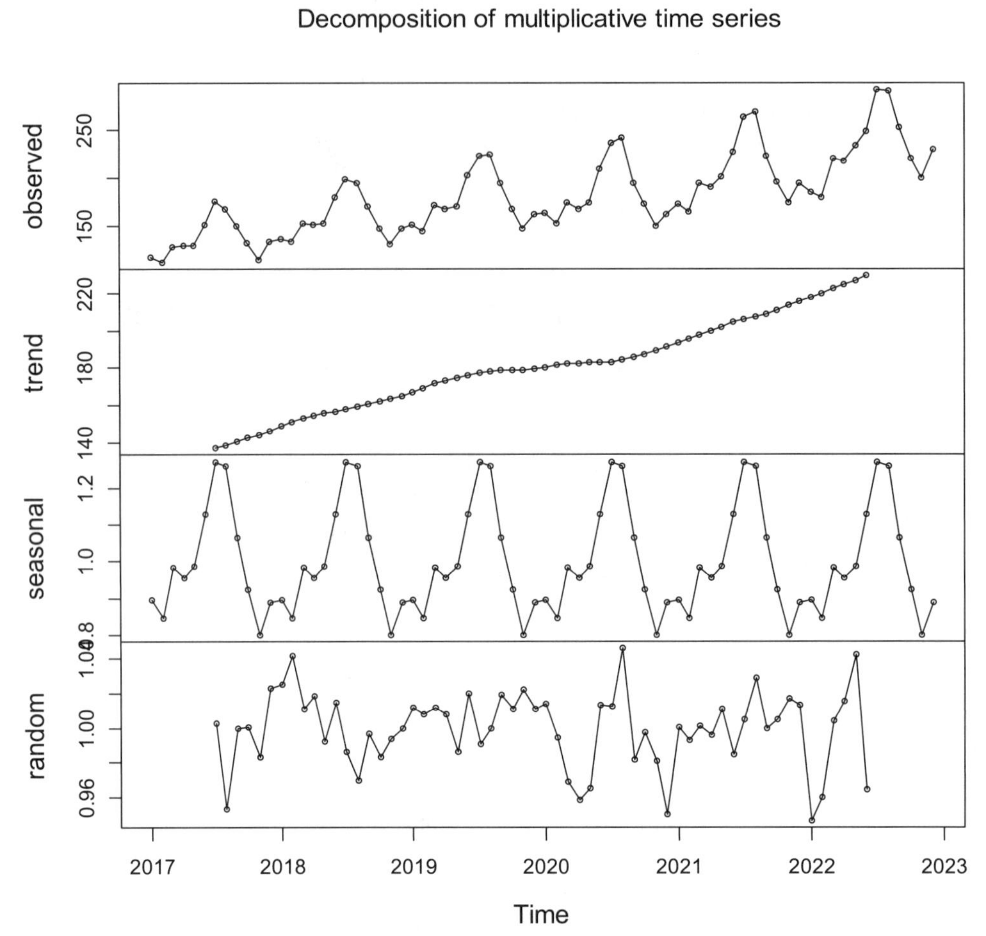

图 12-4　饮料销售量成分分解图

图 12-4 的第 1 幅图是销售量观测值的折线图；第 2 幅图是剔除季节成分和随机成分后的趋势图，图形显示销售量为线性上升趋势；第 3 幅图是根据季节指数绘制的销售量的季节变动图，图形显示，销售量的旺季是 7 月份和 8 月份，淡季是 1 月份、2 月份和 11 月份；第 4 幅图是销售量的随机波动图，表示在不受趋势和季节因素影响下销售量的变动。

12.1.3　随机成分平滑

利用短期移动平均对时间序列进行平滑，可以去除时间序列中的随机波动，从而有利于观察其形态或固有模式。比如，股票价格指数中的 5 日移动平均、10 日移动平均等就属于此类。

移动平均（moving average）是选择固定长度的移动间隔，对时间序列逐期移动求得平均数作为平滑值。设移动间隔长度为 $m(1<m<t)$，则 t 期的移动平均平滑值 T_t 为：

$$T_t = \frac{Y_{t-k} + Y_{t-k+1} + \cdots + Y_t + \cdots + Y_{t+k-1} + Y_{t+k}}{m} \tag{12.6}$$

式中，$k=(m-1)/2$。

移动平均值是相应观测值的代表值，因此需要中心化。当移动间隔长度 m 为奇数时，比如，$m=3$，$k=1$，第 1 个 3 期移动平均值是第 1 个、第 2 个、第 3 个值的平均，中心化后结果应该对应第 2 个观测值（T_2 对应于 Y_2）；第 2 个移动平均值是第 2 个、第 3 个、第 4 个值的平均，中心化后结果应该对应第 3 个观测值（T_3 对应于 Y_3），以此类推。

当 m 为偶数时，比如，$m=4$，$k=1.5$，向上取整 $k=2$，向下取整 $k=1$，中心化移动平均值是两个 4 期移动平均值的再平均。比如，第 1 个 4 期移动平均值是第 1 个、第 2 个、第 3 个、第 4 个值的平均值和第 2 个、第 3 个、第 4 个、第 5 个值的平均值的平均，中心化后结果应该对应第 3 个观测值（T_3 对应于 Y_3），第 2 个 4 期移动平均值是第 2 个、第 3 个、第 4 个、第 5 个值的平均值和第 3 个、第 4 个、第 5 个、第 6 个值的平均值的平均，中心化后结果应该对应第 4 个观测值（T_4 对应于 Y_4），以此类推。表 12-4 是一个虚拟时间序列移动平均的计算结果，NA 表示没有数值。

表 12-4　虚拟的移动平均中心化计算结果

时间	观测值	m=3	m=5	m=4	m=4
		中心化移动平均	中心化移动平均	非中心化移动平均	中心化值移动平均
1	10	NA	NA	NA	NA
2	20	20	NA	NA	NA
3	30	30	30	NA	30
4	40	40	40	25	40
5	50	50	50	35	50
6	60	60	60	45	60
7	70	70	70	55	70
8	80	80	80	65	80
9	90	90	NA	75	NA
10	100	NA	NA	85	NA

【例 12-5】（数据：example12_2.csv）沿用例 12-2。分别采用 $m=3$ 和 $m=5$ 对销售价格数据进行移动平均平滑，并将实际值和平滑值绘制成图形进行比较。

解：使用 R 的 DescTools 包中的 MoveAvg 函数、forecast 包中的 ma 函数、caTools 包中的 runmean 函数均可做移动平均。使用 MoveAvg 函数移动平均的 R 代码和结果如代码框 12-5 所示。

图 12-5 显示，移动的间隔越长，曲线就越平滑。实际应用时，可根据数据的波动情况和分析目的合理选择移动间隔的长度。

代码框 12-5　销售价格的移动平均（ $m=3$ 和 $m=5$ ）

```
# 使用MoveAvg函数做移动平均
> example12_2<-read.csv("C:/example/chap12/example12_2.csv")
> df<-ts(example12_2,start=2006)
> library(DescTools)
> ma3<-MoveAvg(df[,5],order=3,align="center",endrule="keep")       # 3 期移动平均
> ma5<-MoveAvg(df[,5],order=5,align="center",endrule="NA")         # 5 期移动平均
> data.frame(年份=df[,1],"销售价格"=df[,5],ma3,ma5)
     年份  销售价格      ma3     ma5
1    2006       199  199.0000      NA
2    2007       233  215.0000      NA
3    2008       213  225.3333   219.6
4    2009       230  222.0000   227.8
5    2010       223  231.0000   222.8
6    2011       240  223.6667   222.0
7    2012       208  219.0000   217.6
8    2013       209  208.3333   212.6
9    2014       208  205.0000   209.2
10   2015       198  209.6667   208.6
11   2016       223  208.6667   209.8
12   2017       205  214.3333   213.6
13   2018       215  215.6667   221.0
14   2019       227  225.6667   220.8
15   2020       235  228.0000   222.8
16   2021       222  224.0000      NA
17   2022       215  215.0000      NA
# 绘制实际值和平滑值的比较图形（图12-5）
> plot(df[,5],type='o',xlab="年份",ylab="销售价格")
> lines(ma3,type="o",lty=2,col="red")
> lines(ma5,type="o",lty=6,col="blue")
> legend(x="topleft",legend=c("销售价格","3 期移动平均","5 期移动平均"),
+     lty=c(1,2,6),col=c("black","red","blue"),fill=c(1,2,4),
+     inset=0.01,box.col="grey80",cex=0.8)
```

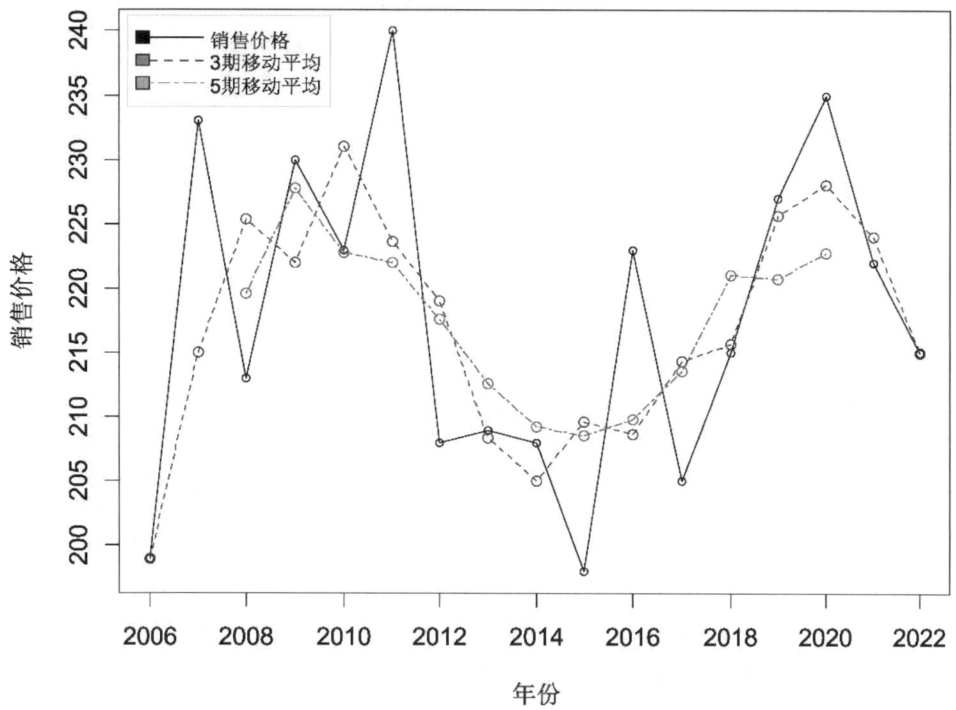

图 12–5　销售价格的观测值和移动平均值的比较

注：函数 MoveAvg 中的参数 Order 为移动平均间隔长度；Align 为结果排列方式，"center"表示放在中心位置，"left"表示放在向量左侧，"right"表示放在向量右侧。endrule 中的"keep"表示没有移动平均值的位置（比如最初的几个值和最后几个值）用相应的实际值填充，"constant"表示没有移动平均值的位置用相应的预测值填充，"NA"表示没有移动平均值的位置显示为 NA。更多信息查阅函数帮助。

12.2　预测方法的选择与评估

时间序列分析的主要目的是预测未来。预测基本步骤大致如下：

第 1 步，确定时间序列所包含的成分。

第 2 步，找出适合该时间序列的预测方法。

第 3 步，对可能的预测方法进行评估，以确定最佳预测方法。

第 4 步，分析预测的残差，以检查模型是否合适。

一个时间序列可能只含有一种成分，也可能同时含有几种成分。含有不同成分的时间序列所适用的预测方法是不同的。选择什么样的方法进行预测，首先取决于历史数据的变化模式，即时间序列所包含的成分；其次取决于所能获得的历史数据的多少，有些方法只要有少量的数据就能进行预测，而有些方法却要求较多的数据；最后还取决于所要求的预测期的长短，有些方法只能进行短期预测，有些则可以进行相对长期的预测。表 12–5 列出了本章介绍的预测方法及其所适合的数据模式、对数据的要求和预测期的长短等。

表12-5　预测方法的选择

预测方法	适合的数据模式	对数据的要求	预测期
简单指数平滑	随机波动	5个以上	短期
Holt 指数平滑	线性趋势	5个以上	短期至中期
Winters 指数平滑	趋势和季节成分	至少有4个周期的季度或月份数据	短期至中期
一元线性回归	线性趋势	10个以上	短期至中期
指数模型	非线性趋势	10个以上	短期至中期
多项式函数	非线性趋势	10个以上	短期至中期

在选择出预测方法并利用该种方法进行预测后，反过来需要对所选择的方法进行评估，以确定所选择的方法是否合适。

一种预测方法的好坏取决于预测误差的大小。预测误差是预测值与实际值的差值，度量方法有**平均误差**（mean error）、**平均绝对误差**（mean absolute deviation）、**均方误差**（mean square error）、**平均百分比误差**（mean percentage error）和**平均绝对百分比误差**（mean absolute percentage error）等，其中较为常用的是均方误差。对于同一个时间序列有几种可供选择的预测方法时，以预测误差最小者为宜。

均方误差是误差平方和的平均数，用 MSE 表示，计算公式为：

$$\mathrm{MSE}=\frac{\sum_{i=1}^{n}\left(Y_i-F_i\right)^2}{n} \tag{12.7}$$

式中，Y_i 为第 i 期的实际值；F_i 为第 i 期的预测值；n 为预测误差的个数。

除比较误差大小外，还可以绘制残差图分析所使用的模型是否合适。在残差图中，如果各残差围绕零轴随机分布，没有固定的模式，则说明所使用的模型是合适的，残差离零轴越近，表示所选择的模型越好。

12.3　指数平滑预测

指数平滑（exponential smoothing）预测是利用时间序列的平滑值进行预测的方法，因而也称为**平滑法**（Smoothing method）预测。根据时间序列所包含的成分不同，平滑法有不同的平滑预测模型。

12.3.1　指数平滑模型的一般表达

如果一个时间序列包含趋势、季节和随机成分，设季节周期长度为 p（季度数据 $p=4$，月份数据 $p=12$），指数平滑加法模型（R 称之为 Holt-Winters 指数平滑模型）的一般表达式为：

$$\hat{Y}_{t+h}=a_t+h\times b_t+s_{t-p+h} \tag{12.8}$$

式中，$\hat{Y}_{t+h}$ 为 $t+h$ 期的预测值；h 为要预测的 t 期以后的时期数；$a_t=\alpha\left(Y_t-s_{t-p}\right)+(1-\alpha)\times(a_{t-1}+b_{t-1})$，即 t 期的平滑值；$b_t=\beta(a_t-a_{t-1})+(1-\beta)b_{t-1}$，即 t 期的趋势值；$s_t=\gamma(Y_t-a_t)+(1-\gamma)s_{t-p}$，即 t 期的季节成分。

其中，α，β，γ 分别为模型的参数，也称平滑系数，取值范围均在 0～1 之间（含 0 和 1）。Y_t 为 t 期的实际值；a_{t-1} 为 $t-1$ 期的平滑值；b_{t-1} 为 $t-1$ 期的趋势值；s_t 为 t 期的季节调整因子，s_{t-p} 为 $t-p$ 期的季节调整因子。

式（12.8）通常简称为 Winters 加法模型（Winters's additive model），它表示预测值是随机成分（平滑值）、趋势成分、季节成分三者之和。因此，Winters 模型通常用于含有趋势成分、季节成分和随机成分序列的预测。

如果序列不含有季节成分，式（12.8）可表示为：

$$\hat{Y}_{t+h}=a_t+hb_t \tag{12.9}$$

式（12.9）称为 Holt 指数平滑预测模型，通常简称为 Holt 模型（Holt's model），该模型适用于对含有趋势成分序列的预测。

如果序列不含有趋势成分和季节成分，序列的波动是由随机因素所致，式（12.8）可表示为：

$$\hat{Y}_{t+h}=\alpha Y_t+(1-\alpha)a_t \tag{12.10}$$

式（12.10）称为简单指数平滑（simple exponential smoothing）模型。该模型主要用于随机序列的平滑预测。简单指数平滑通常只得到 $t+1$ 期的预测值。

季节周期长度为 p 的指数平滑乘法模型（multiplicative model）的一般表达式（R 称之为 Holt-Winters 乘法模型）为：

$$\hat{Y}_{t+h}=(a_t+hb_t)\times s_{t-p+h} \tag{12.11}$$

式中：

$$a_t=\alpha\left(Y_t/s_{t-p}\right)+(1-\alpha)(a_{t-1}+b_{t-1})$$
$$b_t=\beta(a_t-a_{t-1})+(1-\beta)b_{t-1}$$
$$s_t=\gamma(Y_t/a_t)+(1-\gamma)s_{t-p}$$

12.3.2　简单指数平滑预测

简单指数平滑预测是加权平均的一种特殊形式，它是把 t 期的实际值 Y_t 和 t 期的平滑值 a_t 加权平均作为 $t+h$ 期的预测值，如式（12.10）所示。观测值离现时期越远，其权数越小，并呈现指数下降，因而称为指数平滑。

由于在开始计算时还没有第 1 个时期的平滑值 a_1，通常可以设 a_1 等于第 1 期的实际值，即 $a_1=Y_1$，或者设 $a_1=(Y_1+Y_2+Y_3)/3$。在使用 R 做指数平滑预测时，系统会自动确定初始值。

使用简单指数平滑法预测的关键是确定一个合适的平滑系数 α。因为不同的 α 对预测结果会产生不同影响。当 $\alpha=0$ 时，预测值只是重复上一期的预测结果；当 $\alpha=1$ 时，预测值就是上一期的实际值。α 越接近 1，模型对时间序列变化的反应就越及时，因为它对当前的实际值赋予了比预测值更大的权数。同样，α 越接近 0，意味着对当前的预测值赋予更大的权数，因此模型对时间序列变化的反应就越慢。在使用 R 做指数平滑预测时，系统会自动确定一个最合适的 α 值。

简单指数平滑法的优点是只需少数几个观测值就能进行预测，方法相对简单，其缺点是预测值往往滞后于实际值，而且无法考虑趋势和季节成分。

【例 12-6】（数据：example12_2.csv）沿用例 12-2。采用简单指数平滑模型预测 2023 年的销售价格，将实际值和预测值绘制成图形进行比较，并绘制残差图检查模型的预测效果。

解：图 12-2（d）显示，销售价格没有明显的变化模式，呈现出一定的随机波动。因此可采用式（12.10）给出的简单指数平滑模型做预测。R 代码和结果如代码框 12-6 示。

图 12-7 中的折线表示销售价格观测值，圆点是 2023 年预测值，灰色区域是预测值的置信区间，其中的浅灰色区域是 95%的置信区间，深灰色区域是 80%的置信区间。图 12-8 的残差图显示，残差围绕零轴随机波动，无固定模型，表示采用简单指数平滑预测模型是合适的。

代码框 12-6　销售价格的简单指数平滑预测

```
# 确定模型参数α和系数a
> example12_2<-read.csv("C:/example/chap12/example12_2.csv")
> df<-ts(example12_2,start=2006)
> model_s<-HoltWinters(df[,5],beta=FALSE,gamma=FALSE)
> model_s
Holt-Winters exponential smoothing without trend and without seasonal component.

Call:
HoltWinters(x = df[, 5], beta = FALSE, gamma = FALSE)

Smoothing parameters:
 alpha: 0.4588073
 beta : FALSE
 gamma: FALSE

Coefficients:
       [,1]
a 220.0479
```

注：HoltWinters(x,alpha=NULL,beta=NULL,gamma=NULL,...)函数可以实现平滑预测，其中 alpha 为平滑系数，当不指定时系统将自动确定，本例中由系统选定的平滑系数为 0.4588073；beta 为 Holt-Winters 平滑的参数，当 beta=FALSE 时进行简单指数平滑；gamma=FALSE 时表示不考虑季节调整。模型系数 a=220.0479。

```
# 历史数据的拟合值
> model_s$fitted
```

```
Time Series:
Start = 2007
End = 2022
Frequency = 1
          xhat      level
2007  199.0000  199.0000
2008  214.5994  214.5994
2009  213.8656  213.8656
2010  221.2682  221.2682
2011  222.0628  222.0628
2012  230.2925  230.2925
2013  220.0645  220.0645
2014  214.9880  214.9880
2015  211.7819  211.7819
2016  205.4587  205.4587
2017  213.5068  213.5068
2018  209.6038  209.6038
2019  212.0796  212.0796
2020  218.9252  218.9252
2021  226.3004  226.3004
2022  224.3274  224.3274
```

注：预设预测范围是从第二期开始到结束，xhat 是 2007—2022 年的拟合值。

```
# 绘制观测值和拟合值图（图 12-6）
> plot(df[,5],type='o',xlab="时间",ylab="销售价格")
> lines(df[,1][-1],model_s$fitted[,1],type='o',lty=2,col="blue")
> legend(x="topleft",legend=c("销售价格","拟合值"),lty=1:2,
+     col=c(1,4),fill=c(1,4),box.col="grey80",inset=0.01,cex=0.8)
```

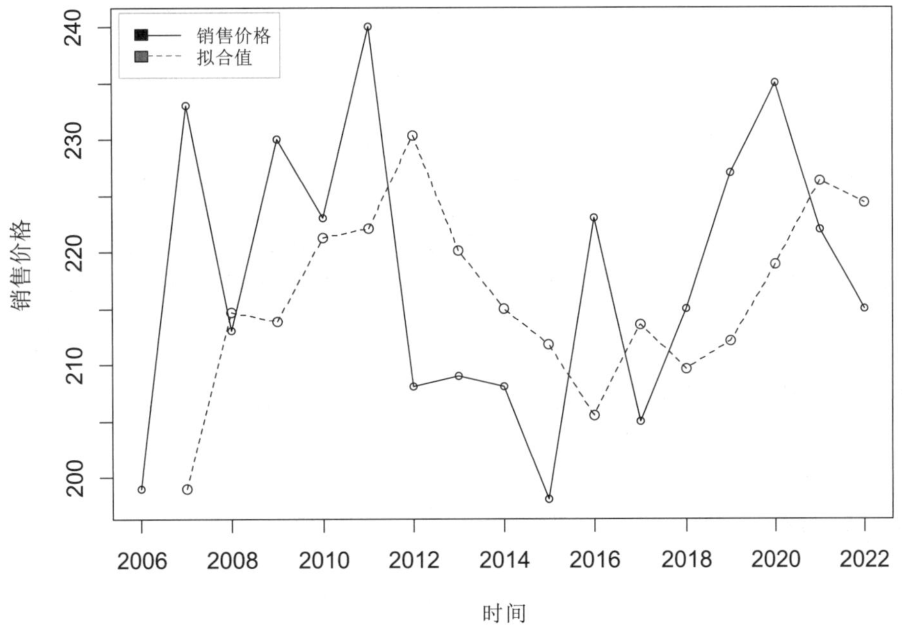

图 12-6　销售价格的观测值与简单指数平滑拟合值

```
# 获得样本外的预测值（2023年）
> library(forecast)
> model_s1<-forecast(model_s,h=1)
> model_s1
     Point Forecast    Lo 80    Hi 80   Lo 95    Hi 95
2023       220.0479 200.5674 239.5284 190.255 249.8408
```

```
# 绘制实际值和2023年预测值（图12-7）
> plot(model_s1,type='o',xlab="时间",ylab="销售价格",main="")
```

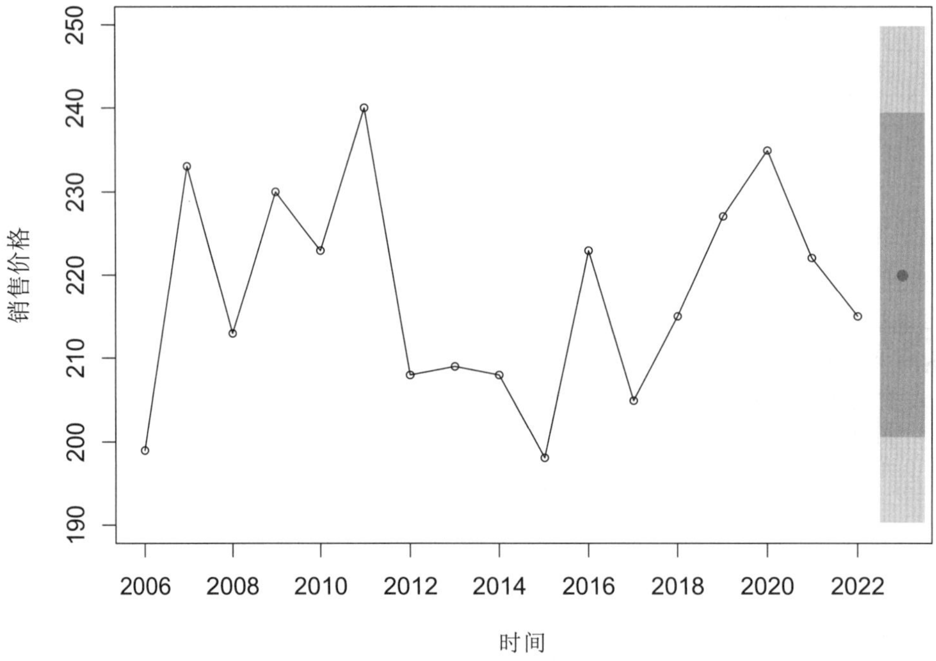

图12–7　销售价格的观测值和2023年的简单指数平滑预测值

注：利用forecast包中的forecast函数可以得到样本区间外任意期的预测值，本例中h=1，表示预测下一年（2023年）的值。在列出预测值的同时，还列出预测值的80%和95%的置信区间，在图中用阴影标出。

```
# 绘制拟合的残差图（图12-8）
> res_s<-model_s1$res      # 计算残差
> plot(2006:2022,res_s ,pch="e",xlab="时间",ylab="残差")
> abline(h=0,lty=2,col=2)
```

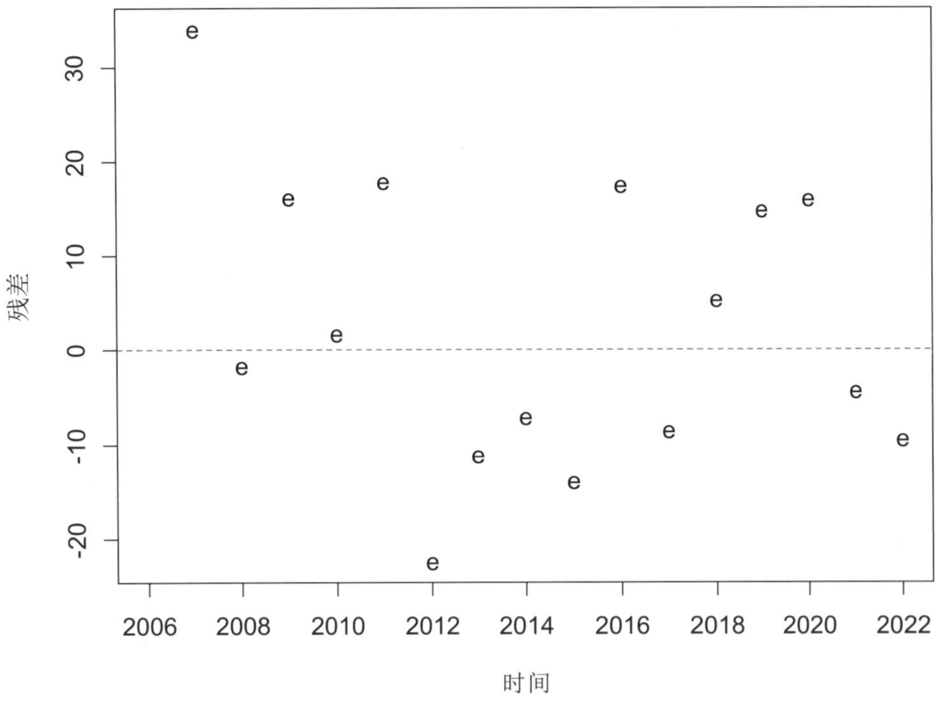

图 12–8　销售价格简单指数平滑拟合的残差图

12.3.3　Holt 指数平滑预测

Holt 指数平滑预测是以其提出者 C.C. Holt 的名字命名的，通常简称为 Holt 模型。当时间序列存在趋势时，简单指数平滑的预测结果总是滞后于实际值。Holt 模型则改进了简单指数平滑模型，它将趋势成分也考虑进来，用平滑值对序列的线性趋势进行修正，建立线性平滑模型进行预测。Holt 模型如式（12.9）所示。

【例 12–7】（数据：example12_2.csv）沿用例 12–2。用 Holt 指数平滑模型预测 2023 年的净利润，将实际值和预测值绘制成图形进行比较，并绘制残差图检查模型的预测效果。

解： 图 12–2（a）显示，净利润具有明显的线性趋势，因此可采用 Holt 指数平滑模型进行预测。R 代码和结果如代码框 12–7 所示。

代码框 12–7　净利润的 Holt 指数平滑预测

```
# 确定模型参数 alpha 和 beta 以及模型系数 a 和 b
> example12_2<-read.csv("C:/example/chap12/example12_2.csv")
> df<-ts(example12_2,start=2006)
> model_h<-HoltWinters(df[,2],gamma=FALSE)
> model_h
Holt-Winters exponential smoothing with trend and without seasonal component.
```

```
Call:
HoltWinters(x = df[, 2], gamma = FALSE)

Smoothing parameters:
 alpha: 0.3656215
 beta : 0.4359252
 gamma: FALSE

Coefficients:
          [,1]
a    7620.5336
b     378.3447
```

注：本例 Holt 指数平滑预测选择的模型参数 alpha=0.3656215，beta=0.4359252。系数 a=7620.5336，b=378.3447。

```
# 绘制实际值和拟合图（图12-9）
> plot(df[,2],type='o',xlab="时间",ylab="净利润")
> lines(df[,1][c(-1,-2)],model_h$fitted[,1],type='o',lty=2,col="blue")
> legend(x="topleft",legend=c("净利润","拟合值"),lty=1:2,
+     col=c(1,4),fill=c(1,4),cex=0.8)
```

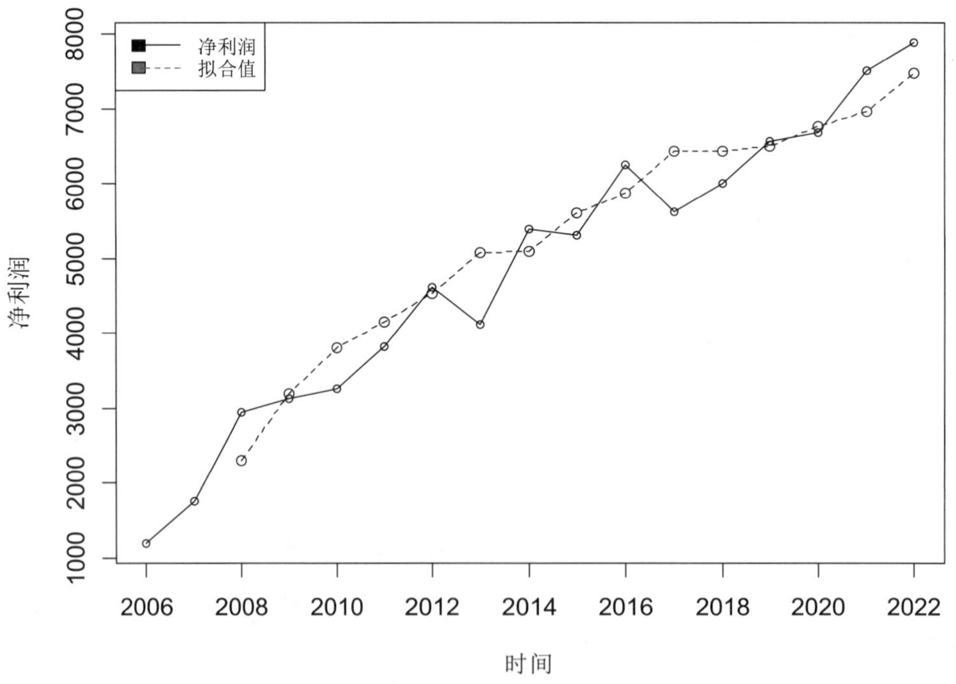

图12-9 净利润的Holt指数平滑拟合

```
# 2023年净利润的预测
> library(forecast)
> model_h1<-forecast(model_h,h=1)
> model_h1
     Point Forecast      Lo 80      Hi 80      Lo 95      Hi 95
2023       7998.878   7376.373   8621.384   7046.839   8950.918
```

注：利用预测模型可以预测各年的净利润，比如，要预测 2024 年的净利润，设置参数 h=2 即可。

```
# 绘制实际值和预测值图（图 12-10）
> plot(model_h1,type='o',xlab="时间",ylab="净利润",main="")
```

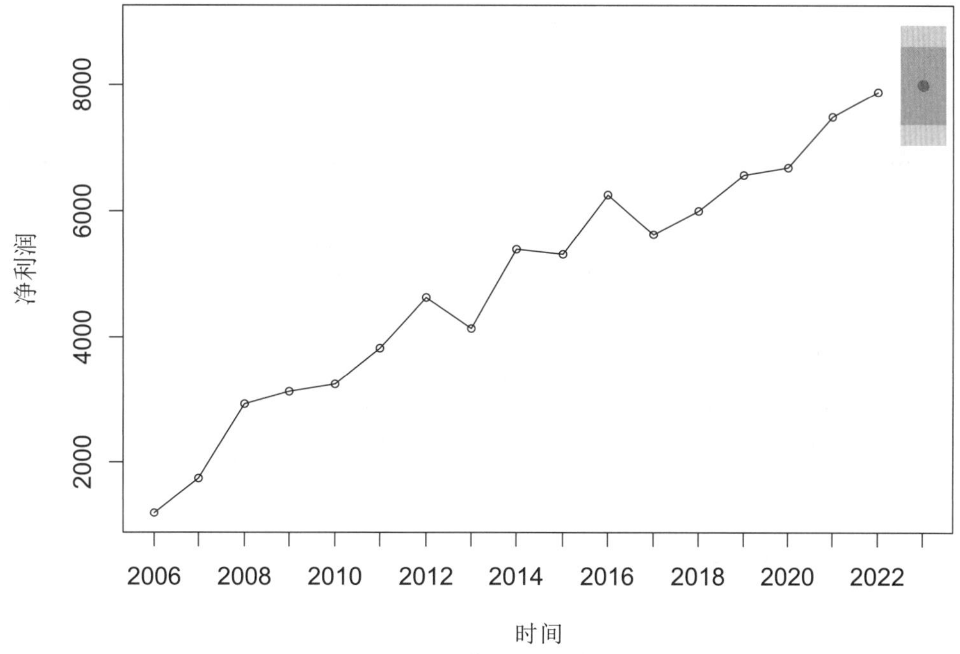

图 12-10　净利润的 Holt 指数平滑预测

```
# 绘制拟合的残差图（图 12-11）
> res_h<-model_h1$res      # 计算残差
> plot(2006:2022,res_h,pch="e",xlab="时间",ylab="残差")
> abline(h=0,lty=2,col=2)
```

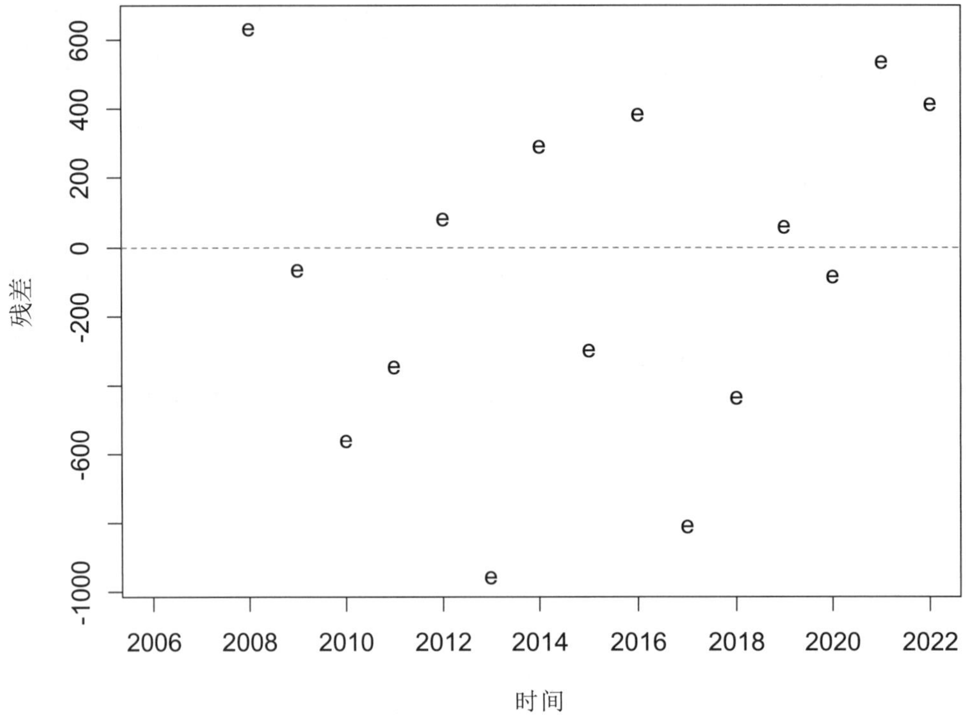

图 12–11　净利润 Holt 指数平滑拟合的残差

图 12-10 中的折线是净利润的观测值，圆点是 2023 年的预测值，灰色区域是预测值的置信区间，其中浅灰色区域是 95%的置信区间，深灰色区域是 80%的置信区间。图 12-11 的残差图显示，残差围绕零轴随机波动，无固定模型，表示采用 Holt 指数平滑预测模型是合适的。

12.3.4　Winters 指数平滑预测

Holt 指数平滑模型适用于含有趋势成分但不含季节成分序列的预测。如果时间序列中既含有趋势成分又含有季节成分，则可以使用 Winters 指数平滑模型进行预测，如式（12.8）所示。

【例 12–8】（数据：example12_3.csv）沿用例 12-3。采用 Winters 模型预测 2023 年的销售量，将实际值和预测值绘制成图形进行比较，并绘制残差图检查模型的预测效果。

解： 图 12-3 显示，各月份销售量的走势有明显的季节成分和线性趋势，适合用 Winters 指数平滑模型进行预测。R 代码和结果如代码框 12-8 所示。

图 12-12 显示拟合效果非常好，图 12-14 显示残差围绕零轴随机波动，无固定模型，表示采用 Winters 指数平滑预测模型是合适的。

代码框 12-8　饮料销售量的 Winters 指数平滑预测

```
# 确定模型参数α，β和γ以及模型系数a，b和s
> library(reshape2)
> library(forecast)
> example12_3<-read.csv("C:/example/chap12/example12_3.csv")
> df<-melt(example12_3,variable.name="年份",value.name="销售量")
> df.ts<-ts(df[,3],start=2017,frequency=12)
> model_w<-HoltWinters(df.ts)
> model_w
Holt-Winters exponential smoothing with trend and additive seasonal component.

Call:
HoltWinters(x = df.ts)

Smoothing parameters:
 alpha: 0.2613817
 beta : 0
 gamma: 1

Coefficients:
           [,1]
a    247.530067
b      1.883100
s1   -33.923240
s2   -38.830079
s3    -0.689106
s4    -6.021913
s5     5.244472
s6    20.244192
s7    60.000675
s8    56.822470
s9    15.078511
s10  -20.169155
s11  -42.437778
s12  -17.430067

# 绘制 Winters 模型的拟合图（图 12-12）
> plot(df.ts,type='o',pch=19,xlab="时间",ylab="销售量")
> lines(model_w$fitted[,1],type='o',lty=5,col="blue3")
> legend(x="topleft",legend=c("销售量","拟合值"),
+     lty=c(1,5),col=c(1,"blue3"),fill=c(1,"blue3"))
```

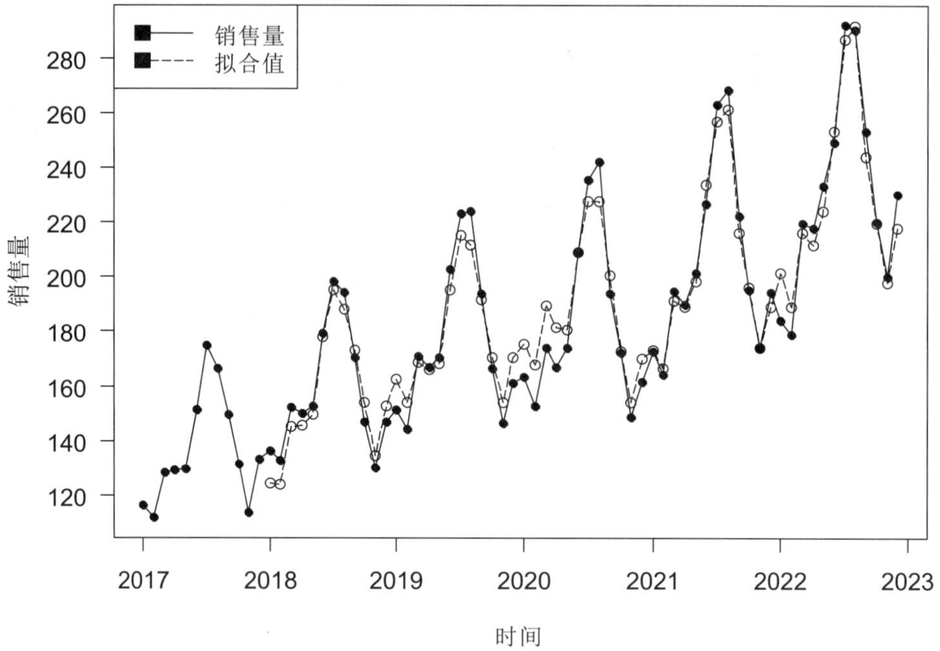

图12–12　饮料销售量的Winters指数平滑拟合

```
# Winters模型2023年的预测
> library(forecast)
> model_w1<-forecast(model_w,h=12)
> model_w1
           Point Forecast    Lo 80    Hi 80    Lo 95    Hi 95
Jan 2023       215.4899 205.6294 225.3505 200.4096 230.5703
Feb 2023       212.4662 202.2744 222.6580 196.8792 228.0532
Mar 2023       252.4903 241.9776 263.0029 236.4126 268.5680
Apr 2023       249.0406 238.2166 259.8645 232.4867 265.5944
May 2023       262.1900 251.0634 273.3166 245.1734 279.2067
Jun 2023       279.0729 267.6517 290.4941 261.6056 296.5401
Jul 2023       320.7124 309.0040 332.4208 302.8060 338.6189
Aug 2023       319.4173 307.4286 331.4061 301.0822 337.7525
Sep 2023       279.5565 267.2938 291.8191 260.8024 298.3106
Oct 2023       246.1919 233.6614 258.7225 227.0281 265.3558
Nov 2023       225.8064 213.0135 238.5993 206.2414 245.3714
Dec 2023       252.6972 239.6473 265.7471 232.7391 272.6553

# Winters模型的预测图（图12–13）
> plot(model_w1,type='o',xlab="时间",ylab="销售量",main="")
> abline(v=2023,lty=6,col="red")
```

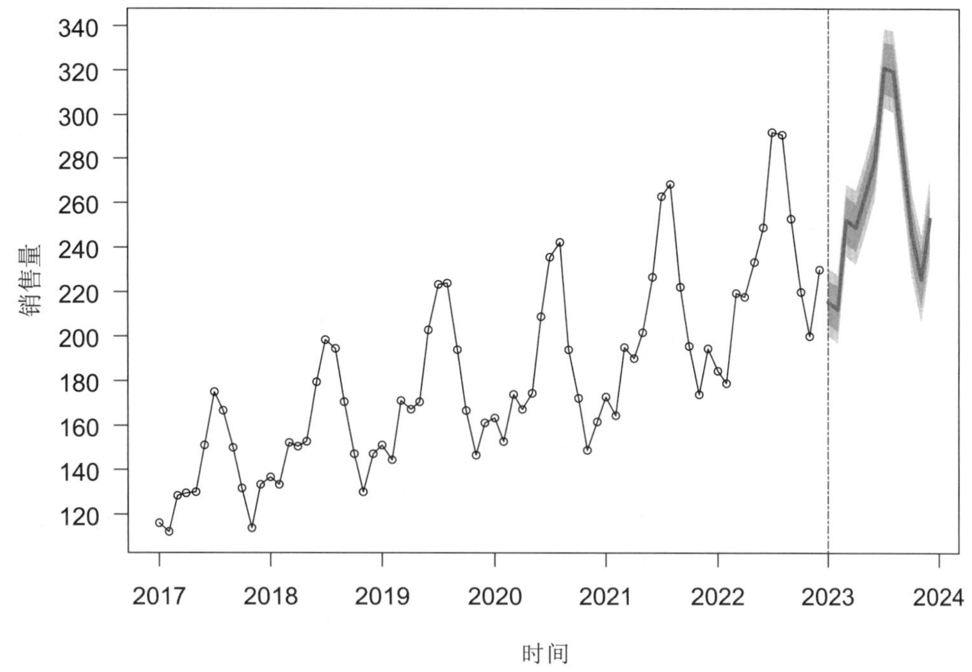

图 12–13　饮料销售量的 Winters 指数平滑预测

```
# 绘制拟合的残差图（图 12–14）
> res_w<-model_w1$res       # 计算残差
> plot(res_w , type="b",xlab="时间",ylab="残差")
> abline(h=0,lty=2,col=2)
```

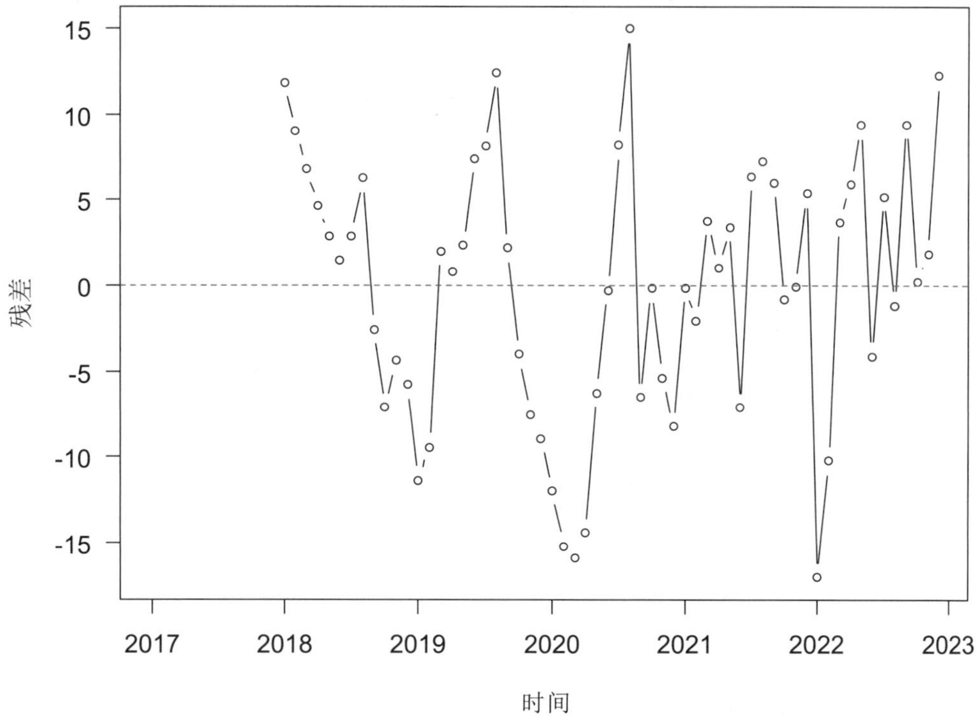

图 12–14　饮料销售量 Winters 指数平滑拟合的残差

注：使用 forecast 包中的 ets 函数也可以做指数平滑预测。函数 ets(y,model="ZZZ",damped=NULL,alpha=NUL,beta=NULL,gamma=NULL,...)中，参数y为时间序列对象；model="ZZZ"的第1个字母Z代表误差项，即序列的水平项，第2个Z代表趋势项（斜率），第3个Z代表季节项。可选字母包括：A=加法模型；M=乘法模型；N=无；Z=自动选择。如ANN=简单指数平滑加法模型；AAN=双指数（Holt）加法模型；MAN=双指数（Holt）乘法模型；AAA=三指数（Winters）加法模型；MAA=三指数（Winters）乘法模型。更多信息查阅函数帮助。

12.4 趋势外推预测

趋势外推预测是将观测值与时间的关系用模型表达出来，同时假定这种关系在未来的一段时间里可以延续，这样，就可以利用这种关系模型进行外推预测。当序列存在明显的线性趋势时，可使用线性趋势模型进行预测，如果序列存在某种非线性变化形态，则可以使用非线性模型进行预测。

12.4.1 线性趋势预测

线性趋势（linear trend）是时间序列按一个固定的常数（不变的斜率）增长或下降。例如，图 12-2（a）显示，净利润随着时间的推移有明显的线性趋势。序列为线性趋势时，除了可以用 Holt 指数平滑模型进行预测外，还可使用一元线性回归模型进行预测。

用 $\hat{Y}_t$ 表示 Y_t 的预测值，t 表示时间变量，一元线性回归的预测方程可表示为：

$$\hat{Y}_t = b_0 + b_1 t \tag{12.12}$$

式中，b_1 为趋势线的斜率，表示时间 t 改变一个单位时观测值的平均改变值。趋势方程中的两个待定系数 b_0 和 b_1 可根据最小平方法求得。一元线性回归预测的误差可用残差标准误（残差的标准差）来衡量。

【例 12-9】（数据：example12_2.csv）沿用例 12-2。用一元线性回归方程预测 2023 年的净利润，将实际值和预测值绘制成图形进行比较，并绘制残差图检查模型的预测效果。

解：一元线性回归预测的 R 代码和结果如代码框 12-9 所示。

代码框 12-9　净利润的一元线性回归预测

```
# 拟合一元线性回归模型
> example12_2<-read.csv("C:/example/chap12/example12_2.csv")
> fit<-lm(净利润~年份,data=example12_2)
> summary(fit)
Call:
lm(formula = 净利润 ~ 年份, data = example12_2)

Residuals:
     Min       1Q   Median       3Q      Max
-599.65  -336.43    28.64   191.43   668.77
```

```
Coefficients:
                Estimate   Std. Error   t value    Pr(>|t|)
(Intercept)   -756683.59    39401.33    -19.20   5.68e-12 ***
年份              378.11       19.56     19.33   5.18e-12 ***
---
Signif. codes:
0  '***'  0.001  '**'  0.01  '*'  0.05  '.'  0.1  ' '  1
```

```
# 各年预测值（2006—2023）
> predata<-predict(fit,data.frame(年份=2006:2022))
> round(predata,2)
```

```
      1       2       3       4       5       6       7       8       9
1800.25 2178.36 2556.47 2934.57 3312.68 3690.79 4068.90 4447.00 4825.11
     10      11      12      13      14      15      16      17      18
5203.22 5581.33 5959.43 6337.54 6715.65 7093.76 7471.86 7849.97 8228.08
```

```
# 各年的拟合残差
> res_l<-fit$res
> round(res_l,2)
```

```
      1       2       3       4       5       6       7       8       9
-599.65 -427.66  381.63  191.43  -62.38  123.21  547.50 -321.70  561.09
     10      11      12      13      14      15      16      17
 109.98  668.77 -336.43 -336.84 -152.05 -411.36   28.64   35.83
```

```
# 绘制各年观测值和预测值图（图 12-15）
> plot(2006:2023,predata,type='o',lty=2,col="blue",xlab="时间",ylab="净利润")
> lines(example12_2[,1],example12_2[,2],type='o',pch=19)
> legend(x="topleft",legend=c("净利润","预测值"),lty=1:2,cex=0.8,col=c(1,4),fill=c(1,4))
> abline(v=2022,lty=6,col=2)
```

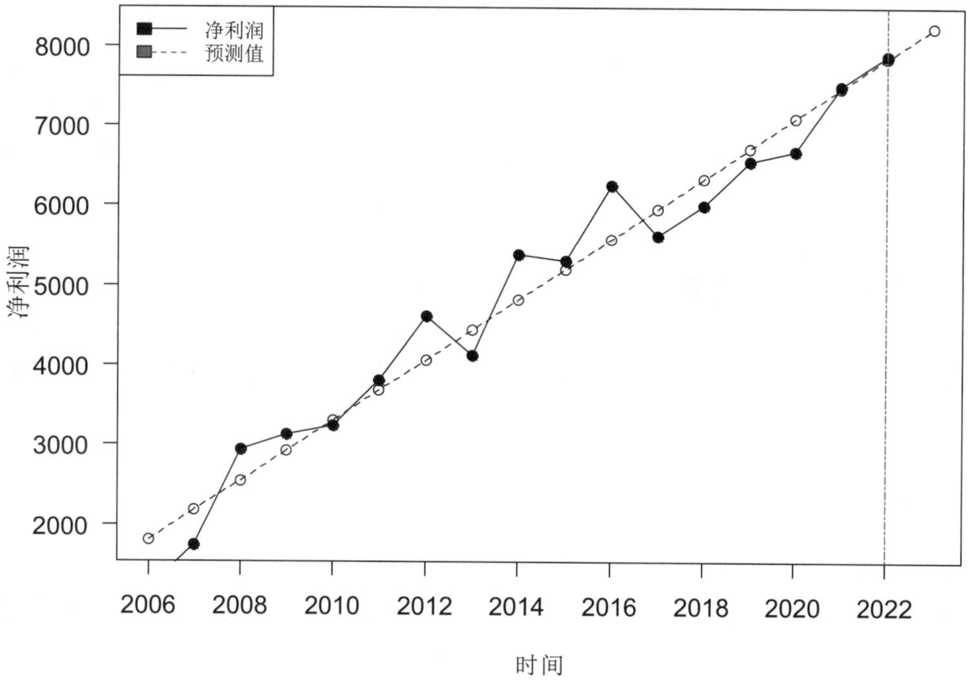

图 12–15　净利润的一元线性回归预测

```
# 绘制一元线性回归预测的残差图（图12-16）
> res_l<-fit$res
> plot(2006:2022,res_l,pch=19,xlab="时间",ylab="残差")
> abline(h=0,lty=2,col=2)
```

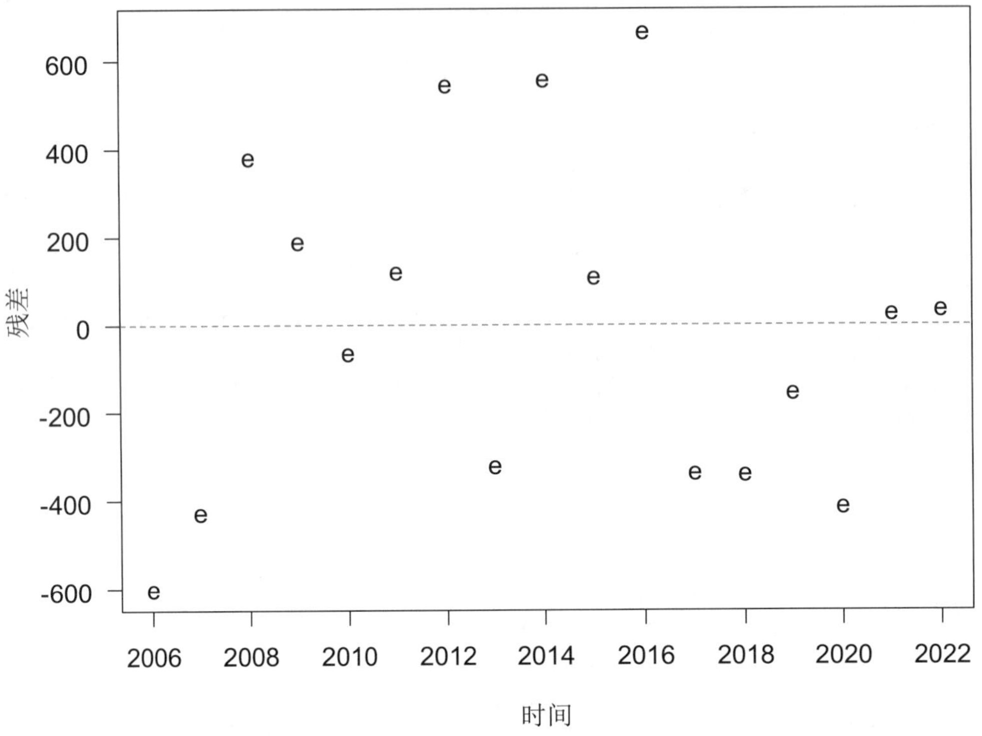

图12-16　净利润一元线性回归预测的残差图

由代码框12-9的输出结果得到一元线性回归预测方程为：$\hat{Y}_t = -756\,683.59 + 378.11t$。决定系数 $R^2 = 96.14\%$，残差的标准误 $s_e = 395.2$。$P < 5.178\text{e}-12$，表示模型显著。$b_1 = 378.11$，表示时间每变动一年，净利润平均变动378.11万元。图12-16显示，残差基本上围绕零轴数据分布，表示所选的模型是合适的。

12.4.2　非线性趋势预测

非线性趋势（non-linear trend）有各种各样复杂的形态。例如，图12-2（b）和图12-2（c）就有不同的非线性形态。下面介绍几种常用的非线性趋势预测方法。

1. 指数曲线

指数曲线（exponential curve）用于描述以几何级数递增或递减的现象，即时间序列的观测值 Y_t 按指数规律变化，或者说时间序列的逐期观测值按一定的增长率增长或衰减。比如，图12-2（b）显示，产量的变化就呈现出某种指数变化趋势。指数曲线的方程为：

$$\hat{Y}_t = b_0 \exp(b_1 t) = b_0 e^{b_1 t} \tag{12.13}$$

式中，b_0，b_1 为待定系数；exp 为自然对数 ln 的反函数；e=2.718 281 828 459。

指数曲线模型也可以写成下面的形式：

$$\hat{Y}_t = b_0 b_1^t \tag{12.14}$$

【例 12–10】（数据：example12_2.csv）沿用例 12–2。用指数曲线预测 2023 年的产量，将实际值和预测值绘制成图形进行比较，并绘制残差检查模型的预测效果。

解：指数曲线预测的 R 代码和结果如代码框 12–10 所示。

代码框 12–10　产量的指数曲线预测

```
# 拟合指数曲线
> example12_2<-read.csv("C:/example/chap12/example12_2.csv")
> df<-ts(example12_2,start=2006)
> y<-log(df[,3])
> x<-1:17
> fit<-lm(y~x)
> fit
Call:
lm(formula = y ~ x)

Coefficients:
(Intercept)            x
      3.882        0.287
> exp(3.882)
[1] 48.52116
```

注：根据上述结果得到的指数曲线方程为 $\hat{Y}_t = 48.52116\exp(0.287t) = 48.52116e^{0.287t}$。

```
# 历史数据的拟合及2023年产量的预测
> predata<-exp(predict(fit,data.frame(x=1:18)))
> round(predata,2)
      1       2       3       4       5       6       7       8       9
  64.63   86.11  114.74  152.88  203.70  271.41  361.64  481.86  642.05
     10      11      12      13      14      15      16      17      18
 855.48 1139.87 1518.80 2023.69 2696.43 3592.81 4787.17 6378.57 8498.99

# 各年的拟合残差
> predata<-exp(predict(fit,data.frame(x=1:17)))
> predata<-ts(predata,start=2006)
> res_e<-df[,3]-predata
> round(res_e,2)
Time Series:
Start = 2006
End = 2022
Frequency = 1
 [1]   -9.63  -22.81   14.06   19.62   42.40  -23.01   45.46    1.14   64.05
[10]   94.42  222.93  -16.90 -268.79 -217.03 -226.71 -227.87  -97.77

# 绘制观测值和预测值图（图 12-17）
> predata<-exp(predict(fit,data.frame(x=1:18)))
> plot(2006:2023,predata,type='o',lty=2,col="blue3",xlab="时间",ylab="产量")
> points(df[,1],df[,3],type='o',pch=19)
```

```
> legend(x="topleft",legend=c("产量","预测值"),lty=1:2,col=c(1,4),fill=c(1,"blue3"),cex=0.8)
> abline(v=2022,lty=6,col=2)
```

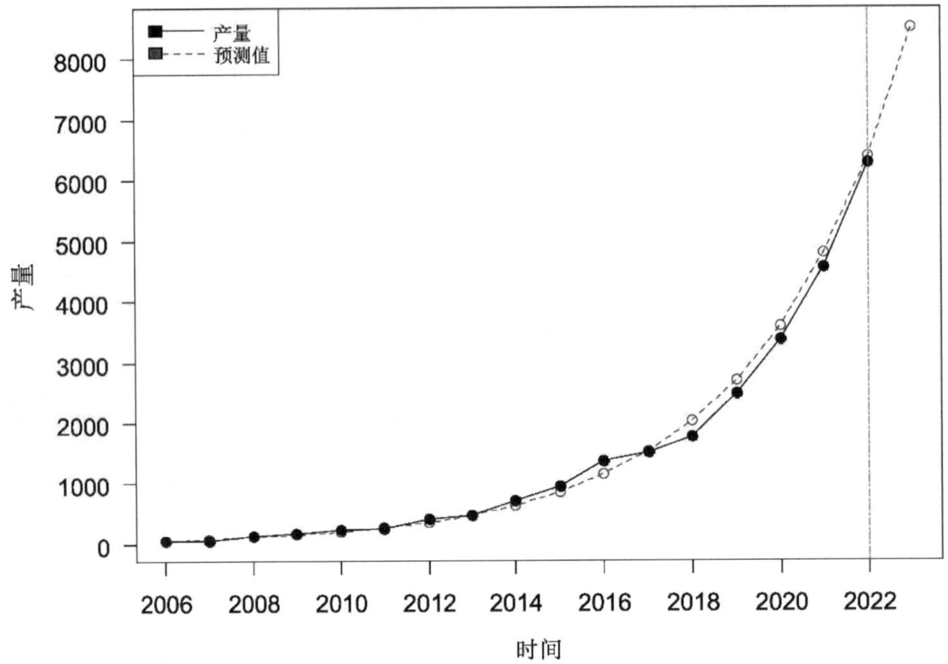

图 12–17　产量的指数曲线预测

```
# 绘制残差图（图12–18）
> plot(2006:2022,res_e,type='o',lty=2,xlab="时间",ylab="残差")
> abline(h=0,lty=2,col=2)
```

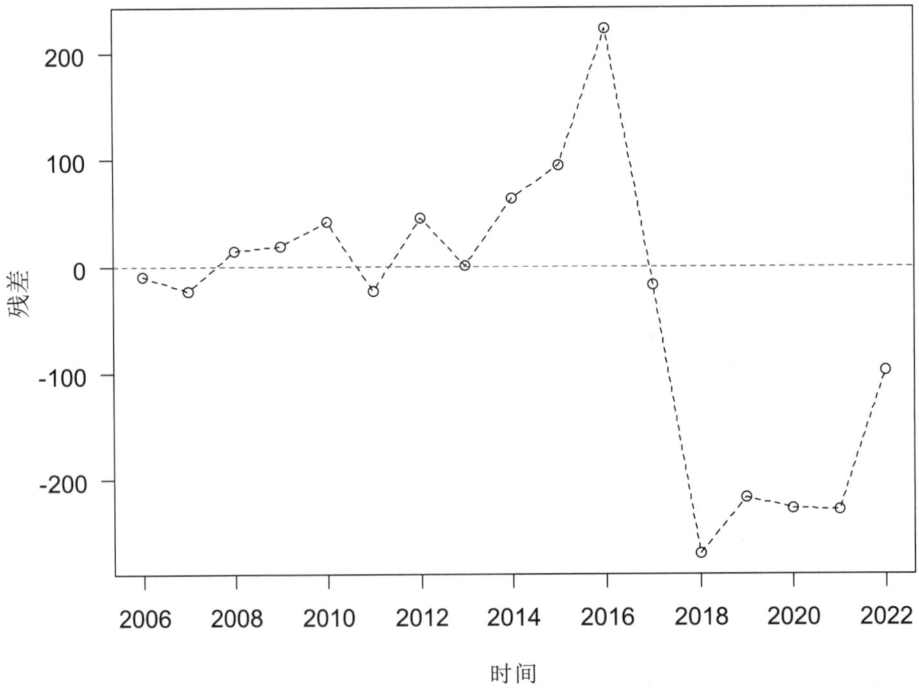

图 12–18　产量指数曲线预测的残差

2. 多阶曲线

有些现象的变化形态比较复杂，它们不是按照某种固定的形态变化，而是有升有降，在变化过程中可能有几个拐点，这时就需要拟合多项式函数。当只有一个拐点时，可以拟合二阶曲线，即抛物线；当有两个拐点时，需要拟合三阶曲线；当有 $k-1$ 个拐点时，需要拟合 k 阶曲线。k 阶曲线函数的一般形式为：

$$\hat{Y}_t = b_0 + b_1 t + b_2 t^2 + \cdots + b_k t^k \tag{12.15}$$

将其线性化后可根据回归中的最小二乘法求得曲线中的系数 b_0，b_1，b_2，…，b_k。

【例 12-11】（数据：example12_2.csv）沿用例 12-2。分别拟合二阶曲线和三阶曲线预测 2023 年的管理成本，并将实际值和预测值绘制成图形进行比较，同时将二阶曲线预测的残差与三阶曲线预测的残差绘成图形进行比较。

解：图 12-2（c）显示，管理成本的变化可以拟合二阶曲线（即抛物线，视为有一个拐点），也可以考虑拟合三阶曲线（视为有两个拐点）。这里分别拟合二阶曲线和三阶曲线进行预测，并对预测效果进行比较。二阶曲线和三阶曲线预测的 R 代码和结果如代码框 12-11 所示

代码框 12-11　管理成本的二阶曲线和三阶曲线预测

```
#  拟合二阶曲线模型
> example12_2<-read.csv("C:/example/chap12/example12_2.csv")
> y<-example12_2$管理成本
> x<-1:17
> fit1<-lm(y~x+I(x^2))
> fit1
Call:
lm(formula = y ~ x + I(x^2))

Coefficients:
(Intercept)            x       I(x^2)
-20.303           43.542       -1.893

# 二阶曲线预测值（predata1）
> predata1<-predict(fit1,data.frame(x=1:18))
> round(predata1,2)
      1       2       3       4       5       6       7       8       9
  21.35   59.21   93.29  123.58  150.09  172.81  191.75  206.90  218.27
     10      11      12      13      14      15      16      17      18
 225.85  229.64  229.65  225.88  218.31  206.97  191.84  172.92  150.22

# 二阶曲线预测残差（residual1）
> residual1<-fit1$residuals
> round(residual1,2)
```

```
    1       2       3       4       5       6       7       8       9
 6.65    1.09  -19.79   -2.28  -23.19   -0.41   26.95   20.80   36.33
   10      11      12      13      14      15      16      17
-1.85   -3.14    2.35  -25.78  -36.51  -33.17   18.36   33.58
```

```
# 拟合三阶曲线预测模型
> fit2<-lm(y~x+I(x^2)+I(x^3))
> fit2
Call:
lm(formula = y ~ x + I(x^2) + I(x^3))

Coefficients:
(Intercept)            x       I(x^2)       I(x^3)
  -50.17647     61.01199     -4.25115      0.08735
```

注：多项式回归中的 I(x^k)表示自变量中加入 x^k 项。

```
# 三阶曲线预测值（predata2）
> predata2<-predict(fit2,data.frame(x=1:18))
> round(predata2,2)
     1       2       3       4       5       6       7       8       9
  6.67   55.54   96.96  131.44  159.52  181.72  198.56  210.57  218.27
    10      11      12      13      14      15      16      17      18
222.18  222.83  220.74  216.44  210.45  203.30  195.51  187.59  180.09
```

```
# 三阶曲线预测值残差（residual2）
> residual2<-fit2$residuals
> round(residual2,2)
    1       2       3       4       5       6       7       8       9
21.33    4.76  -23.46  -10.14  -32.62   -9.32   20.14   17.13   36.33
   10      11      12      13      14      15      16      17
 1.82    3.67   11.26  -16.34  -28.65  -29.50   14.69   18.91
```

```
# 绘制实际值和预测值图（图12-19）
> predata1<-predict(fit1,data.frame(x=1:18))
> predata2<-predict(fit2,data.frame(x=1:18))
> plot(2006:2023,predata2,type='o',lty=2,col="red",
+     xlab="时间",ylab="管理成本",ylim=c(0,250))
> lines(2006:2023,predata1,type='o',lty=3,col="blue")
> points(example12_2[,1],example12_2[,4],type='o',pch=19)
> legend(x="topleft",legend=c("管理成本","二阶曲线预测","三阶曲线预测"),
+     lty=1:3,col=c("black","blue","red"),fill=c(1,4,2),cex=0.8)
> abline(v=2022,lty=6,col=2)
```

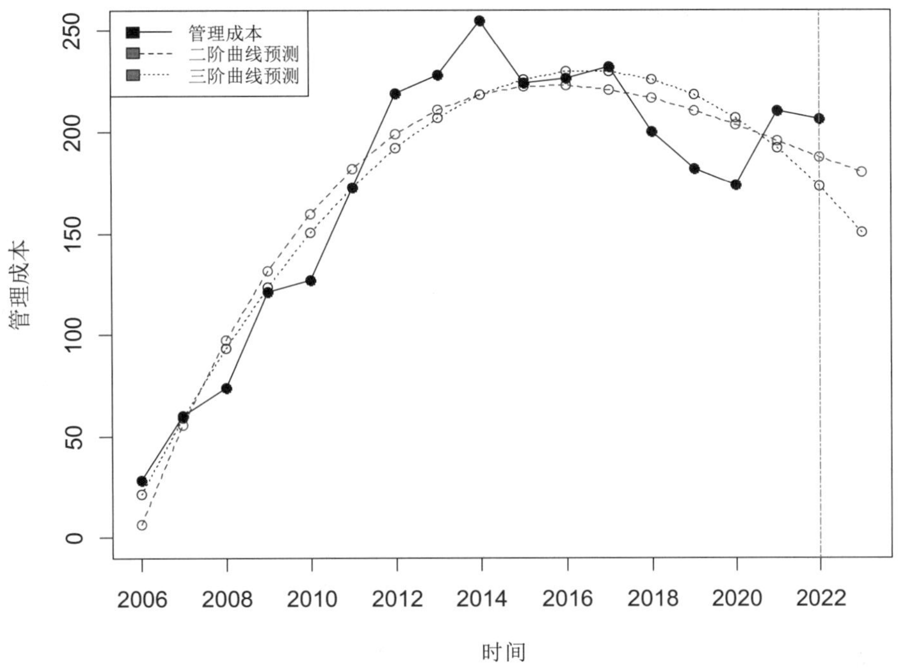

图 12–19　管理成本的二阶曲线和三阶曲线预测

```
# 二阶曲线和三阶曲线预测残差的比较（图 12–20）
> plot(fit1$residuals,ylab="残差",xlab="时间",pch=0)
> points(fit2$residuals,pch=19,col="red")
> abline(h=0,lty=2,col=4)
> legend(x="topleft",legend=c("二阶曲线预测残差","三阶曲线预测残差"),
+ pch=c(0,19),col=c("black","red"),cex=0.8)
```

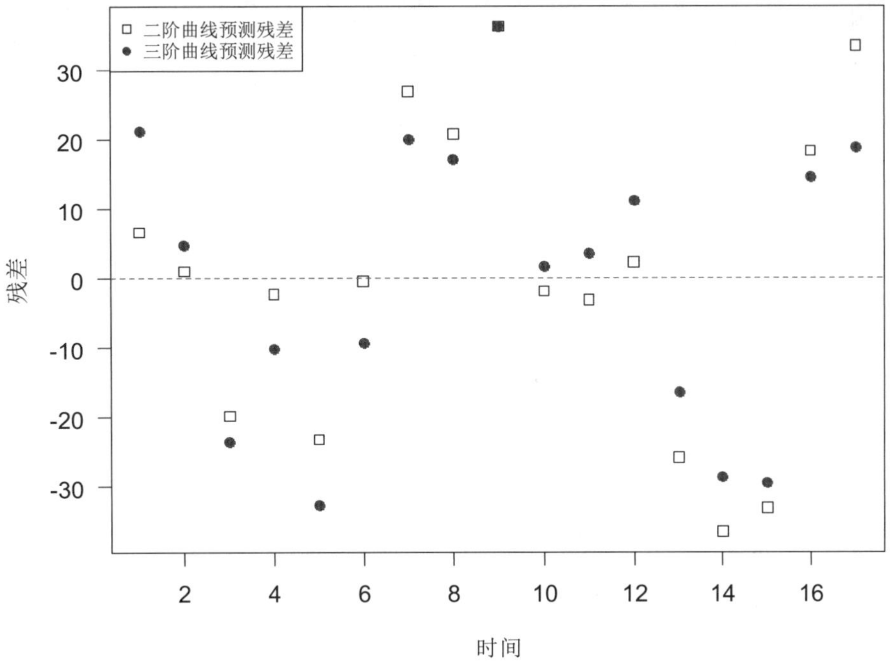

图 12–20　管理成本的二阶曲线和三阶曲线预测的残差

图12-19和图12-20均显示，二阶曲线和三阶曲线的预测效果差不多。

习题

12.1 下面是2001—2020年我国的人均国内生产总值（单位：元）数据。计算人均国内生产总值的环比增长率、定基增长率和年平均增长率。

年份	人均国内生产总值	年份	人均国内生产总值
2001	8 717	2011	36 277
2002	9 506	2012	39 771
2003	10 666	2013	43 497
2004	12 487	2014	46 912
2005	14 368	2015	49 922
2006	16 738	2016	53 783
2007	20 494	2017	59 592
2008	24 100	2018	65 534
2009	26 180	2019	70 078
2010	30 808	2020	72 000

12.2 下面是某只股票连续35个交易日的收盘价格（单位：元）。

时间	收盘价格	时间	收盘格	时间	收盘价格
1	33.82	13	33.36	25	32.36
2	33.64	14	33.18	26	32.36
3	34.00	15	33.00	27	32.36
4	34.09	16	32.64	28	32.64
5	34.27	17	32.55	29	32.73
6	34.27	18	32.64	30	32.45
7	34.00	19	32.73	31	32.45
8	33.82	20	32.45	32	32.27
9	33.91	21	32.36	33	32.36
10	33.82	22	32.00	34	33.00
11	33.55	23	31.64	35	33.18
12	33.36	24	32.09		

（1）分别采用$m=5$和$m=10$对收盘价格进行平滑，并绘制出实际值和平滑值的图形

进行比较。

（2）分别采用以下方法进行预测，并绘制预测图和残差图，对结果进行比较。

（a）简单指数平滑和 Holt 指数平滑；

（b）一元线性回归和指数曲线；

（c）二阶曲线和三阶曲线。

12.3　R 自带的数据集 CO_2 给出了 1959—1997 年各月份的二氧化碳（CO_2）浓度数据。

（1）绘制观测值图、按年折叠图和同月份图，观察该数据的变化特征和变化模式。

（2）使用 Winters 指数平滑法预测 1998 年和 1999 年各月份的 CO_2，并画出预测图和预测的残差图，分析预测的效果。

附录　自助法置信区间

第 6 章和第 7 章介绍了传统的统计推断方法。本附录作为传统方法的补充，介绍几种自助法置信区间，并将其与传统方法进行比较。

A.1　自助法与传统方法的比较

A.1.1　传统参数推断的原理

传统的参数推断通常是在某种假定前提下做出的，比如，假定总体正态分布，或样本统计量的分布形式已知，或者要求大样本，等等。如果这些假定成立，传统方法通常会给出理想的推断。当这些假定不满足时，传统方法则很难做出合理的推断。

设总体参数为θ，x_1，x_2，…，x_n是来自该总体的样本量为n的随机样本，根据该样本得到的用于推断总体参数的估计量（统计量）为$\hat{\theta}$。要用$\hat{\theta}$估计θ，就必须知道$\hat{\theta}$的抽样分布。传统参数推断是先假定$\hat{\theta}$抽样分布的概率特征已知，或者说我们能够知道$\hat{\theta}$的抽样分布。比如，在用样本均值$\bar{x}$推断总体均值μ时，根据$\bar{x}$的抽样分布（见第 5 章）可知，对于来自正态总体的样本，或当样本量比较大时（比如$n \geqslant 30$），$\bar{x}$近似服从期望值为μ、方差为σ^2/n的正态分布，即$\bar{x} \sim N\left(\mu, \sigma^2/n\right)$。因此，可以用正态分布来推断总体均值$\mu$的置信区间。实际问题中，我们很少确切地知道$\hat{\theta}$分布的位置和形状（如果$\hat{\theta}$的分布已知，也就没有推断的必要了），通常是对$\hat{\theta}$的分布做一个估计。在传统的参数推断中，我们只能对$\hat{\theta}$的分布做一个大概的估计，很少能精确地估计$\hat{\theta}$的抽样分布。因此，传统的参数推断通常是假定$\hat{\theta}$服从某种已知的分布，而且有可以计算这个分布参数的方法。如果这种假定不成立，则传统的参数推断就可能存在问题。

此外，构建总体参数置信区间的传统方法是根据统计量的理论分布推导出计算区间的公式，但在实际问题中，研究者所关心的某些参数（比如，两个总体中位数之差的置信区间），要么计算置信区间的数学公式太复杂，要么根本就没有这样的数学公式。当总体或统计量的分布未知，或者样本量很小，或者样本中有严重的极端值时，传统的参数推断方法往往不能得到一个很好的置信区间。

A.1.2　自助法参数推断的原理

自助法（bootstrap method）也称重复抽样的蒙特卡罗（Monte Carlo）方法，它是由美国统计学家 Bradley Efron 于 1979 年提出的参数推断的一种非参数方法。

与传统方法不同，自助法不是假定 $\hat{\theta}$ 的抽样分布形状，而是把样本当作一个总体来看待，利用蒙特卡罗抽样生成统计量抽样分布的经验估计，并用 $\hat{\theta}$ 的经验分布作为 $\hat{\theta}$ 的抽样分布的估计，然后根据这个分布来近似估计总体参数的置信区间。具体来说，自助法的基本步骤如下。

第 1 步：从原始样本的 n 个观测值 x_1，x_2，…，x_n 中，采用有放回抽样方法随机抽取 n 个观测值，这 n 个观测值就是一个重取样本 x_r^*，并根据这个样本计算出统计量的值 $\hat{\theta}_r^*$。

第 2 步：重复上述步骤 R 次。通常要求重复抽样的次数 R 比较大。一般来说，要估计 $\hat{\theta}$ 的标准误，R 应该在 50～200 次左右。如果要估计以 $\hat{\theta}$ 为中心的置信区间，R 至少为 1 000 次，甚至更多（如 $R=3\,000$ 或 $R=5\,000$，等等）。

第 3 步：根据重复抽取的 R 个样本，计算出每个样本的统计量的值 $\hat{\theta}_1^*$，$\hat{\theta}_2^*$，…，$\hat{\theta}_R^*$，并根据 $\hat{\theta}_r^*(r=1, 2, \cdots, R)$ 构建一个概率分布，称为自助抽样分布（bootstrap sampling distribution），这个概率分布就是 $\hat{\theta}$ 抽样分布 $F(\hat{\theta})$ 的自助估计，记为 $\hat{F}^*(\hat{\theta}^*)$，也就是自助法得到的经验分布函数。研究表明，如果原始样本的样本量足够大，那么当重抽样次数 R 趋于无穷大时，$\hat{F}^*(\hat{\theta}^*)$ 近似于 $F(\hat{\theta})$。但在多数情况下，当 $R>1\,000$ 时，$\hat{F}^*(\hat{\theta}^*)$ 作为 $F(\hat{\theta})$ 的估计，其改善程度有限。

第 4 步：根据分布 $\hat{F}^*(\hat{\theta}^*)$ 来近似估计总体参数的置信区间。这个区间就是自助置信区间（bootstrap confidence intervals）。

A.1.3　自助法与传统方法的异同

自助法与传统方法的根本目的是相同的，二者都是根据有限的样本信息来推断总体参数，这种推断也都依赖于统计量 $\hat{\theta}$ 的抽样分布。二者的区别主要体现在以下几个方面。

首先，获取抽样分布的方式不同。传统方法是事先假定 $\hat{\theta}$ 分布的形式，比如，正态分布或 t 分布，并根据假定来构造总体参数的置信区间。自助法则是通过重抽样得到的经验分布来近似估计 $\hat{\theta}$ 的抽样分布，并根据这一经验分布来构建总体参数的置信区间。

其次，应用场合不同。当对总体或$\hat{\theta}$分布的假定成立时，传统方法仍然能得到较好的置信区间，这时自助法的优势并不明显。但当假定不成立，或无法对总体或$\hat{\theta}$的分布做出假定时，自助法就会显示出特有的优势。

再次，自助法可以求得你所关心的任何总体参数的置信区间，传统方法则做不到。对于总体的某些参数，传统方法并不能给出置信区间，原因是不知道$\hat{\theta}$的分布，或无法给出计算置信区间的公式。比如，两个总体中位数之差的置信区间、离散系数的置信区间、偏度系数和峰度系数的置信区间等，自助法则可以模拟出这些统计量的经验分布，并根据经验分布得到这些参数的置信区间。

最后，两种方法各有优势。传统的参数推断方法已被人们广泛应用，但它不能解决所有的参数推断问题。自助法虽然可以在传统方法不适用的情形下发挥独特作用，但它也不是万能的。如果所抽取的原始样本本身就不是一个好的样本或样本太小不能代表总体，自助法也无能为力。目前，自助法正处于发展之中，在理论上还有很多待完善之处。

A.2　几种常见的自助法置信区间

使用自助法不仅可以得到传统方法给出的置信区间，也可以求出传统方法无法给出的某些参数的置信区间。目前常见的自助法置信区间有基本方法（basic）、**正态近似法**（normal approxmation，norm）、**百分位数法**（percentile，perc）、**偏差矫正百分位数法**（bias-corrected percentile，BCa）和**百分位 t 法**（percentile-t，stud）。本节主要介绍正态近似法、百分位数法、偏差矫正百分位数法和百分位 t 法。

A.2.1　正态近似法

正态近似法类似于构建置信区间的传统方法。当一个统计量可以假定为正态分布，但没有现成的统计量标准误的计算公式时，可以使用自助抽样分布来估计其标准误。因此，正态近似法也称为自助标准误法。设自助法得到的估计标准误为$\hat{\sigma}^*_{\hat{\theta}}$，其计算公式为：

$$\hat{\sigma}^*_{\hat{\theta}}=\sqrt{\frac{\sum\left(\hat{\theta}^*_r-\hat{\theta}^*_{(\cdot)}\right)^2}{R-1}} \tag{A.1}$$

式中，$\hat{\theta}^*_{(\cdot)}=\frac{\sum\hat{\theta}^*_r}{R}$。当$R\to\infty$，$\hat{\sigma}^*_{\hat{\theta}}\to\hat{\sigma}_{\hat{\theta}}$。

根据这个标准误，就可以得到总体参数在$100(1-\alpha)\%$置信水平下的置信区间：

$$\hat{\theta}\pm z_{\alpha/2}\hat{\sigma}^*_{\hat{\theta}} \tag{A.2}$$

从式（A.2）不难看出，正态近似法仍然依赖于$\hat{\theta}$的正态性假定，它只是用自助法得到$\hat{\theta}$的标准误的估计。当正态性假定成立时，正态近似法得到的置信区间会比传统方法得到的置信区间精确一些；当正态性假定不成立时，该方法得到的置信区间与传统方法得到的置信区间相差不大。

A.2.2　百分位数法

百分位数法是根据自助统计量的百分位数计算置信区间。该方法求置信区间十分简单。首先，根据重复抽取的R个样本，计算出每个样本的统计量的值$\hat{\theta}_1^*$，$\hat{\theta}_2^*$，…，$\hat{\theta}_R^*$，然后将$\hat{\theta}_1^*$，$\hat{\theta}_2^*$，…，$\hat{\theta}_R^*$从小到大排序，再计算出$(\alpha/2)100\%$和$(1-\alpha/2)100\%$的百分位数，用这两个百分位数近似作为参数θ的$(1-\alpha)100\%$的置信区间的下限和上限。

百分位数法计算简单，不需要复杂的公式。其优点是不受传统方法和正态近似法中正态性假定的约束，即使一个统计量的分布不对称，也不会影响百分位数法得到的置信区间的精度。其缺点是当样本量较小时，得到的置信区间精度较低。此外，百分位数法要求自助抽样分布$\hat{F}^*\left(\hat{\theta}^*\right)$是$F\left(\hat{\theta}\right)$的无偏估计。

A.2.3　偏差矫正百分位数法

为克服$\hat{F}^*\left(\hat{\theta}^*\right)$是$F\left(\hat{\theta}\right)$的无偏估计这一限制，Efron（1982）对百分位数法做了矫正，提出了偏差矫正百分位数法（BCa）。该方法假定$\left(\hat{\theta}^*-\hat{\theta}\right)$和$\left(\hat{\theta}-\theta\right)$围绕常数$z_0\sigma$分布（其中$\sigma$是每个分布的标准差），而不一定要以0为中心分布。

为完成这个调整，需要假定$\hat{\theta}$和θ存在单调变换$\hat{\varphi}$和φ，二者之差是以$z_0\sigma$为中心的正态分布，即

$$\left(\hat{\varphi}-\varphi\right)\sim N\left(z_0\sigma,\ \sigma^2\right) \tag{A.3}$$

同样，有

$$\left(\hat{\varphi}^*-\hat{\varphi}\right)\sim N\left(z_0\sigma,\ \sigma^2\right) \tag{A.4}$$

因此，我们首先计算出z_0，然后用z_0来调整自助抽样分布。z_0是小于或等于原始点估计值$\hat{\theta}$的所有$\hat{\theta}^*$的个数所占比例对应的z值，即：

$$z_0=\Phi^{-1}\left\{pr\left(\hat{\theta}^*\leqslant\hat{\theta}\right)\right\} \tag{A.5}$$

式中，Φ是标准正态变量的累积分布函数。

然后，通过z_0来调整$\hat{\theta}^*$的百分位值，得到偏差矫正置信区间的端点如下：

$$\text{低端点}=\hat{\theta}^*\text{在}\left[\left\{\Phi\left(2z_0+z_{\alpha/2}\right)\right\}\times100\right]\text{百分位数上的值} \tag{A.6}$$

$$\text{高端点}=\hat{\theta}^*\text{在}\left[\left\{\Phi\left(2z_0+z_{1-\alpha/2}\right)\right\}\times100\right]\text{百分位数上的值} \tag{A.7}$$

偏差矫正百分位数法必须假定存在$\hat{\theta}$和θ的单调变换，而且这二者之差的分布已知（如正态分布），还必须假定$\hat{\theta}$是θ的无偏估计，而不是假定$E\left(\hat{\theta}^*\right)$是无偏的。有学者认为，百分位数法和偏差矫正百分位数法虽然简单直观，但得到的这些区间的端点可能不正确。为解决这一问题，研究人员提出了百分位t法。

A.2.4 百分位 t 法

百分位 t 法是将自助统计量 $\hat{\theta}^*$ 转化成一个标准变量 t^*。对于第 r 个重抽样本，其标准化值为：

$$t_r^* = \frac{\hat{\theta}_r^* - \hat{\theta}}{\hat{\sigma}_{\hat{\theta}}} \tag{A.8}$$

标准化后的 t^* 的分布与标准化后的 $\hat{\theta}$ 的分布相同。与传统方法的 t 分布类似，我们可以确定 t^* 的 $\alpha/2$ 和 $(1-\alpha/2)$ 的百分位数，然后按下面的公式得到一个以 θ 为中心的置信区间：

$$\hat{\theta} - t_{\alpha/2}^* \hat{\sigma}_{\hat{\theta}} < \theta < \hat{\theta} + t_{1-\alpha/2}^* \hat{\sigma}_{\hat{\theta}} \tag{A.9}$$

式中，$\hat{\sigma}_{\hat{\theta}}$ 为根据原始样本计算的标准误，这个标准误可以根据传统方法计算，也可以根据自助法推断。

与其他方法相比，百分位 t 法在多数情况下能获得高精度的置信区间。

A.3 自助法置信区间的应用

前两节介绍了自助法的基本原理及几种常见的自助法置信区间的算法，本节结合具体例子说明自助法置信区间的应用。

A.3.1 总体均值的自助法置信区间

本节介绍一个总体均值和两个总体均值之差的自助法置信区间。为便于理解和比较，我们使用第 6 章中的例子。

1. 一个总体均值的自助法置信区间

下面通过一个例子说明计算总体均值自助法置信区间的过程。

【例 A-1】（数据：example6_2.csv）沿用第 6 章的例 6-2。设重抽样次数 R=2 000，用自助法计算该批食品平均重量 95%的置信区间。

解：首先，根据设定的重抽样次数 $R=2\,000$，采用有放回方法重复抽取 2 000 个样本量为 25 的随机样本（由于是有放回重复抽取，有的样本值可能被多次抽中，有的样本值可能一次也抽不中），并计算出每个样本的均值 $\bar{x}_1$，$\bar{x}_2$，…，$\bar{x}_{2\,000}$，这些样本均值的经验分布近似 $\bar{x}$ 的真实分布，然后根据模拟的 $\bar{x}$ 的经验分布求出 μ 的 95%的置信区间。

使用 boot 包中的 boot.ci 函数、DescTools 包中的 MeanCI 函数和 BootCI 函数等均可计算不同方法的自助法置信区间。上述函数均可给出 5 种自助法置信区间，除上面介绍的 4 种外，还包括基本方法（basic）。使用 boot 包中的 boot.ci 函数求总体均值自助法置信区间的过程和结果如代码框 A-1 所示。

代码框 A-1　一个总体均值的自助法置信区间（boot.ci 函数）

```
# 食品平均重量的自助法置信区间（boot.ci 函数）
> example6_2<-read.csv("C:/example/chap06/example6_2.csv")
> library(boot)

# 编写计算均值的函数
> mymean<-function(data,indices){
+     d<-data[indices,]                    # 设置索引变量及其位置
+     mean<-sum(d)/length(d)               # 计算样本均值
+     return(mean)                         # 返回均值
+ }

# 计算自助法抽样结果
> set.seed(2020)                           # 设置随机数种子
> results<-boot(data=example6_2,statistic=mymean,R=2000)
> results                                  # 显示抽样结果
ORDINARY NONPARAMETRIC BOOTSTRAP


Call:
boot(data = example6_2, statistic = mymean, R = 2000)


Bootstrap Statistics :
      original       bias       std. error
t1*     105.36   -0.029124     1.919867
# 绘制自助抽样均值的直方图和正态 Q-Q 图（图 A-1）
> plot(results)
```

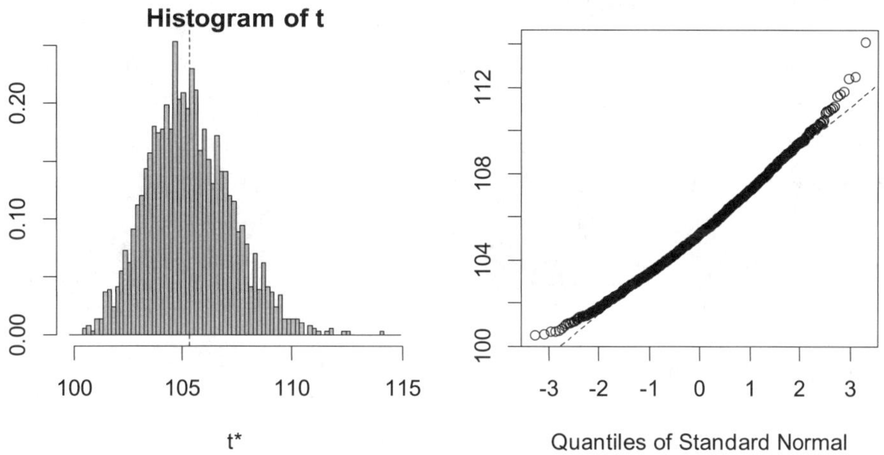

图 A-1　自助法获得的 2 000 个样本均值的直方图和正态 Q-Q 图

```
# 计算自助法置信区间
> boot.ci(results,type=c("norm","perc","bca"))   # 输出 3 种方法的置信区间
BOOTSTRAP CONFIDENCE INTERVAL CALCULATIONS
```

```
Based on 2000 bootstrap replicates

CALL :
boot.ci(boot.out = results, type = c("norm", "perc", "bca"))



Intervals :
Level        Normal              Percentile          BCa
95%     (101.6, 109.2 )    (101.8, 109.4 )    (102.4, 110.2 )
Calculations and Intervals on Original Scale
```

代码框 A-1 中列出了原始样本的均值（origina=105.36）；自助抽样的偏差（bias=−0.029 124），即自助法均值与原始样本均值之差；自助抽样均值的标准误（std. error=1.919 867）。置信区间部分列出了正态近似法（Normal）、百分位数法（Percentile）和偏差矫正百分位数法（BCa）的置信区间。结果显示，与第 6 章用传统方法给出的 t 分布置信区间（101.374 8，109.345 2）相比，自助法的置信区间更精确一些。图 A-1 可用于检查自助抽样结果的合理性，图中显示，自助法获得的 2 000 个样本均值的经验分布近似正态分布。

使用 DescTools 包中的 MeanCI 函数、resample 包中的 CI.percentile 函数等很容易求出自助法置信区间。代码框 A-2 是设重抽样次数 R=3 000，使用 DescTools 包中的 MeanCI 函数计算的自助法置信区间。

代码框 A-2　一个总体均值的自助法置信区间（MeanCI 函数）

```
# 食品平均重量的自助法置信区间（MeanCI 函数）
> example6_2<-read.csv("C:/example/chap06/example6_2.csv")
> d<-example6_2$食品重量
> library(DescTools)
> set.seed(12345)                          # 设置随机数种子（否则每次结果都是随机的）
> classic<-MeanCI(d,method="classic",conf.level=0.95)          # 传统方法
> norm<-MeanCI(d,method="boot",type="norm",R=3000)             # 正态近似法
> perc<-MeanCI(d,method="boot",type="perc",R=3000)             # 百分位数法
> bca<-MeanCI(d,method="boot",type="bca",R=3000)               # 偏差矫正百分位数法
> stud<-MeanCI(d,method="boot",type="stud",R=3000)             # 百分位 t 法
> data.frame(classic,norm,perc,bca,stud)                       # 列出 5 种方法的结果
          classic      norm      perc       bca      stud
mean     105.3600  105.3600  105.3600  105.3600  105.3600
lwr.ci   101.3748  101.6958  101.9084  102.3376  102.0191
upr.ci   109.3452  109.0967  109.2879  110.1360  110.9195
```

注：设置随机数种子时，可以重现本例的结果，否则，每次运行自助法都会得到略有不同的置信区间。MeanCI 函数提供了 5 种自助法置信区间，默认置信水平 conf.level=0.95（可根据需要设置）。使用 BootCI 函数也可以给出自助法置信区间。更多信息请查阅函数帮助。

代码框 A-2 中的 classic 是用 MeanCI 函数计算的传统方法的置信区间，该区间与第 6 章的 t.test 函数给出的结果一致。其余 4 种为自助法置信区间。结果显示，在相同的置信水平下，自助法给出的置信区间基本上都比传统方法精确。

2. 两个总体均值之差的自助法置信区间

下面再通过两个例子说明独立样本和配对样本总体均值之差的自助法置信区间。

【例 A-2】（数据：example6_4.csv）沿用第 6 章的例 6-4。设重抽样次数 R=2 000，用自助法产生两种方法组装产品所需平均时间差值的 95%的置信区间。

解：使用 boot 包中的 boot.ci 函数、DescTools 包中的 MeanDiffCI 函数和 BootCI 函数等均可得到两个总体均值之差的自助法置信区间。

代码框 A-3 是使用 boot 包中的 boot.ci 函数构建总体均值之差自助法置信区间的过程和结果。

代码框 A-3　两个总体均值之差的自助法置信区间（独立样本）

```
# 两种方法组装产品平均时间差值的自助法置信区间（boot.ci 函数）
> example6_4<-read.csv("C:/example/chap06/example6_4.csv")
> library(boot)

# 编写函数计算统计量
> mymean<-function(data,indices){
+     d1<-data[indices,1]
+     d2<-data[indices,2]
+     meand<-sum(d1)/length(d1)-sum(d2)/length(d2)
+     return(meand)
+ }

# 计算自助法置信区间
> set.seed(12345)
> results<-boot(data=example6_4,statistic=mymean,R=2000)
> boot.ci(results,type=c("norm","perc","bca"))       # 3 种方法的置信区间
BOOTSTRAP CONFIDENCE INTERVAL CALCULATIONS
Based on 2000 bootstrap replicates

CALL :
boot.ci(boot.out = results, type = c("norm", "perc", "bca"))

Intervals :
Level        Normal              Percentile            BCa
95%    ( 0.937,   6.589 )     ( 0.892,   6.516 )    ( 0.964,   6.575 )
Calculations and Intervals on Original Scale
```

代码框 A-3 列出了 3 种方法的自助法置信区间。与例 6-4 计算的假定 $\sigma_1^2 \neq \sigma_2^2$ 条件下的置信区间（0.138 426 5，7.261 573 5）相比，自助法置信区间更窄，也就是更精确。

代码框 A-4 是设重抽样次数 R=1 000，使用 DescTools 包中的 BootCI 函数计算的自助法置信区间。该函数中的参数 FUN 用于指定计算统计量的函数，本例使用 DescTools 包中的函数 MeanDiffCI。

代码框 A-4　两个总体均值之差的自助法置信区间（独立样本）

```
# 两种方法组装产品平均时间差值的自助法置信区间（BootCI函数）
> example6_4<-read.csv("C:/example/chap06/example6_4.csv")
> attach(example6_4)
> library(DescTools)
> set.seed(123)
> norm<-BootCI(方法一,方法二,FUN=MeanDiffCI,bci.method="norm",R=1000)
> basic<-BootCI(方法一,方法二,FUN=MeanDiffCI,bci.method="basic",R=1000)
> perc<-BootCI(方法一,方法二,FUN=MeanDiffCI,bci.method="perc",R=1000)
> bca<-BootCI(方法一,方法二,FUN=MeanDiffCI,bci.method="bca",R=1000)
> data.frame(正态近似法=norm,基本方法=basic,百分位数法=perc,偏差矫正百分位数法=bca)
            正态近似法   基本方法  百分位数法  偏差矫正百分位数法
MeanDiffCI  3.7000000  3.7000000  3.7000000          3.7000000
est.lwr.ci  0.1384265  0.1384265  0.1384265          0.1384265
est.upr.ci  7.2615735  7.2615735  7.2615735          7.2615735
lwr.ci      0.7083349  0.6918784  0.8670901          1.0108479
upr.ci      6.6078651  6.6166667  6.6743649          6.7519129
```

注：使用 DescTools 包中的 MeanDiffCI 函数也可以得到自助法的置信区间。更多信息查阅函数帮助。

代码框 A-4 中的 MeanDiffCI 是两个样本的均值之差。est.lwr.ci 和 est.upr.ci 是传统方法给出的置信区间下限和上限，该结果与例 6-4 计算的假定 $\sigma_1^2 \neq \sigma_2^2$ 条件下的置信区间（0.138 426 5，7.261 573 5）相同。lwr.ci 和 upr.ci 是自助法置信区间的下限和上限，结果显示均比传统方法精确。

下面再通过一个例子说明配对样本的自助法置信区间。

【例 A-3】（数据：example6_5.csv）沿用第 6 章的例 6-5。用自助法产生两套试卷分数之差的 95%的置信区间。

解： 使用 DescTools 包中的 MeanDiffCI 函数（函数默认的重抽样次数 $R=999$）计算自助法置信区间的代码和结果如代码框 A-5 所示。

代码框 A-5　两个总体均值之差的自助法置信区间（配对样本）

```
# 两套试卷平均分数差值的自助法置信区间（BootCI函数）
> example6_5<-read.csv("C:/example/chap06/example6_5.csv")
> attach(example6_5)
> library(DescTools)
> set.seed(123)
> classic<-MeanDiffCI(试卷A,试卷B,paired=TRUE,method="classic")    # 传统方法
> norm<-MeanDiffCI(试卷A,试卷B,paired=TRUE,method="norm")          # 正态近似法
```

```
> perc<-MeanDiffCI(试卷 A,试卷 B,paired=TRUE,method="perc")      # 百分位数法
> bca<-MeanDiffCI(试卷 A,试卷 B,paired=TRUE,method="bca")        # 偏差矫正百分位数法
> data.frame(classic,norm,perc,bca)                              # 列出结果
             classic        norm   perc        bca
meandiff   11.000000   11.000000   11.0  11.000000
lwr.ci      6.327308    7.046127    7.0   5.961055
upr.ci     15.672692   14.780099   14.6  14.400000
```

代码框 A-5 中的 meandiff 是两套样本试卷差值的平均值。classic 是传统方法计算的置信区间，与第 6 章例 6-5 的计算结果（6.327 308，15.672 692）一致。结果显示，3 种自助法置信区间均比传统方法精确。

A.3.2 总体方差的自助法置信区间

下面利用第 6 章例 6-2 的数据计算一个总体方差和两个总体方差比的自助法置信区间。

【例 A-4】（数据：example6_2.csv）沿用第 6 章的例 6-2。设重抽样次数 R=1 000，用自助法计算该批食品平均重量方差的 95%的置信区间。

解：使用 DescTools 包中的 VarCI 函数和 BootCI 函数均可计算不同方法的自助法置信区间。使用 BootCI 函数时，需要通过参数 FUN 设置计算统计量的函数，比如，FUN=Var 或 FUN=var。代码框 A-6 是使用 VarCI 函数计算的总体方差的自助法置信区间。

代码框 A-6 一个总体方差的自助法置信区间

```
# 食品平均重量方差的95%的置信区间（MeanCI 函数）
> example6_2<-read.csv("C:/example/chap06/example6_2.csv")
> attach(example6_2)
> library(DescTools)
> set.seed(62)
> classic<-VarCI(example6_2$食品重量,method="classic",conf.level=0.95,R=1000)
> norm<-VarCI(example6_2$食品重量,method="norm",R=1000)
> perc<-VarCI(example6_2$食品重量,method="perc",R=1000)
> data.frame(classic,norm,perc)
          classic       norm      perc
var      93.20917   93.20917  93.20917
lwr.ci   56.82897   20.72679  23.23616
upr.ci  180.38811  172.51963 175.63342
```

注：使用 DescTools 包中的 BootCI 函数，设置 FUN=Var，也可以求总体方差的自助法置信区间。更多信息查阅函数帮助。

代码框 A-6 中传统方法（classic）给出的结果与第 6 章例 6-10 的结果一致。结果显示，自助法给出的置信区间均比传统方法精确。

【例A-5】(数据：example6_4.csv)沿用第6章的例6-4。设重抽样次数 R=2 000，用百分位数法和偏差矫正百分位数法计算两种方法组装产品所需时间方差比的自助法置信区间。

解：使用 DescTools 包中的 BootCI 函数，结合该包中的 Var 函数，可以得到两个总体方差比的自助法置信区间，如代码框 A-7 所示。

代码框A-7　两个总体方差比的自助法置信区间

```
# 两种方法组装产品所需时间方差比的自助法置信区间
> example6_4<-read.csv("C:/example/chap06/example6_4.csv")
> #attach(example6_4)
> library(DescTools)

# 传统方法置信区间
> VarTest(x=方法一,y=方法二)$conf.int                # 等价于 var.test 函数的结果
[1] 0.2378836 2.8704428
attr(,"conf.level")
[1] 0.95

# 自助法置信区间
> set.seed(123)
> myvar<-function(x,y){Var(x)/Var(y)}               # 编写计算方差比的函数
> perc<-BootCI(x=方法一,y=方法二,FUN=myvar,bci.method="perc",R=2000)
> bca<-BootCI(x=方法一,y=方法二,FUN=myvar,bci.method="bca",R=2000)
> data.frame(perc,bca)                              # 列出自助法结果
             perc       bca
myvar   0.8263361 0.8263361
lwr.ci  0.3121517 0.2776504
upr.ci  3.2396387 2.8745243
```

注：DescTools 包中的 VarTest 函数可用于一个总体方差和两个总体方差比的检验，该函数的计算结果与 sigma.test 函数和 var.tset 函数的计算结果相同。

代码框 A-7 中列出了两个样本的方差比(myvar)；百分位数法和偏差矫正百分位数法的自助法置信区间，与传统方法置信区间（0.237 883 6，2.870 442 8）相比，百分位数法得到的置信区间较传统方法宽，偏差矫正百分位数法得到的置信区间则较传统方法窄。

A.3.3　决定系数和回归系数的自助法置信区间

下面我们利用第10章和第11章的例子，使用自助法计算回归分析中决定系数 R^2 和回归系数的置信区间。

【例A-6】(数据：example10_1.csv)沿用第10章的例10-1。设重抽样次数 R=1 000，用自助法求决定系数 R^2 的95%的置信区间。

解：使用 boot 包中的 boot.ci 函数求决定系数的自助法置信区间的过程和结果如代码框 A-8 所示。

代码框 A-8　决定系数的自助法置信区间

```
> example10_1<-read.csv("C:/example/chap10/example10_1.csv")
> library(boot)

# 编写计算决定系数的函数
> rsq<-function(formula,data,indices){
+     d<-data[indices,]
+     fit<-lm(formula,data=d)
+     return(summary(fit)$r.square)
+ }

# 计算自助法置信区间
> set.seed(1234)
> results<-boot(data=example10_1,statistic=rsq,R=1000,formula=销售收入~广告支出)
> boot.ci(results,type=c("norm","perc","bca"))   # 3 种方法的置信区间
BOOTSTRAP CONFIDENCE INTERVAL CALCULATIONS
Based on 1000 bootstrap replicates

CALL :
boot.ci(boot.out = results, type = c("norm", "perc", "bca"))

Intervals :
Level          Normal              Percentile              BCa
95%    ( 0.7792,   0.9745 )   ( 0.7646,   0.9580 )   ( 0.7278,   0.9443 )
Calculations and Intervals on Original Scale
Some BCa intervals may be unstable
```

代码框 A-8 中列出了 3 种方法的 R^2 的 95%的自助法置信区间。运行 results 可以查看自助抽样的结果。

【例 A-7】（数据：example11_1.csv）沿用第 11 章的例 11-1。设重抽样次数 R=3 000，用自助法求各回归系数的 95%的置信区间。

解：代码框 A-9 列出了使用 boot 包中的 boot.ci 函数求回归系数的自助法置信区间的 R 代码和结果。

代码框 A-9　回归系数的自助法置信区间

```
> example11_1<-read.csv("C:/example/chap11/example11_1.csv")
> library(boot)

# 编写计算回归系数的函数
>   bs<-function(formula,data,indices){
+     d<-data[indices,]
+     fit<-lm(formula,data=d)
+     return(coef(fit))
```

```
+ }

# 计算自助法抽样结果
> set.seed(1234)
> results<-boot(data=example11_1,statistic=bs,R=3000,formula=y~x1+x2+x3+x4+x5)
> results
ORDINARY NONPARAMETRIC BOOTSTRAP

Call:
boot(data = example11_1, statistic = bs, R = 3000, formula = y ~
    x1 + x2 + x3 + x4 + x5)

Bootstrap Statistics :
        original        bias      std. error
t1*  4.2604767974   2.9421873657  13.83003693
t2*  0.1273254032   0.0167148364   0.13870289
t3*  0.1605659763  -0.0330572592   0.11538168
t4*  0.0007636069  -0.0000706355   0.00179196
t5* -0.3331989874  -0.0330322157   0.54076387
t6* -0.5746461677  -0.0886109782   0.40098208

# 计算回归系数的自助法置信区间
> boot.ci(results,type=c("norm","perc","bca"),index=2)     # 3 种方法的置信区间
BOOTSTRAP CONFIDENCE INTERVAL CALCULATIONS
Based on 3000 bootstrap replicates

CALL :
boot.ci(boot.out = results, type = c("norm", "perc", "bca"),
    index = 2)

Intervals :
Level      Normal              Percentile            BCa
95%   (-0.1612,  0.3825 )   (-0.1438,  0.3844 )   (-0.2321,  0.3450 )
Calculations and Intervals on Original Scale
```

注：当有多个统计量的自助抽样时，增加一个索引参数，指明 boot.ci 函数所分析的 bootobject$t 所在的列，然后求得置信区间。本例所求的是 t2（x1 的回归系数）的置信区间，其余类似。

代码框 A-9 列出了用 3 种方法计算的回归系数 β_1 的自助法置信区间。结果显示，与第 11 章例 11-1 用传统方法得到的置信区间（-0.073 561 002，0.328 211 809）相比，3 种自助法得到的回归系数 β_1 的置信区间均比传统方法宽。

A.3.4 其他参数的自助法置信区间

有些参数在传统方法中并没有计算置信区间的公式。利用自助法则可以计算所关注的任何参数的置信区间。下面利用前几章的例题数据，用自助法求几种不同参数的置信区间。

【例 A−8】 设重抽样次数 R=1 000，分别用百分位数法和偏差矫正百分位数法求以下自助法置信区间。

（1）利用第 4 章例 4−1 的数据，计算总体中位数和总体偏度系数的自助法置信区间。

（2）利用第 6 章例 6−3 的数据，计算两个总体中位数之差的自助法置信区间。

（3）利用第 8 章例 8−3 的数据，计算 Cramer's V 系数的自助法置信区间。

解： 使用 DescTools 包中的 BootCI 函数可以得到本例参数的自助法置信区间，如代码框 A−10 所示。

代码框 A−10　不同参数的自助法置信区间

```
# （1）中位数的自助法置信区间
> example4_1<-read.csv("C:/example/chap04/example4_1.csv")
> d<-example4_1$分数
> library(DescTools)
> set.seed(1234)
> perc<-BootCI(d,FUN=median,bci.method="perc",R=1000)      # 百分位数法
> bca<-BootCI(d,FUN=median,bci.method="bca",R=1000)        # 偏差矫正百分位数法
> data.frame(perc,bca)
         perc   bca
median     85  85.0
lwr.ci     75  72.5
upr.ci     88  86.5
# 偏度系数的自助法置信区间
> perc<-BootCI(example4_1$分数,FUN=Skew,bci.method="perc",R=1000)
> bca<-BootCI(example4_1$分数,FUN=Skew,bci.method="bca",R=1000)
> data.frame(perc,bca)
              perc          bca
Skew    -0.7500727   -0.7500727
lwr.ci  -1.4029972   -1.4923857
upr.ci  -0.1942774   -0.1763268

# （2）两个总体中位数之差的自助法置信区间
> example6_3<-read.csv("C:/example/chap06/example6_3.csv")
> attach(example6_3)
> set.seed(1234)
> MedianD<-function(x,y){median(x)-median(y)}   # 编写计算中位数之差的函数
> perc<-BootCI(x=女性支出,y=男性支出,FUN=MedianD,bci.method="perc",R=1000)
> bca<-BootCI(x=女性支出,y=男性支出,FUN=MedianD,bci.method="bca",R=1000)
> data.frame(perc,bca)
              perc        bca
MedianD   756.1000   756.1000
lwr.ci    249.0356   244.4229
upr.ci   1206.3886  1193.1543

# （3）Cramer's V 系数的自助法置信区间
> example8_3<-read.csv("C:/example/chap08/example8_3.csv")
```

```
> attach(example8_3)
> library(DescTools)
> set.seed(1234)
> perc<-BootCI(x=满意度,y=地区,FUN=CramerV,bci.method="perc",R=1000)
> bca<-BootCI(x=满意度,y=地区,FUN=CramerV,bci.method="bca",R=1000)
> data.frame(perc,bca)
               perc        bca
CramerV   0.3219522  0.3219522
lwr.ci    0.2393507  0.2270367
upr.ci    0.4058839  0.3975997
```

A.3.5 一个实际例子的自助法应用

下面通过一个实际例子说明自助法置信区间的应用。

【例A-9】（数据：population.csv；sample.csv）本例的总体数据是2020年1月1日至12月31日北京市的AQI（空气质量指数），样本数据是从2020年全年的数据中随机抽取的40个数据。计算总体均值、总体中位数、总体方差和总体偏度系数的自助法置信区间。

解：需要说明的是，如果将全年的AQI数据作为总体，这个总体是已知的，总体的参数也是已知的，因此，不需要做抽样推断。这里只是为了说明自助法置信区间的应用。

为了对总体和样本有所了解，首先计算出总体参数和样本统计量，并绘制出总体数据和样本数据的直方图与核密度图，如代码框A-11所示。

代码框A-11　AQI总体数据和样本数据的描述信息

```
# 加载数据
> library(DescTools)
> population<-read.csv("C:/example/appendix/population.csv")
> sample<-read.csv("C:/example/appendix/sample.csv")

# 计算总体参数
> mean_p<-mean(population$AQI)                  # 计算总体均值
> var_p<-var(population$AQI)                    # 计算总体方差
> median_p<-median(population$AQI)              # 计算总体中位数
> skew_p<-Skew(population$AQI)                  # 计算总体偏度系数
> data.frame(mean_p,var_p,median_p,skew_p)  # 结果汇总
     mean_p     var_p   median_p    skew_p
1  78.44536  1732.878         69  1.315999

# 计算样本统计量
> mean_s<-mean(sample$AQI)                      # 计算样本均值
> var_s<-var(sample$AQI)                        # 计算样本方差
> median_s<-median(sample$AQI)                  # 计算样本中位数
> skew_s<-Skew(sample$AQI)                      # 计算样本偏度系数
```

```
> data.frame(mean_s,var_s,median_s,skew_s)   # 结果汇总
  mean_s    var_s  median_s   skew_s
1   91.9 2639.169        89 1.178479

# 画出总体数据和样本数据的直方图与核密度图（图 A-2）
> par(mfrow=c(1,2),mai=c(0.6,0.6,0.2,0.1),cex=0.7,cex.main=0.8)
> hist(population$AQI,breaks=20,prob=TRUE,col="deepskyblue",
+    xlab="AQI",main="(a) 总体 AQI 的直方图与核密度图")
> lines(density(population$AQI),col=2,lwd=2)
> hist(sample$AQI,breaks=8,prob=TRUE,col="skyblue",
+    xlab="AQI",main="(b) 样本 AQI 的直方图与核密度图")
> lines(density(sample$AQI),col=2,lwd=2)
```

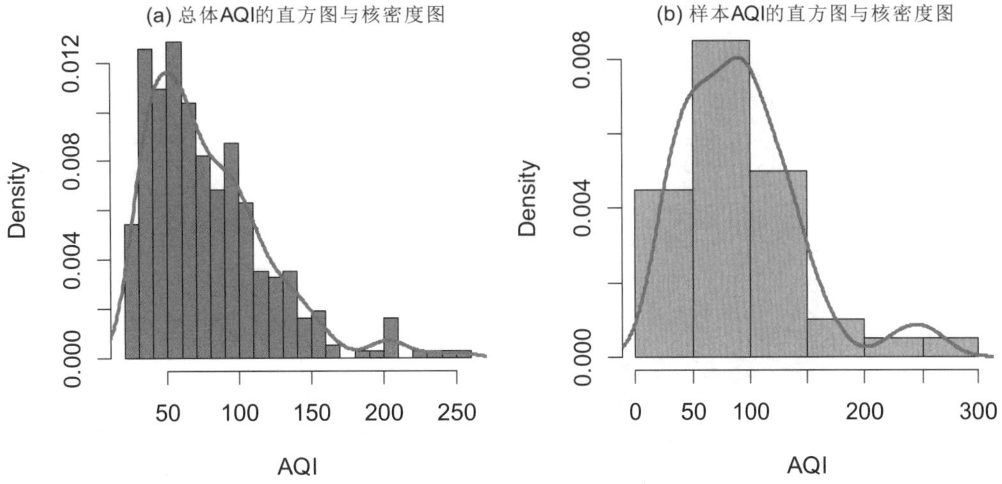

图 A–2　AQI 总体数据和样本数据的直方图与核密度图

代码框 A–11 列出了 AQI 的总体参数和样本统计量，以便与下面的自助法置信区间进行比较。图 A–2 显示，总体数据和样本数据均呈现右偏分布。

其次获得自助抽样分布的有关结果。使用 resample 包中的 bootstrap(data, statistic, $R=10\,000$,…)函数很容易得到自助抽样分布的结果。参数 data 是样本数据；statistic 是自助统计量（如均值、中位数等）；$R=10\,000$ 是默认的自助抽样次数（可根据需要设置）。使用 plot 函数或 hist 函数可以绘制自助统计量分布的直方图与核密度图，使用 qqnorm 函数可以绘制自助统计量的正态 Q-Q 图。由 bootstrap 函数得到的自助抽样结果及其分布的图形如代码框 A–12 所示。

代码框 A–12　AQI 的自助抽样分布信息

```
# 获得均值的自助抽样分布结果
> sample<-read.csv("C:/example/appendix/sample.csv")
> library(resample)
> set.seed(2022)
> b.mean<-bootstrap(data=sample$AQI,statistic=mean,R=10000)
> b.mean
```

```
Call:
bootstrap(data = sample$AQI, statistic = mean, R = 10000)
Replications: 10000

Summary Statistics:
      Observed       SE     Mean     Bias
mean      91.9  8.05698  91.8342  -0.0658
```

```
# 绘制自助抽样均值的直方图和正态Q-Q图（图A-3）
> par(mfrow=c(1,2),mai=c(0.6,0.6,0.3,0.1),cex=0.7,font.main=1)
> plot(b.mean,main="(a) 直方图")             # 绘制自助法均值抽样分布的直方图
> qqnorm(b.mean,main="(b) 正态 Q-Q 图")  # 绘制自助法均值抽样分布的 Q-Q 图
```

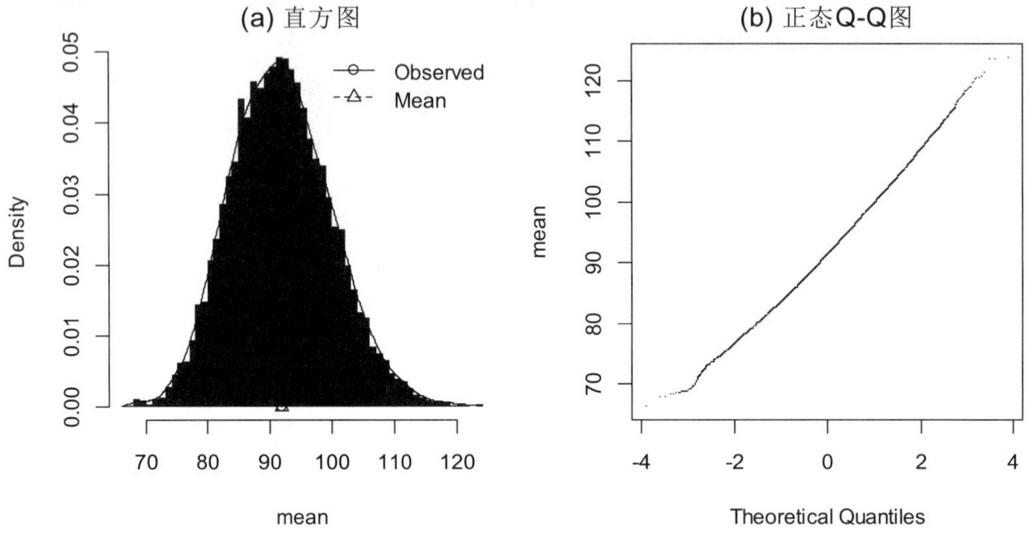

图A-3　自助法获得的10 000个样本均值的直方图和正态Q-Q图

注：设置自助抽样函数bootstrap中的参数statistic=median可以获得中位数的自助法抽样信息，设置参数statistic=var可以获得方差的自助法抽样信息，等等。resample包中也提供了各种自助法置信区间的函数，如CI.percentile函数、CI.bca函数、CI.t函数和CI.bootstrapT函数等。需要注意的是，这些函数中的x是自助法对象而不是原始样本数据。更多信息查阅帮助。

代码框A-12列出了自助抽样的结果，包括原始样本的均值（Observed = 91.9）；自助抽样分布的标准误（SE=8.056 98）；自助抽样分布的均值（Mean=91.834 2）；自助抽样的偏差（bias=−0.065 8），即自助抽样分布的均值与原始样本均值之差（91.834 2−91.9）。图A-3（a）是自助抽样均值分布的直方图与核密度曲线，图中显示了原始样本均值（实线）和自助抽样分布均值（虚线）的位置。图A-3（b）是自助抽样均值的正态Q-Q图。两幅图均显示自助抽样均值的分布近似正态分布。

为理解构建总体均值自助法置信区间的完整过程，我们仍然使用boot包中的boot函数进行展示，如代码框A-13所示。

首先，编写一个用于计算统计量（均值）的函数；然后，将40个样本数据作为总体，采用有放回抽样方法从中抽取2 000个样本量为40 的样本，并用boot函数计

算出原始样本的均值、估计的偏差和自助法均值的标准误。为检查抽样结果的合理性，画出了自助法均值的直方图与核密度图。最后，使用 boot.ci 函数分别计算出百分位数法和偏差矫正百分位数法的自助法置信区间。

代码框 A-13 AQI 总体均值的自助法置信区间

```
# 编写计算均值的函数
> library(boot)
> mymean<-function(data,indices){
+     d<-data[indices,]                    # 设置索引变量及其位置
+     mean<-sum(d)/length(d)               # 计算样本均值
+     return(mean)                         # 返回均值
+ }

# 计算自助法抽样结果
> set.seed(2020)                           # 设置随机数种子
> results<-boot(data=sample,statistic=mymean,R=2000)
> results                                  # 显示抽样结果
ORDINARY NONPARAMETRIC BOOTSTRAP

Call:
boot(data = sample, statistic = mymean, R = 2000)

Bootstrap Statistics :
      original    bias    std. error
t1*       91.9  0.02445     8.007799

# 画出自助法抽样均值的直方图和正态 Q-Q 图（图 A-4）
> plot(results,cex=0.8)
```

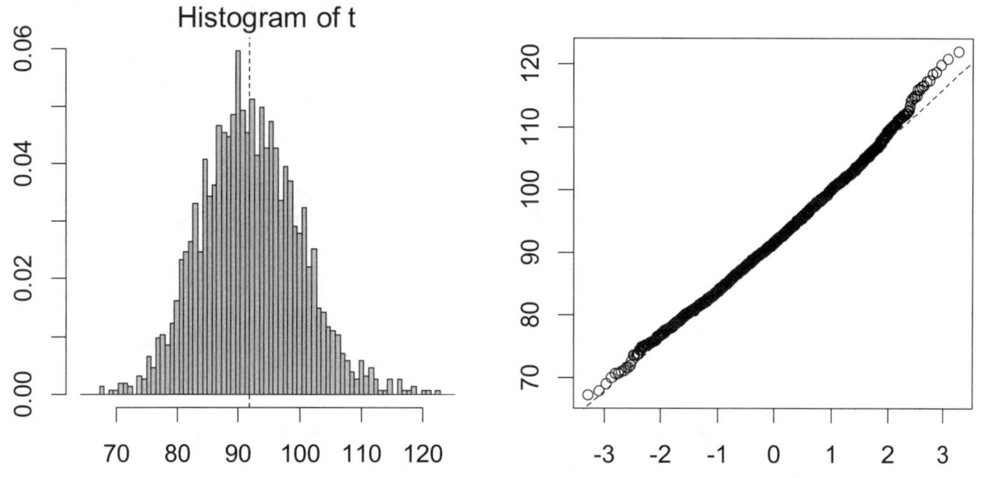

图 A-4 自助法获得的 2 000 个样本均值的直方图和正态 Q-Q 图

```
# 使用百分位数法和偏差矫正百分位数法计算总体均值的自助法置信区间
```

```
> boot.ci(results,type=c("perc","bca"))  # 列出 2 种方法的置信区间
BOOTSTRAP CONFIDENCE INTERVAL CALCULATIONS
Based on 2000 bootstrap replicates

CALL :
boot.ci(boot.out = results, type = c("perc", "bca"))

Intervals :
Level      Percentile            BCa
95%   ( 77.10, 108.52 )   ( 78.19, 110.62 )
Calculations and Intervals on Original Scale

# 与传统方法置信区间的比较
> t.test(sample$AQI)$conf.int
[1]  75.47017 108.32983
attr(,"conf.level")
[1] 0.95
```

注：由于是随机抽样，代码框A-13的结果与代码框A-12的结果是不同的。由于使用的函数不同，即使使用相同的随机数种子，结果也会有差异。

图 A-4 显示，自助法获得的 2 000 个样本均值的经验分布近似正态分布。代码框 A-13 中除列出百分位数法和偏差矫正百分位数法的置信区间外，为进行比较，还列出了传统的 t 分布置信区间。结果显示，自助法与传统方法的置信区间均包含总体参数的真值（78.445 36）。百分位数法的置信区间（77.10，108.52）和偏差矫正百分位数法的置信区间（78.19，110.62）均比传统方法的置信区间（75.470 17，108.329 83）略精确一些。这说明在样本较大的情况下，自助法的优势并不明显。

代码框 A-14 列出了 AQI 的中位数、方差和偏度系数的百分位数法（perc）和偏差矫正百分位数法（bca）自助法置信区间，使用的是 DescTools 包中的 BootCI 函数，重抽样次数 R=2 000。

代码框A-14　AQI的中位数、方差和偏度系数的自助法置信区间

```
> sample<-read.csv("C:/example/appendix/sample.csv")
> d<-sample$AQI

# 中位数的自助法置信区间
> sample<-read.csv("C:/example/appendix/sample.csv")
> d<-sample$AQI
> library(DescTools)
> set.seed(2020)
> median_perc<-BootCI(d,FUN=Median,bci.method="perc",R=2000)  # 百分位数法
> median_bca<-BootCI(d,FUN=Median,bci.method="bca",R=2000)    # 偏差矫正百分位数法
> data.frame(median_perc,median_bca)
       median_perc median_bca
Median        89.0   89.00000
```

```
lwr.ci        65.5    60.68491

upr.ci       100.5    94.00000

# 总体方差的自助法置信区间
> set.seed(2020)
> var_perc<-BootCI(d,FUN=Var,bci.method="perc",R=2000)
> var_bca<-BootCI(d,FUN=Var,method="bca",R=2000)
> data.frame(var_perc,var_bca)
        var_perc   var_bca
Var     2639.169  2639.169
lwr.ci  1201.441  1129.420
upr.ci  4360.092  4268.170

# 总体偏度系数的自助法置信区间
> set.seed(2020)
> skew_perc<-BootCI(d,FUN=Skew,bci.method="perc",R=2000)
> skew_bca<-BootCI(d,FUN=Skew,bci.method="bca",R=2000)
> data.frame(skew_perc,skew_bca)
        skew_perc   skew_bca
Skew    1.17847901  1.1784790
lwr.ci  0.01602911  0.3924224
upr.ci  1.67170826  1.9119335
```

代码框 A-14 中的各置信区间均包括相应的总体参数。

参考书目

[1] 贾俊平. 统计学：基于 R 的应用. 台北：五南图书出版股份有限公司，2017.

[2] 贾俊平. 统计学：Python 实现 . 北京：高等教育出版社，2021.

[3] 贾俊平. 统计学：基于 SPSS. 4 版. 北京：中国人民大学出版社，2022.

[4] 陈正昌，贾俊平. 统计分析与 R. 北京：中国人民大学出版社，2016.

[5] 贾俊平. 数据可视化分析：基于 R 语言. 2 版. 北京：中国人民大学出版社，2021.

[6] Robert I. Kabacoff. R 语言实战. 2 版，北京：人民邮电出版社，2016.

[7] Paul Teetor. R 语言经典实例. 北京：机械工业出版社，2013.

[8] Joseph Adler. R 语言核心技术手册. 2 版. 北京：电子工业出版社，2014.

[9] 克里斯托弗 Z. 穆尼，罗伯特 D. 杜瓦尔. 自助法：一种统计推断的非参数估计法. 上海：格致出版社，上海人民出版社，2017.

[10] A.C.Davison, D.V. Hinkley. Bootstrap Methods and their Application. London：Cambridge University Press，1997.

[11] Jacob Cohen. Statistical power Aanalysis for the behavioral sciences (2nd ed.). Hillsdale: Lawrence Erlbaum Associates，1988.

图书在版编目（CIP）数据

统计学：基于 R / 贾俊平著. --5 版. --北京：
中国人民大学出版社，2023.1
（基于 R 应用的统计学丛书）
ISBN 978-7-300-31238-5

Ⅰ. ①统… Ⅱ. ①贾… Ⅲ. ①统计学 Ⅳ. ①C8

中国版本图书馆 CIP 数据核字（2022）第 220671 号

基于 R 应用的统计学丛书
统计学——基于 R（第 5 版）
贾俊平　著
Tongjixue ——Jiyu R

出版发行	中国人民大学出版社		
社　　址	北京中关村大街 31 号	**邮政编码**	100080
电　　话	010 – 62511242（总编室）		010 – 62511770（质管部）
	010 – 82501766（邮购部）		010 – 62514148（门市部）
	010 – 62511173（发行公司）		010 – 62515275（盗版举报）
网　　址	http://www.crup.com.cn		
经　　销	新华书店		
印　　刷	北京鑫霸印务有限公司	**版　　次**	2014 年 5 月第 1 版
开　　本	787 mm × 1092 mm　1/16		2023 年 1 月第 5 版
印　　张	22　插页 1	**印　　次**	2025 年 7 月第 3 次印刷
字　　数	503 000	**定　　价**	59.00 元

中国人民大学出版社　理工出版分社

教师教学服务说明

中国人民大学出版社理工出版分社以出版经典、高品质的统计学、数学、心理学、物理学、化学、计算机、电子信息、人工智能、环境科学与工程、生物工程、智能制造等领域的各层次教材为宗旨。

为了更好地为一线教师服务，理工出版分社着力建设了一批数字化、立体化的网络教学资源。教师可以通过以下方式获得免费下载教学资源的权限：

- 在中国人民大学出版社网站 www.crup.com.cn 进行注册，注册后进入“会员中心”，在左侧点击“我的教师认证”，填写相关信息，提交后等待审核。我们将在一个工作日内为您开通相关资源的下载权限。

- 如您急需教学资源或需要其他帮助，请加入教师 QQ 群或在工作时间与我们联络。

中国人民大学出版社　理工出版分社

教师 QQ 群： 229223561(统计2组) 982483700(数据科学) 361267775(统计1组)
教师群仅限教师加入，入群请备注（学校+姓名）

联系电话： 010-62511967，62511076

电子邮箱： lgcbfs@crup.com.cn

通讯地址： 北京市海淀区中关村大街 31 号中国人民大学出版社 507 室（100080）